AF572684

# LUIS GORDILLO

SUPERYO CONGELADO

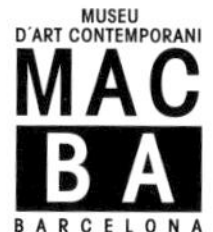

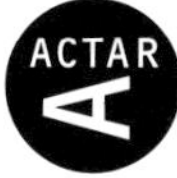

MANUEL J. BORJA-VILLEL · JOSÉ LEBRERO STALS
6 **Frozen Superego** **SUPERYO CONGELADO** 7

FRANCISCO CALVO SERRALLER
20 **There's More to This Than Meets the Eye** **LA PROCESIÓN VA POR DENTRO** 21

LUIS GORDILLO
36 **Pop Heads** **CABEZAS POP** 37

46 **Machine Man** **HOMBRE MÁQUINA** 47

52 **Crisis in 69** **CRISIS EN EL 69** 53

56 **One Color – No Color** **UN COLOR – NO COLOR** 57

58 **The Limited Man** **EL HOMBRE LIMITADO** 59

66 **The Space Behind the Canvas** **EL ESPACIO QUE ESTÁ DETRÁS DEL LIENZO** 67

68 **The Loved Object** **EL OBJETO AMADO** 69

72 **Photos: Processes and Transformations** **FOTOS: PROCESOS Y TRANSFORMACIONES** 73

112 **On Payseyes** **SOBRE PAYSEYES** 113

144 **DDT** **DDT** 145

154 **A Beautiful Period for Painting a Picture** **UNA HERMOSA ÉPOCA PARA PINTAR UN CUADRO** 155

166 **Duck** **PATO** 167

174 **New Photographic Uses** **NUEVOS USOS FOTOGRÁFICOS** 175

188 **April 1998** **ABRIL 1998** 189

192 **The Liver of Doubt** **EL HÍGADO DE LA DUDA** 193

194 **Field of Ostriches** **CAMPO DE AVESTRUCES** 195

204 **15 May 1998** **15 MAYO 1998** 205

LISTA DE OBRAS 209

LISTA DE EXPOSICIONES 213

BIBLIOGRAFÍA 221

# Frozen Superego

MANUEL J. BORJA-VILLEL
JOSÉ LEBRERO STALS

Since its emergence at the end of the fifties the work of Luis Gordillo (b. Seville, 1934) can be understood as a chain of linked procedural developments of a fragmentary kind that are organized around different thematic nuclei: ideas of the double and multiplication, the seed, transformative seriation, the circle and oval, meanderings and the labyrinth. Irony and fantasy are constants in his discourse, as are an insistence on the limitations inherent in any attempt at representation, an underlining of the inevitable mechanization of perception within contemporary culture and a creative use of critical emotional states, fruit of the confrontation between ambition and failure.

These are some of the ideas that help define the parameters framing a discourse in which the more or less explicit representation of an unorganized body assumes a central role. In the exhibition which forms the basis for this catalog – conceived as a retrospective that for the first time offers a complete selection of all facets of his artistic career, from paintings to drawings, photographs and collages – it is hoped to emphasize the importance for Gordillo of the idea of transformation as both motivation and personal project, and of manual and mechanical repetition as an open-ended methodology. The overall type of image proposed is seemingly subject to a permanent reproduction that metamorphically prevents it from arriving at a definitive state and meaning.

After attending courses on Law and Fine Arts in Seville (which he didn't complete) and embarking on a career in the music world, Gordillo arrives on the scene at the end of the fifties, at a moment when Informalism holds sway in Spain, "like someone joining a religion". In 1958 he travels to Paris to meet the European avant-garde, the work of Wols, Dubuffet and Fautrier being his main interest. Around this time he paints his first informalist-style works under the influence of Surrealism and of Tàpies, of so-called expressive automatism and later of abstract gesturalism and serial calligraphy. His mental state during this period is problematic. The automatic mark-making of Informalism helps alleviate his neurotic tendencies, since it encourages the elaboration of a representational field devoid of a distance towards things, and also freed of the need to construct images based conceptually on propositions of a reflexive kind.

Around 1962 his painting evolves towards a type of anti-expressive and barely literary narrative. Simultaneously influenced by the visual immediacy of Pop Art and the ethical ambition of geometric normativeness, the distantiation of pictorial motifs begins to predominate in his work, leading to a growing coolness of formal means designed to privilege processes of an anti-rhetorical kind. Finding out about Pop Art through magazine illustrations of its works plays an important part in all this. Despite the limited information available, he discovers in Dine and Warhol novel ways of pictorially articulating his interest in the reification of culture. To this period belong the series of *Cabezas* (Heads; 1963–1966) and *Automovilistas* (Motorists; 1968), in which he begins to use banal images drawn from photography, the media, advertising and comic strips. The unimportance of the motifs and the flat nature of the formal solutions specific to the works of this period announce what is going to become a sort of cyclical creative process based on successive destructions and constructions of the image. Early influences, Informalism and Pop, are complemented by a third, the geometrical formalism of the School of Madrid. Gordillo's recognition of the importance of the ethical framework of Asins, Lugán or Plaza's way of approaching abstraction will not be sufficient, however, to guarantee his active participation.

In 1969 he goes through a personal crisis that he will also turn to good use, artistically speaking. He temporarily abandons his pictorial praxis and limits himself to making automatic drawings in which geometric forms, sketches of human figures and architectural and urban elements coincide. These drawings, in which he combines perceived forms with spontaneous marks, announce the diagrammatic structure that will characterize his work, and they also exert enormous influence on a whole generation of younger Spanish painters, shortlived members of the so called school of new Madrid figuration. They are spontaneous notations, chaotic, infantile and humorous calligraphic diagrams of a sort that afterwards serve him as the starting point for new complex pictorial projects. However, thanks to his discovery of the possibilities of photography at the start of the seventies, the artist, in a new creative phase, manages to break with the

# SUPERYO CONGELADO

MANUEL J. BORJA-VILLEL
JOSÉ LEBRERO STALS

Desde sus inicios a finales de los años cincuenta, la obra de Luis Gordillo (Sevilla, 1934) admite ser entendida como una cadena de sucesivos desarrollos procesuales de carácter fragmentario, que se organizan a partir de diferentes núcleos temáticos: las ideas del doble y la multiplicación, del germen, la seriación transformativa, el círculo y el óvalo, los meandros y el laberinto. Constantes en su discurso son la ironía y la fantasía, la insistencia en la limitación inherente a cualquier intento de representación, el subrayado de una inevitable mecanización de la percepción en la cultura contemporánea y el aprovechamiento creativo de los estados emocionales críticos, fruto de la confrontación entre voluntad y fracaso.

Estas son algunas de las nociones que ayudan a definir los parámetros que enmarcan un discurso en el que la representación más o menos explícita de un cuerpo inorganizado desempeña un papel central. En la exposición que da pie a este catálogo —y que está concebida como una retrospectiva que muestra por vez primera una completa selección de todas sus facetas artísticas, desde la pintura a los dibujos, fotografías y *collages*— se pretende enfatizar la importancia que para Gordillo tienen la idea de transformación como proyecto y motivación artística y la repetición manual y mecánica como modo de formulación abierta. El tipo general de imagen que propone aparece sometida a una reproducción permanente que metamórficamente le impide alcanzar un estado y un sentido definitivos.

Después de cursar estudios de Derecho y Bellas Artes (que dejó inacabados) en Sevilla e iniciarse en el mundo de la música, Gordillo aparece en escena a finales de los años cincuenta, momento en el que el informalismo estaba entronizado en España, "como el que entra en una religión". En 1958 viaja a París para conocer la vanguardia artística europea, interesándose por la obra de Wols, Dubuffet y Fautrier. En esta época pinta sus primeras obras de talante informalista bajo la influencia del surrealismo y de Tàpies, del denominado automatismo expresivo y, posteriormente, del gestualismo abstracto y la caligrafía repetitiva. Su condición psíquica en esos momentos es difícil. El trazo automático del informalismo le sirve para paliar sus tendencias neuróticas, ya que permite precisamente la elaboración de un campo de representación exento de distancia a las cosas, a la vez que liberado de la obligación de construir imágenes basadas conceptualmente en proposiciones de carácter reflexivo.

Alrededor de 1962 su pintura evoluciona hacia un tipo de narrativa antiexpresiva y escasamente literaria. Influido simultáneamente por la inmediatez visual propia del arte pop y por la ambición ética del normativismo geométrico, en su obra empieza a predominar el distanciamiento de los motivos pictóricos produciéndose un creciente enfriamiento de los recursos formales, encaminado a potenciar procedimientos antirretóricos. En todo ello tiene un papel relevante el hecho de entrar en conocimiento del pop a través de ilustraciones de obras reproducidas en revistas. A pesar de la limitada información de que dispone, descubre en Dine y Warhol maneras novedosas de articular pictóricamente su interés por la cosificación de la cultura. A esta época corresponden las series de *Cabezas* (1963–1966) y los *Automovilistas* (1968), en las que empieza a utilizar imágenes banales derivadas de la fotografía, los medios de comunicación, la publicidad y el cómic. La intrascendencia de los motivos y el carácter plano de las soluciones formales peculiares de las obras de este período anuncian lo que va a ser un tipo de proceso creativo cíclico basado en sucesivas destrucciones y construcciones de la imagen. Influencias de juventud, el informalismo y el pop se complementan con una tercera, el formalismo geométrico de la Escuela de Madrid. Pero el reconocimiento de Gordillo de la importancia del talante ético de aquella forma de abordar la abstracción que practicaban Asins, Lugán o Plaza tampoco será suficiente para lograr su militancia.

En 1969 atraviesa una crisis personal de la que también sacará provecho artístico. Abandona temporalmente la práctica pictórica y se limita a realizar dibujos automáticos en los que coinciden formas geométricas, bosquejos de personajes y elementos arquitectónicos y urbanísticos. Estos dibujos, en los que combina formas aprendidas con trazos espontáneos, anuncian la estructura diagramática que caracterizará su trabajo, al tiempo que ejercen una gran influencia en toda una generación de pintores españoles más jóvenes, integrantes durante un tiempo de la denominada nueva figuración madrileña. Son apuntes espontáneos, una especie de caóticos diagramas caligráficos, infantilizados y humorísticos que, posteriormente, le sirven de primer impulso para nuevos

Impressionist-influenced chromatic range that had determined the major part of his output until then. In developments based on paintings – like *Andarín cabezón* (Big-Headed Walker; 1975–1976) – or even on a simple photo of the actor Peter Sellers found in a magazine, he obsessively experiments with different mechanical methods of reproducing and transforming the image and its color. He obtains new artificial tones, distinct from the traditional, natural color ranges he has attempted to escape from. His discovery and subsequent practical application of monochromism is something that grows out of photography, which helps him obtain what he calls "horizontal colors."

After experimenting widely with the mechanical equipment that supplies him with referential images suitable for painting in a definitively 'other' manner, a new stage begins with the *Gruyère* paintings of the early eighties, dominated conceptually by the idea of the open-ended process. During this decade the images become more generic and the personages and doodled figures from other moments are converted into cell-like embryoes and potential seed forms. Each new picture is the result of activating a dynamic confrontation of notions, of stimulating a field of forces, reactions and projects in which personal depressions and blank periods – supposedly non-fruitful from the ideas angle – also now play an important part. During these years, equipped with a solid imaginary lexicon, references to the concrete world have less and less weight in much of his work, which gains in structural complexity and veiled symbolic connotation. We could say that, more than painting, he now edits pictures with tremendous precision by both syntactically combining their constituent elements and leaving pending what the resolution of the final image will be.

During this period a growing interest is manifested by the artist in the terminology and imagery of the world of science. Mathematics rubs shoulders with esthetics. The procedure for making a picture consists in syntactically combining selected elements of his vocabulary – photos, forms, patterns, colors –, using an increased number of visual devices. He organizes his flat pictorial cartographies from a concrete situation that, like an embryo, gradually changes by following a kind of germinatory evolution marked by decenterings and decentralizations.
The differing formulations are photographed in particular states that, once studied, may give rise to new states. He is wont to express tensions in the painting by means of the duplication and juxtaposition of the chosen signs – *Duetos* (Duets; 1984) – ; he disperses, counterposes and condenses – *Condensaciones* (Condensations; 1988) –; he composes, superimposes or occultates units in complex groupings – *Malestar óptico, malestar épico* (Optical Uneasiness, Epic Uneasiness; 1994) –. The main concern now is to densify the picture by recourse to a renewed system of legerdemain, stocking it with spaces for generating the perception of an optical noise that keeps all feeling of possessing the image at bay.

In his case, the work is constructed as if it were a map. As such it is difficult to say if it uses a subject or an object, since it is built up of forms that are mutually distinct and alien. In that sense the paintings are a multiplicity, not a single unit, being devoid of any humanist kind of centrality. On the contrary, the mechanical, quasi-machinic, nature of this type of representation allows it to be associated with the image of the body without organs described by Deleuze. Gordillo's work, then, invites one to speak of segments, strata, multiplicities, vanishing points, intensities.

In the first and last instance, painting has little to do with representing and a lot to do with fixing boundaries and making maps. In Gordillo multiplicity is everywhere at once and there is no law in force to enable this diversity of forms to be unified. The law that dictated the classic framing of the window being transgressed, the world he maps has lost its center. The reality to which the subject accedes through vision is ambiguous, heterogeneous and fragmented; the act of painting guarantees the deterritorialization of the world and vice versa.

In its refusal to assume the historical precepts that structure any dominant discourse, the discourse of this artist becomes a sort of permanently drifting minor literature. His style is not an individual psychological creation – contrary to what has often been said –, but a set of enunciations or a procedure that continually varies. Not in vain is it manifested through two different languages that form a kind of artistic diglossis [*diglosia*] growing

complejos proyectos pictóricos. Sin embargo, gracias a su descubrimiento de las posibilidades de la fotografía a principios de los años setenta, el artista, en una nueva fase creativa, consigue romper con la gama cromática de influencia impresionista que hasta entonces había determinado la mayor parte de su trabajo. En desarrollos basados en pinturas –como *Andarín cabezón* (1975-1976)– o bien a partir de una simple foto del actor Peter Sellers encontrada en una revista, experimenta de un modo obsesivo con diversos métodos mecánicos de reproducción y transformación de la imagen y el color. Obtiene nuevos tonos artificiales, diferentes de las tradicionales gamas cromáticas naturales de las que ha tratado de escapar. Su descubrimiento y posterior aplicación práctica de la monocromía viene precisamente dado por la fotografía, que le facilita la obtención de lo que denomina "colores horizontales".

Después de experimentar ampliamente con la maquinaria que le facilita imágenes referenciales para pintar de un modo definitivamente "otro", entrada la década de los ochenta empieza una nueva etapa con los cuadros *Gruyère*, regidos conceptualmente por la idea de proceso abierto. En esta década, las imágenes se tornan más genéricas y los personajes y monigotes de otros momentos se convierten en embriones celulares y en potenciales gérmenes. Cada nuevo cuadro es el resultado de activar una dinámica confrontación de nociones, de estimular un campo de acciones, reacciones y proyectos, en el que ahora también desempeñan un papel importante las depresiones personales o los períodos vacíos, supuestamente no fructíferos desde el punto de vista de las ideas. En estos años, equipado con un sólido léxico imaginario, las referencias a lo concreto pierden peso específico en el grueso de su trabajo, que gana en complejidad estructural y veladas connotaciones simbólicas. Podríamos decir que, más que pintar, ahora edita con gran precisión diversos cuadros de forma simultánea combinando sintácticamente sus partes y dejando en suspenso lo que será la resolución de la imagen final.

En esta época se acentúa también el creciente interés del artista por la terminología y las imágenes propias del mundo de la ciencia. La matemática fricciona con la estética. El procedimento para hacer un cuadro consiste en combinar sintácticamente elementos escogidos de su vocabulario –fotos, formas, plantillas, colores– empleando cada vez más trucos visuales. Organiza las cartografías pictóricas planas a partir de una situación concreta que, a modo de embrión, varía progresivamente siguiendo una especie de evolución germinativa marcada por los descentramientos y la descentralización. Las formulaciones son fotografiadas en estadios concretos que, una vez estudiados, puedan dar pie a nuevos estadios. Suele concretar tensiones en el cuadro mediante el uso de la duplicación y la yuxtaposición de los signos elegidos –*Duetos* (1984)–; dispersa, contrapone y condensa –*Condensaciones* (1988)–; compone, superpone u oculta unidades en agrupaciones complejas –*Malestar óptico, malestar épico* (1994)–. La preocupación es ahora densificar el cuadro recurriendo a un renovado sistema de trampantojos, almacenando espacios en él para generar la percepción de un ruido óptico que impida sentir la posesión de la imagen.

En su caso, la obra se construye como si se tratara de un mapa. Como tal, es difícil afirmar que disponga de sujeto o de objeto, ya que se articula a partir de formas distintas y ajenas entre sí. En este sentido, los cuadros son una multiplicidad, no una unidad, estando desprovistos de una centralidad de carácter humanista. Por el contrario, la naturaleza mecánica, casi maquínica, de este tipo de representación admite asociarla con la figura del cuerpo sin órganos descrita por Deleuze. Así, la obra de Gordillo invita a hablar de segmentos, estratos, multiplicidades, líneas de fuga, intensidades.

En definitiva y en primer lugar, pintar tiene poco que ver con representar y sí con deslindar y cartografiar. En Gordillo la multiplicidad se multiplica y no existe ley alguna que permita unificar esta diversidad de las formas. Transgredida la ley que dictaba el encuadramiento clásico de la ventana, el mundo que cartografía ha perdido el centro. La realidad a la que accede el sujeto mediante la visión es ambivalente, heterogénea y fragmentada; la pintura asegura la desterritorialización del mundo y éste la de aquélla.

En su negativa a asumir los preceptos históricos que pauta cualquier discurso dominante, el de este artista deviene una especie de literatura menor en permanente deriva. El estilo no es una creación psicológica individual –al contrario de lo que en su caso se ha solido insistir–, sino un agenciamiento de enunciaciones o un procedimiento que varía continuamente. No en vano se manifiesta mediante dos lenguajes diferentes que conforman una especie de

out of his particular expressive stammering. We are referring, of course, to automatic drawing in its intersection with a Pop coolness founded on the imagery of the mass media. Whence the strange sensation of an impossible meshing produced by an oeuvre that can be successively vindicated by such different artists as Franco or Reed, while Gordillo himself evaluates his proposal in relation to positions as disparate as those of Tàpies, Dine and Pittman.

For Gordillo today the picture is an object he has before him and one that requires an ever greater amount of time in order to be resolved. The objective is to arrive at the clearest possible final image and one that simultaneously reasserts the ambition of its author to go against history by means of the hidden desire to ruin it. Avoiding cynicism, his work criticizes both the erotic power of consumerism and all nostalgia for utopianism: "I've always believed that the avant-garde was the morality of art and this has been harmful to me. I've never lost contact with it, due to being convinced that it's a source of knowledge. Even if it hurts, my masochist side, the space of tension that's created between it and what one is, is full of usable material, and it's this tension that can be converted into plastic stuff. I think that the fact of never having lost this sensation of confrontation with the historical process as it travels a path that is different to mine is what has enabled my work to go on evolving."

Looking back at the work as a whole turns out to be especially illuminating when addressing the issues that were internationally relevant at the end of the fifties and beginning of the sixties, and yet which in our own country were somewhat diffused in false polemics and paradigms, mainly in relation to two closely connected questions: the relationship between surface and three-dimensionality in painting, and the friction between high and low art. By means of his progressive strategy of masking, Gordillo has managed, not without knowing irony, to arrive at an oblique anti-rhetorical and anti-compositional formula that permits him to successfully resolve both dichotomies in a different yet tangential way. In his case, the single, satisfactory optical event is no longer a priority. He arrived at this disengagement by reinforcing the horizontal character of the work, transforming it into a plane in such a way that the horizon line was substituted by a reticular grid. In this way he can operate over a surface on which he adds, sticks, conceals or superimposes things, organizing the elements of an architecture that functions like another idea of Deleuze's: the brain-city. Gordillo himself explains this by saying that he piles up coagulations into what he calls "soup-base", trying to solidify, elevate and build them with an explicitly solid technique.

Strengthening the edifice is not, for all that, an essential part of the work in hand. Quite the opposite: as a tactic it is a mere token of the comedy that is being enacted. The main argument being put forward consists in trying to solidify the spongy, that which is nothing, which is only dissolution: "It could be said that my liberatory gymnastics tends to erect dramatic kinds of architecture." The resulting space ceases to be dominated by the techniques of draughtsmanship, projection or perspective and is instead governed by information that repeatedly needs to find diagrammatic form. Converted into an investigation with a genesis and objectives that are barely defined – the excursus on the Peter Sellers photo in 1978 is crucial here –, the gestation process of the picture is akin to a continuous "oozing" in which overspills into empty spaces share precedence. The structuring occurs in a similar way to how, in film language, Godard has understood montage: the task begins in the interstices, in the zones located between those defined by habits or common laws.

In this publication we have sought to give importance to the frequent incursions Luis Gordillo has made during four decades into the field of writing. The titles of his paintings, often decided after their finalization, currently play a compensatory and relaxing role in relation to the difficulty of conceptually gaining a purchase on the supposed representative contents of the image. From the very inception of his work, however, the artist has had recourse to the text to organize his thoughts as well as to give testimony to his emotions in a way that the demands of the pictorial work per se did not permit him to do. The word has accompanied the oeuvre in its movement and evolution through time as one more working implement. The many texts Gordillo has compiled since the sixties persistently underpin the differing nuances that the production of images involves. In this writing,

diglosia artística que surge de su peculiar tartamudeo expresivo. Nos referimos evidentemente al dibujo automático en cruzamiento con la frialdad del pop que se sostiene en la imaginería de los medios de comunicación. De ahí, la extraña sensación de un apresamiento imposible producido por una obra que ha podido ser reivindicada sucesivamente por artistas tan diferentes como Franco o Reed, al tiempo que el mismo Gordillo evalúa su proposición en relación con posiciones tan dispares como las de Tàpies, Dine y Pittman.

Para Gordillo, en la actualidad, el cuadro es una cosa que tiene delante de sí y que cada vez requiere mayor tiempo para ser resuelta. El objetivo consiste en lograr una imagen final que sea lo más clara posible y que, al mismo tiempo, reafirme la voluntad de su autor de ir en contra de la historia con el oculto deseo de corromperla. Eludiendo caer en el cinismo, su obra critica tanto el poder erótico del consumo como la nostalgia de los utopismos: "Siempre he pensado que la vanguardia era la moral del arte y eso me ha hecho mucho daño. Nunca he perdido el contacto con ella por estar convencido de que es una fuente de aprendizaje. Incluso si duele –es mi lado masoquista– el espacio de tensión que se crea entre aquélla y lo que uno es está repleto de material aprovechable, y es esta tensión lo que se puede convertir en materia plástica. Creo que el no haber perdido esta sensación de confrontación con el tren de la historia que circula por un camino diferente del mío es lo que ha permitido a mi obra seguir evolucionando."

La mirada retrospectiva al conjunto resulta especialmente esclarecedora al abordar temas que internacionalmente fueron candentes a finales de la década de los cincuenta y principios de los sesenta y que, sin embargo, en nuestro país quedaron un tanto disueltos en falsas polémicas y paradigmas, sobre todo respecto a dos cuestiones íntimamente interconectadas: la relación entre la superficie y la tridimensionalidad en la pintura y la fricción entre el denominado arte de elite y el arte popular. Mediante sus progresivas tácticas de enmascaramiento, Gordillo ha logrado, no sin sabia ironía, obtener una sesgada fórmula antirretórica y anticompositiva que le permite salir airoso por un trayecto alternativo pero tangente a ambas dicotomías. En su caso, el acontecimiento óptico único y satisfactorio ya no es prioritario. Este desencaje lo consiguió reforzando el carácter horizontal de la obra, transformándola en un plano, de modo que la línea del horizonte quedara sustituida por la trama reticular. De este modo opera sobre una superficie en la que puede añadir, pegar, esconder o sobreponer, organizando las piezas de una arquitectura que funciona a modo de otra noción de Deleuze –la de cerebro-ciudad–. El mismo Gordillo lo explica indicando que amontona coagulaciones en lo que denomina "sopa-base", intentando solidificarlas, alzarlas y construirlas con una técnica explícitamente sólida.

Sin embargo, potenciar la elevación no es esencial en su trabajo. Por el contrario, como táctica es tan sólo el indicio de una comedia que se está interpretando. El máximo argumento que defender consiste en tratar de solidificar lo pantanoso, lo que no es nada, lo que sólo es disolución: "Se podría decir que mi gimnasia liberatoria tendería a alzar arquitecturas dramáticas." El espacio resultante deja de estar dominado por las técnicas del dibujo, la proyección o la perspectiva para ser gobernado por la información que precisa ser diagramada una y otra vez. Convertida en una investigación de génesis y objetivos muy poco definidos –el desarrollo a partir de la foto de Peter Sellers en 1978 es, en este sentido, clave–, el proceso de gestación del cuadro se asemeja a un "goteo" continuo en el que comparten prioridad los derrames con los vacíos. La construcción tiene lugar de modo similar a como, en el lenguaje cinematográfico, Godard ha entendido el montaje: la tarea empieza desde el intersticio, desde las zonas localizadas entre aquellas definidas por los hábitos o las leyes comunes.

En esta publicación se ha querido dar gran importancia a las frecuentes incursiones que Luis Gordillo ha realizado durante cuatro décadas en el terreno de la escritura. Los títulos de sus cuadros, decididos muchas veces después de su finalización, desempeñan actualmente un papel compensatorio y relajante ante la dificultad de hacerse conceptualmente con los supuestos contenidos representativos de la imagen. Pero desde los inicios de su trabajo, el artista ha recurrido al texto para ord[illegible]nar sus pensamientos, así como para testimoniar sus emociones de un modo que la exigencia del estricto trabajo pictórico no [illegible]rmitía. La palabra ha ido acompañando la obra en su trá[illegible]olución en el tiempo como un

with the help of a heterodox scientifico-poetic corpus, the artist is concerned with both theorizing and anti-theorizing the subjects that the pictorial intervention slowly colonizes. In his case, however, and as the results show, the use of the essay-type narrative never has conclusive ambitions. On the contrary, the painter constructs, using the word, a scheme that is conceptually analogous to the one he has invented in different pictorial phases. An essay on photography appears to resolve, to exhaust, a problem elicited by the pictures, while a poem may open a breach in the very spot where the solidity of the word-image conjunction hinted at a new enlightening status.

It is obvious that Gordillo mistrusts general theories and militant orthodoxies. His would be a process of disnarrativity which has been refined over time: indeed, the act of creation is freighted here with the profound scepticism generated in the artist by the surprise of finding that the outcome of his images might have that bit of logical coherence necessary to defining something in a definitive manner. Conscious that his oeuvre is doomed not to last, he accepts with elegance, sovereignty and humor the impossibility of holding on to things, although at times a certain reflexive lucidity might cause him to set to writing or to sit down before the painting. What Gordillo the artist thinks of himself in his moments of lucidity doesn't last: it is instantly transformed into a liquid magma that is squandered.

Much has been written on Gordillo's work in Spain. This textual proliferation by other hands around a body of work that has gradually been ratified as a convincing in-depth study of the darker side of existence in language terms, though without ever falling into the temptation of the pornographic vignette, is decisively dominated by the shadow of the artist. Being his pictorial oeuvre a sophisticated construct based on the postponement of meaning through unbelief and suspicion, his countless incursions in the field of the intimate and alien word ratify this attitude. The 'explanations' he gives to his interlocutors about that he does – without ever pontificating – have an extremely open character and a very seductive dialogical power for any chronicler who seeks to use the word to approach a type of representation in which the appearance the optically explicit offers has never had prime importance. And this because he attempts to dispense the theme from the painting, to do away with it. In his work the motifs are the least of it, because the main subject of his discourse consists in building/constructing a testimonial bridge between myth and experience, in such a way that any visual traduction of this intermediary and liminal space would lead to further writing, to new representation.

Does Gordillo feel sympathy for the Aristotelian metaphor of the brain as a large, moist mass? Were this so, the ego of which artistic production gives an account in its desire to generate images seems to vigorously share the Lacanian panic at returning to the phase anterior to the constituted body that precisely permits its naming. What is witnessed is the relating of a previous breaking down into pieces. This is an aggressive reaction against the external and internal chaotic world. In that respect the creativity he exploits contains a nuance of 'civilized' personal revenge with regard to the process of culturalization that renders such creativity possible. In order to bolster this painful task without succombing in the attempt – which has been described by José Jiménez as the line of continuity that Gordillo would establish between seeing, desiring and painting –, the artist constructs, using writing, a theoretical framework that supposedly provides the logical clues to a procedure of some other inexplicable form. The artist's peculiar generosity towards his commentators, providing them with all kinds of arguments, trying to rationally justify his work, plus the amiable tone he imparts to his seductive reasoning, are an obvious temptation, then, an effective trap for taking the erroneous trails he occasionally sets out. It often happens that in somebody else's discourse on his oeuvre there resonates the ventriloquist voice of Gordillo subtly manifested in the writings of his commentators. How not to fall into his attractive traps, when we feel so desirous of encountering reasonable arguments in the density of a work that is located precisely in the fold existing between meaning and the affirmation of its absence? For decades commentators have been snared by his wordsmithery, while the artist, convinced that writing is an irremediably foolish game, has managed to go on saving himself in his pictures.

útil más de trabajo. Los numerosos textos que Gordillo ha ido elaborando desde los años sesenta apuntalan de forma persistente los diversos matices que abarca la producción de imágenes. Con la escritura, mediante un heterodoxo corpus científico-poético, el artista se preocupa tanto de teorizar como de antiteorizar los asuntos que la actuación pictórica va colonizando. Sin embargo, en su caso, y a la vista de los resultados, el uso de la narrativa ensayística nunca pretende ambiciones concluyentes. Por el contrario, el pintor construye con la palabra una trama conceptualmente análoga a la que ha edificado en sus diferentes etapas pictóricas. Un ensayo sobre la fotografía parece cerrar, agotar, un problema determinado por los cuadros, mientras que un poema abre una brecha precisamente allí donde la solidez de la conjunción palabra-imagen apuntaba a un nuevo estatus esclarecedor.

Es evidente que Gordillo recela de las teorías generales y de las ortodoxias militantes. El suyo sería un proceso de desnarratividad que ha ido refinándose con el tiempo: el acto de la creación está aquí vehiculado precisamente por el profundo escepticismo que genera en el artista la sorpresa de comprobar que el fruto de sus imágenes pudiera tener algún ápice de coherencia lógica capaz de definir algo de forma definitiva. Consciente de que su obra es algo condenado a no permanecer, asume con elegancia, soberanía y humor la incapacidad de retener las cosas, aunque en algunos momentos cierta lucidez reflexiva le conduzca a ponerse en acción escribiendo o poniéndose delante del cuadro. Lo que el Gordillo artista piensa de sí mismo en momentos de lucidez no permanece, pronto se transforma en un magma líquido que se disipa.

Sobre la obra de Gordillo se ha escrito mucho en España. Esta proliferación textual de otros en torno a un trabajo que con el tiempo se ha ido ratificando como un rotundo ahondar en el lado de la existencia oscuro para el lenguaje, sin caer por ello nunca en la tentación de la viñeta pornográfica, está decisivamente pergeñada por la sombra del artista. Siendo su obra pictórica una sofisticada construcción sobre la suspensión del sentido que se sustenta en el descreimiento y la sospecha, sus innumerables incursiones en el terreno de la palabra propia y ajena ratifican esta actitud. Las "explicaciones" que cuenta a sus interlocutores sobre lo que hace —nunca pontificando— tienen un carácter muy abierto y un poder dialógico muy seductor para cualquier cronista que pretenda acercarse desde la palabra a un tipo de representación en el que la apariencia que ofrece lo ópticamente explícito nunca ha tenido una importancia primordial. Y ello porque trata de desprender de la pintura el tema, de ausentarlo. En su trabajo, los motivos son lo de menos, ya que el sujeto central de su discurso consiste en tender-construir un puente testimonial entre el mito y la experiencia, de modo que cualquier traducción visual de este espacio intermedio y liminar conduzca a volver a escribir, a representar de nuevo.

¿Simpatiza Gordillo con la metáfora aristotélica de que el cerebro es una masa grande y húmeda? De ser así, el ego del que da cuenta la producción artística en su afán de generar imágenes parece compartir con fortaleza el pánico lacaniano al retorno a la fase anterior al cuerpo constituido que precisamente permite nombrarlo. Lo que se ve es el relato de una previa descomposición en piezas. Es una reacción agresiva contra el mundo caótico exterior e interior. En este sentido, la creatividad que él explota contiene un matiz de "civilizada" venganza personal respecto del proceso de culturalización que la posibilita. Para reforzar esta dolorosa tarea sin sucumbir en el intento —que ha sido descrita por José Jiménez como la línea de continuidad que Gordillo establecería entre ver, desear y pintar—, el artista edifica con la escritura un armazón teórico que supuestamente da las claves lógicas de un procedimiento de otra forma inexplicable. La peculiar generosidad del artista para con sus cronistas, facilitándoles todo tipo de argumentos, tratando de justificar racionalmente su trabajo, unido al amable tono que imprime a sus seductores razonamientos, son asimismo una fácil tentación, una eficaz trampa para caer en las pistas erróneas que en ocasiones ofrece. Es frecuente que en el discurso ajeno sobre su obra resuene la voz transformista de Gordillo manifestada sutilmente a través de los escritos de sus cronistas. ¿Cómo no caer en sus atractivas redes, cuando nos sentimos tan afanados por encontrar argumentos razonables en la espesura de una obra que se asienta precisamente en el pliegue existente entre el sentido y la constatación de su ausencia? Durante décadas, los cronistas han ido sucumbiendo en la trampa de sus articulaciones, mientras que el artista, convencido de que escribir es un juego irremediablemente insensato, ha conseguido ir salvándose en sus cuadros.

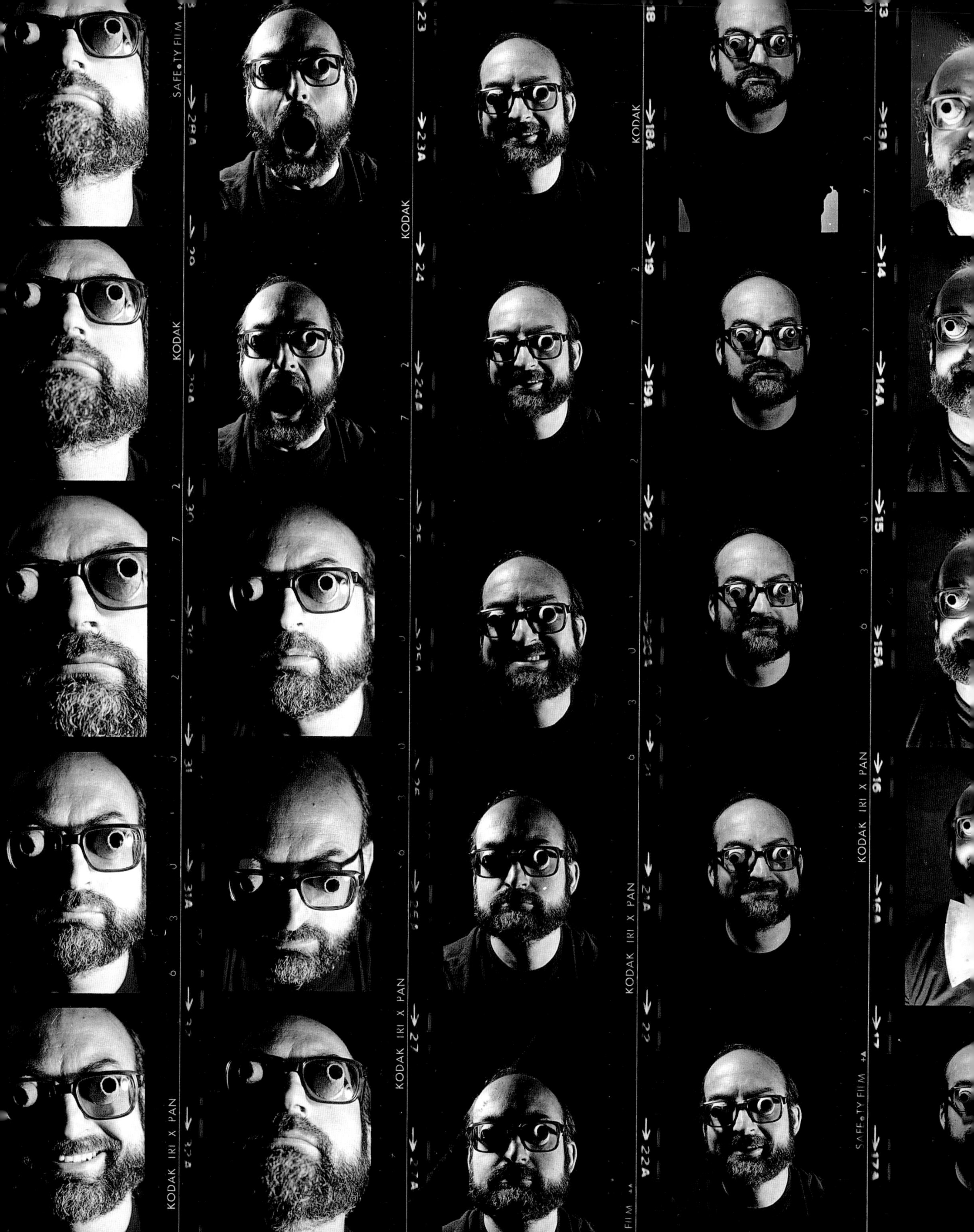

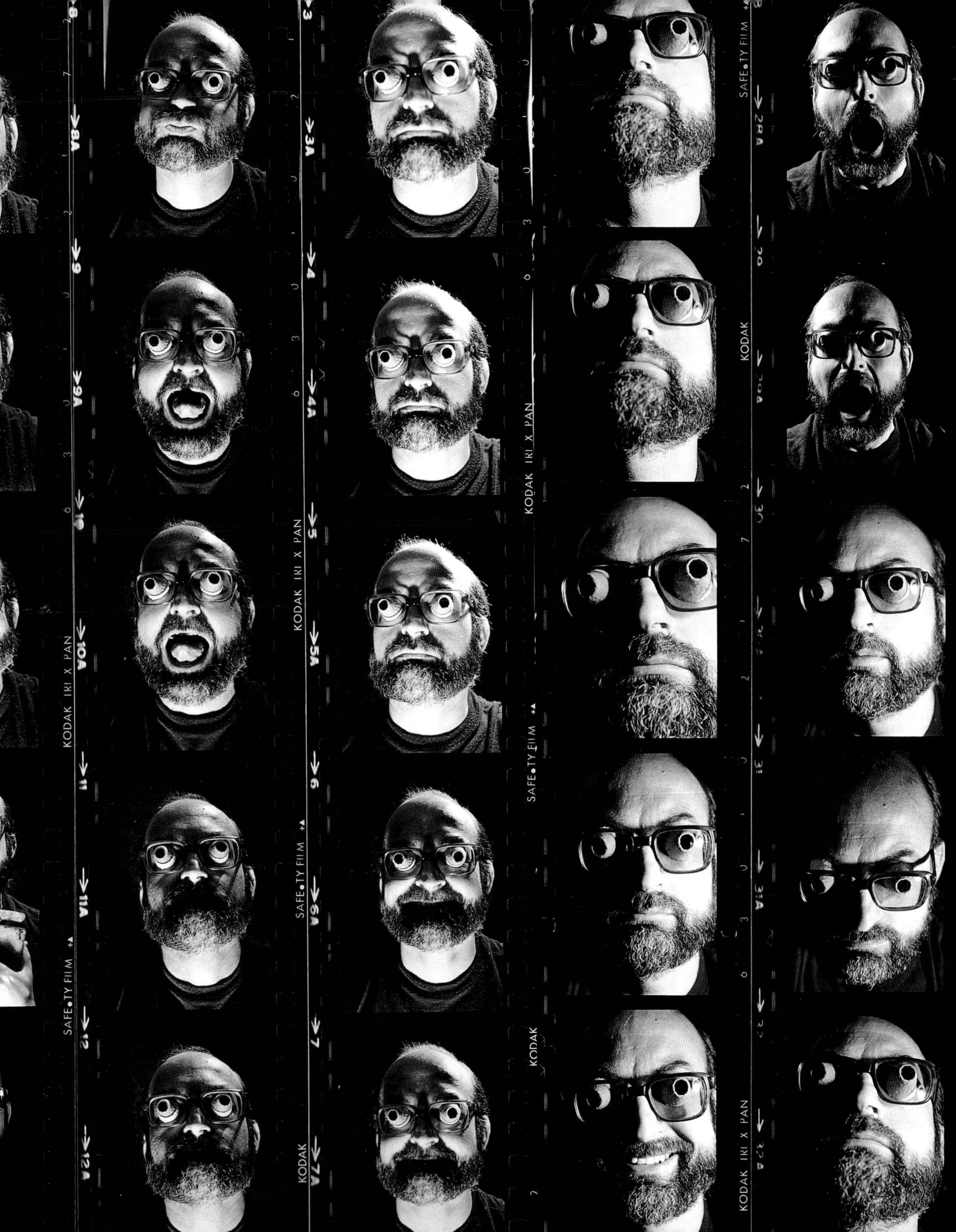

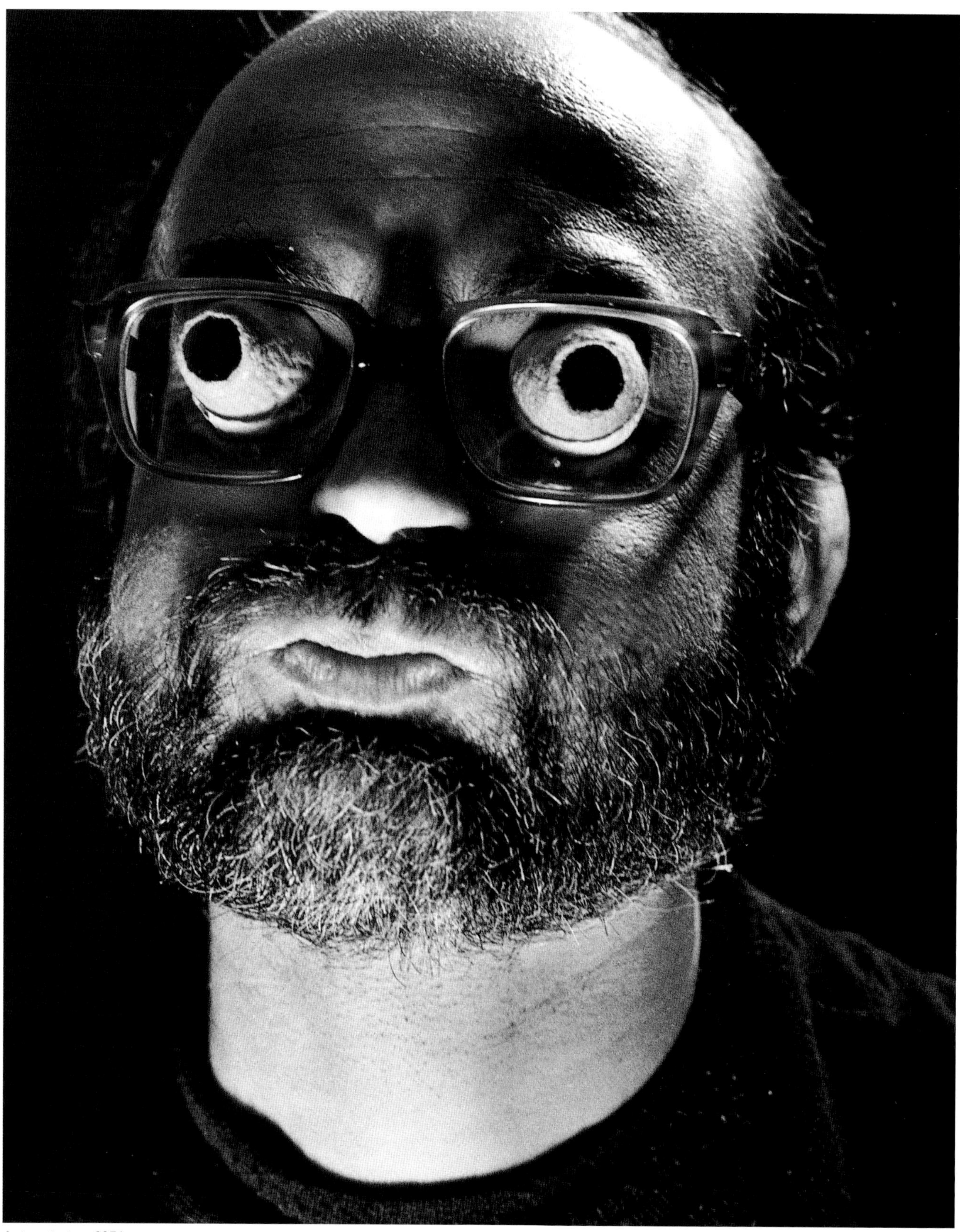

**Autorretratos** 1974

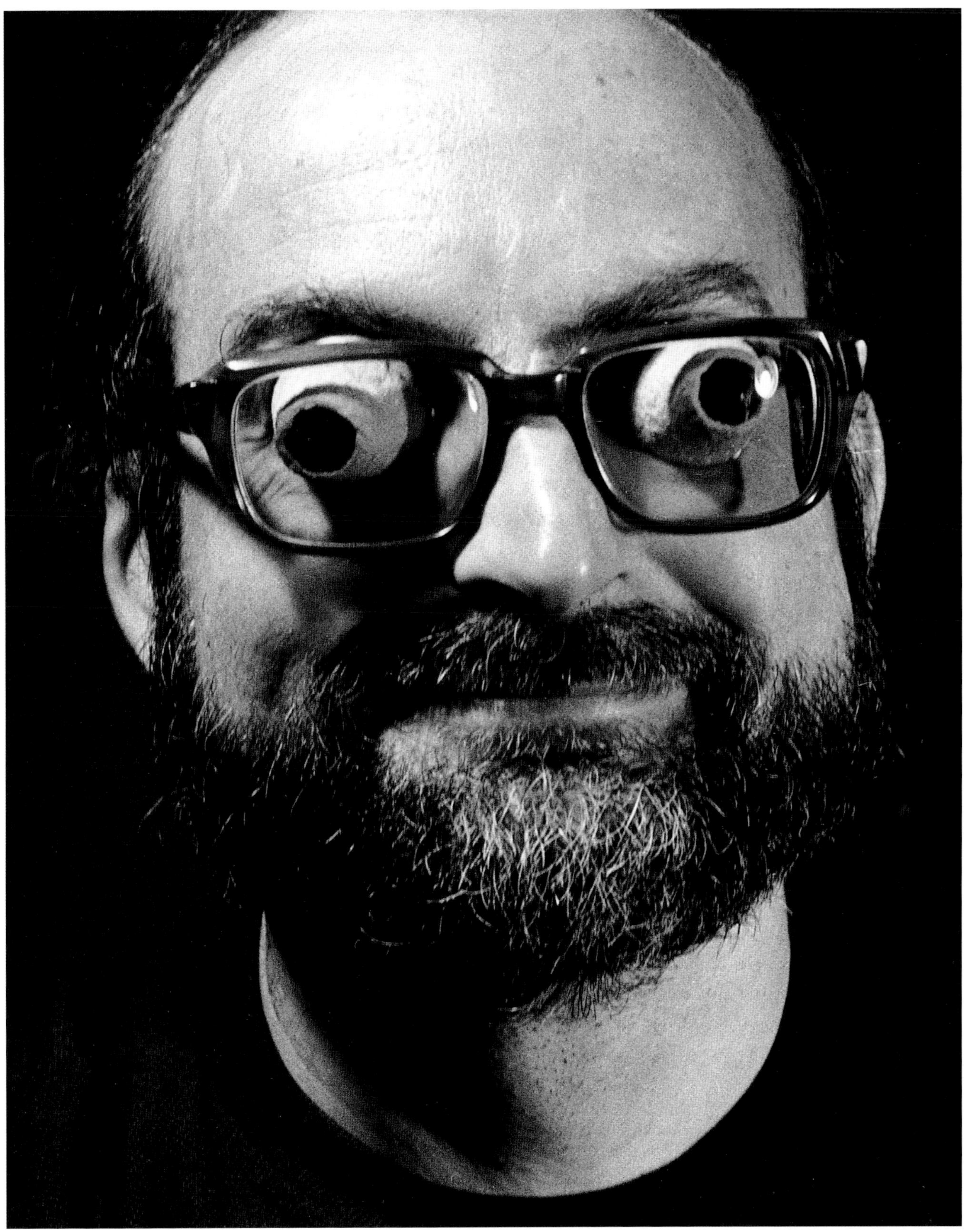

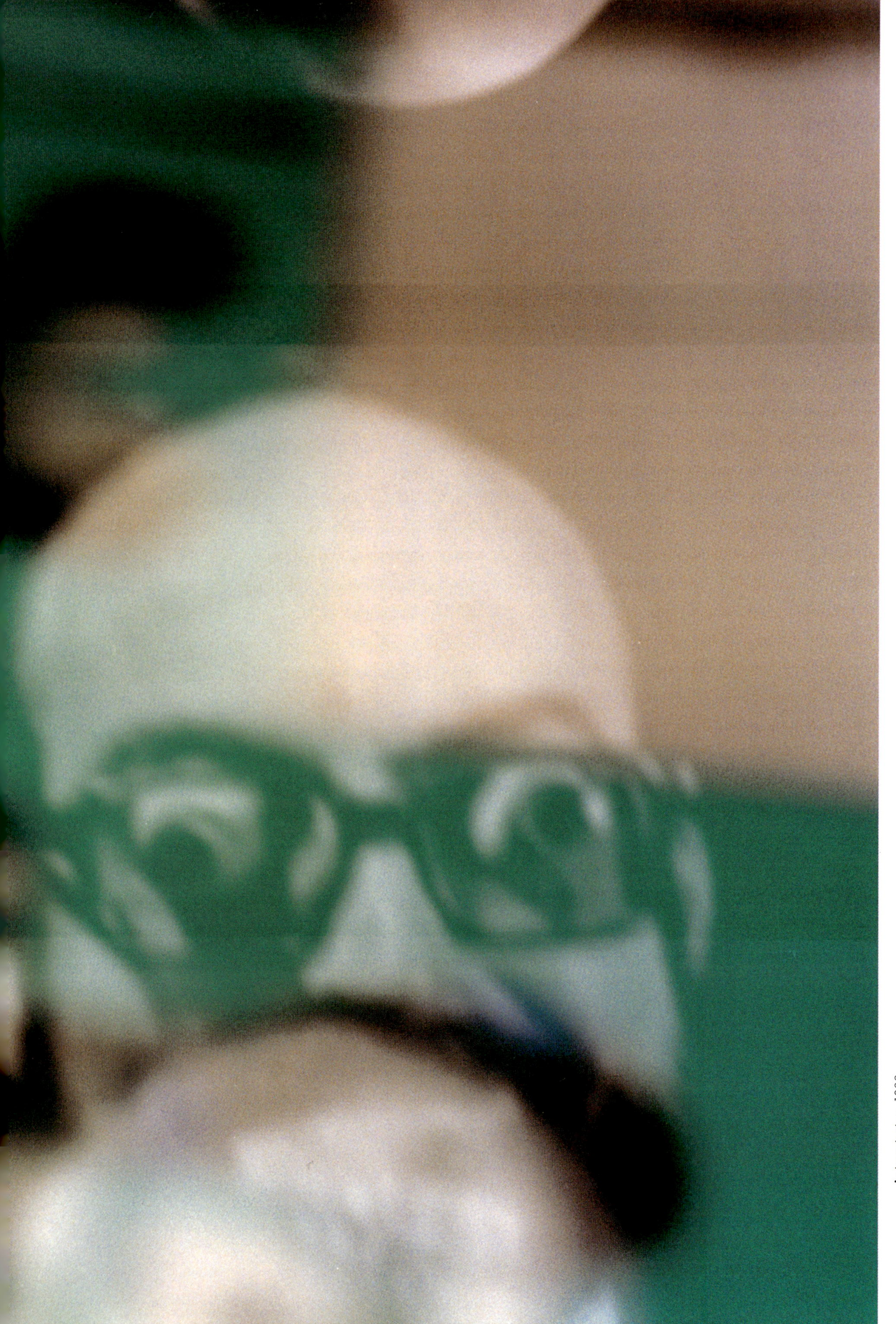

Autorretratos 1999

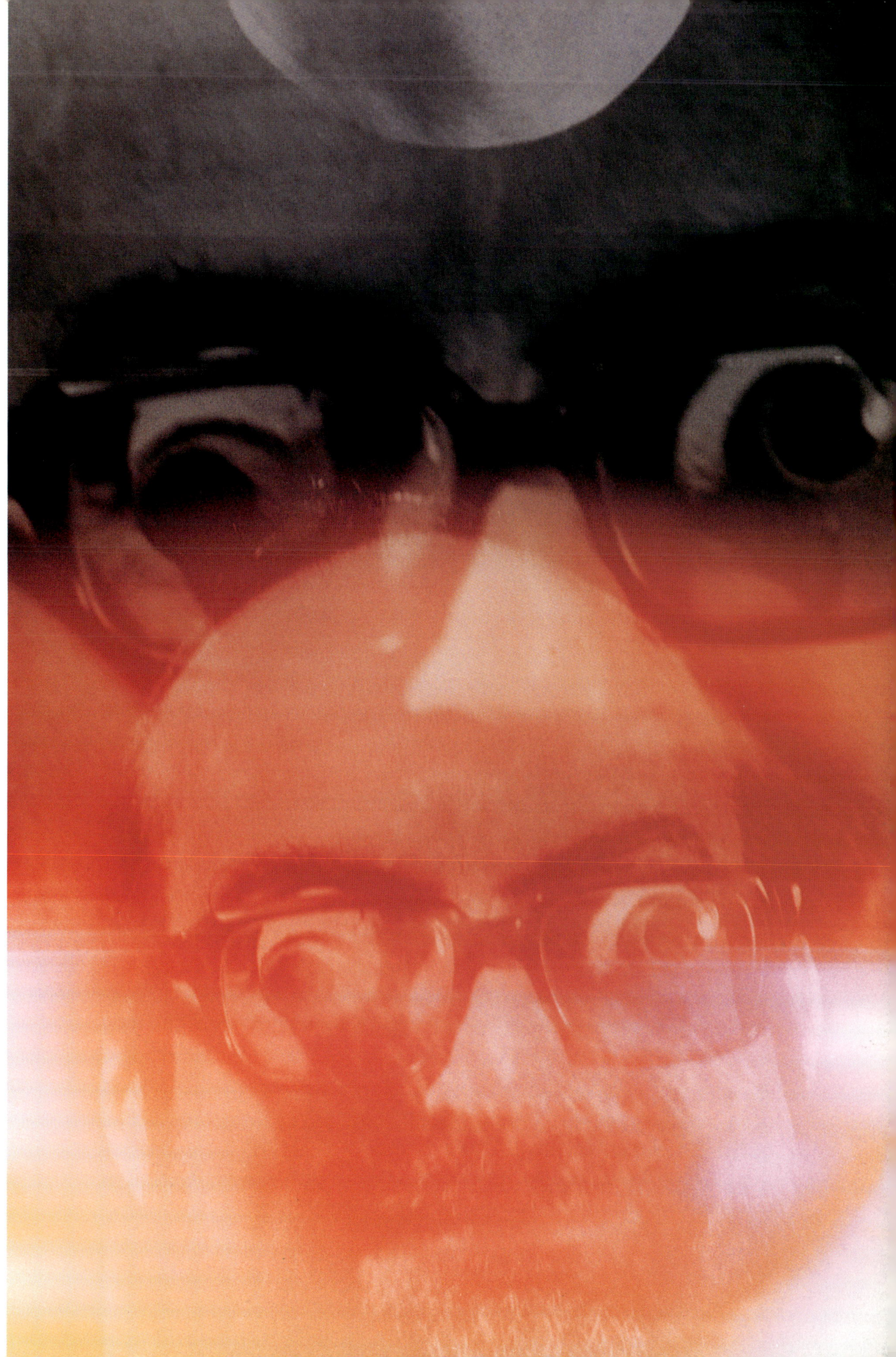

## There's More to This Than Meets the Eye

FRANCISCO CALVO SERRALLER

Seeing that the topic is the trial, a wise opening move may be to evoke the tormented figure of Josef K., the agonizing Kafkian character who is slow in accepting the unbearable levity of his universal guilt. Published posthumously in 1925, the novel shows us, among other things, how a last judgement on earth can turn out to be much worse. In any event, if a person has to be known for what he's done, the true trial of an artist, even from the Kafkian viewpoint, is the retrospective reviewing of his work: the trial [*proceso*] of its creative process. As citizens of today, I have no doubt at all about the relationship between Luis Gordillo and Josef K., nor about what links them both to me through the levelling bond of guilt: so democratic has the human psyche remained in being tackled scientifically! As an artist, though, I see Luis Gordillo exclusively closer to Franz Kafka, without us climbing onto other spontaneously formed bandwagons than this one, since we can display, objectivized as artworks, our respective kinds of guilt. I'm trying to say that our path is not so plastered with actual markers, with objects, with unequivocal and interpretable signs, for our destiny to be retrospectively processed. Our role, though, in this story – Luis Gordillo's story – is similar to that of the inspectors who surprise Josef K. in his boarding-house one morning and hand over a summons. In the end we're the inspectors of Luis Gordillo's creative process.

Apart from the mere citing of it, how do we begin our trial of his work? It has to have, as I see it, the form of a novel, because Gordillo's creative trajectory has been conceived and developed in that way. The novel is the genre that treats of the private, the intimate, the dark corners where the drama of individual mental life is settled, and this is not quite the theater of ideas. Ideas, as Ortega pointed out, are thought, whereas one lives on beliefs. What one believes is, on the other hand, swathed in the mantle of the unconscious, with its personal and collective shadows. To create a novel of someone, then, is to delve into the recondite secrets of his inner psychic processes; it ultimately consists of trying to unveil the unexplainable, of violating the mystery of the unconfessable.

Of course, not all creative undertakings have such a novelettish style as Luis Gordillo's, whose decision to become a painter was already agonizing, quite helpless. Although novelists are not concerned about the factual in the way historians are, I'm going to make an exception and evoke the fact that Luis Gordillo had practically finished two courses of study – law and piano – before deciding – daring? – to become a painter. This, in any event, is a bit of information that shows that in Gordillo's life facts don't count, or count for little, due, in the main, to his particular way of understanding, of 'experiencing', time. It isn't that he supernaturally escapes time, but that he interiorizes it in mythic form, rather in the way primitive peoples do. As far as that goes, I remember that he liked to claim that he was "fifteen years behind real life." Now, however, I'm not so sure he'd subscribe to this idea, not because of what might be false, but rather what's incomplete, about it. Today, in fact, I imagine him having a more elastic rapport with the so-called 'normal' passing of time, in the sense that it would be all the same to him to be behind or ahead of it, so wholly untimely has he turned out to be.

Can one better understand, then, the devil's pact Gordillo maintained with the avant-garde from the very start? This doesn't mean that to illustrate this pact we have to make a list of the avant-garde movements he's been absorbing over the years. Neither will conventional analysis help us much here, since although his shift from Informalism to the new figuration emerging in the 60s provides us with the clearest coordinates of a particular historical context, the problem is that Gordillo didn't live this avant-garde process from outside, objectively, but from inside, and in this interiorization his avant-garde impulse was revealed as a process of guilt.

And, in fact, as occurred to Josef K. himself up to a point, it is guilt that unleashes Luis Gordillo's process. If, artistically speaking, he'd been born in the 50s in immediately, rather than literally, ascribing to Informalism – in his case, I'd argue, to the informe –, it was some twenty years later, at the beginning of the 70s, that he was reborn amidst misfortune

## LA PROCESIÓN VA POR DENTRO

FRANCISCO CALVO SERRALLER

Ya que el tema es el proceso, un buen primer paso puede ser evocar la figura atormentada de Josef K., el agónico personaje kafkiano que tarda en aceptar la insoportable levedad de su culpabilidad universal. La novela, publicada póstumamente en 1925, nos demuestra, entre otras cosas, cómo puede resultar mucho peor un juicio final en la tierra. En cualquier caso, si uno se ha de dar a conocer por lo que ha hecho, el genuino proceso de un artista, incluso desde el punto de vista kafkiano, es la revisión retrospectiva de su obra: el proceso a su proceso creador. En tanto que ciudadanos contemporáneos, no me cabe la menor duda de la relación ente Luis Gordillo y Josef K., como tampoco la que les une a ellos conmigo a través del igualador lazo de la culpa: ¡así de democrática ha quedado la psique humana al ser abordada científicamente! En tanto que artista, veo, no obstante, a Luis Gordillo más exclusivamente cercano a Franz Kafka, sin que a este carro nos podamos subir otros de forma tan espontánea, ya que no podemos mostrar, objetivadas como obras, nuestras respectivas culpas. Quiero decir que nuestro camino no está tan plagado de señas materiales, de objetos, de inequívocos signos interpretables, como para que nuestro destino sea retrospectivamente procesado. Nuestro papel, por tanto, en esta historia, la de Luis Gordillo, es similar a la de los inspectores, que, cierta mañana, sorprenden a Josef K. en su pensión y le entregan una citación judicial. Somos, en fin, los inspectores del proceso creador de Luis Gordillo.

Además de la mera citación, ¿cómo incoar nuestro proceso a su obra? Ha de tener, según creo, forma de novela, porque la trayectoria creadora de Gordillo ha sido concebida y desarrollada como tal. La novela es el género que trata de lo privado, lo íntimo, de los rincones oscuros donde se dirime el drama del psiquismo individual, que no es precisamente el teatro de las ideas. Las ideas, como señaló Ortega, se tienen, mientras que en las creencias se está. Lo que se cree está, por otra parte, envuelto con el manto de lo inconsciente, con las sombras personales y colectivas. Hacer una novela de alguien es, así pues, adentrarse en los recónditos secretos de su proceso psíquico interno; consiste, en fin, en tratar de desvelar lo indesvelable, en violar el misterio de lo inconfesable. Ciertamente no todos los cursos creativos poseen un corte tan romancesco como el de Luis Gordillo, cuya decisión de hacerse pintor fue ya agónica, muy desamparada. Aunque los novelistas no se preocupan de lo fáctico como los historiadores, voy a hacer una excepción para recordar que Luis Gordillo había prácticamente terminado dos carreras —la de derecho y la de piano— antes de decidir —¿de atreverse?— a ser pintor. Se trata, en todo caso, de un dato que demuestra que, en la vida de Gordillo, los datos no cuentan o cuentan muy relativamente, debido, sobre todo, a su peculiar forma de entender, de "vivenciar" el tiempo. No es que escape sobrenaturalmente al tiempo, sino que lo interioriza de una forma mítica, un poco al modo de los primitivos. A este respecto, recuerdo que le gustaba afirmar que él iba "quince años detrás de la vida real". Ahora, sin embargo, no estoy tan seguro de que suscribiera la fórmula, no por lo que en ella hubiera de falso, sino de incompleto. Hoy, en efecto, le imagino con una relación más elástica respecto al discurrir llamado "normal" del tiempo, en el sentido de que le daría igual estar por detrás o por delante de él, tan cabalmente intempestivo ha llegado a encontrarse.

¿Se comprende así mejor el pacto diabólico que Gordillo mantuvo desde el principio con la vanguardia? No se trata de que, para ilustrar dicho pacto, nos pongamos a hacer una relación de los movimientos vanguardistas que él ha ido consumiendo a lo largo de los años. Tampoco ahí nos servirá de mucho el análisis convencional, pues, aunque su tránsito desde el informalismo a la nueva figuración emergente en los sesenta nos señale las coordenadas muy precisas de un contexto histórico determinado, el problema es que Gordillo no vivió este proceso vanguardista por fuera, objetivamente, sino por dentro, y, en esta interiorización, se reveló su impulso vanguardista como un proceso de culpa.

Y, de hecho, como le ocurrió en cierta manera al mismísimo Josef K., es la culpa la que desencadena el proceso de Luis Gordillo. Si éste, artísticamente hablando, había nacido en los años cincuenta, adscribiéndose enseguida, más que literalmente al informalismo, yo diría, en su caso, a la in-forma, fue, unos veinte años después, a comienzos de los setenta, cuando renace

and when, in effect, his work becomes procedural. This is the moment of the *Andarín cabezón dúplex* (Big-Headed Walker Duplex) series of 1975–1976, from whose photographic process are originated not only various works, but a whole working method, almost. What happened, then, around the beginning of the 70s to produce a paralysing crisis in Luis Gordillo and, as a result, this new procedural way of working? Different factors triggered this, of course, but the one I want to point to here is the feeling of oppressiveness at no longer being able to part and parcel of the then terminal process of the avant-garde, his main support until that time. The situation he was suffering from could be described as the process of guilt of someone no longer able to go on being an avant-garde artist.

But what is a *process*? From the terminological point of view, as can be read in any dictionary, 'Process' is the "totality of phases or successive states that go to make up a complex fact." This simple definition fits perfectly for explaining both the procedural method that is originated with *Andarín cabezón dúplex*, and, as I understand it, the particular mode of working of Luis Gordillo, whose oeuvre has, from start to finish, though not in the selfsame way, always been something complex. From the viewpoint of contemporary art, the procedural has at least two possible interpretations. The most immediate and canonical refers, strangely enough, to what a number of artists and movements of the 70s avant-garde did, the same one Gordillo felt hamstrung by for the first time. What these 70s avant-gardistes did was to distinguish the work from the process that gave rise to it and, relying mainly on the possibilities of the new media – photography, film, television, video –, to make a simultaneous presentation of both, yet maintaining their divergence. This was, finally, like presenting the viewer with the temporal totality of the work, its actual presence and how it was made. Side by side with this more immediate and restrictive interpretation, one might also consider the procedural as the essential aspect of the value of the contemporary artwork, which is no longer an entity, but a way of doing in itself. For that reason there disappears, from the Impressionists onwards, the notion of the absolute masterpiece, which is substituted by the dry runs, the first attempts, the process of producing it. The masterpiece is by definition unique and simple, while the procedural work is by nature multiple and complex.

Right from the start of his artistic career the avant-garde had gone to Gordillo's head, but he could never imagine that it would cut it off and lead to his being artistically reborn in the 70s when he encountered a procedural creative system. In any case, the difference between his procedural system and that of the various international avant-gardes of the 70s is quite radical. For the latter the outcome of the process was conditioned by the use of new media, new locations and the inaccessible or ephemeral nature of the final artistic product, such that the only potential reminder of an intervention was precisely the graphic documenting of its process. In Luis Gordillo, however, the final, definitive event continued to be the picture, the painting, and the process was that of its elaboration, or, put another way, the unveiling of the pictorial system of construction.

Gordillo's complexity is not something discovered via the procedural art he practises in the 70s. All Gordillo's work is ironical, and not just because it's modern, but because it's by Gordillo, who has resolved and elaborated his psychic tensions through irony. The figure two, duplication, dualization, up to an including the duet, have been the key aspects of his creative personality, although without this being particularly dialectical; that is, without organizing the opposition of contraries. Gordillo doesn't instigate any synthesis but keeps the contradiction alive through the juxtapositioning of a new discordant element: thus, he passes from the duplex to the triplex. There are numerous examples in his career of such oppositions: drawing-color, informe-form, background-surface, fluidity-containment, impulse-reflection, color-color, painting-photography, etcetera. From the iconic point of view this dualization is more obvious still, and for that reason we can dispense with illustrating it with a long list of examples. The complexity of his work, then, is not just due to the succession

en medio de la fatalidad y cuando, en efecto, su obra se vuelve procesual. Es el momento de la serie del *Andarín cabezón dúplex*, de 1975–1976, a partir de cuyo proceso fotográfico se originan no sólo varias obras, sino casi un método de trabajo. ¿Qué había ocurrido en torno al comienzo de la década de los setenta para que se produjera una crisis paralizante en Luis Gordillo y, a partir de ella, esa nueva forma de trabajar procesual? Desde luego, intervinieron diversos factores desencadenantes, pero el que aquí me interesa destacar es el sentimiento que le agobia de no ser ya capaz de incorporarse al entonces proceso terminal de la vanguardia, su principal asidero hasta entonces. La situación que padece podría ser descrita como el proceso de culpa de quien ya no puede proceder como vanguardista.

Pero ¿qué es un *proceso*? Desde el punto de vista terminológico, tal y como se puede leer en cualquier diccionario, proceso es el "conjunto de fases o estados sucesivos que constituyen un hecho complejo." Esta sencilla definición encaja a la perfección tanto para explicar el método procesual que se origina en torno a *Andarín cabezón dúplex*, como, a mi entender, al modo de trabajar en sí de Luis Gordillo, cuya obra, de principio al fin, aunque no de igual manera, ha sido siempre algo complejo. Desde el punto de vista del arte contemporáneo, lo procesual tiene, cuando menos, dos posibles interpretaciones. La más inmediata y canónica se refiere curiosamente a lo que hicieron algunos artistas y movimientos de la vanguardia de los años setenta, ésa respecto a la que Gordillo se sintió, por primera vez, invalidado. Lo que hicieron estos vanguardistas de los setenta fue distinguir la obra del proceso que conducía a ella, y, sobre todo, aprovechando las posibilidades de los nuevos medios –fotografía, cine, televisión, vídeo–, hacer una presentación simultánea de ambas, pero manteniendo su divergencia. Era, en fin, como presentar al contemplador la totalidad temporal de la obra, su hecho y su hacerse. Junto a esta interpretación más inmediata y restrictiva, también cabe considerar lo procesual como lo esencial del valor de la obra artística contemporánea, que ya no es un hecho, sino un hacerse en sí. Por eso desaparece, desde los impresionistas, la idea de obra maestra absoluta, para ser sustituida por los ensayos, las intentonas, el proceso de producirla. La obra maestra es, por naturaleza, una y simple, mientras que la obra procesual es, por naturaleza, múltiple y compleja.

A Gordillo, desde sus comienzos artísticos, la vanguardia le había traído de cabeza, pero nunca pudo imaginar que se la cortaría, razón por la cual se vio obligado a renacer artísticamente en los setenta, alumbrando un sistema de creación procesual. De todas formas, la diferencia entre el sistema procesual que él organiza entonces y el de las vanguardias internacionales de los setenta es bastante radical. En estos últimos, el testimonio de la procesualidad venía condicionado por el uso de nuevos medios, nuevos lugares y la naturaleza inaccesible o efímera del producto artístico final, de tal manera que el único recordatorio posible de su acción era precisamente el documento gráfico de su proceso. En Luis Gordillo, sin embargo, el acontecimiento final, definitivo, seguía siendo el cuadro, la pintura, y el proceso era el de su elaboración o, si se quiere, el desvelamiento de la maquinación pictórica.

La complejidad de Gordillo no es algo descubierto gracias al arte procesual que practica en los setenta. Toda la obra de Gordillo es irónica, pero no sólo por ser moderna, sino porque es de Gordillo, que ha resuelto o complicado sus tensiones psíquicas mediante la ironía. El dos, la duplicación, la dualización y hasta el dueto han sido las claves de su personalidad creadora, aunque sin por ello ser casi nunca dialéctico; esto es, sin ordenar la oposición de contrarios. Gordillo no precipita ninguna síntesis, sino, en todo caso, salva la contradicción mediante la yuxtaposición de un nuevo elemento de discordia: así, del dúplex se pasa al triplex. Hay, en este sentido, muchos ejemplos, a lo largo de toda su trayectoria de oposiciones: dibujo-color, informa-forma, fondo-superficie, fluido-contención, impulso-reflexión, color-color, pintura-fotografía, etcétera. Desde el punto de vista icónico, esta dualización es, si cabe, todavía más patente y por ello hasta se puede prescindir de ilustrarla con una prolija relación de casos. De esta manera, la complejidad de su obra lo es

of phases or states it passes through, but also to the confrontation of elements that is simultaneously produced in each phase. Its form of developing is similar to the biological process of parthogenetic reproduction, which ends up invading an entire space with the help of a reticulated mesh. The figurative architecture of his pictures repeats a scheme based on the figure two or multiples of it, extending to infinity. Furthermore, this process of complication is successively and simultaneously worked out on the horizontal plane, the vertical, the surface as a whole, the background. There's always a sort of unstoppable impulse in him that strives to convert the space into something maddening. It's easy to understand, then, that during an extended phase of his development he would periodically suffer from sudden agonizing halts, creative blocks. This is what happened until the mid-70s, after which time he processed this complexity and used complication methodically. Indeed, between 1975 and 1980 he resolved things so that in future the crises – the changes – no longer paralysed him.

The process of creative mechanization or pictorial machination – occurring in the second half of the 70s – meant that the anxiety was ultimately productive and not paralysing. In fact, the Gordillo of the last twenty years seems unconcerned about being who he is: he lets himself be.

Accepting oneself is a sign of maturity, although in this instance such acceptance presupposes the contradiction of taking on one's own instability. Gordillo is unstable by nature. Pérez Villalta once referred to him as "Gothic". It's a good definition, because it squares with all the labels indicating someone in a state of tension, lack of balance, instability. Gordillo is, finally, an uncontrolled force, a primitive, a spasm. He's anti-classical by definition.

This is all very well, but why does what he does, what happens to him, interest us so much? To be sure, such interest has not been very marked until relatively recent times. Until the 80s Gordillo's work fascinated very particular qualified minorities. Then, more than understood, it was increasingly respected, in Spain above all. Only in the 90s, however, has it begun to elicit growing international interest. This tardy critical appreciation of Luis Gordillo could be explained sociologically, but such an explanation misses the point, I believe, because it obviates what is inexplicable about his work: its resistance, its nonsense, its irreducibility.

The essential thing to ask oneself on the occasion of a Gordillo retrospective or, as I said at the beginning, in instigating a trial [*proceso*] of his creative process, is what exactly does his artistic uniqueness consist of, which is tantamount to examining its importance. From a Spanish perspective, then, it's been endlessly repeated that he was the inspirer, the leading figure, the model or whatever of what was known for a time as 'the new Madrid figuration of the 70s', among whose members were artists as outstanding as Guillermo Pérez Villalta, Carlos Alcolea, Carlos Franco, Rafael Pérez Minguez, etc. This episode is as true as it is irrelevant to Gordillo's trajectory, which doesn't mean that it wasn't of personal importance for him, especially in the first half of this decade. This is odd, however, because it once again situates the epicenter of his development in the 70s, years that for him signify his guilty rejection of the avant-garde, while for his young followers of the day they imply the contradictory aspect of seeing him as the only possible alternative model to the national and international artistic situation, still not comparable at the time. Thus, from the Spanish point of view, Gordillo was presented as someone who'd not only broken free of the dead weight of the Spanish School, which was still the recruiting center of our country's Informalist avant-garde, but of the other local options, too, of 'political realism' and of Conceptualism. In that respect the indubitable pictorial destiny that Gordillo had assumed as an almost inevitable sentence became an exemplary stimulus and, faced with imported conceptualism, his handling of the color-color relation offered the new generation a complex and original undercurrent that restored the most profound avant-garde meaning to the act of continuing to paint.

no sólo por la sucesión de fases o estados que atraviesa, sino también porque, en cada fase, se produce simultáneamente un enfrentamiento de elementos. Su forma de desarrollarse es parecida a un proceso biológico de multiplicación partogenética, que acaba invadiendo todo el espacio mediante una malla reticular. La arquitectura figurativa de sus cuadros repite un esquema basado en el dos o en sus múltiplos hasta el infinito. Por lo demás, este proceso de complicación se resuelve, sucesiva y simultáneamente, en la horizontal, en la vertical, en la superficie, en el fondo. Hay siempre en él como un impulso irrefrenable que pugna hasta convertir el espacio en algo enloquecedor. Desde esta perspectiva, se comprende que, durante una larga etapa de su evolución, sufriera periódicamente angustiosos parones, parálisis creativas. Esto es lo que le ocurrió al menos hasta que, a partir del ecuador de los setenta, procesó esta complejidad y usó metódicamente la complicación. De hecho, entre 1975 y 1980, logró que, en lo sucesivo, las crisis —los cambios— ya no le resultaran paralizantes.

El proceso de mecanización creativa o de maquinación pictórica —ése que se produjo en la segunda mitad de los setenta— resolvió definitivamente, en efecto, que la ansiedad fuera productiva y no paralizante. En realidad, el Gordillo de los últimos veinte años ya no parece preocupado por ser quién es: se deja ser.

Aceptarse es un signo de madurez, aunque, en este caso, tal aceptación supone la paradoja de asumir la inestabilidad. Gordillo es inestable por naturaleza. Pérez Villalta se refirió a él, en cierta ocasión, como "gótico". Es una buena definición porque le cuadran todas la etiquetas que indiquen alguien en tensión, en desequilibrio, en inestabilidad. Gordillo es, en definitiva, una fuerza no controlada, un primitivo, una contracción. Es un anticlásico por naturaleza.

Todo eso está muy bien, pero ¿por qué nos interesa tanto lo que hace, lo que le pasa? Ciertamente este interés no ha sido significativo hasta fechas relativamente recientes. Hasta la década de los ochenta, la obra de Gordillo fascinó a minorías concretas y cualificadas. Luego, más que comprendido, fue progresivamente respetado, sobre todo, en España. Pero sólo en los noventa ha comenzado a suscitar un creciente interés internacional. Esta demasiado lenta apreciación crítica de Luis Gordillo podría explicarse desde una perspectiva sociológica, pero, según creo, tal explicación hurta lo esencial, porque obvia lo que su obra tiene de inexplicable, su resistencia, su brío, su despropósito, su irreductibilidad.

Lo que es preciso preguntarse con motivo de una exposición retrospectiva de Luis Gordillo o, como al principio señalé, al abrir un proceso a su proceso creador, es en qué consiste precisamente su singularidad artística, que es lo mismo que enjuiciar su importancia. Pues bien, desde una perspectiva española, se ha repetido que había sido el inspirador, la figura tutelar, el modelo o lo que se quiera de lo que, durante una época, dio en llamarse "la nueva figuración madrileña de los setenta", entre cuyos miembros hubo artistas tan relevantes como Guillermo Pérez Villalta, Carlos Alcolea, Carlos Franco, Rafael Pérez Minguez, etcétera. Este episodio es tan cierto como irrelevante para la trayectoria de Gordillo, que no significa que no tuviera una importancia personal para él, sobre todo, en la primera mitad de esta década. Es curioso, sin embargo, porque sitúa, de nuevo, el epicentro de su evolución en los años setenta, que para él señalaron su culpable marginación de la vanguardia, mientras que para sus jóvenes seguidores de entonces marcaron el paradójico hito de ver en él el único modelo alternativo posible a la situación artística nacional e internacional, entonces todavía no del todo homologables. Así, desde la óptica española, Gordillo se presentaba no sólo como alguien que se había librado del peso muerto de la Escuela Española, que fue aún el banderín de enganche de la vanguardia informalista de nuestro país, sino también de las otras opciones locales del "realismo político" y del conceptual que entonces se manejaban. En este sentido, el irrenunciable destino pictórico que Gordillo había asumido casi como una inevitable condena se convertiría en estímulo ejemplar, así como, frente al artificioso conceptualismo de importación, su tratamiento del color-color ofrecía a la nueva generación un trasfondo complejo y original que devolvía el más

It's obvious that, for a painter who'd begun the 70s in a state of deep crisis, this youthful support was personally gratifying, but it was, I repeat, irrelevant to his work. What was important to the latter in the 70s is precisely how, by analytically processing his way of working, Gordillo opened the way to a more definitively spontaneous and direct kind of creativity. What I mean is, that from that moment on Gordillo no longer needed to think what he had to do, because his pictorial activity was now the act of thinking itself, in all its complexity. But this wasn't just a personal achievement, a comfortable conquest of the kind that comes with maturity, but the announcement of what was going to happen in the best international art of the last two decades of the twentieth century. I believe that between the end of the 60s and the 70s certain European artists like Richter, Polke and Gordillo set up the bases of a new conception of painting as a complex entity, capable of integrating all the contradictions and rivalries of the terminal avant-garde, yet without abandoning the intimate resistance, ironic challenge and acid paradox that such painting possesses. In that sense I'm convinced that Gordillo's artistic trajectory during this last quarter of a century is without doubt one of the most important on the international scene.

*The Trial* remained unfinished and everything suggests, in fact, that Kafka considered it unfinishable. It's a novel without a possible ending, a new type of narrative. To my mind, something similar occurs in the work of Luis Gordillo: it has no ending. It is, as they say, the paradigm of an 'open work'. The trial of the creative process of Luis Gordillo is, with hindsight, also interminable, perhaps because in his case, as the popular expression has it, "there's more to this than meets the eye."

profundo sentido vanguardista al hecho de seguir pintando.

Es obvio que para un pintor, que había iniciado esta década de los setenta con una profunda crisis, este apoyo juvenil fue personalmente gratificante, pero, insisto, irrelevante para su obra. Para ésta lo que fue capital en esos años es precisamente cómo, al procesar analíticamente su modo de obrar, Gordillo se abrió camino hacia una creación ya definitivamente más espontánea y directa. Lo que quiero decir es que, a partir de entonces, Gordillo ya no necesitó pensar lo que debía hacer porque su acción pictórica era ya pensamiento, un acontecimiento complejo. Pero no fue sólo un logro personal, una conquista confortable del tipo que proporciona la madurez, sino el señalamiento de lo que iba a pasar en el mejor arte internacional en las últimas décadas del siglo xx. Creo que, entre los últimos sesenta y los setenta, determinados artistas europeos, como Richter, Polke o Gordillo, sientan las bases de una nueva concepción de la pintura como un hecho complejo, capaz de integrar todas las contradicciones y desafíos de la vanguardia terminal, pero sin abandonar la pintura en lo que ésta tiene de íntima resistencia, de desafío irónico, de ácida paradoja. En este sentido, estoy convencido de que la trayectoria de Gordillo durante este último cuarto de siglo es, sin duda, una de las más interesantes del panorama internacional.

La novela *El proceso* quedó inacabada, pero todo apunta a que Kafka la consideraba inacabable. Es una novela sin final posible, un nuevo tipo de narración. Con la obra de Luis Gordillo ocurre, desde mi punto de vista, algo parecido: que no tiene final. Es, como se suele decir, el paradigma de una "obra abierta". El proceso al proceso creador de Luis Gordillo es, visto en retrospectiva, asimismo un proceso interminable, quizá porque, en su caso, como dice la expresión popular, "la procesión va por dentro."

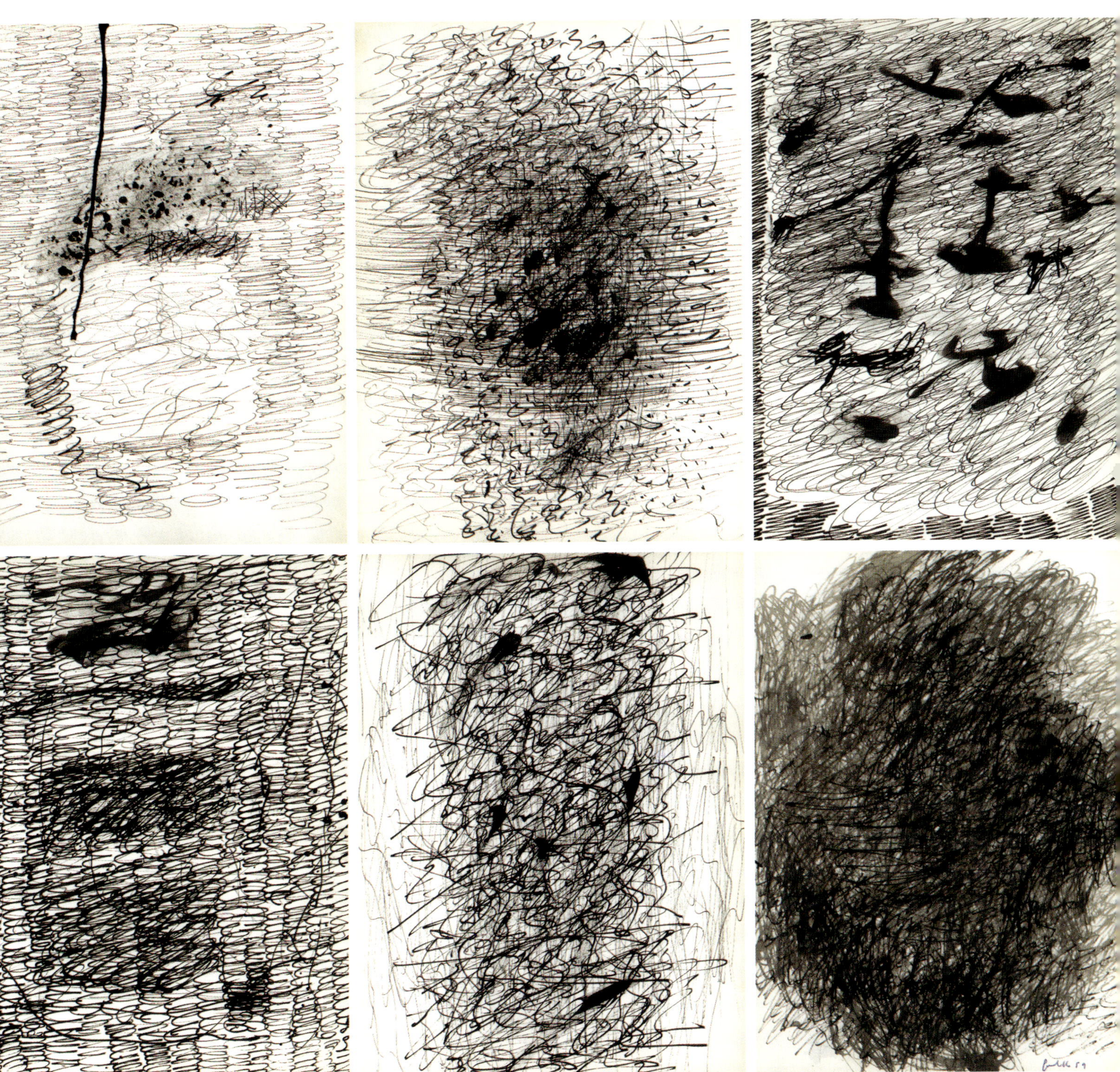

**Segunda serie abstracta** 1959 18 unidades 31,7 x 23,2 cm c/u

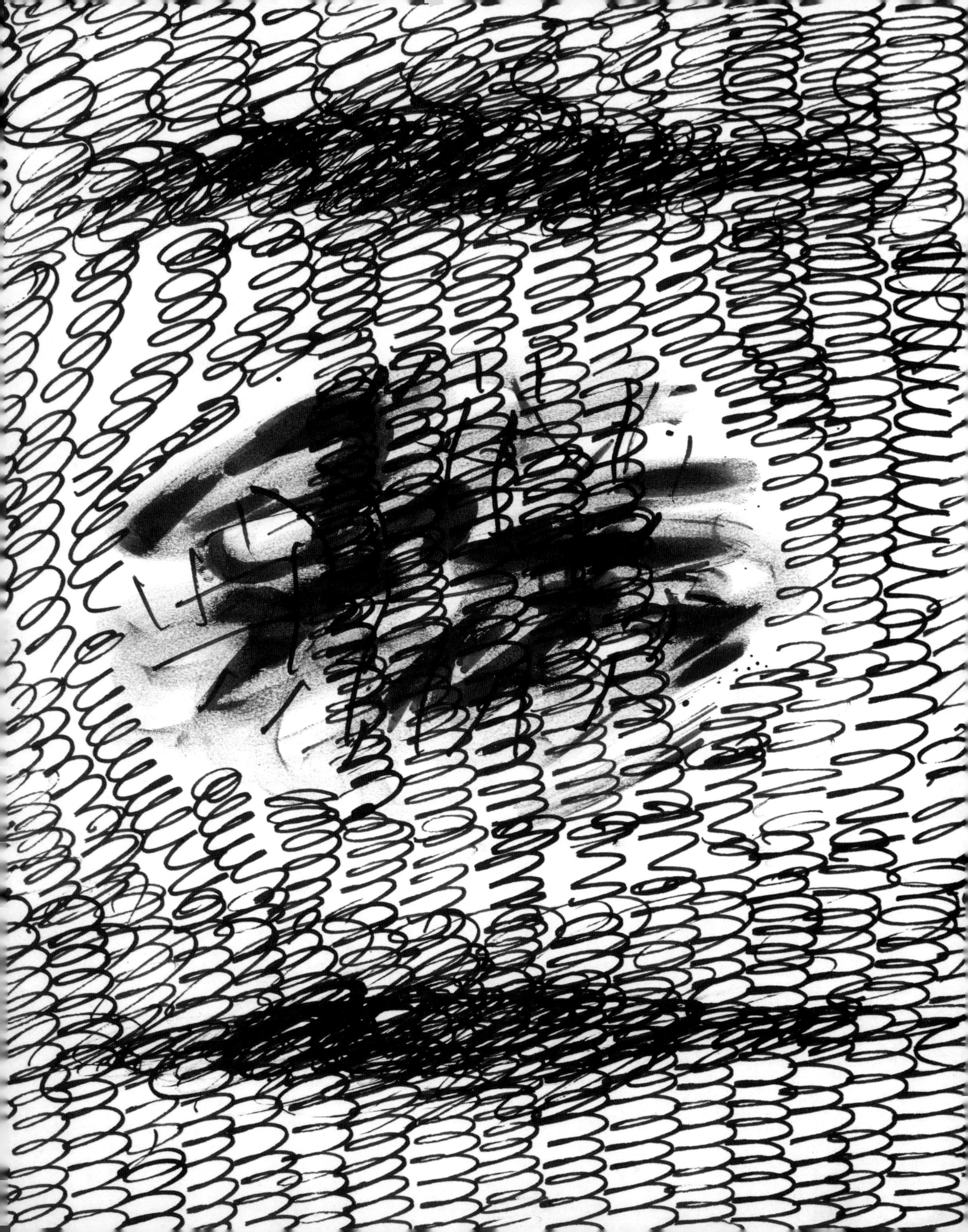

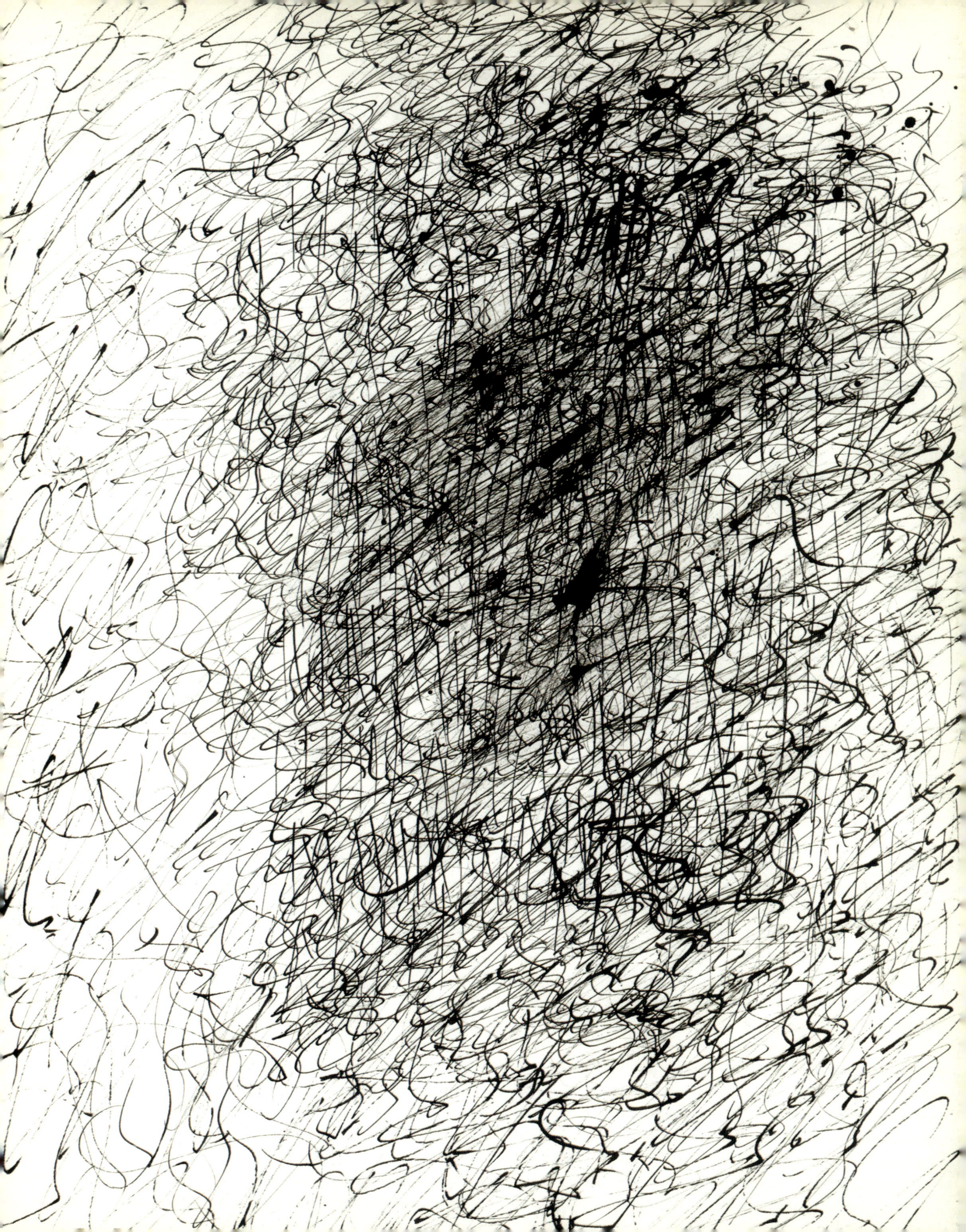

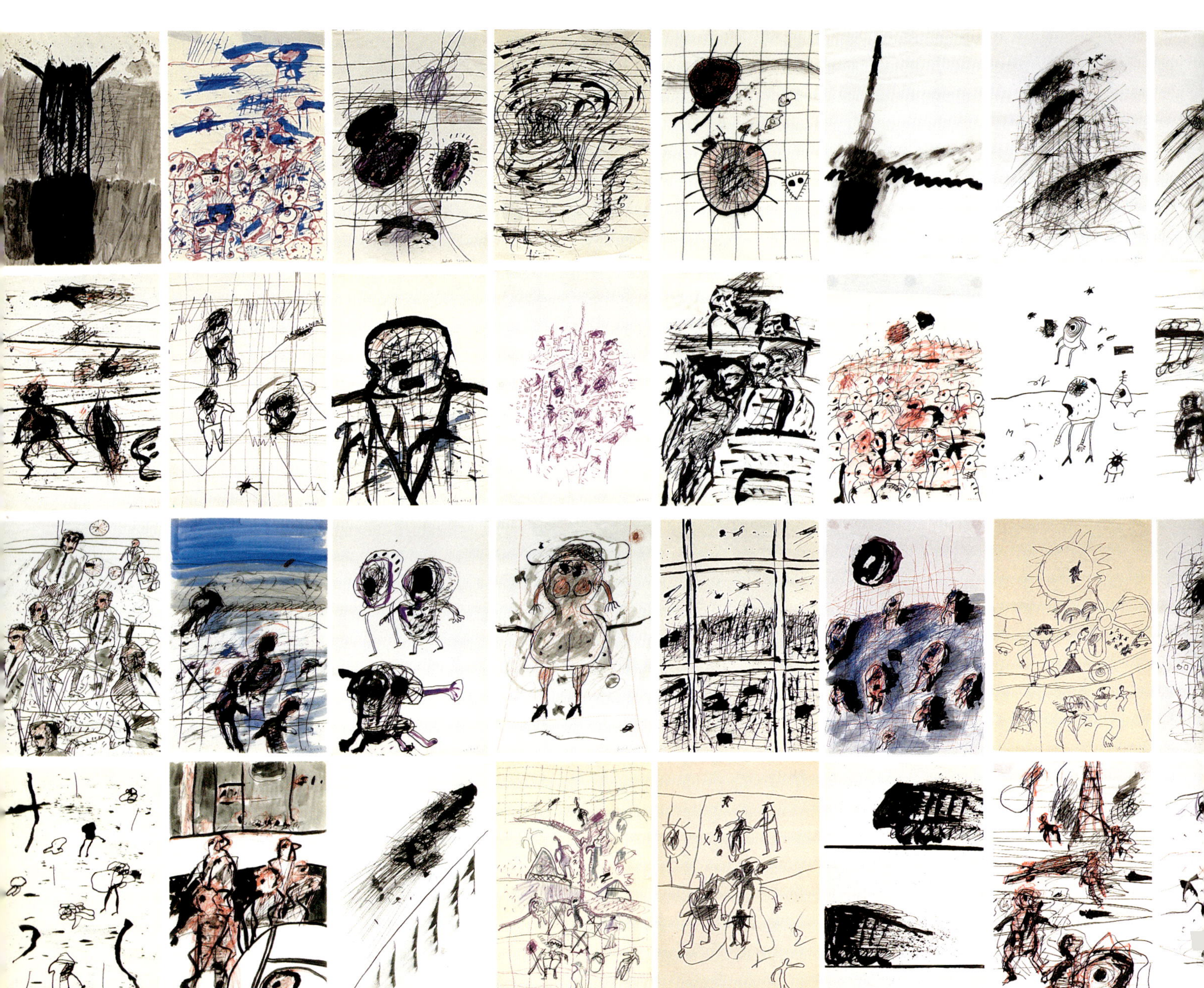

**Serie de dibujos post-abstractos** 1962–1963 75 unidades 31 x 21 cm c/u

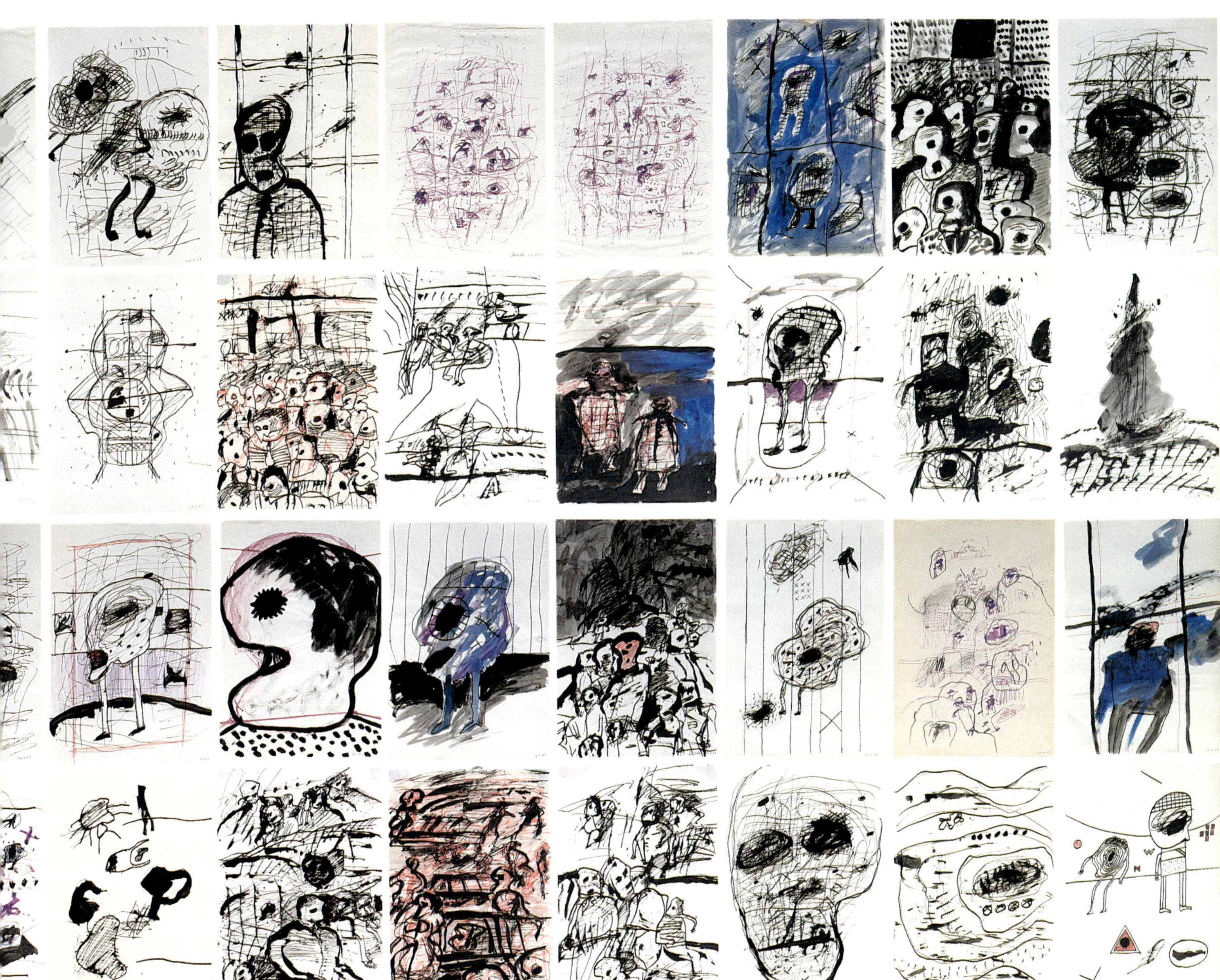

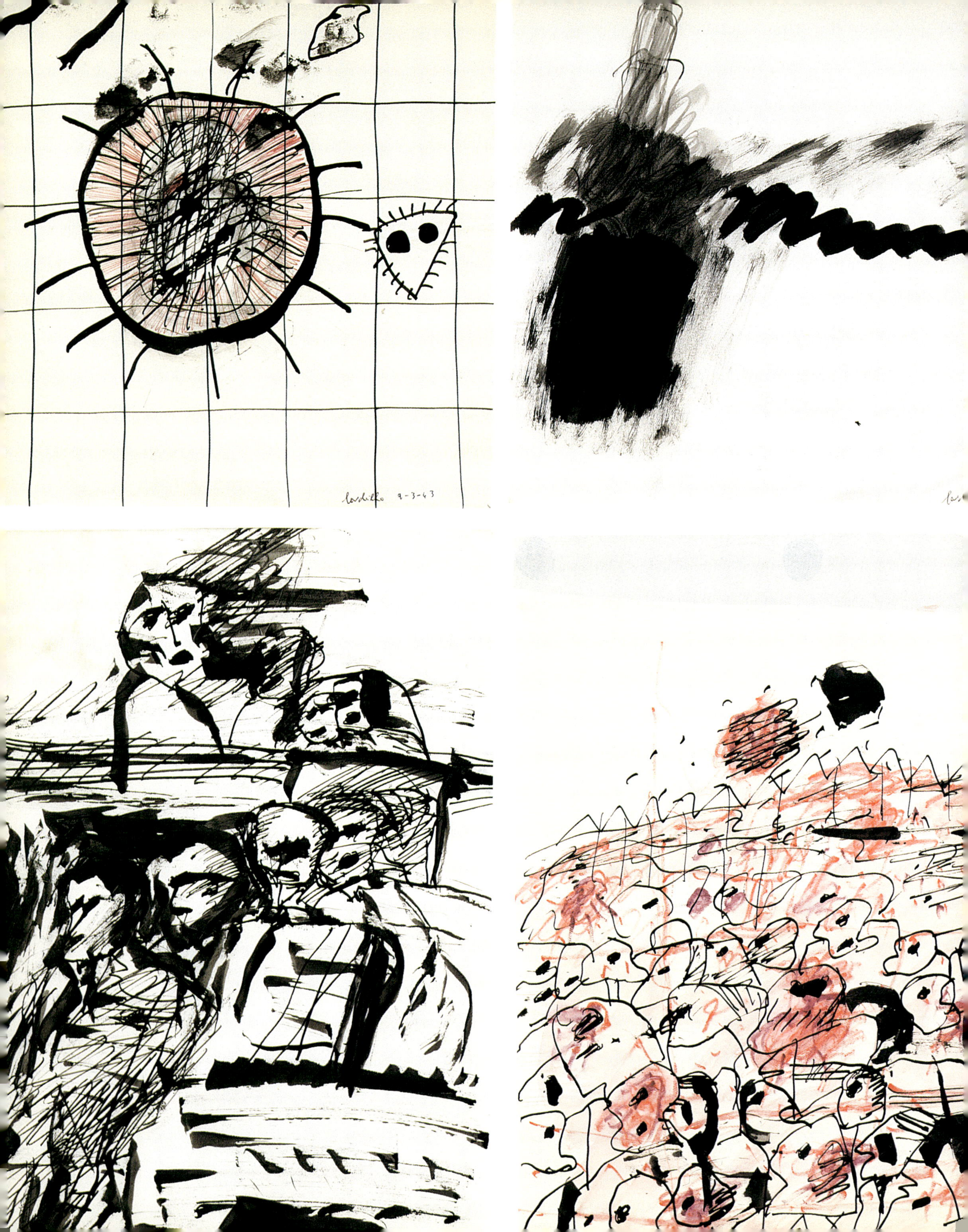
Castillo 9-3-43

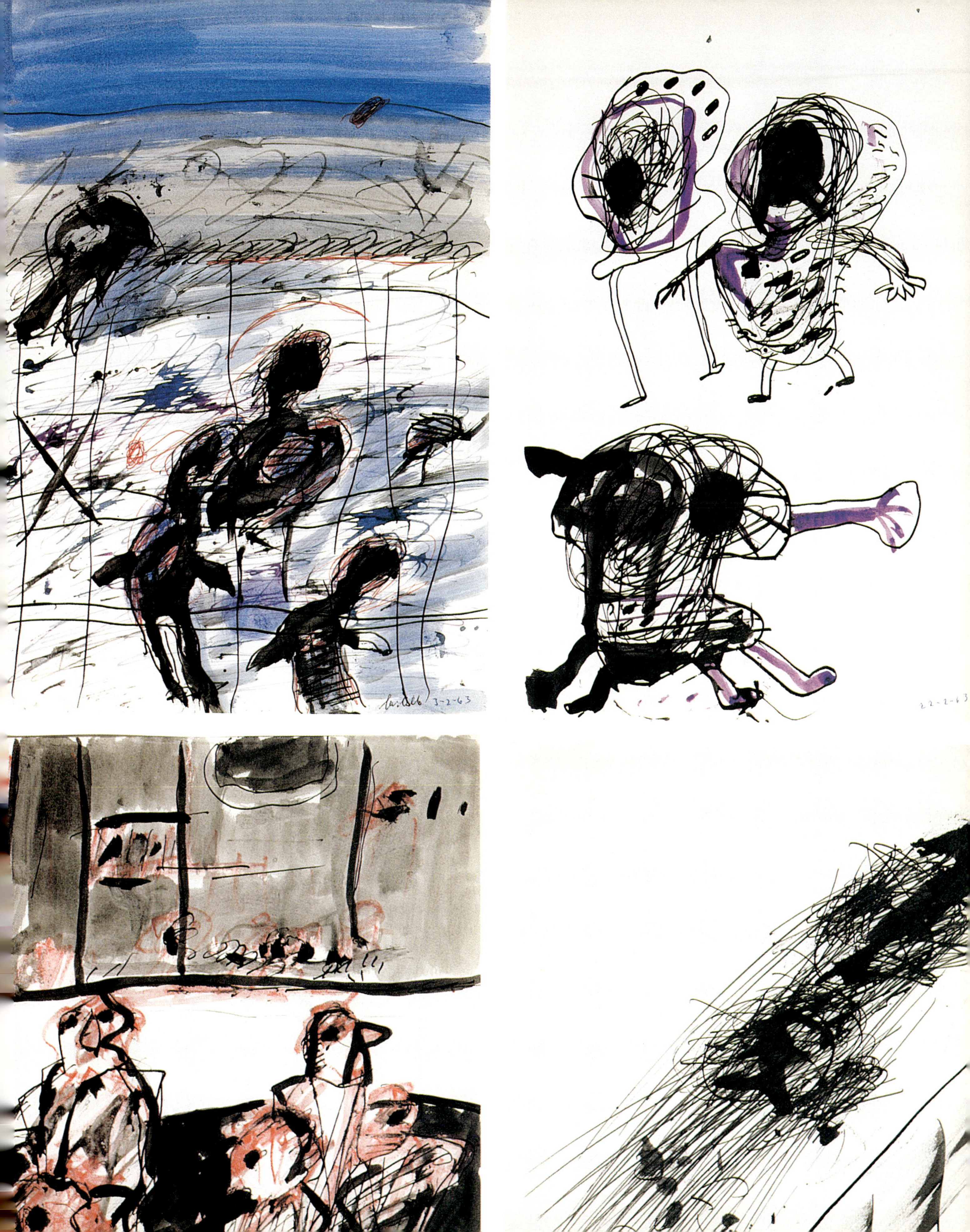
3-2-63
22-2-63

## Pop Heads

I saw a major defect in Informalism: the impossibility of developing a single painting over successive sessions, because I was obligated to an original instant, or to the solidification of an original material. *My wish was not to totally depend on inspiration*, on the happy instant; for that reason when I set to work again two years later I told myself I'd function in a slower, more *distanced* way. Today, however, seeing these heads I realize that it isn't easy to dispense with aesthetic ways of being that have penetrated deep into the psychology of an individual or a generation, and that in this series of heads, which I even took to be openly anti-informal, there were many elements of that aesthetic still persisting. For example: I almost never began to paint with preconceived ideas in mind, at least in most of the early pictures. I approached the canvas and ideas started coming to me and were organized automatically in part; I thought that the more intense the plastic impulse was the more authentic the result would be. Once the picture was finished I looked at it as an entity stemming from a natural "id" with which I didn't feel totally involved; I was able to look at it and draw social, psychic or aesthetic conclusions, but not in terms, now, of a purely plastic action. These ideas came in part from the informal aesthetic I thought I'd left behind.

This *distancing*, subsequent to the act of creation, is what I now take pleasure in repeating, although with a gap of several years. An important and interminable game, this. The almost natural fact is present in the picture, and I can't stop asking myself the reason for its being there, the causes behind this or that plastic element; it's a cultural working-through very like *the psychoanalytic working-through of symptoms*, and that lacks neutrality inasmuch as what I think of the former will define me in the present.

In insisting on the permanence of buried informal elements, I now realize that these heads were quasi-magmas, quasi-informes, agglutinating, condensing, thickening themselves to form lumps of flesh: there was an entire repertoire; from the simple stain, the coagulum, to the flap of skin, the piece of meat, with progressive solidification. The informal reappeared, transformed.

It's a fact that when the piece of meat made itself openly recognizable *I was copying it from a photo* in a magazine; this is logical because *it wasn't a question of depicting a chemically pure man but one from a particular historical moment.*

It also seems clear to me now that this solidification of informes was not occurring in a *vacuum*, but was situated in a web of already *clearly constructivist geometrical structures* that functioned as enablers of the flesh-magmas, since they were their opposites. If I ask myself about the *secondary function of these geometrical structures* I don't know which of the following three to choose:

A) *rational structures as oppressors of the 'naturalness',*

B) *objective structures as organizers of a neurotic subjectivity,*

C) *a synthesis of objective and subjective postures.* If I were to opt for the last, I would have to add that, more than a synthesis, what I arrived at was a juxtaposition.

I see another survival of the informal aesthetic in the use I was making in these heads of space: if in the first there was an almost literal copying of a photo (very Pop), little by little the heads took over the *whole space of the picture*: at the beginning, the head depended on the actual edges of the picture to be contained, but later, in the more significant ones, it was the picture, the edges of the picture, that contained the head. The face had taken over the whole space. In point of fact, one of the constants in the informal works I did was the tension between the painted surface and the edges of the canvas or paper. And in the series I'm thinking about the same necessity was repeated once again. *The informal mass had become a figurative mass that, as in the former, tended to take over the whole space.* Yet this plastic problem could have been handled without resorting to a representational form: the realization that, in taking over the whole space, the informe makes the space an object, didn't mean relying on a figurative representation. It had to be psychic problems that created such a need: on the one hand *to create a magical antidote against the dispersion of a personality*; on the other, *a representation, albeit symbolic, of my concern about psychic problems.* What those problems were seems to me somewhat secondary as far as the spectator is concerned.

## CABEZAS POP

Yo achacaba al informalismo un defecto principal: la imposibilidad de madurar un mismo cuadro en sucesivas sesiones, pues me debía a un primer momento, o a la molidificación de una primera materia. *Mi deseo era no depender totalmente de la inspiración*, del momento feliz; por eso cuando dos años después me puse de nuevo al trabajo, me dije que actuaría de una manera más *distanciada* y lenta. Hoy, sin embargo, viendo estas cabezas me doy cuenta de que no es fácil prescindir de maneras de ser estéticas que han calado profundamente en la psicología de un individuo o de una generación, y que en esta serie de cabezas, que creía incluso abiertamente antiinformales, había muchos elementos de esa estética que persistían. Por ejemplo: casi nunca me ponía a pintar con ideas preconcebidas, al menos en gran parte de las primeras pinturas. Me situaba ante el lienzo y las ideas me iban viniendo y se iban ordenando en parte automáticamente; pensaba que cuanto más intensa era la necesidad plástica más verdadero sería el resultado. *Una vez terminado el cuadro lo observaba como un hecho proveniente de un "ello" natural* con el que no me sentía totalmente comprometido; lo podía observar y sacar de él consecuencias sociales, psíquicas o estéticas pero ya en un acto no puramente plástico. Estas ideas procedían en parte de la estética informal que pensaba haber superado.

Este *distanciamiento*, posterior a la creación, es el que me tomo ahora el lujo de repetir aunque situado a varios años de distancia. Es éste un juego importante e interminable. El hecho casi natural está allí, en el cuadro, y no puedo dejar de preguntarme el porqué de su necesidad, las causas de éste o aquél elemento plástico; es una elaboración cultural muy parecida a *la elaboración psicoanalítica de los síntomas* y que carece de neutralidad puesto que de lo que de aquella piense me conformará en el presente.

Insistiendo en la permanencia de elementos informales soterrados me doy cuenta ahora de que estas cabezas eran casi magmas, casi informas, aglutinándose, condensándose, espesándose para formar pedazos de carne: había todo un repertorio; desde la simple mancha, al coágulo, al colgajo, al trozo de carne, con una progresión en la solidificación. Lo informal reaparecía transformándose.

Es cierto que cuando el trozo de carne se hacía abiertamente reconocible *lo copiaba de alguna foto*, de cualquier revista; es lógico porque *no se trataba de representar un hombre químicamente puro sino el de un momento histórico concreto*.

También ahora me parece claro que aquella solidificación de informas no se hacía en el *vacío* sino que me situaba en una trama de *estructuras geométricas ya claramente constructivas* que servían como potenciadoras de los magmas-carne ya que eran sus contrarios. Si me pregunto por una segunda función de estas estructuras geométricas no sé por cual de estas tres decidirme:

A) *estructuras racionales opresoras de la "naturalidad"*,

B) *estructuras objetivas ordenadoras de una subjetividad neurótica*,

C) *síntesis de posturas objetivas y subjetivas*; si me decidiera por ésta última, tendría que añadir que más que síntesis lo que logré era una yuxtaposición.

Otra pervivencia de la estética informal la observo en el empleo que hacía en estas cabezas del espacio: si en las primeras había una copia casi literal de una foto (muy pop) poco a poco las cabezas se fueron apoderando del *espacio total del cuadro*: al principio, la cabeza contaba con los propios límites del cuadro para contenerse, pero más adelante, en las más significativas, era el cuadro, los límites del cuadro, lo que encerraba la cara. La cara se había apoderado del espacio total. Precisamente en las obras informales que hice, una de las constantes fue la tensión entre lo pintado y los límites del lienzo o del papel. Y de nuevo en la serie que estudio se volvió a repetir la misma necesidad. *La masa informal se había convertido en una masa figurativa que como aquella tendería a apoderarse del espacio total*. Pero este problema plástico se podía haber realizado sin echar mano de una forma representativa: la conciencia de que la informa al apoderarse del espacio total realiza el espacio objeto, no tenía porqué contar con una representación figurativa. Debieron ser problemas psíquicos los que crearon esa necesidad; por un lado *crear un antídoto mágico contra la dispersión y de una personalidad; por otro lado, una representación aunque fuera simbólica, de mi atención por problemas psíquicos*. Cuáles fueron esos problemas me parece algo secundario para el espectador.

*The hidden survival of informal elements undergoing transformation* is, I believe, a constant in many painters of my own artistic generation. Off the top of my head, I can think of Darío Villalba, Úrculo, Eduardo Sanz, Julio Plaza, de la Cámara, Alexanco, etc. We've all started with 'informes', be they expressionist or purely informalist, and have been gradually making them cooler until in some cases arriving almost at a kind of Constructivism. For some years it seemed that geometrism was the sole solution to this development; today, at least this is the way I see it, the problem is changing shape and, more than a geometrical structuring of reality, one goes in search of an organization of freedom.

Having reread this text, I'd like now to refine some of the ideas a bit more: to point to a clear separation between the manifestly Pop works from 1963–1964, with the copying of photos, inclusion of numbers, etc., and with a composition clearly informal in part, and those of 1965–1966, which mark the appearance of a personal style with certain basic characteristics that can be extended to all my later work.

I think I can point to some of these characteristics:

A) A desire for synthesis between such opposed elements as the informal and the geometric, the rational and the organic, the social and the intimate, etc.

B) A reflection of a technologized society in which man has ceased to be the Hellenistic prototype, the rational "animal", and become man plus his machines.

C) Psychologism. In my work there is an aspect that could be called *surréalisant* up to a point, which grows out of a strong psychological atmosphere, a deep level of thinking. In 1963 I began to attend group sessions of psychoanalysis, and afterwards individual sessions that went on for various years.

The technique of psychoanalysis had, without doubt, an extremely strong influence over me, both personally and aesthetically. You have to remember that this technique is a highly *sui generis* way of thinking about things, due to the fact that:

1st) It is socialized and objectivized by a co-participant, namely the doctor, and 2nd) It integrates the freest and most gratuitous elements with the rational and real ones that the psychoanalyst represents. For these reasons I've never really understood the relationship between psychoanalysis and Surrealism, since the former always takes the weight of reality, social reason and the "reality principle" into account, as opposed to the whims of the individual that the surreal represents.

D) Meanings, formal clues lying beneath the purely descriptive or narrative ones.

E) The persistance of two descriptive layers: a) On the one hand, a completely free drawing activity, automatic, constant and copious. This is a kind of diary. These are very basic drawings, almost always with a ballpoint pen on the pages of a notebook. They have no social goal, are not for exhibiting or sale. They depend a lot on "inspiration". b) On the other hand, a second, more reflective activity. I choose one of the earlier drawings that particularly attracts me, for reasons I'm not aware of most of the time. I transfer it literally to the canvas and start to work on it in color. The choice of drawing already represents a crucial distancing, and the subsequent elaboration of the theme makes it even more so. If the important thing about the first activity is automatic expression, in the second it is elaboration, awareness, formal complexity, the synthesis of influences, etc.

Many of the changes produced in my work have been derived from the tensions between these two layers of meaning.

**LUIS GORDILLO, 1974**

*La pervivencia oculta de elementos informales en transformación*, creo que es una constante en muchos pintores de mi misma generación artística. A boleo puedo recordar a Darío Villalba, Úrculo, Eduardo Sanz, Julio Plaza, de la Cámara, Alexanco, etc. Todos hemos partido de "informas", expresionistas o puramente informalistas, y hemos ido enfriándolas, hasta llegar algunos casi al constructivismo. Durante unos años ha parecido que el geometrismo era la única solución a esta evolución; hoy, al menos yo así lo pienso, el problema está cambiando de identidad y más que una estructuración geométrica de la realidad, se va en busca de una ordenación de la libertad.

Releído este texto hoy me gustaría precisar algunos conceptos más: indicar una clara separación entre las obras de los años 1963–1964 claramente pop, con copias de fotos, inclusión de números, etc., y con una composición en parte claramente informal, y las de los años 1965–1966 que marcan la aparición de un estilo propio, con unas características fundamentales que pueden hacerse extensivas a toda mi obra posterior.

Creo que puedo apuntar algunas de estas características:

A) Espíritu de síntesis entre elementos opuestos como son lo informal y lo geométrico, lo racional y lo orgánico, lo social y lo íntimo, etc.

B) Reflejo de una sociedad tecnificada en la que el hombre ha dejado de ser el prototipo helénico, el "animal" racional, para convertirse en el hombre más sus máquinas.

C) El psicologismo. En mi obra hay un elemento que se podría llamar hasta cierto punto surrealizante, que proviene de una fuerte atmósfera psicológica, de una reflexión a nivel profundo. En 1963 empecé a asistir a sesiones de psicoanálisis de grupo y después a sesiones individuales que se prolongaron durante varios años.

Indudablemente la técnica del psicoanálisis tuvo una influencia muy grande sobre mí, tanto personal como estéticamente. Hay que tener en cuenta que esa técnica es una meditación de características muy *sui generis* porque: 1º) Está socializada y objetivada por un copartícipe que es el médico y, 2º) porque integra los elementos más libres y gratuitos con las racionales y reales que representa el psicoanalista. Por estas razones nunca he comprendido bien las relaciones entre el psicoanálisis y el surrealismo, pues aquél marca siempre el peso de la realidad, de la razón social, del "principio de la realidad" frente al capricho de lo individual que representa lo surreal.

D) Significaciones, claves formales por debajo de las puramente descriptivas o narrativas.

E) Persistencia de dos capas expresivas: a) Por un lado una actividad dibujística completamente libre, automática, constante y numerosa. Es una especie de diario. Son dibujos muy elementales casi siempre con bolígrafo en hojas de cuadernos. No tienen un objetivo social, de exposición o venta. Dependen mucho de la "inspiración". b) Por otro lado una segunda actividad más reflexiva. De los dibujos anteriores elijo uno que me atrae especialmente por razones que ignoro la mayor parte de las veces. Lo paso textualmente al lienzo y empiezo a trabajar sobre él con el color. Ya la elección del dibujo es un distanciamiento importante, pero la elaboración posterior del tema lo hace aún mayor. Si en la primera actividad lo importante es la expresión, la automaticidad, en la segunda lo es la elaboración, la toma de conciencia, la complejidad formal, la síntesis de influencias, etc.

Muchos de los cambios producidos en mi obra han sido derivados de las tensiones entre estas dos capas significativas.

**LUIS GORDILLO, 1974**

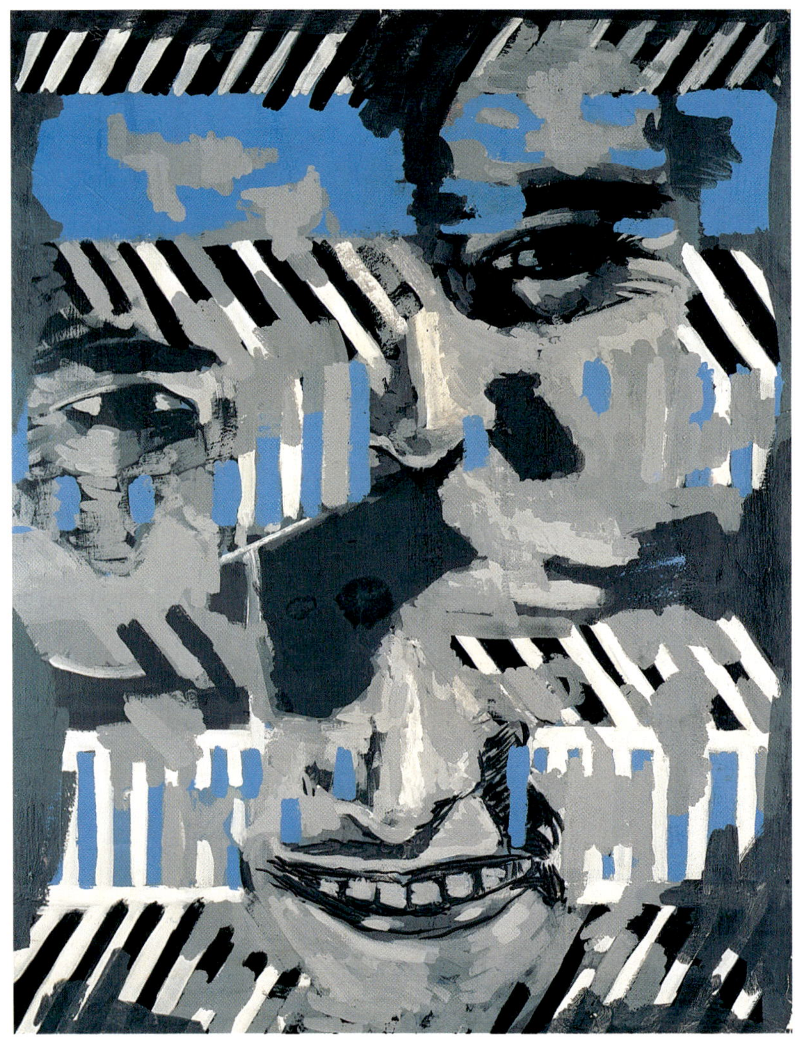

**Cabeza azul-gris** 1964 65,5 x 50,5 cm

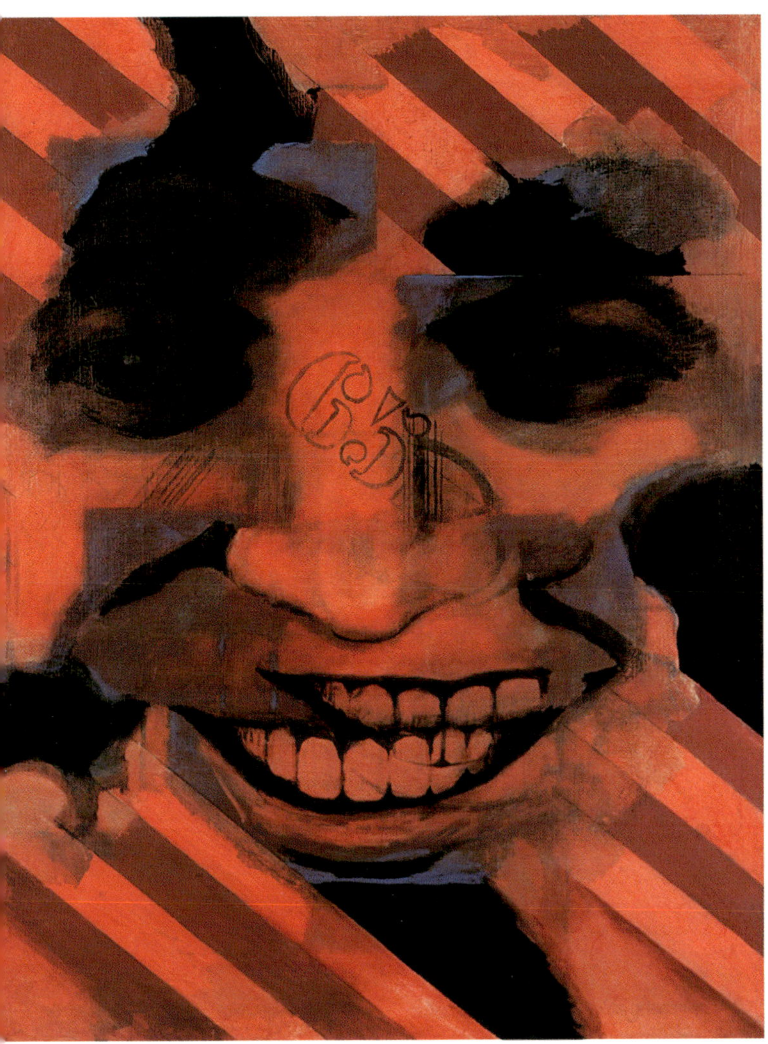

**Cabeza con letras C** 1964 92 x 73 cm

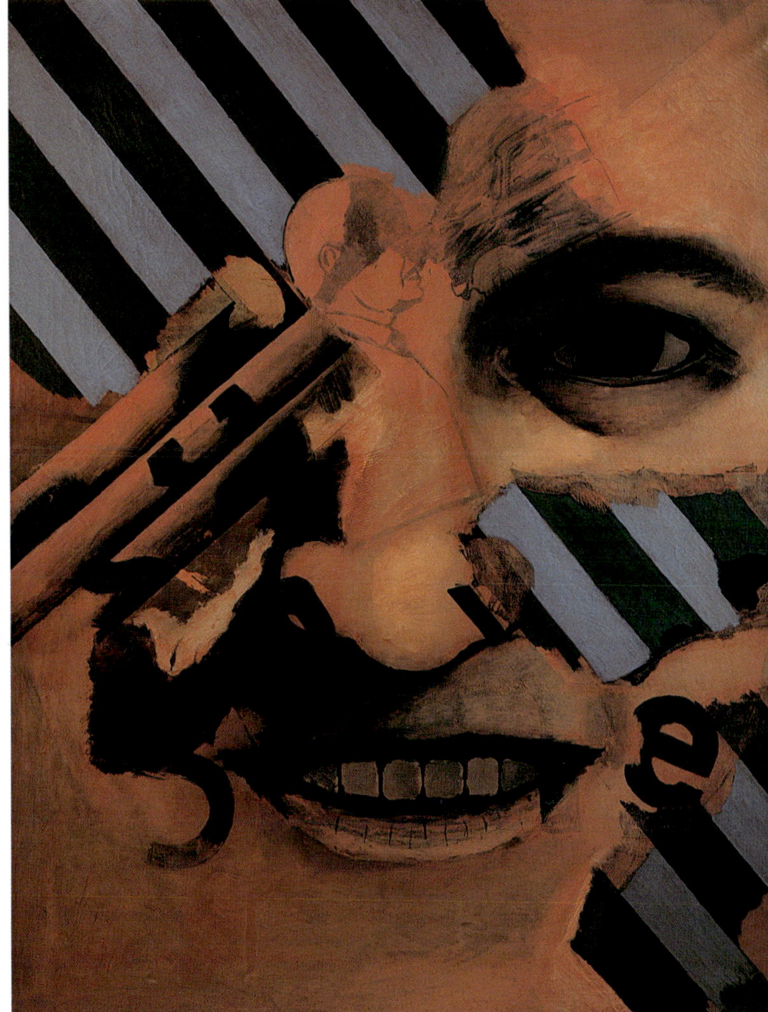

**Cabeza sonriente** 1964 92 x 73 cm

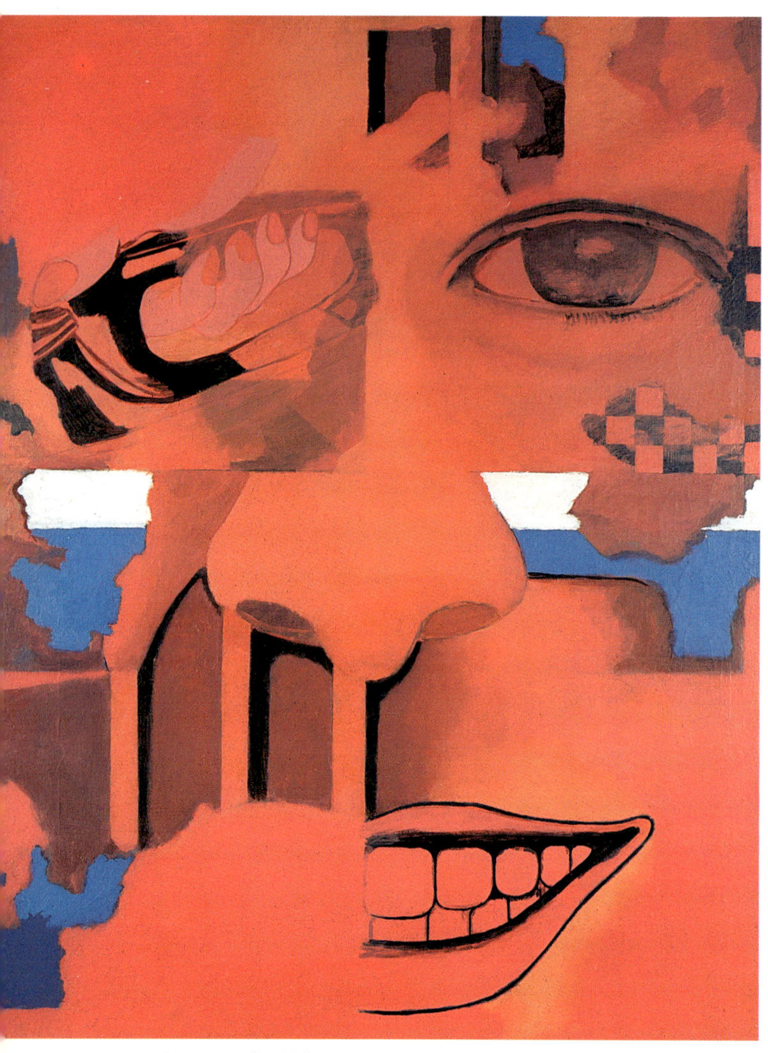

**Mano en ojo** 1965 92 x 73 cm

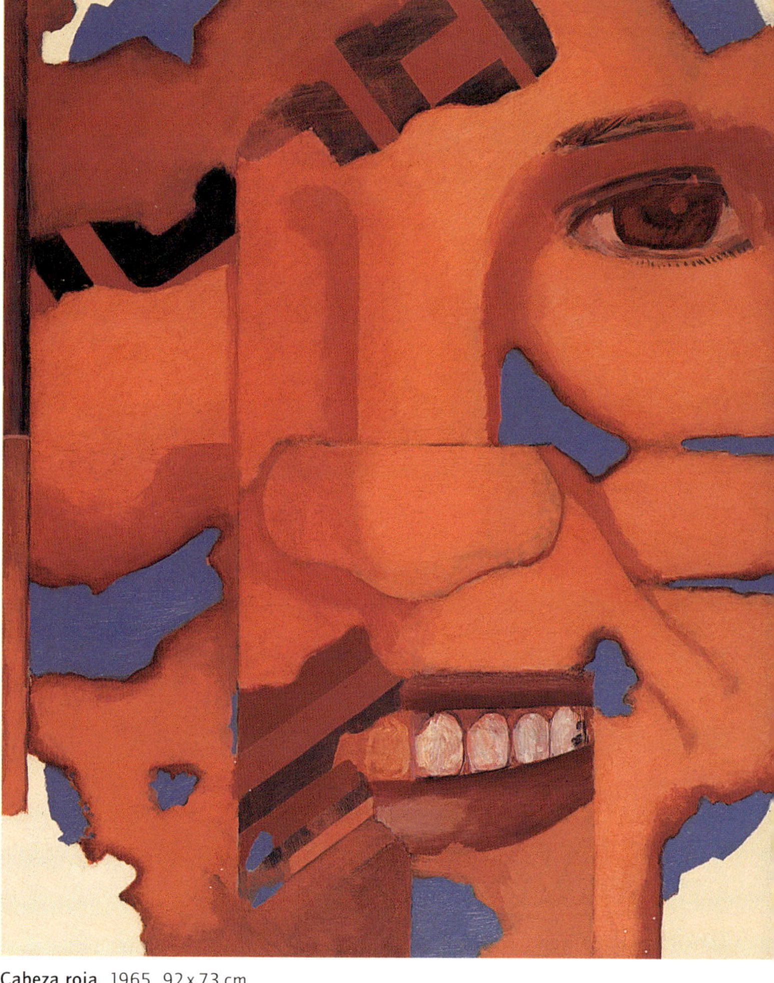

**Cabeza roja** 1965 92 x 73 cm



**Cabeza con franjas** 1964 116 x 89 cm

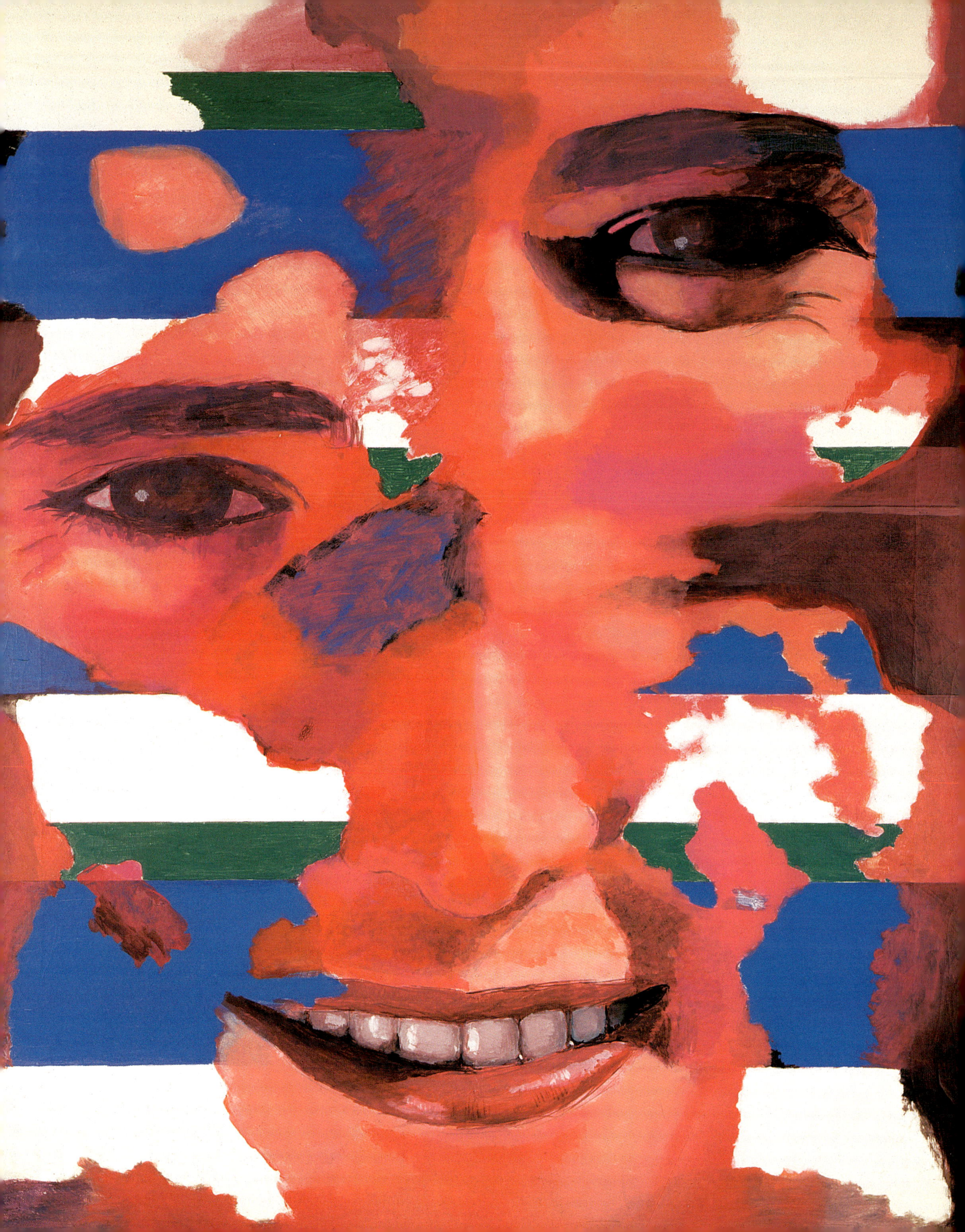

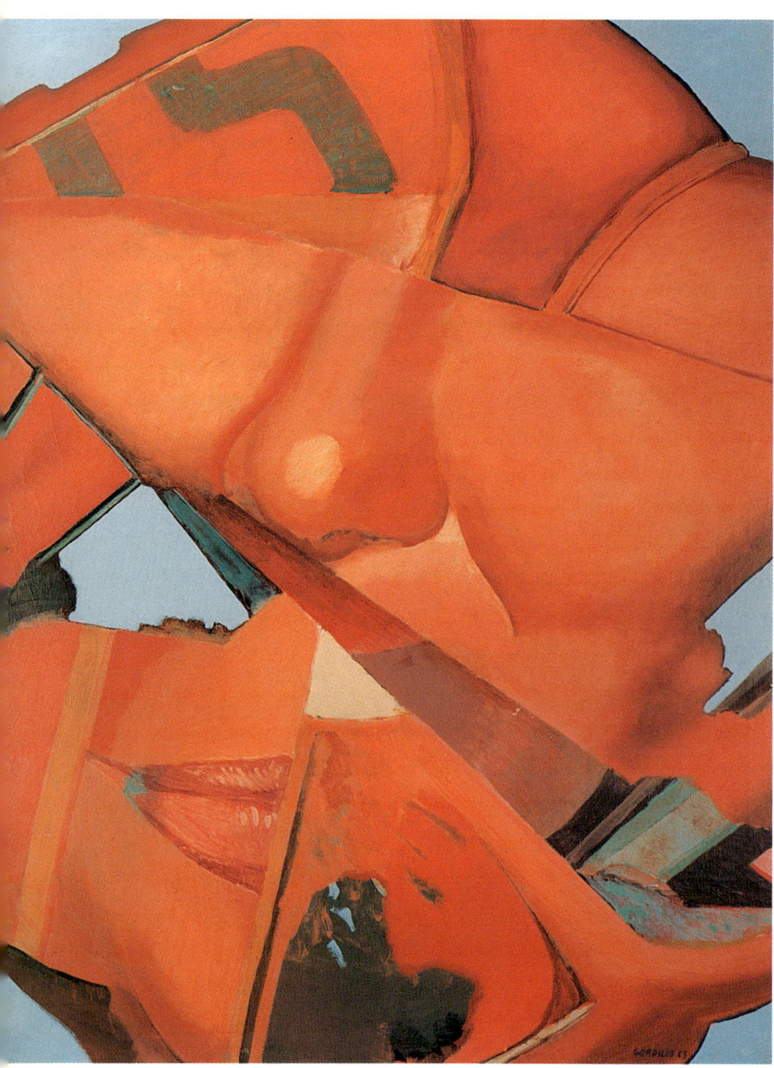

Cabeza seccionada 1964 116 x 91 cm

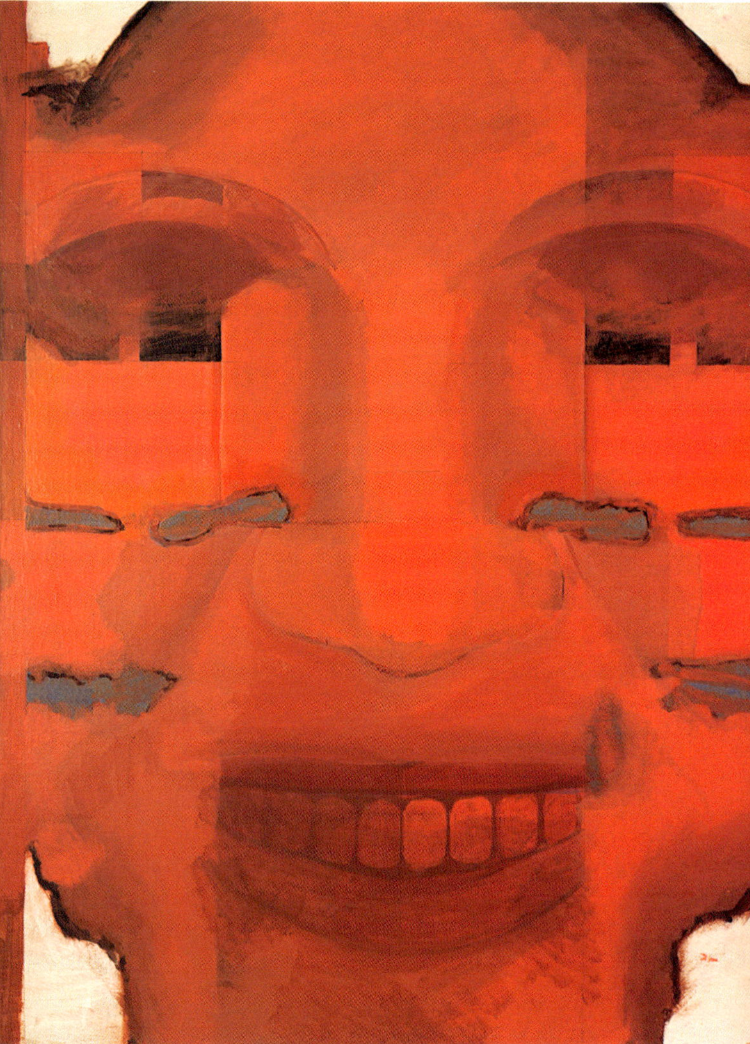

Gran cabeza introvertida 1965 116 x 91 cm



Cuatro ojos 1965 100 x 81 cm

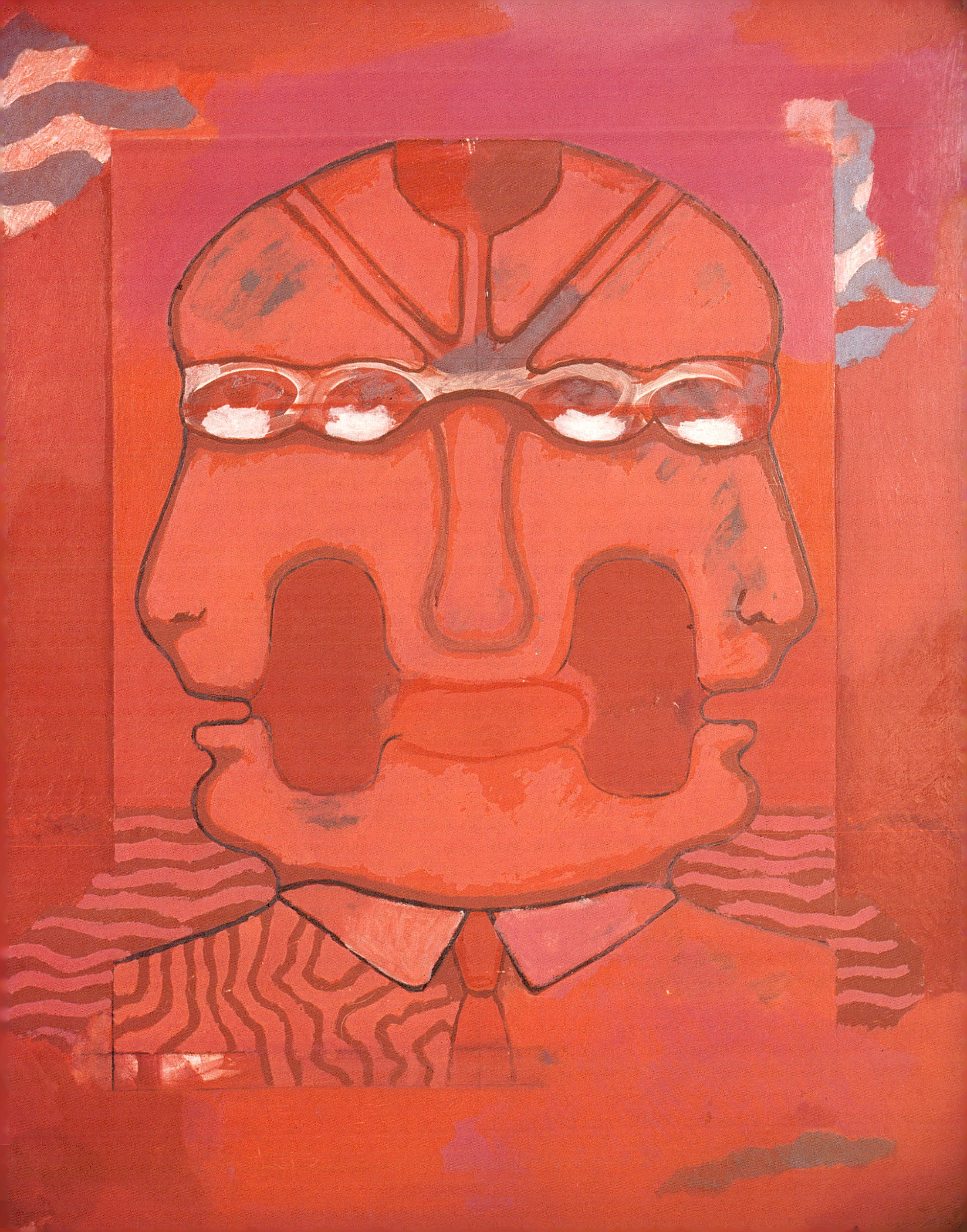

## Machine Man

**27 August 1967**

Right now it's a question of studying man, but not anatomically Hellenistic man, the man of arms and legs; right now it's a question of *man – and his machines*. I'm not speaking of the machine-man we're running the enormous risk of, the over-determined man whose brain has been converted into a precise receiver of what he must be, a man who is no longer "in the group" but "beneath the group". I'm speaking of that still-free man who has witnessed his potential, his limbs and his faculties enormously extended by machines; these cannot be rejected, we have to accept them as a somatic extension, infuse them with the spirit the purely biological body still possesses, make the blood pump through them, our nerves and sensations course through them. Right now it's a question of a new anthropology, a new artistic anatomy, that of *man – and his machines*.

**April 1967**

I construct a psychic space: the human figure is one space inside another.

Matter is absolute: man is one psychic arrangement of it.

A psychic structuring within matter as a whole. The soul is the consciousness that matter creates of itself.

Man is a growing factor of consciousness: consciousness of the group, but also consciousness of the self (integration of the unconscious and the conscious: the "in-itself" of Jung).

The radicalization of reason is the dialectical reverse of the radicalization of expression: if they're back-to-back, why travel such a long road?

Is it possible to find a "dialectical average" without betraying history?

History, of course, but also the particular history of each person. What does it serve us to save History if we destroy our personal history?

Painting more as an act than as a fact. More as a "being made" than as an "is".

The reflection of the time, the testimony of the external, already implicit in it.

**January 1967**

This much is clear: Constructivism aims to be an ethical, anti-narcissistic posture. It thinks man must forgo his feelings, his beloved self and be assimilated into the group.

But it could also be thought that the coldness of Constructivism, its potential programming, the boring uniformity with which it is internationally presented, is the result of precisely that feeling of amorphousness that current society produces. The forcibly gregarious individual, man as a number, alienated by advertising, by the state, has been converted into a neutral, amorphous being who has lost his true individuality. Isn't it this that Constructivism reflects, with its soul of whitened wood?

On the other hand, Constructivism may be a position of guilt in the face of science. One wants to make a scientific art and make a science of art. Isn't it that we feel guilty about our individuality? Isn't it that the current productivist notion of society is desiccating the "soul" of man?

**November 1968**

Informalism seeks to find certainty, objectivity, in the pure "fact" (especially action painting), in the unmediated, direct act, in pure vitality, energy, activity. Yet why not try and find such a vital norm in the synthesis of the organic and the rational? Isn't that precisely what man is, a catalyst of the organic in relation to the rational? An integrator of "natural" instances in relation to rational, "Human" products? I'll be told next that total rationalism (Neo-Plasticism, Constructivism) fulfills these requirements.

I have the intuition it doesn't, since I think that the door to the organic, the natural, in relation to the "human" must remain forever open; to close it in order to construct purely rational systems seems mistaken to me.

To attain, not the concrete, the characteristic, the specific, but the generic. If man, not this man, not these men, but "man" in general; as something neutral, as that part of matter called man, as there are other parts called table, door, dicotyledon, thread, helix, etc.

The generic, what's more, not as environmental object, or as subject-object dialectic, or figure-ground, but as indeterminate matter that just "passes" through the picture. **LG**

# HOMBRE MÁQUINA

**27 agosto 1967**

Ahora se trata de estudiar el hombre pero no el hombre anatómicamente helénico, el hombre de brazos y piernas; se trata ahora del *hombre– y sus máquinas*. No hablo del hombre máquina que es el gran peligro al que se corre, el hombre supedeterminado y cuyo cerebro se ha convertido en un receptor exacto de lo que debe ser, un hombre que ya no "es en el grupo" sino "bajo el grupo". Hablo del hombre aún libre que ha visto ampliadas gigantescamente sus posibilidades, sus miembros y facultades por las máquinas; no se las puede rechazar, hay que aceptarlas como una ampliación somática, infundirles el espíritu que aún poseía el cuerpo puramente biológico, hacer que la sangre circule por ellas, que nuestros nervios y sensaciones las recorran. Se trata ahora de una nueva antropología, de una nueva anatomía artística, de la del *hombre– y sus máquinas*.

**Abril 1967**

Construyo un espacio psíquico: la figura humana es un espacio dentro de otro.

La materia es total: el hombre es una ordenación psíquica de ella. Estructuración psíquica dentro de la materia total. El alma es la toma de conciencia que la materia hace de sí misma.

El hombre es un concienciador progresivo, conciencia del grupo pero también conciencia del yo (integración de lo inconsciente y de lo consciente: el "en sí mismo" de Jung).

La radicalización de la razón es el reverso dialéctico de la radicalización de la expresión: si sus espaldas se tocan, ¿para qué andar un camino tan largo?

¿Es posible encontrar una "media dialéctica" sin traicionar a la historia?

Sí, de acuerdo, la Historia, pero también la historia particular de cada cual. ¿De qué puede valernos salvar la Historia si destruimos nuestra historia personal?

La pintura más como un acto que como un hecho. Más como un "hacerse" que como un "es".

El reflejo de la época, el testimonio de lo exterior, va ya implícito en ello.

**Enero 1967**

Está claro: el constructivismo pretende ser una postura ética, anti-narcisista. Piensa que el hombre debe olvidarse de sus sentimientos, de su querido yo y asimilarse plenamente al grupo.

Pero también se podría pensar que la frialdad del constructivismo, su posible programación, la aburrida uniformidad con la que se presenta internacionalmente, es el resultado precisamente del sentimiento de lo amorfo que produce la sociedad actual. El individuo gregarizado, el hombre cifra, alineado por la publicidad, por el estado, se ha convertido en un ser neutro, amorfo, que ha perdido su auténtica individualidad. ¿No será esto lo que refleja el constructivismo con su alma de madera blanca?

Por otro lado el constructivismo puede ser una posición de culpabilidad ante la ciencia. Se quiere hacer un arte científico y hacer ciencia del arte. ¿No será que nos sentimos culpables de nuestra individualidad? ¿No será que la concepción actual productivista de la sociedad está desecando el "alma" del hombre?

**Noviembre 1968**

El informalismo quiso encontrar la certeza, la objetividad en el "hecho" puro (*action painting* especialmente), en el acto directo sin mediaciones, en la pura vitalidad, energía, actividad. Pero ¿por qué no intentar encontrar aquella pauta vital en la síntesis sobre lo orgánico y lo racional? ¿No es eso precisamente el hombre, un catalizador de lo orgánico hacia lo racional?, ¿un integrador de instancias "naturales" hacia productos racionales, "Humanos"? Se me dirá entonces que el racionalismo total (neoplasticismo, constructivismo, etc.) cumple estos requisitos. Yo intuyo que no, ya que pienso, que la puerta de entrada de lo orgánico, de lo natural, hacia lo "humano", debe estar constantemente abierta; cerrarla para construir esquemas puramente racionales me parece erróneo.

Conseguir no lo concreto, lo característico, lo específico, sino lo genérico. Si hombre, no el hombre tal, ni los hombres tales, sino "el hombre" en general; como algo neutro, como una parte de la materia llamada hombre, como hay otras partes llamadas mesa, puerta, dicotiledonia, hilo, hélice, etc.

Además, lo genérico no en cuanto objeto de un ambiente, o como dialéctica sujeto-objeto, o motivo-fondo, sino como materia indeterminada que tan sólo "pasa" por el cuadro. **LG**

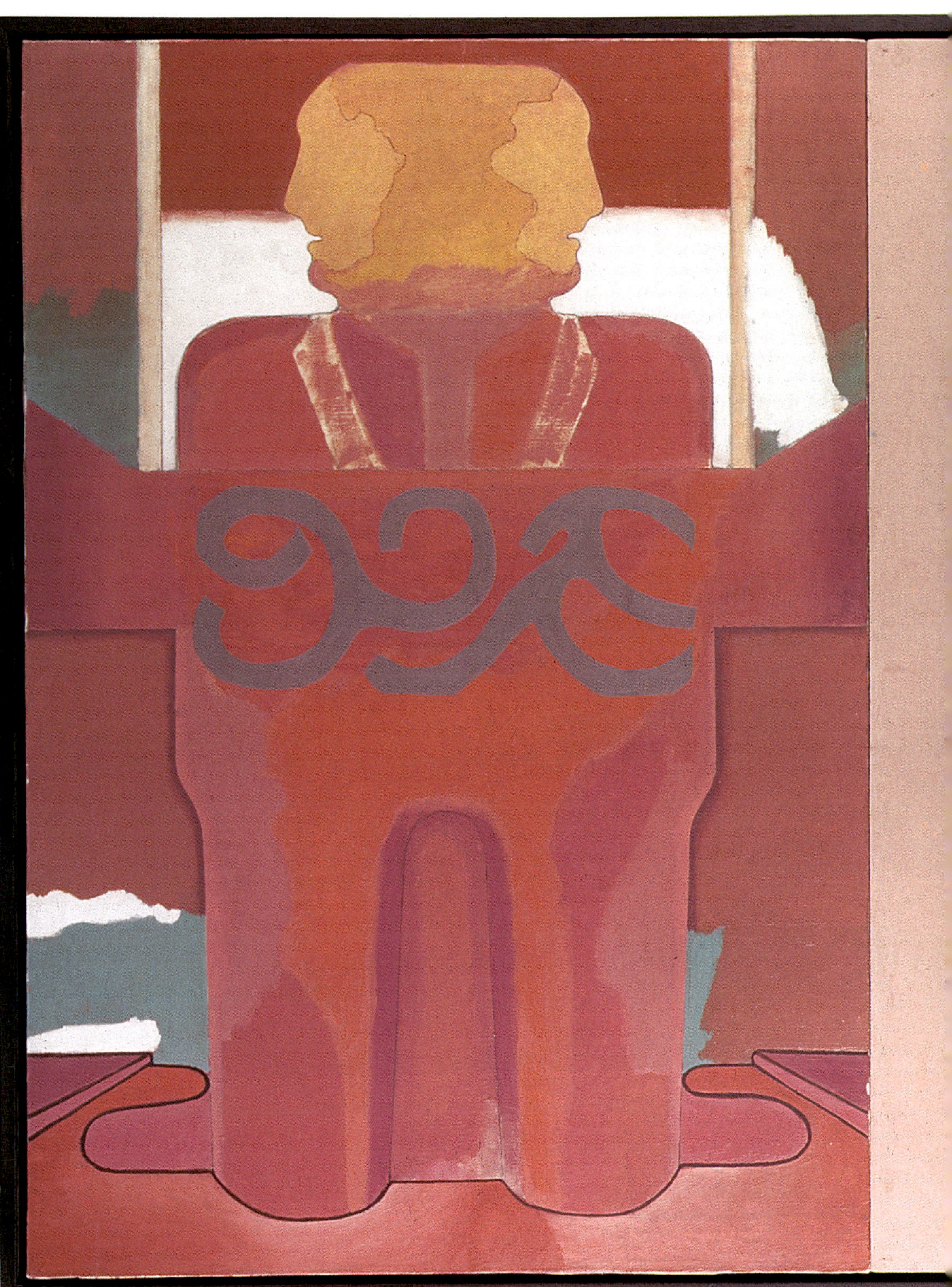

**Tragaperras** 1966 116 x 192 cm

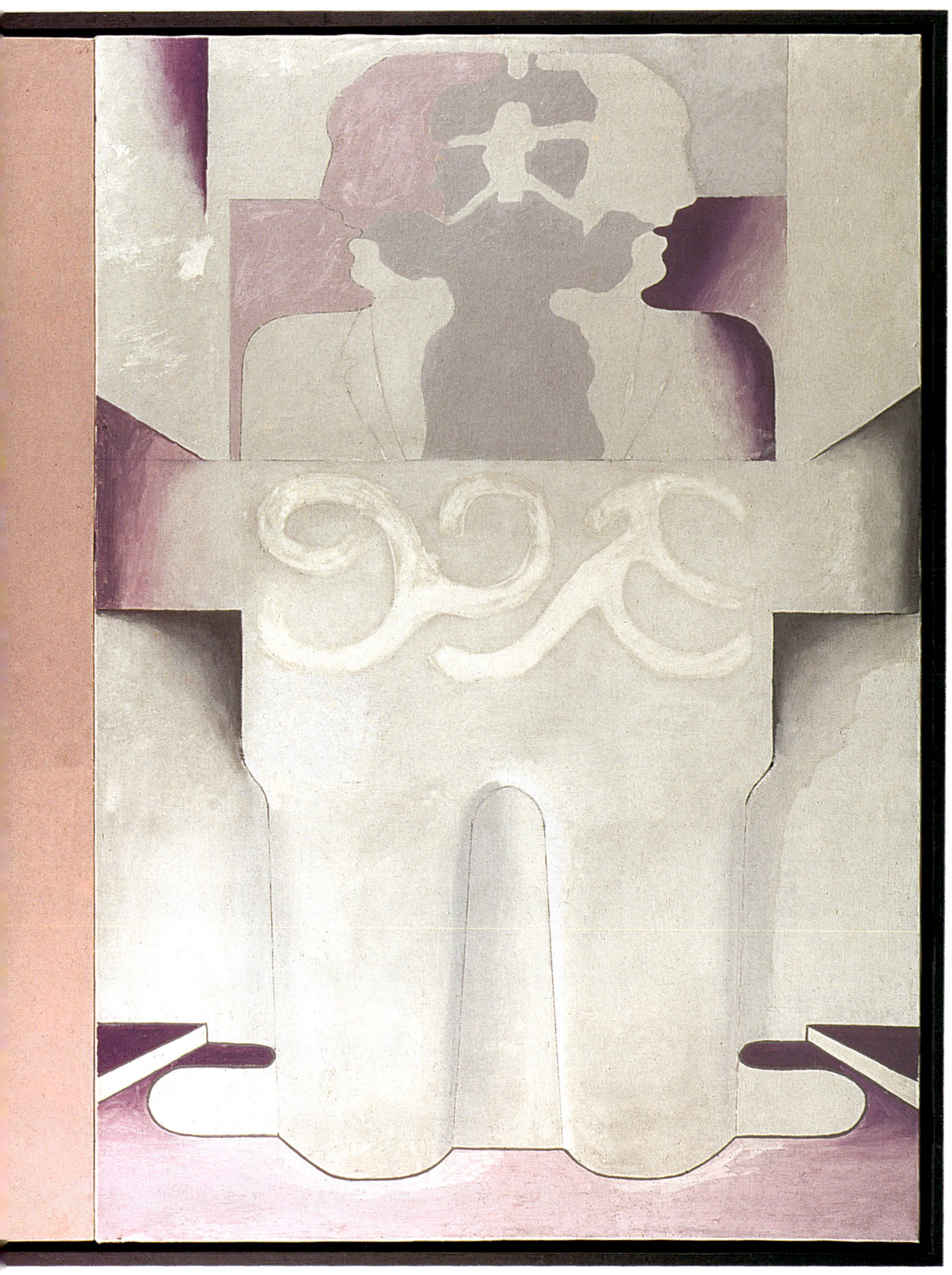

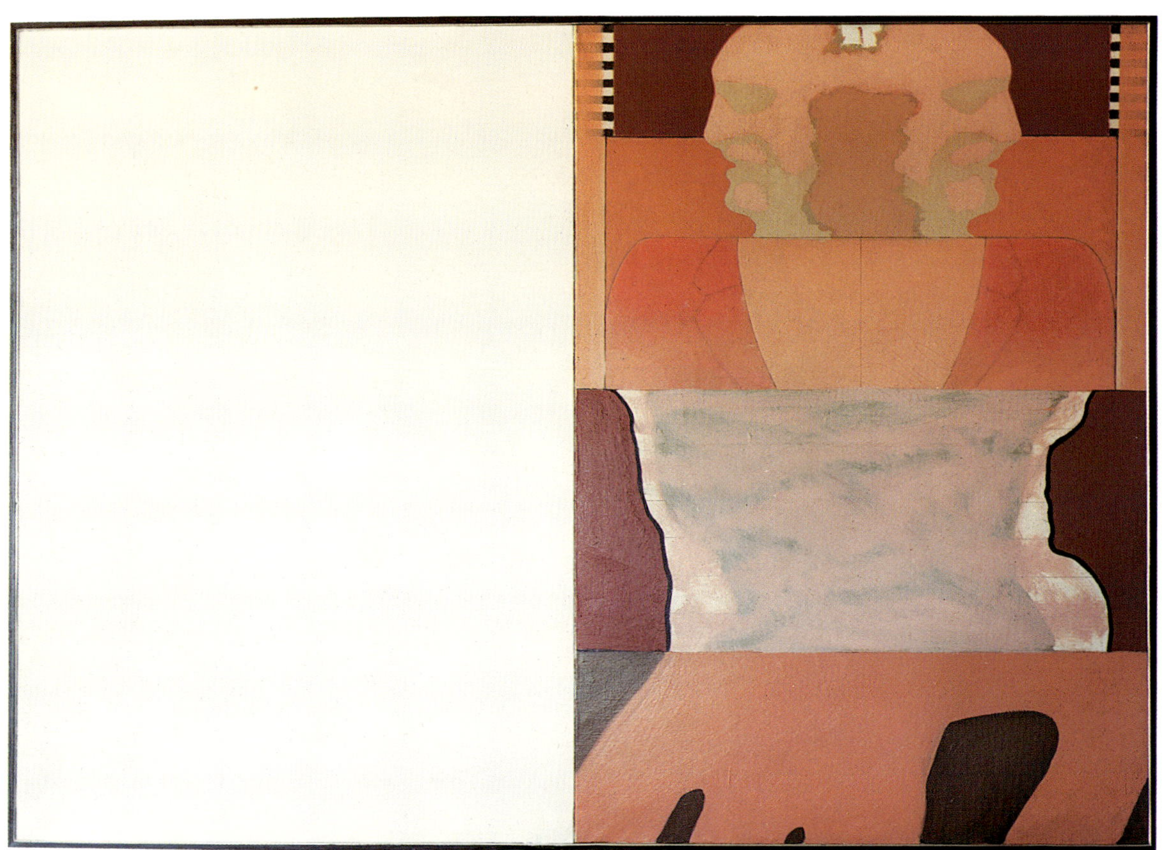

**Cuatropatas seccionado con dúplex blanco** 1966 116 x 162 cm

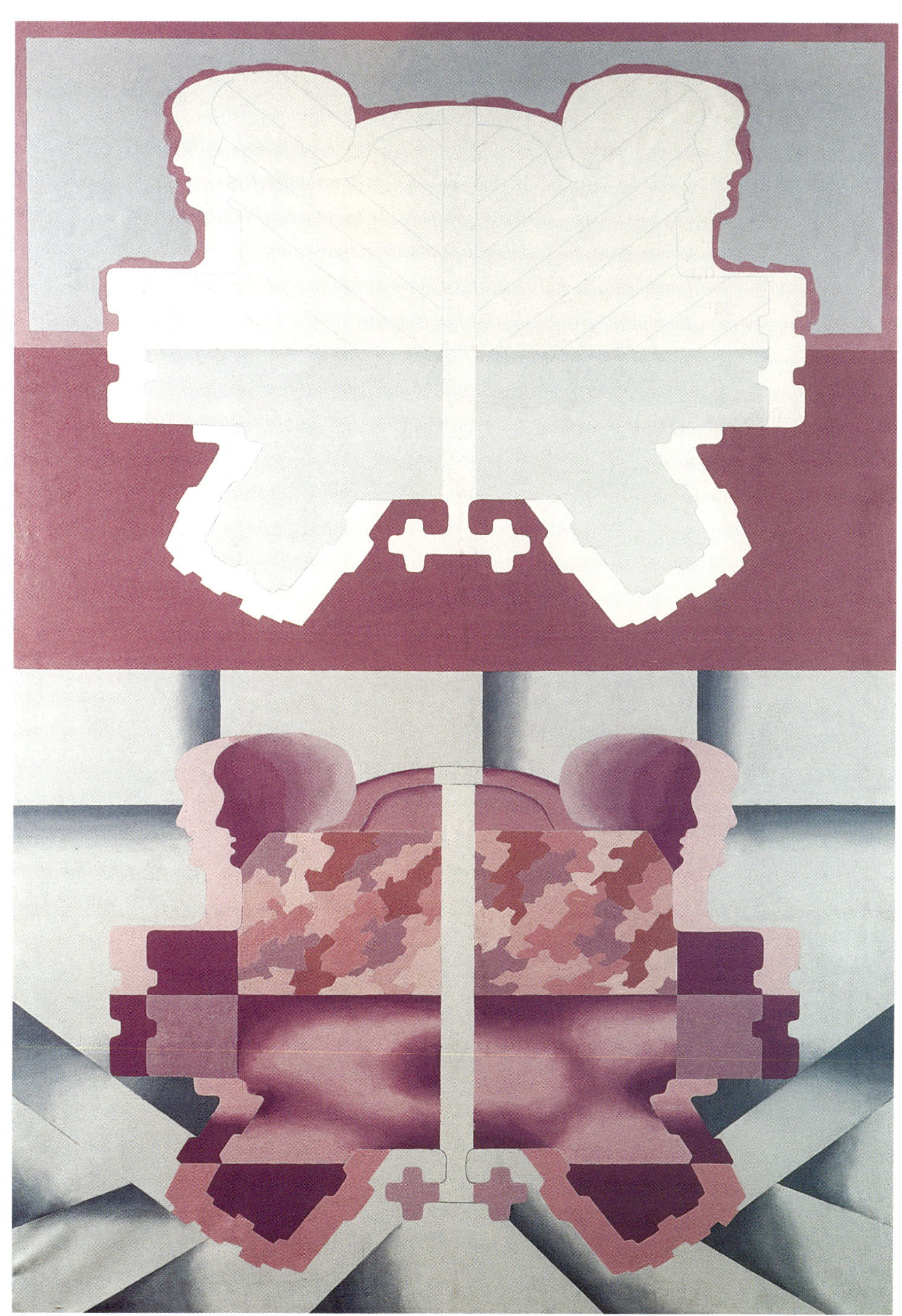

**Automovilista malva-gris dúplex** 1968 160 x 111 cm

## Crisis in 69

Starting with the motorists series I began to enter a state of crisis, logical if you consider what was the then basis of my way of doing things: freedom of subjective expression, followed by rationalized modulation. In both the pedestrians and motorists series the rationalizing work became asphyxiating for me, for my temperament and for my expressive needs. I'd persisted in and widened the purely formal geometrical research, repeating solutions on standard themes, now at a great remove from the initial expressionist outburst. I'd gone a long way down a road that was leading me to a terrain I basically hated: Constructivism. (I'm speaking at the level of purely creative personal taste and not as a spectator.) I was delighted with some of the works in those series and even now I continue to think that they are among the most important I've done, one more reason for the choice being difficult. This involved choosing between the work as a result and the act of painting as a faculty.

I stopped painting for a time. In the summer of 1969 I began drawing without any attempt at control, in order to amuse myself, to relax, simply for fun, with tremendous scepticism about the quality of what I was doing. As far as the pendulum swing between expression and rationalization goes, I'd positioned myself at the antipodes of what I was doing before. And so at bottom this crisis, and others before it, was just a problem of equilibrium, a conceptual shortsightedness; I'd entered a blind alley due to a radicalization of that pendular movement.
Proof of this is that at the end of a long series of drawings (practically two years of doing nothing else) I rediscovered another "pendular" equilibrium; this was when I started painting again in the summer of 1971: I'd reduced the geometrical tensions, increasing and problematizing the power of color, pushed the naturalistic references, introduced humorous elements, etc.

The drawings I did during that period of waiting between 1969 and 1971 are those I showed at the Juana de Aizpuru Gallery. When I was asked about them in different interviews I put forward this theory in explanation: if the heads had defined a protagonistic psychic unit, if the Vespa-men, the motorists, etcetera, had represented technified man in motion, this last series of drawings would reflect the "action" of the previous elements.

**9 September 1969**
I always find myself divided between two factors: the rational and the sentimental. If I opt clearly for the first, especially in art, I have the anguished feeling that apart from accepting a technified world in which everything has been sacrificed to science, the most authentic part of my being is not being expressed as it should. How and when to express the anguish, the abnormal sensations that such an imperfect world necessarily must produce? If I opt for the sentimental, I at once feel terribly guilty about the sum total of irrationalism in a world in which everything must be sacrificed to the realism of production.

Maybe there could be a third "existential" instance in which the temporal would have special importance.

**27 September 1972**
Every ideology, every way of being, even the most humble, the commonest, has, deep down, an economic theory, an energetic economy. A position is always worthwhile in itself for the pleasure it produces; the negation of pleasure in the name of a higher cause does not deny but demonstrates this viewpoint.

This is the point where aesthetics becomes ideology; it's here that aesthetics becomes revolutionary. **LG, 1972**

## CRISIS EN EL 69

A partir de la serie de los automovilistas empiezo a entrar en una atmósfera de crisis, lógica si se atiende a lo que ya iba siendo base de mi manera de hacer: libertad en la expresión subjetiva y modulación racionalizada posterior. Tanto en la serie de peatones como en la de los automovilistas, la labor racionalizadora se hizo asfixiante, para mí, para mi temperamento y para mis necesidades expresivas. Había insistido y ampliado la pura investigación formal geométrica, repitiendo soluciones sobre temas patrón, ya muy distanciadamente del brote expresionista inicial. Me había internado por un camino que me conducía a un terreno que en el fondo detestaba: el constructivismo. (Hablo a nivel de puro gusto personal creador y no como espectador.) Yo estaba encantado con algunas de las obras de esas series e incluso hoy sigo pensando que son de lo más importante que he hecho, razón de más para hacer difícil la elección. Se trataba de elegir entre la obra como resultado y la acción de pintar, como facultad.

Dejé de pintar durante una temporada. En el verano del 69 me puse a dibujar sin el menor control, por divertirme, por expansionarme, por juego sin más, con un gran escepticismo sobre la calidad de lo que hacía. Dentro del movimiento pendular entre expresión y racionalización me había situado en las antípodas de lo que estaba haciendo antes. Así pues, en el fondo de esta crisis y otras anteriores, había tan sólo un problema de equilibrio, una miopía conceptual; había llegado a un callejón sin salida debido a una radicalización de ese movimiento pendular. Prueba de ello es que al final de una larga serie de dibujos (prácticamente dos años sin realizar otra cosa) volví a encontrar otro equilibrio "pendular"; fue cuando me puse de nuevo a pintar en el verano de 1971: había rebajado las tensiones geométricas, agigantado y problematizado el poder del color, insisto en las evocaciones naturalistas, introducido elementos humorísticos, etc.

Los dibujos que hice en ese compás de espera entre los años 1969 y 1971 son los que expuse en la galería Juana de Aizpuru. Cuando en algunas entrevistas se me preguntó por ellos yo aventuré esta teoría explicativa: si las cabezas habían definido una unidad psíquica protagonista, si los hombres-vespa, los automovilistas, etc., habían concretado el hombre tecnificado en movimiento, esta última serie de dibujos reflejarían la "acción" de los elementos anteriores.

**9 septiembre 1969**

Siempre me encuentro dividido entre dos elementos: lo racional y lo sentimental. Si me inclino abiertamente por lo primero, especialmente en arte, tengo la angustiosa sensación de que además de aceptar un mundo tecnificado en que todo se ha sacrificado a la ciencia, mi ser más auténtico no se expresa debidamente. ¿Cómo y en dónde expresar las angustias, las sensaciones irregulares que un mundo tan imperfecto tiene que producir necesariamente? Si me inclino por lo sentimental, al momento me siento terriblemente culpable del sumo pecado de irracionalismo, en el mundo en el que todo debe sacrificarse al realismo de la producción.

Quizá pudiera haber una tercera instancia "existencial" en la que lo temporal tendría especial importancia.

**27 septiembre 1972**

Toda ideología, toda forma de ser, aún la más humilde, la más vulgar, tiene en lo profundo una teoría económica, una economía energética. Siempre se hace valer una postura por el placer que produce; las negaciones del placer por una causa superior no niegan sino que demuestran este punto de vista.

Es en este punto donde la estética se hace ideología; es aquí donde la estética se hace revolucionaria. **LG, 1972**

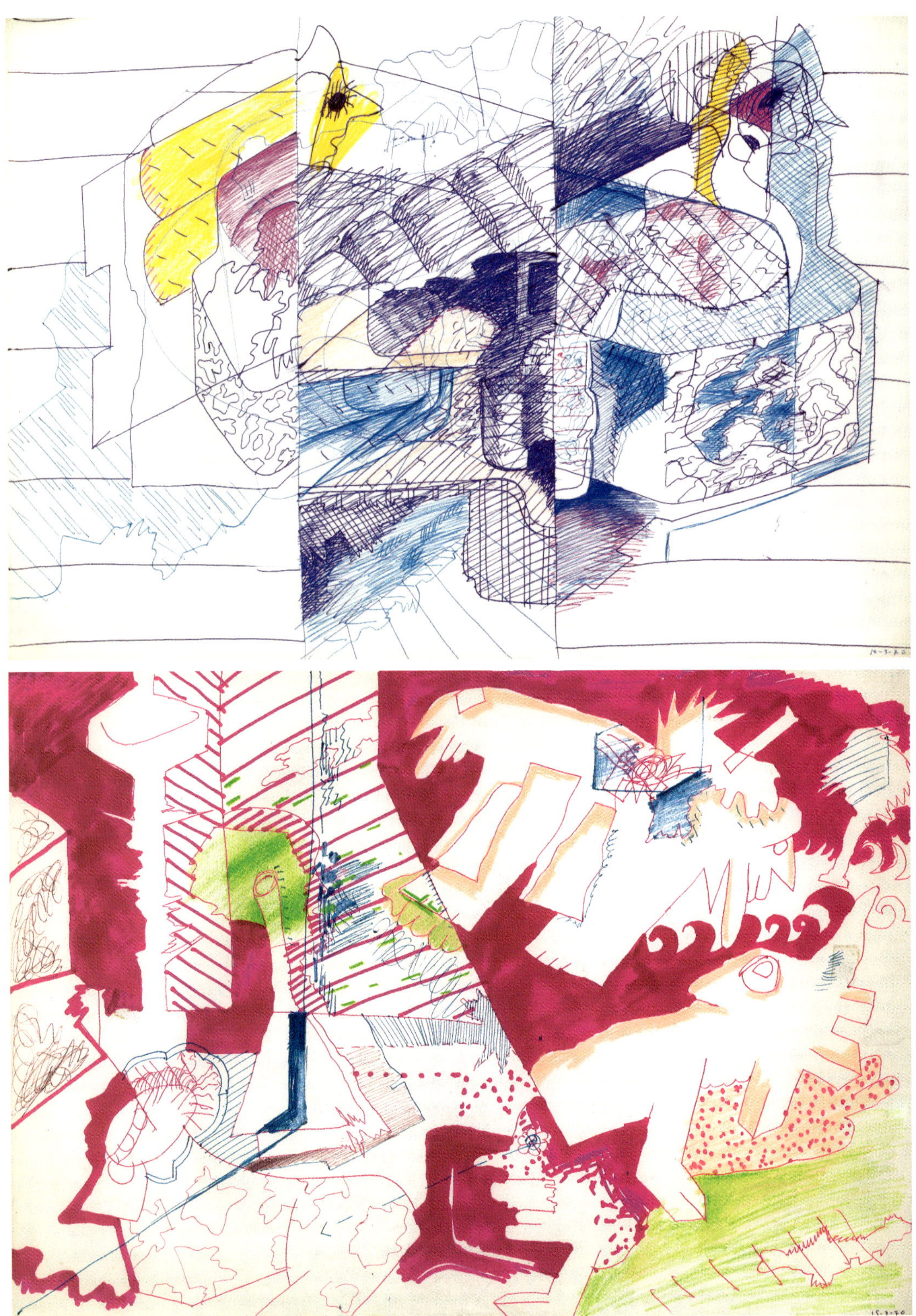

**Serie dibujos** 1970 49 unidades 44 x 30,5 cm c/u

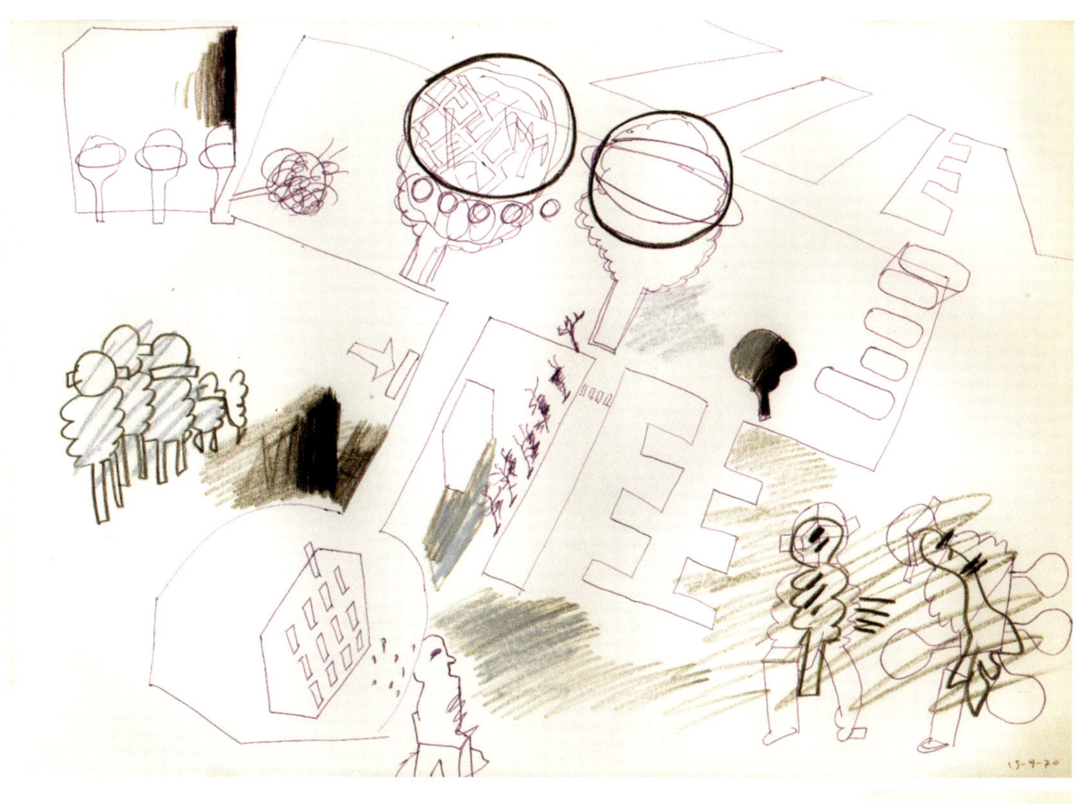
13-9-70

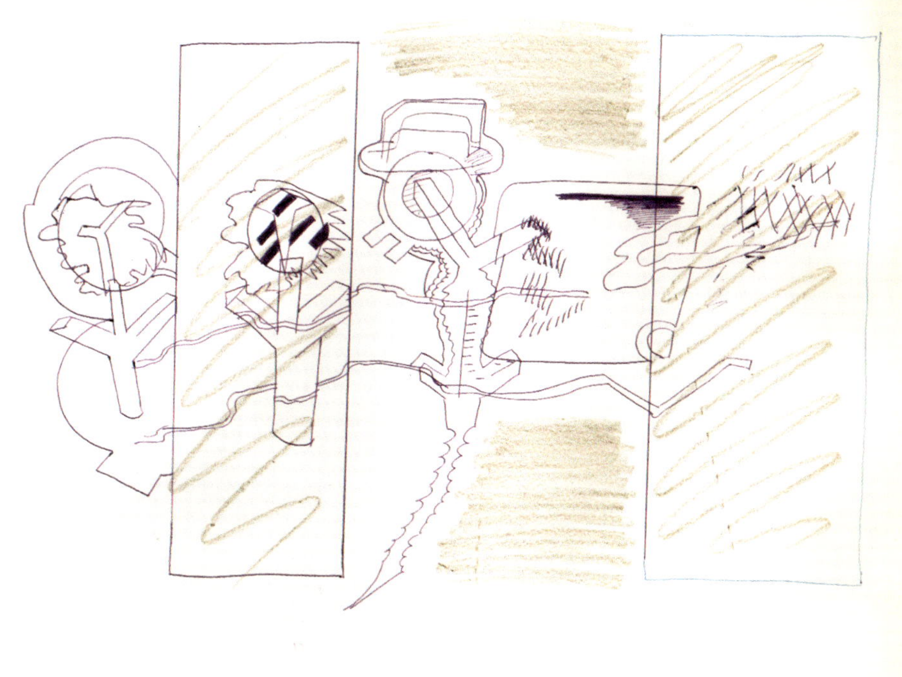

## One Color – No Color

It's extremely odd, of course, the kind of hidden obsession to do with the use of color that I've called on since the end of the sixties and which, in order for me to know what I meant, I called "color-color". I've tried explaining it to myself in many a piece of writing; this is one more.

In me there's a twin handling of color, even in the one work:
1) color as hue, as beauty in itself, and
2) color in relation to a dynamic structure in which the color-drive is sacrificed to this.

I find that my capacity to find beautiful, pulsional colors is great, but I'm only content when I've arrived at a great tension by sacrificing the color-drive to a dynamic structure.
A structure in which the color *has disappeared*.
Let me explain: I've always dreamed in one color – no color (not monocolor, monochrome, which is a mere caricature of what I say), but such a complex use of it that the coloristic values would disappear, giving rise to that sensation that, while based on color, signified something else in which color was not evident. In daily life in general we don't perceive our surroundings as color, but as an actual structure (the pinewood is above all a pinewood, a gathering of trees in a certain order, and in it the color is but one element together with the smell, spatial layout, sentimental memories, scientific data, etcetera). It's later that we can say: the pinewood is a certain shade of green. But at first sight reality is not color, it's a structure involving the sedimentation of information: it's information and memory. Color is first seen when it's become unreal: for instance, on color TV, in old Technicolor movies, in those in which a mechanical color appears that, not being the exact color of reality, makes us first register this inadequacy.

We also first register color when its influence is perceptually total: a red sunset, the intense yellow of ripe cornfields in August, the white blanket of snow. And it's curious to observe that these three examples, and others that one could cite, are the basis of a popular esthetic easily understood by all; this is due to the fact that the color has assumed such an influential form that this complex structure of the visible has been destroyed (coloristically). A pure color appears which although real (red/sunset, yellow/ripe cornfields, white/snow) enters into the poetic, via the inhabitual.

Yet I insist on the initial idea: a sacrifice of the color-drive for the benefit of a dynamic structure, an *even greater drive*. This involves a tension, because I'm trying to maintain the maximum pulsionality compatible with that second structure.
**LG, 25 June 1977**

## UN COLOR – NO COLOR

Desde luego, es sumamente curioso el carácter de las obsesiones encerradas en el empleo del color, que yo he hecho a partir de finales de los sesenta y que, para entenderme, he llamado "color-color". He intentado autoexplicármelo en multitud de escritos; éste es uno más.

En mí hay un doble tratamiento del color incluso en la misma obra:

1) el del color como matiz, como belleza en sí mismo, y

2) el color entroncado en una estructura dinámica en la que el color-pulsión se ve sacrificado a ella.

Yo encuentro que mis capacidades para el encuentro de bellos colores pulsionales son amplios, pero sólo me doy por contento cuando he conseguido una alta tensión, sacrificando el color-pulsión para conseguir una estructura dinámica. Estructura en la que el color *ha desaparecido*. Me explico: siempre he soñado con un color-No color (no el monocolor, el monocromo, que es tan sólo una caricatura de lo que digo), sino un empleo tan complejo de él, que los valores colorísticos desaparecieran para dar paso a una sensación que, aunque basada en el color, significase otra cosa; en la que no se viese el color. En general, viviendo no percibimos el entorno como color, sino como estructura real (el pinar es ante todo pinar, reunión de árboles en un cierto orden, y en él el color es sólo una parte junto al olor, esquema espacial, recuerdos sentimentales, datos científicos, etcétera). Es posteriormente cuando podemos decir: el pinar es de un cierto color verde. Pero a primera vista la realidad no es color, es más bien una estructura de sedimentación de información. Es información y recuerdo. El color se ve en primer lugar cuando se hace no real; por ejemplo, en la televisión en color, en las películas antiguas en tecnicolor, en las que al aparecer un color mecánico, no exactamente el de la realidad, captamos primeramente esa inadecuación.

También captamos primero el color cuando su protagonismo se hace total perceptivamente: una roja puesta de sol, el amarillo intenso de las mieses ya maduras en agosto, la manta blanca de nieve. Y es curioso constatar que estos tres ejemplos, y otros que se podrían dar, son base de una estética popular, muy fácilmente aprehensible por todos; ello es debido a que el color se ha hecho de tal forma protagonista, que ha roto esa estructura compleja de lo visible (colorísticamente). Aparece un color puro, que aunque real (rojo-puesta de sol, amarillo-mieses maduras, blanco-nieve), entra dentro de lo poético, por lo no habitual.

Pero insisto en el concepto inicial: sacrificio del color-pulsión en bien de una estructura dinámica, de *una pulsión aún mayor*. Se trata de una tensión, porque trato de mantener el máximo de pulsionalidad que sea compatible con esa segunda estructura.

**LG, 25 junio 1977**

## The Limited Man

My latest works of a satirical bent make clear reference to our society's model man, rendered stupid by comfort, crippled and, what interests me more, LIMITED by cultural spaces beyond which he cannot think.

The nuclear war that makes total confrontation impossible ends in the possibility of the rapid destruction of an opposed ideology: transition must be arrived at. The spectacle of the Earth seen from the moon has brought one fact home to us: we are travelling companions on a small planet that cannot get any bigger. The surface of the Earth is well known; there are no more poles or Africas to seek adventure in. The discovery of the unconscious opened up a vast field, at the far end of which a new wall has been set up. Ever more technically repressive political institutions make the possibility of political change more difficult. The religious idea, which produced such ample spaces to flee to, has ended or has become worldly to a huge degree. The control of the communications media and the 'caging' of men in the big city are new limits. The open space of science remains – but of art?

The ordinary man has found himself restricted on all sides and is granted one space only: increased profits with which to surround himself in greater comfort. Man is cretinized, converted into the caricature of himself, infantilized, turned into a clown, converted into an image equidistant between an animal (a sexual component, tanned, respecting the norms, etc.) and a machine (programmed without desires for any type of space). It could be said that he's midway between the hen and a washing-machine, between a cow and a fish-fryer, etc.
I have to add three things:
A) that I consider myself a man just like the ones I'm talking about. I'm not imagining the average man, because *I know all those feelings from experience.*
B) As a painter I have to confess to my suspicion that the painter is no more than an *illusion* of space, like religious belief. That's to say, that the ridiculous being I paint is not the consumer type I am, but the PAINTER I am too.
C) I've always considered that the avant-garde produced a space for freedom. But the moment arrives in which this interminable movement *per se* is also restricted to the individual, due to age. The feeling of infinite space that opened up before me at the age of twenty is not the same today; it seems that this airy open space gradually condensed, first into mist, then into pollution, later jelly and is now on the point of turning into a solid wall. One finds oneself surrounded by one's own particular world (that's maturity!). One reaches the point of looking like oneself alone (naturally!). A new and unavoidable limitation. One is now oneself plus one's image in the mirror. It could be said that any artist today, whatever his persuasion, encounters reality.

Paradoxically, that open and airy space caused deep anguish (the anguish of limitlessness); the current way of things produces a feeling of comfort, of something concrete and manageable. But also a certain *nostalgia*. This nostalgia, this sadness about one's limited self, is one of main components of my esthetic right now.
**LG, July 1973**

## EL HOMBRE LIMITADO

Mis últimas obras de tipo satírico hacen claramente referencia al hombre estándar de nuestra sociedad, atontado por el confort, disminuido y, lo que más me interesa, LIMITADO por espacios culturales más allá de los cuales no puede pensar.

La guerra nuclear que hace imposible el enfrentamiento total termina con la posibilidad de la rápida destrucción de una ideología opuesta: hay que llegar a la transición. El espectáculo de la tierra vista desde la luna nos ha hecho concienciar un hecho: somos compañeros de viaje en un pequeño planeta sin posibilidad de ampliación. La superficie de la tierra se conoce bien, ya no hay polos ni áfricas donde aventurarse. El descubrimiento del inconsciente nos abrió un gran campo al final del cual se ha establecido un nuevo muro. Las instituciones políticas cada vez más técnicamente represivas hacen más difícil la posibilidad de cambio político. La idea religiosa que tan amplios espacios producía para la huida ha terminado o se ha mundanizado en gran parte. El control de los medios de comunicación, el "enjaulamiento" de los hombres en la gran ciudad son nuevos límites. Queda evidentemente el espacio abierto de la ciencia ¿del arte?

El hombre normal y corriente se ha visto limitado por todos lados y tan sólo se le concede un espacio: el aumento de ganancias con las que rodearse de un mayor confort. El hombre se cretiniza, se convierte en la caricatura de sí mismo, se infantiliza, se hace un payaso, se convierte en imagen equidistante entre el animal (componente sexual, bronceado, guardar la línea, etc.) y la máquina (programada sin deseos de ningún tipo de espacios). Se podría decir que es la media entre la gallina y una lavadora, entre una vaca y una freidora, etc. Tengo que añadir tres cosas:

A) Que yo me siento un hombre como esos de los que hablo. No estoy imaginando al hombre común sino que *todas esas sensaciones las conozco por propia experiencia*.

B) Ya como pintor debo confesar mi sospecha de que el pintor no sea más que una *ilusión* de espacio, como la creencia religiosa. Es decir, que el ser ridículo que pinto no sea ya el ser consumidor que soy sino además el PINTOR que soy.

C) Siempre he pensado que la vanguardia producía un espacio a la libertad. Pero llega un momento en que este movimiento en sí interminable se limita también en el creador individual a causa de la edad. La sensación de espacio infinito que se abría ante mí a los veinte años no es el mismo actualmente; parece que ese espacio abierto, aéreo, se hubiera ido condensando, primero niebla, después contaminación, más tarde gelatina y, a punto de hacerse muralla. Uno se encuentra rodeado por su propio mundo (es ¡la madurez!). Uno llega a sólo a sí mismo (¡claro!). Nueva limitación y ésta inesquivable. Uno es ya sí mismo más su imagen en el espejo. Se podría decir que en este momento, cualquier artista del tipo que sea encuentra la realidad.

Paradójicamente, aquel espacio abierto y aéreo, producía angustia profunda (la de la ilimitación); la actual posición produce una sensación de confort, de algo concreto y manejable. Pero también una cierta *nostalgia*. Esta nostalgia, esta pena de sí mismo limitado, es uno de los componentes principales de mi estética hoy día. **LG, julio 1973**

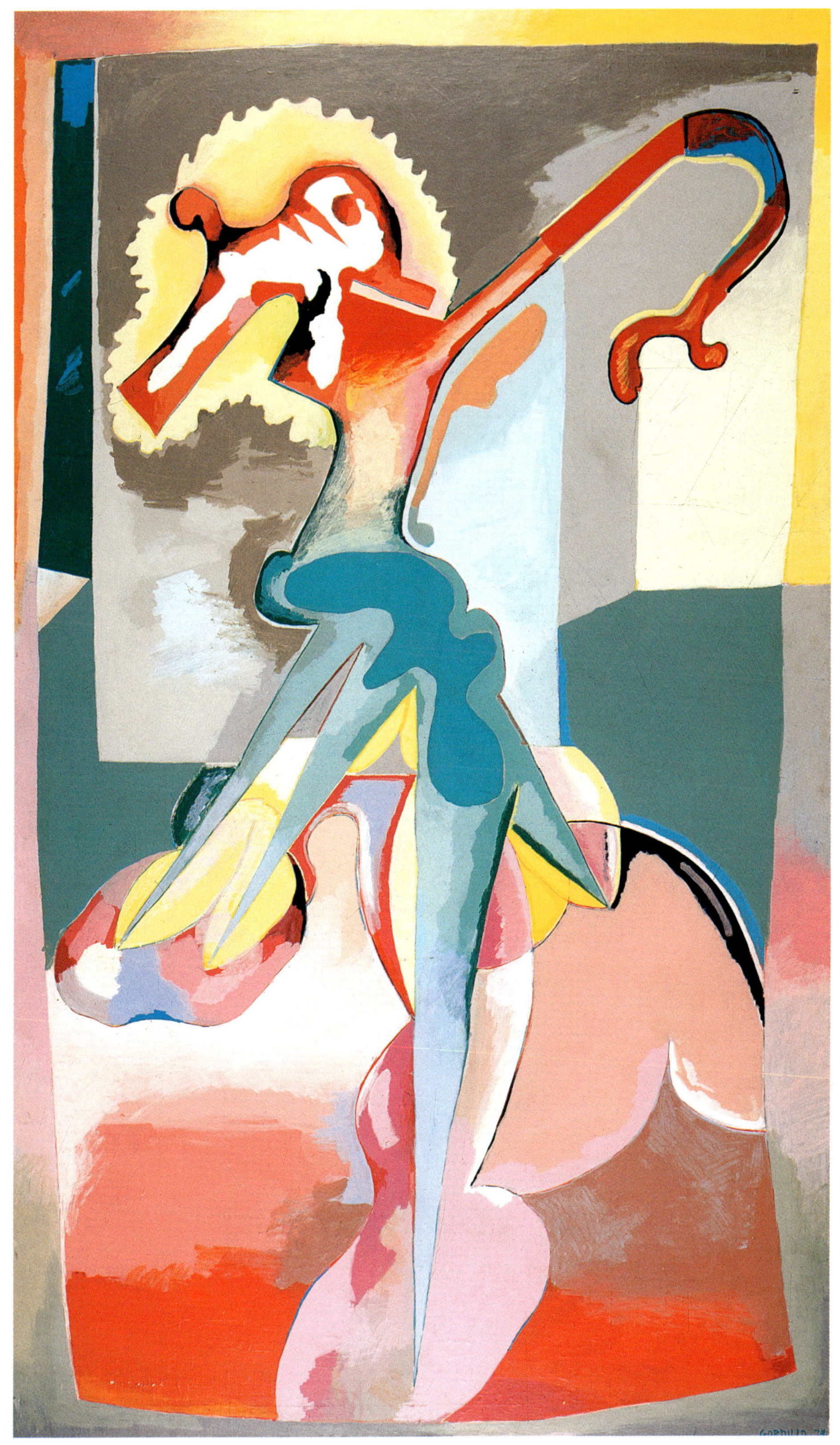

**Asténica entrando** 1971 190 x 111 cm

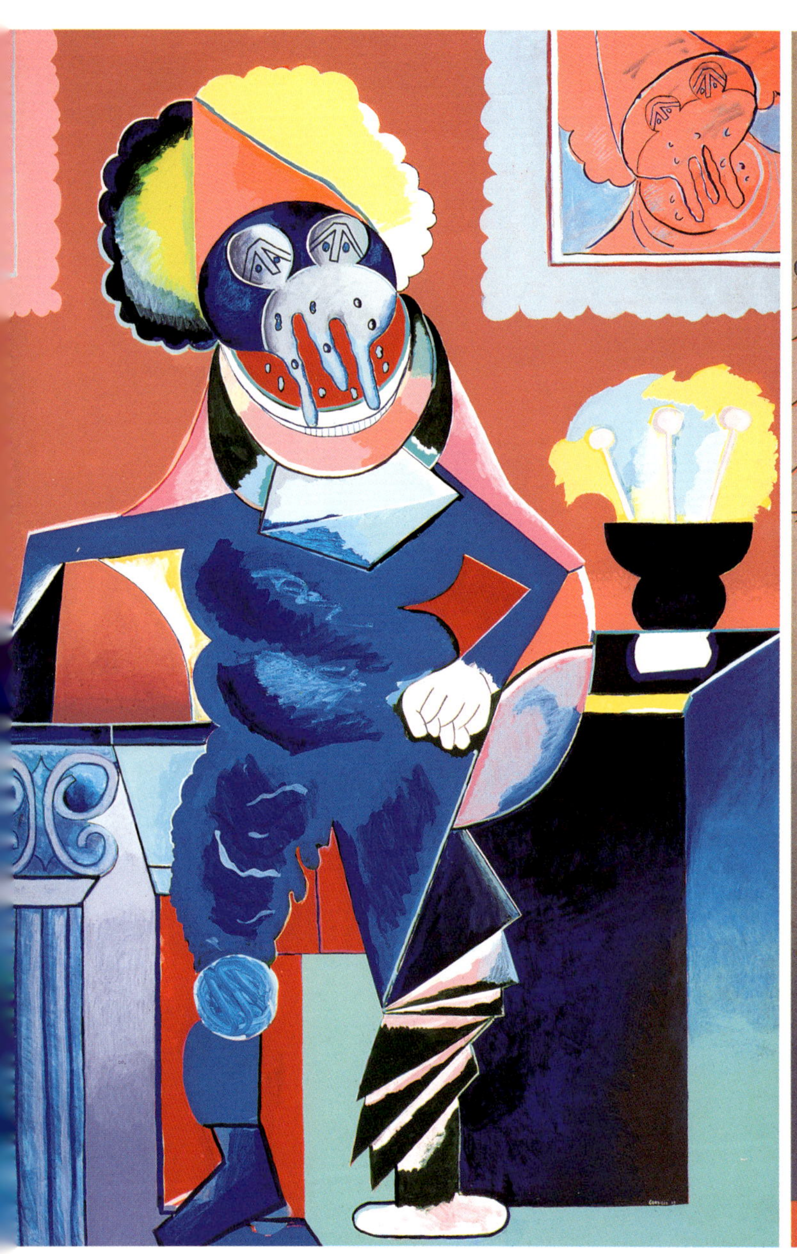

**Caballero cubista aux larmes** 1973 160 x 106 cm

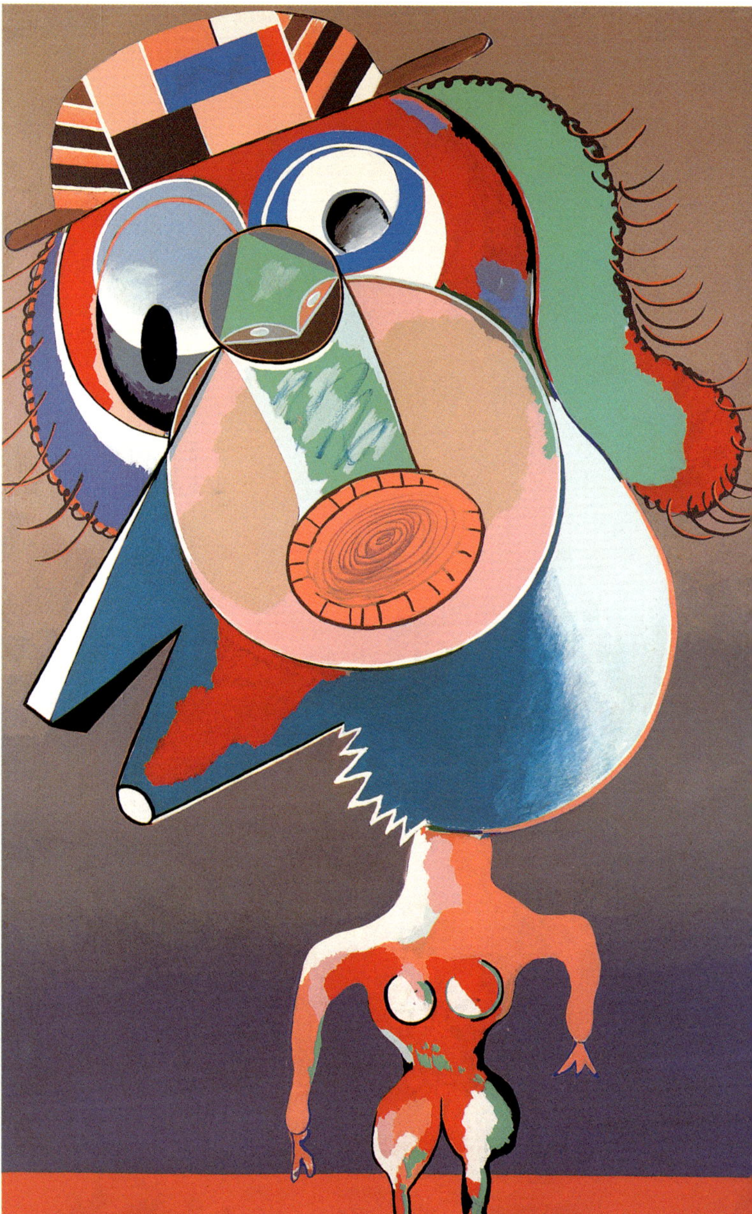

**Le pesa la cabeza** 1973 160 x 106 cm

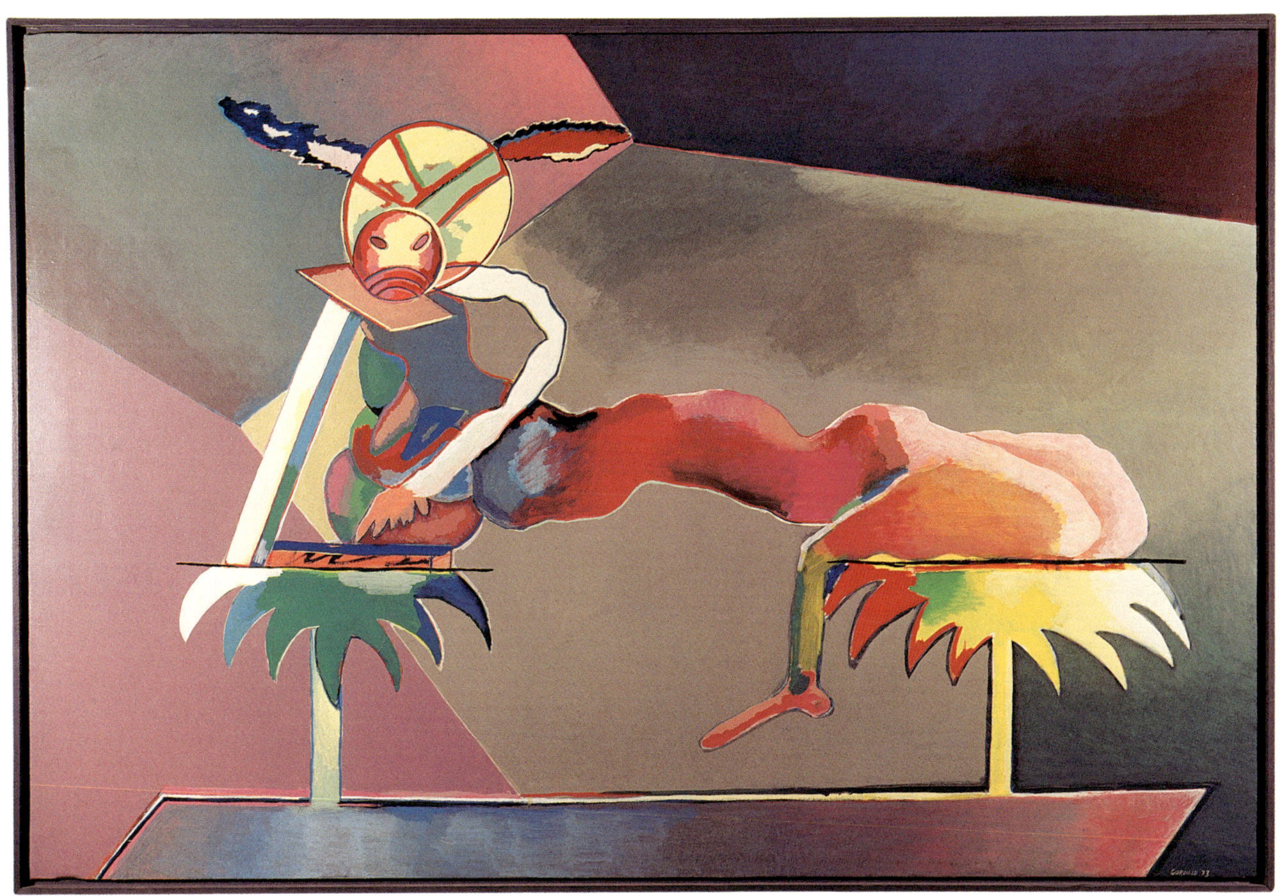

**Chinata sobre palmeras** 1973 109 x 160 cm

Página siguiente **Reclining figure con paisaje** 1973 106 x 160 cm

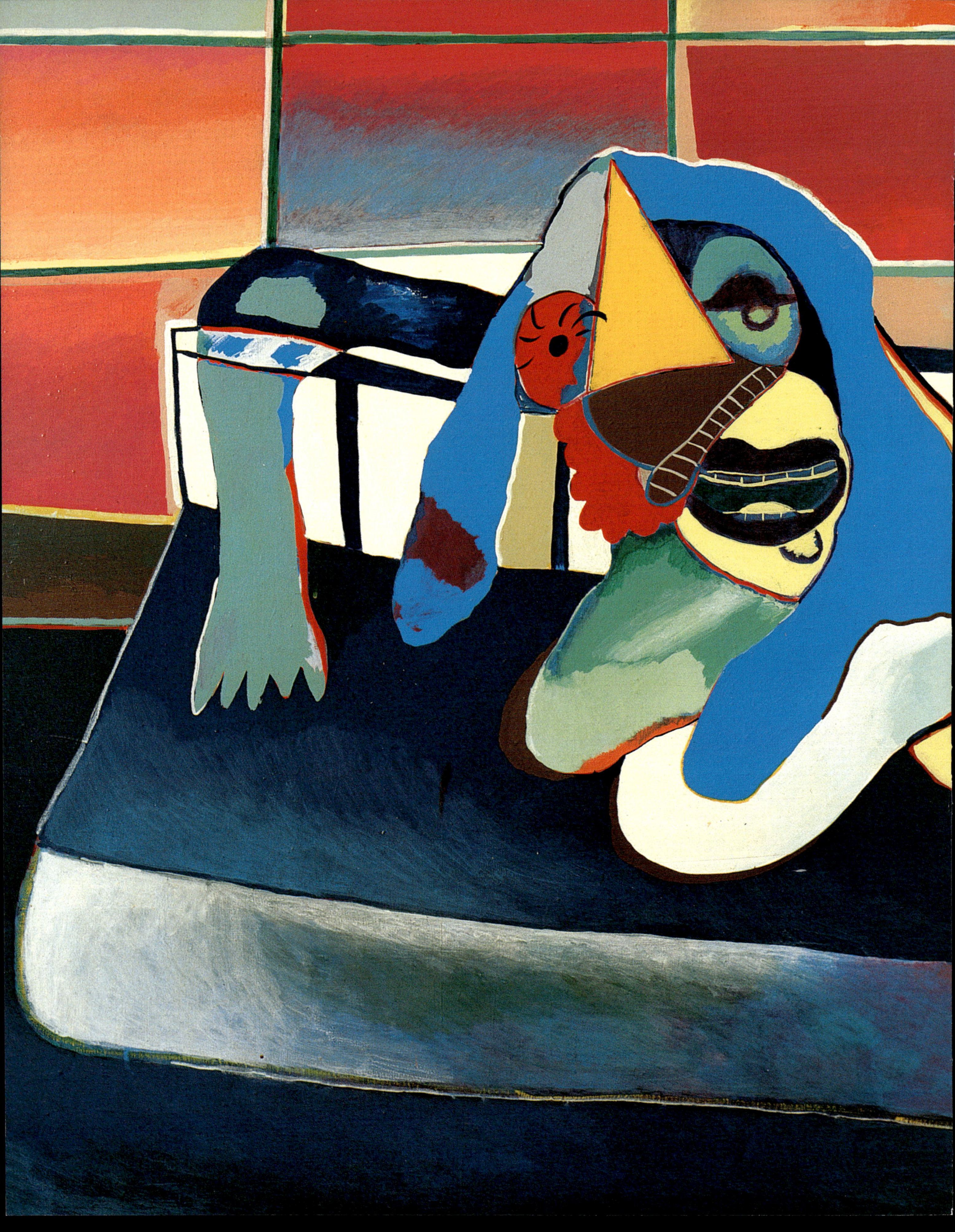

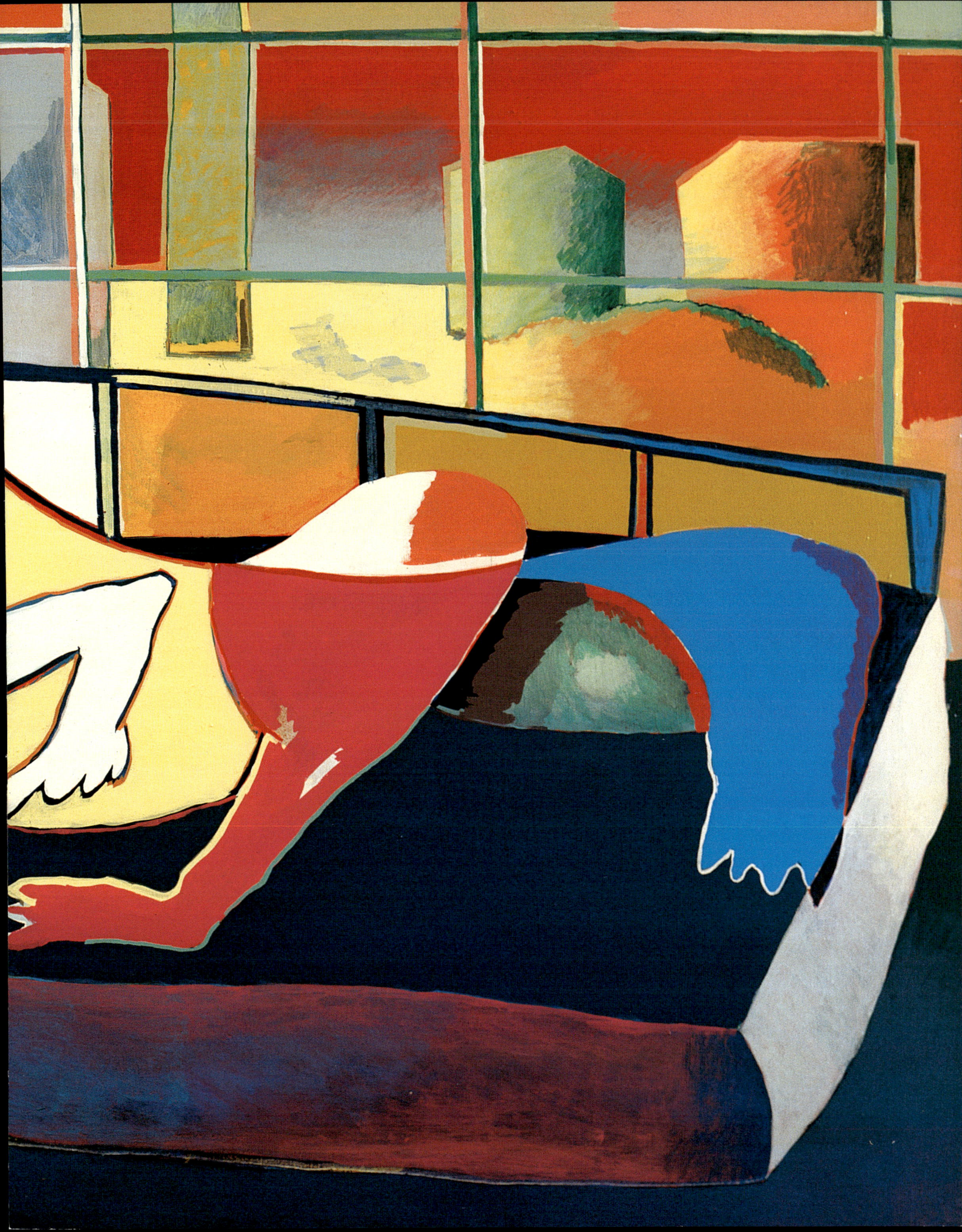

## The Space Behind the Canvas

He mixed a complex gray (tending to mauve) with a spot of *cadmium red medium*: he swished it around with the tip of the brush, it looked to be a glancing blow of a color; he went back towards the picture and, with a punch-drunk rage, extended the color around a discontented face. Something was wrecked in the canvas and a stretch of landscape in the south came towards his eyes with a yellow insolence *vis-à-vis* the black. Part of a stomach declared itself to be out of balance, and a section of some parallel lines wobbled illogically. He went back to the palette and onto the rest of the former color he plonked a bit of white, lemon yellow and a blob of pickled gray; back to the canvas, and this time it was a touch to a certain part of a building lost somewhere off in the northwest of the canvas. Each color was like a spadeful of earth on the coffin in which he himself was buried: he heard the clattering of the earth as it fell and its gentle weight on the wood, and that pitch-black darkness in which he was enveloped. Another color, an extensive greenish glaze, and he felt even more horizontal, truly swamped in bland but resistant matter. Flat out and face up, he went deeper, he sunk in; the plant world and the car traffic remained far off, up near the sun. Colors, still more colors: days, weeks, months of making his way through that space in which fissures, tunnels, grimacing faces, sliding plates were being eroded, taking turns, sedimenting into a host of insects in honey. And he, with his ubiquitous profundity, was marshalling the orchestration with delicate dissonances, violins sawing in knife and pianos pounding in bananas. With time the spaces of the pictures were able to smell and breathe; the orchestration sounded a life-enhancing belch and the darkness became so total that he thought he was lying, dead, at the center of the Earth, spinning, blind, through the vast space. He ceased to hear and smell, the blackness had lodged in both lungs and intestines; he was now a paste of pure black paint inside its tube: alive, but not knowing in which part of the alive.

The ending was happy, since everything had been a misunderstanding: with the passing of the days he began to hear slight whistlings and hawkings again, and that obsessed murmur of city traffic, and a certain warmth in his back. He noticed that the far-off piped music reached him from the back of his neck; life was being restored to him the other way round. He still persisted with his colorist patches, his well-intentioned brushstrokes seeking to be saved, but being engulfed somewhere near the back of the canvas, in that half-light encroached on by nobody.

He left for the antipodes when the picture was finished, facing backwards and painting forwards; at the last, his final brushstroke was above the crust on the other side of the Earth, and he signed by pissing his name on the front.

**LG, 11 October 1977**

## EL ESPACIO QUE ESTÁ DETRÁS DEL LIENZO

Mezcló un complejo gris (hacia el malva) con una pizca de *cadmium red medium*; lo batió con la punta del pincel, nuevo, apareció un color bofetada algodón; se volvió hacia el cuadro y, con una rabia agalletada, extendió el color alrededor de un rostro molesto. Algo se hundió en el lienzo y un trozo de paisaje en el sur se vino hacia sus ojos con una insolencia amarilla hacia el negro. Una parte de un estómago se declaró en desequilibrio, y parte de unas paralelas se tambalearon ilógicamente. Se volvió a la paleta y sobre el resto de color anterior echó algo de blanco, amarillo limón y algo de un pardo en conserva; de nuevo hacia el lienzo, y esta vez fue un toque en cierta parte de un edificio perdido hacia el noroeste del lienzo. Cada color era como una paletada de tierra sobre el ataúd en el que él mismo estaba enterrado: oía el estruendo de la tierra al caer y el peso blando sobre la madera, y esa oscuridad aún más allá del negro en que se iba envolviendo. Otro color, una veladura extensa verdosa, y se sintió aún más horizontal, perfectamente hundido en materias blandas pero resistentes. Profundizaba, se sumergía en horizontal y de espaldas; el mundo vegetal y la circulación de automóviles iban quedando lejos, hacia el sol. Colores, aún más colores: días, semanas, meses de hendir aquel espacio en que grietas, túneles, muecas, placas deslizantes, iban erosionándose, turnándose, sedimentándose hacia una totalidad de insectos entre la miel. Y él, desde su profundidad multiplicada, iba ordenando la orquestación con delicados desafinamientos, violines raspando en cuchillo y pianos golpeando en plátanos. Con el tiempo, los espacios del cuadro olían y respiraban; la orquestación sonaba con erupto vital y la oscuridad llegó a ser tan absoluta que pensó que yacía muerto en el centro de la Tierra, girando, ciego, a lo largo del gran espacio. Dejó de oír y de oler, el negror se había aposentado en pulmones e intestinos; ya era una pasta de pura pintura negra dentro de su tubo: viva, pero no se sabe en qué parte de lo vivo.

El final fue feliz, pues todo fue un malentendido: al paso de los días empezó de nuevo a oír pitidos y carraspeos muy leves, y ese murmullo obseso de la circulación de la ciudad, y un cierto calor por la espalda. Se percató de que la música ambiental, lejana, le llegaba de detrás de la nuca; la vida se le restituía a la inversa. Aún seguía con sus apaños colorísticos, sus bienintencionadas pinceladas queriendo salvarse, pero hundiéndose hacia detrás del lienzo, en esa penumbra por nadie hollada.

Salió por las antípodas cuando el cuadro estuvo terminado, de espaldas y pintando hacia delante; en el último momento, su última pincelada fue sobre la costra del otro lado de la Tierra, y firmó meando su nombre en la fachada.

**LG, 11 octubre 1977**

## The Loved Object

May it be gone! Let it be off!
I love the loved object so much that it's hard for me to utter such words.
(The servants leave the way clear; they open gates, lead on through flowerbeds, pacify dogs, prepare Rolls-Royces.)

The loved object is unpresentable at any social gathering, since it's very difficult *to get into focus*; in reality one doesn't know on what channel it appears, and always when one tunes into the radio its broadcast is ending. It's ambiguous, is the most one can say about it, yet not ambiguous in reference to two elements that don't mix, like beaten oil and water, but ambiguous at many coordinates, ambiguous in terms of a thousand. And this is what causes consternation in the servants (I've grown accustomed to it). To say that it is man, woman or dog, or all together, would be easy. It does have breasts everywhere; and breasts of very different types: it has them small, nascent, flower-like, it has them mature, ante-natal, elastic, wanting to be caressed. And also big, abundant, spraying full-cream milk, white, thick, on the point of solidifying into great landscape cheese. That's one of its qualities, the move from the objectual to the landscape-like, from the ambiguous to the howling cyclone that arises as devastating energy without ceasing to smile. Yes, it's focalizable with difficulty. It has, sure, thousands of breasts, even where it should have moustache, ears or boots. But one could even say that it's full of pubic hair between its transparent viscera, between its innumerable penises, in among its cerebral rough spots and by the sanguinary irrigation system. That's right: anyone has an irrigation system channeled by veins and arteries, and it too has them, various complete and identical systems yet at the same time more than enough free systems that fly off all around it, beating or sluggish, giving it the air of a rhizome in motion, an agitated body, very nearly a pink cloud, very nearly a plant in Spring emitting gendered elements. And it emits continually changing images: this one's a pink image, this one's very nearly gigantic energy, and suddenly it's a normal gent who passes by saying hello, or the granny who's knitting and remembering lots of coitus with grandpa, or Adela (I'll speak of Adela another day, but in secret, OK?).
This is the way it's much loved, yet it keeps you on tenterhooks and dependent on it: it's an expert at attracting attention.

The most intense and cruel thing about this phenomenon is that when it plays at being you yourself it's not really clear why it is transformed into a soft mirror that captures my image, or why that out-of-focus human being is me, that I order myself to extend the hand, my hand, and I feel my hand shake hands with itself. Ah, Loved Object! How loved you are, yet how cruel you are to me! (Or I am to me).

And since I'm doing the talking: I say to it, Get thee gone! Get thee gone, Loved Object! Get thee gone, progressing inch by inch along the road, so that your idea of me might come into focus, your distance from the place where they say I'm at and am. Let a distance be put between YOU and I that can be transformed into a linear bar of bright silver, and that placed vertically let said bar be an unquestionable monument to the separation of that day. Yes, now it's you, because the bar is here. You exist, bar of silver, I touch it, I test it with my tongue and saliva, naked, I embrace it and feel its coldness of concept in my entire body: an act of love with a linear space. Who'd have thought it! And don't you all say otherwise, not that, no, no, that this bar is a symbolic penis, no, that complicates everything for me. It's only – who concedes more? – the distance between Me and the Loved Object, between I and I, between Me and Me, between Me ahead and Me behind. Solomonic line of being in the impossible division. I love you so much! You are life itself and the sole explanation for my being here. Off you go progressing inch by inch, off you go forgetting that you are me, you start turning into distance, space, mist and – what pain being your oblivion! What brutal joy being able to be you, no longer you! May it be gone! Let it be off! he yelled despairing and drunk.

A click and the landscape has changed, within three years I'm in the bathroom shaving. A purple stain of watercolor occupies my vision, floating five inches from my eyes, and glistens and I privately note that the beard has grown with remarkable ease. How do I focus what? What silence and coldness in thorax and abdomen! The loved object is coiled inside me and obstinately sullies me with belches of fulfilment, scorn and decadent entente.
And that bar of silver, vertical and shining, that's in the garden?
**LG, 4 January 1982**

# EL OBJETO AMADO

¡Que se vaya! ¡Dejadlo marchar!
Amo tanto el objeto amado que me resulta difícil emitir esas palabras.
(Los criados dejan expedito el paso; abren cancelas, guían a través de parterres, aquietan perros, preparan rollsroyces.)

El objeto amado es impresentable en ninguna fiesta de sociedad, pues es muy difícil de focalizar; en realidad no se sabe en qué canal aparece, y siempre que se sintoniza la radio está terminando su emisión. Es ambiguo, es lo más que se puede decir de él, pero ambiguo no en referencia a dos elementos que no se unen, como aceite y agua batidos, sino ambiguo a múltiples coordenadas, ambiguo en función de mil. Y eso es lo que provoca consternación entre los criados (yo ya me he ido acostumbrando). Decir que es hombre, mujer o perro, o todo junto, sería fácil. Tiene, sí, senos por todas partes; y senos de muy distintos tipos: igual los tiene pequeños, nacientes, como flores, que los tienen maduros, antes del parto, elásticos, deseosos de ser acariciados. E incluso grandes, ubérrimos, rociando leche con toda su nata, blanca, espesa, a punto de solidificarse en queso grande paisajístico. Es ésa una de sus cualidades, el paso de lo objetual a lo paisajístico, de lo ambiguo al estridente ciclón que se alza como energía devastadora sin dejar de sonreír. Sí: es difícilmente focalizable. Tiene, sí, miles de senos, incluso donde debería tener bigote, orejas o botas. Pero incluso se podría decir que está lleno de vello pubiano incluso entre sus vísceras transparentes, entre sus penes innumerables, por entre vericuetos cerebrales y por el riego sanguíneo. Eso mismo: cualquiera tiene un riego canalizado por venas y arterias, y él también los tiene, varios sistemas completos e idénticos pero a la par le sobran sistemas libres que saltan a su alrededor batientes o perezosos, produciéndole un aire de rizoma en movimiento, cuerpo agitado, casi nube rosa, casi planta en primavera emitiendo sexuados elementos. Pero emite imágenes cambiantes continuamente: es esa imagen rosa, es esa casi energía gigantesca, y de pronto es un señor normal que pasa diciendo hola, o la abuelita que hace calceta recordando los coitos con el abuelito, o Adela (ya hablaré de Adela otro día pero en secreto, ¿no?).

Es así que se le ama mucho, pero te tiene inquieto y pendiente de él: es experto en llamar la atención.

Lo más intenso y cruel de este fenómeno es cuando juega a ser tú mismo, no se sabe bien por qué se transforma en blando espejo que recoge mi imagen, o por qué ese ser soy yo mismo, desfocalizado y que me dirijo a estrecharme la mano, mi mano, y siento que mi mano se da la mano a sí misma.
¡Ah Objeto Amado! ¡Qué amado eres, pero qué cruel me eres! (o me soy).

Y a lo que voy: le digo ¡Vete! ¡Vete Objeto Amado!, ¡Vete yendo centímetro a centímetro por el camino, de manera que focalice tu idea de mí, tu separación del sitio donde dicen que yo estoy y soy! ¡Que se haga entre TÚ y YO una distancia que pueda ser transformada en una barra lineal de plata viva, y que puesta verticalmente dicha barra sea un monumento incuestionable a esa separación de aquel día. Ahora sí, eres tú, porque está la barra. Barra de plata existes, la toco, la constato con la lengua y la saliva, la abrazo, desnudo, y siento su frialdad de concepto en todo mi cuerpo: acto de amor con un espacio lineal ¡quién lo diría! Y no me digan no, eso no, no, no, que esa barra es un pene simbolizado, no, que se me complica todo. Es sólo, ¿quién da más?, la distancia entre Yo y el Objeto Amado, entre Yo y Yo, entre Mí y Mí, entre Yo delante y Yo detrás. Línea salomónica de ser en la división imposible. ¡Te amo tanto! Tú eres la vida y la única explicación a mi estar. Te vas yendo centímetro a centímetro, te vas olvidando de que eres yo, vas deviniendo distancia, espacio, bruma y ¡qué dolor de ser tu olvido!, ¡qué brutal alegría de ya poder ser tú ya no tú! ¡Que se vaya!, ¡dejadle marchar!, grito desesperado y ebrio. ¡Que se vaya, maldito!

Y después de un clic el paisaje ha cambiado, estoy en el cuarto de baño afeitándome dentro de tres años. Una mancha morada de acuarela ocupa mi vista, flotando, a doce centímetros de mis ojos, y brilla y me digo que la barba me ha crecido con rara habilidad. ¿Cómo enfoco qué? ¡Qué silencio y frialdad en tórax y abdomen! El Objeto Amado está enroscado en mí y me mancilla obstinadamente con eruptos de hartura, desprecio y decadente entente. ¿Y esa barra de plata, vertical, brillante, que está en el jardín? **LG, 4 enero 1982**

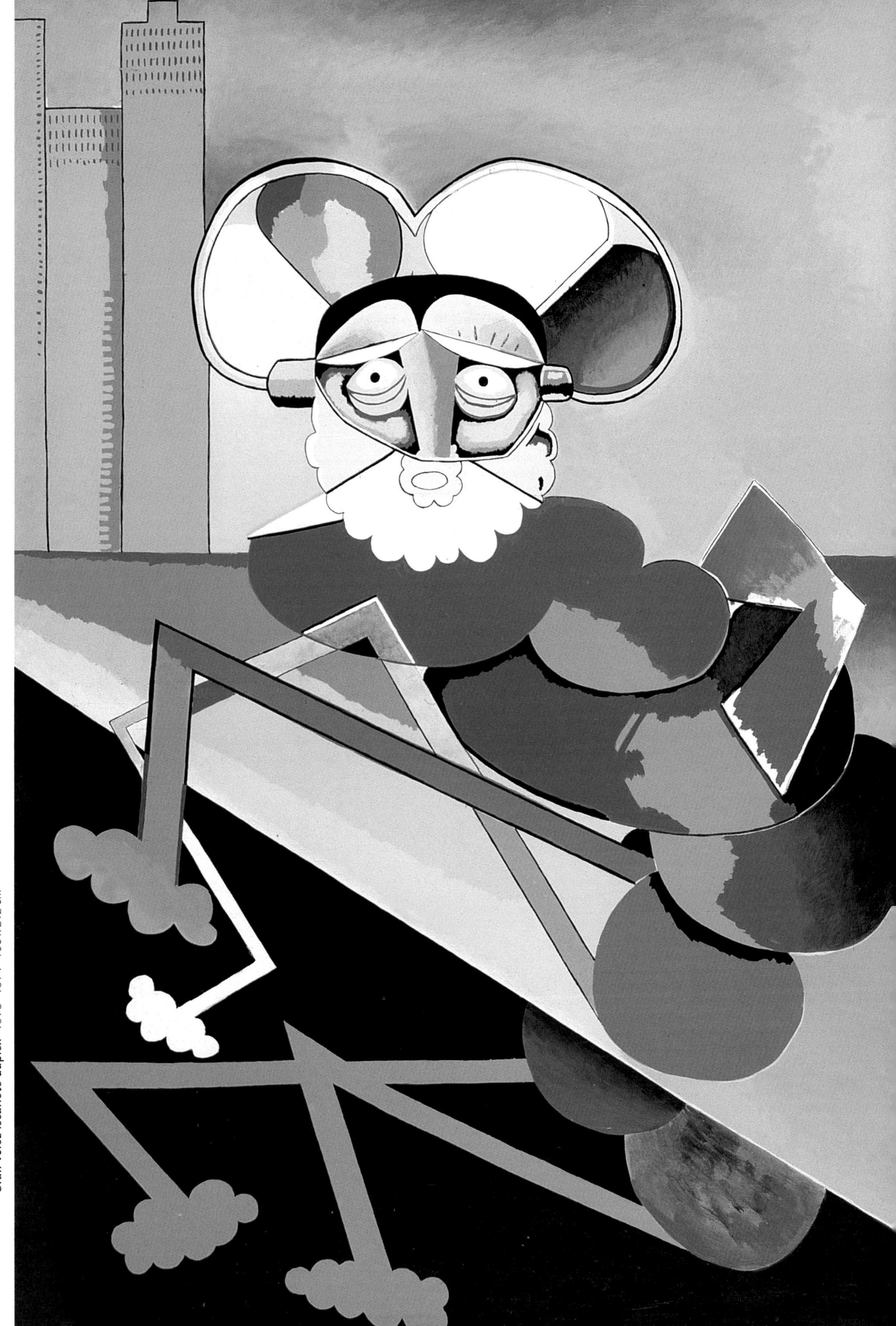

**Gran veloz iscariote dúplex** 1973–1974 160 x 212 cm

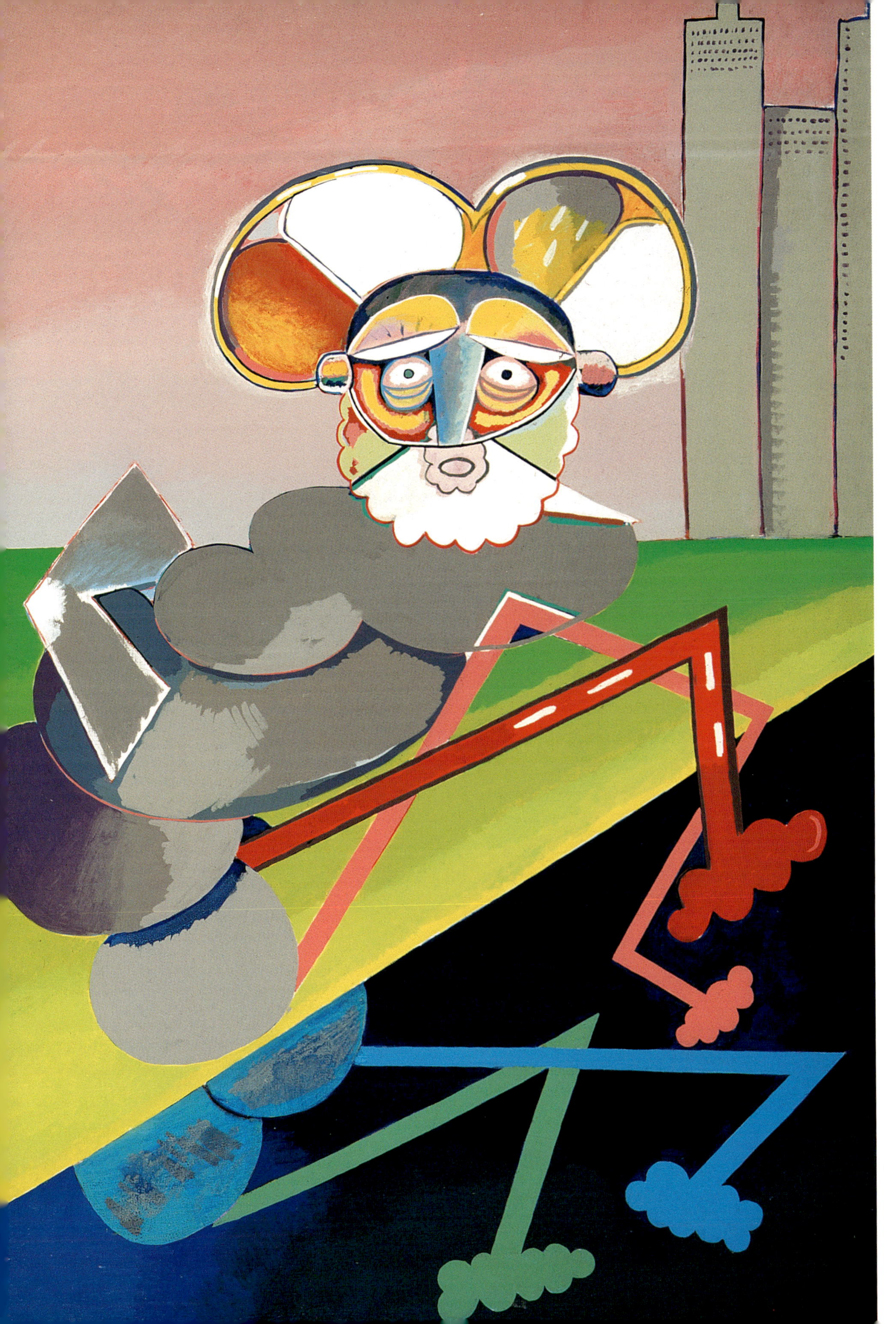

## Photos: Processes and Transformations

People who might have been interested in my work will have noticed the importance to it of radical, extended processes for relating the barely reconcilable extremes that are gratifying expression and extreme neutralization. It is in that neutralizing extreme that the photo has largely intervened.

It goes without saying that I consider my work to be essentially *pictorical* and that the photo has only intervened during certain periods and as a tool for transforming the pictorial, the results reverting to the material they had emerged out of.

My ravenous appetite is wide-ranging: anything can be ingested and assimilated for a final densification of the picture: an obsessive collecting of magazine photos and cheap objects, techniques of transformation like the photo, printing, the photocopy and collage, with all these sources and processes being recycled and working in a spiral way.

I must also warn that in the work phase I find myself in I've given up all transformational processes and am sticking to pure painting.

I'm going to describe some of my experiments with the photo, experiments that have become ever more complex over time.

I'm afraid the reader may find this very dry.

a) At the beginning of the 60s I use the photo in an orthodox Pop way, as an image to be inducted into the picture or collaged directly onto it.

b) At the beginning of the 70s I start to use the photo as a neutralization of paintings already made, paintings obsessively problematized at the level of color, what I have called "schizophrenization of the color". Making use of the black-and-white photo of the picture, I painted a "relaxed" monochrome double of it. At the end of the day the work was constituted in *twin (dúplex) versions*; that is, the original painting tightens up the monochrome one.

The neutralization of the pictorial image would offer me the possibility of transforming it by mechanical means: obtaining different monochromes by working in the photographic laboratory with colored papers; by painting pictures based on the negative of the image; by using superimpositions of negative and positive snapshots, slightly displaced so as to produce a sensation of relief, etc.

Exploring this line, I also worked in the following way: I photographed the head of a figure already painted by me, blew up the photo, placed it horizontally on the floor, covered it with a sheet of glass on which I drew or painted with different easily erasable materials and photographed the result: after each photo I wiped the glass clean and did the same thing again, rephotographing it. Choosing the best results, I conveyed them to the canvas by painting them. I used part of the material obtained in this way to make what I called the *soft series*: the photos went inside plastic bags which, once stuck down, formed a kind of wall hanging: I intervened with paint on the photos or on the bags.

c) Another of the directions I've worked in has been to take a postcard or magazine photo as a starting-point. This, for example, in the case of *Niño verdeencantador* (Enchantinggreen Child) of 1974. I started with a pretty color postcard of an American child, did very ironical drawn versions of it and put together a group of these, ordered like little cells or a comic strip in which photocopies, sometimes transformed from the postcard, were alternated with my own versions.

d) So as not to drag out this very dry description, and passing over other experiments, I will concentrate on the most recent ones, those that the images accompanying this text belong to. Excited by the experience of the *Niño verdeencantador*, I decided to take it further by transforming the color of the chosen image. On this occasion I worked on a photo that particularly startled me, taken from a weekly magazine: in it Peter Sellers appeared in shorts, a small bag in his hand, walking through a typically Californian park. This time I proceeded by making use of the printer's: I had a color separation made, the four-color kind, yellow, magenta, blue, grey, plus normal black, and ordered a large number of copies of each color. By means of cutouts, collages alternating the colors of the four-color process, I gradually created various spaces in which the person disappeared bit by bit, leaving just a whiff of the initial surroundings, its cultural and stylistic impact. The transformations became ever more dramatic, with elements being introduced from

# FOTOS: PROCESOS Y TRANSFORMACIONES

Los que se hayan interesado por mi obra se habrán percatado de la importancia que tiene en ella procesos de relación radicales y tensos, entre extremos difícilmente conciliables como son la expresión gratificante y la neutralización extrema. Y es en ese extremo neutralizador donde ha intervenido principalmente la foto.

Vaya por delante que considero mi obra como esencialmente pictórica y que la foto ha intervenido sólo en ciertos períodos y como instrumento transformador de lo *pictórico*, revirtiendo los resultados al material de donde habían surgido. Mi apetito devorador es amplio; todo puede ser deglutido y asimilado para una densificación última del cuadro: colección obsesiva de fotos de prensa y de objetos baratos, técnicas de transformación como la foto, la imprenta, la fotocopia, el *collage* y todas estas fuentes y procesos reciclándose y trabando en espiral.

Debo advertir también que en la fase de trabajo en la que me encuentro he abandonado todo tipo de procesos transformatorios y me atengo a la pura pintura.

Voy a exponer algunas de mis experiencias con la foto que han ido creciendo en complejidad a lo largo del tiempo.
Me temo que sea árido para el lector.

a) A principios de los sesenta empleo la foto dentro de la ortodoxia Pop, como imagen a captar en el cuadro o como *collage* directo en él.

b) A principios de los setenta empiezo a emplear la foto como neutralización de pinturas ya realizadas, pinturas obsesivamente problematizadas al nivel del color, lo que yo he llamado "esquizofrenización del color". Valiéndome de la foto en blanco y negro del cuadro, pintaba un doble monocromo, "relajado", del primero. Al final la obra quedaba constituida en dúplex, es decir, la original pintura tensa más el monocromo.

Con la neutralización de la imagen pictórica se me abría la posibilidad de su transformación por medios mecánicos: obtención de diferentes monocromos trabajando en el laboratorio con papeles de color, pintando cuadros basados en el negativo de la imagen, usando superposiciones de clisés negativos y positivos ligeramente desplazados que producían una sensación de relieve, etc.

Siguiendo esta línea trabajé también de la siguiente manera: fotografiaba la cabeza de un personaje ya pintado por mí, hacía una ampliación de la foto, la situaba horizontalmente en el suelo, la cubría con un cristal, sobre el que dibujaba o pintaba con unos materiales fácilmente borrables y fotografiaba el resultado; tras cada foto borraba el cristal y volvía a intervenir y a fotografiar. Elegidos los resultados más brillantes, los trasladaba al lienzo pintándolos. Parte del material así obtenido lo empleé en hacer las que llamé *series blandas*: las fotos iban dentro de bolsas de plástico que, una vez pegadas, formaban una especie de tapiz; intervenía plásticamente sobre las fotos o sobre las bolsas.

c) Otra de las direcciones en que he trabajado ha sido tomando como base una postal o una foto de la prensa. Así, por ejemplo, en el caso del *Niño verdeencantador* de 1974. Partía de una linda postal en color de un niño americano, hacía versiones dibujísticas de él muy irónicas y componía un conjunto ordenado como celdillas o como un tebeo, en el que se alternaban fotocopias, a veces transformadas de la postal, y las versiones mías.

d) Para no alargarme en esta exposición tan árida y pasando por encima de otras experiencias, me atendré a las últimas, a las que pertenecen las imágenes que acompañan este escrito. Animado por la experiencia del *Niño verdeencantador*, me propuse llevarla más lejos transformando el color de la imagen elegida. En esta ocasión trabajé sobre una foto, que me chocaba especialmente, tomada de un semanario: en ella aparecía Peter Sellers en pantalones cortos, con un maletín en la mano y caminando por un parque muy californiano. Esta vez actué sirviéndome de la imprenta: me hice hacer una separación de colores, los de cuatricromía, amarillo, magenta, azul, gris, más el negro normal, y encargué gran cantidad de copias de cada color. Mediante cortes y *collage*s alternando los colores de la cuatricromía, fui creando unos espacios en los que poco a poco fue desapareciendo el personaje, quedando tan sólo un aroma de ambiente inicial, su impacto cultural y estilístico. Las transformaciones fueron cada vez más intensas, haciendo aparecer elementos de otras series, interviniendo plásticamente, etc. De un primer estadio de

other series, by intervening plastically, etc. Out of an early stage of this process there grew large-format pictures like the *Payseyes* and the *Chinos* pictures, etc. The collages served me as a model, as maquettes, that I faithfully transcribed to the canvas in paint.

Another advance I made was in using the photo lab's color enlarger, altering the existing material in an arbitrary way. With the resulting material, lots of it, and by using collage, I went off in another direction. I have to point out that the system of collage I used at the time wasn't the orthodox one, since there wasn't any glue involved. I organized a kind of *jigsaw*, put a sheet of glass on top and photographed the result in color: the elements remained loose, ready for reordering into other configurations. This was an open, *active collage*. The process was becoming ever richer, since materials of all kinds could intervene: drawn or painted bits of paper, photos from magazines, photos made by me, the already highly complex elements of the process under way, etcetera.

e) I undertook another type of work based on printing, but without using the four-color process. I put together three different sets, consisting of heterogeneous images from different areas and using only black and white. Variants of these were made at the printer's, a hundred of each set, changing the color of the paper and of the monochrome ink with which they were printed. The final result was impressive in both its quality and quantity.

I would point to two essential reasons for me using automatic methods of reproduction and transformation:

1. A flight from the schizophrenization of color, from the extreme pulsionality of space-color that was almost unbearable for me at the subjective level.
2. A desire to move away from the traditional range of modern painting, which essentially repeats the discoveries made by the Impressionists: the counterposing of warm and cold tones, the vibration of light, etc. Working with mechanical means brings with it the appearance of chance, the discovery of color ranges and harmonies extending beyond the logically imaginable. This entailed creating a coloristic neutrality, subverting the color-atmosphere of modernism, trying something different with depth by creating a lay (?) space.

## MORE ON PHOTOGRAPHY

In the exhibition in the Torre de los Guzmanes in La Algaba (1989) I set out to show certain of my works in which the photo or some other process of mechanical reproduction – such as printing, photocopying, etc., etc. – intervenes. This isn't an anthology of that facet of my work, but merely a set of concrete examples.

Since the tower has three clearly defined, discrete spaces, I thought of three different kinds of intervention.

On the ground floor I chiefly situated two works I made in 1975–1976, *Secuencias edipianas* (Oedipal Sequences) and *Espejo-gemelos* (Mirror-Twins), which are large-format and totally photographic. It's curious to note that in the text I wrote on the subject in 1982 for the magazine *Nueva Lente* I make no reference to these works, despite the fact that they're radically photographic and, I'd argue, most important. I only showed them on one occasion, and that was in Barcelona, in the exhibition I did in 1976 at the Maeght Gallery.

The two are structured around a tiny doll, now rather old-fashioned, that could smoke if you put some mini-cigarettes especially designed for it in its mouth, and different photos in which the singer Tom Jones appears with a girl, cavorting on the beach. Both the doll and the photos belonged to the obsessive collections I was making at the time of banal, cheap objects and photos cut out of newspapers and magazines.

I'd bought a camera around that time and was taking my own photos, although my technical skills were, and go on being, rudimentary. But with good lighting and a tripod you can always obtain a clear image. As to the later problem of developing, my friends Carmelo Acero and Antonio Zafra, both photo professionals, helped me a lot.

The theme of *Secuencias edipianas* revolves around the famous oedipal triangle and the processes of identification that occur in the child *vis-à-vis* the two members of the couple. In this instance, apart from the child, the "father" and the "mother", there exists a fourth person: the painter Gordillo, a total *voyeur* who is watching, snooping and photographing. I want to point out that at the moment of making this work I was working quite spontaneously and without big conceptual ideas: the title of the

este proceso salieron cuadros, de enorme formato, como los *Payseyes*, los *Chinos*, etc. Los *collages* me servían de modelo, de maquetas, que trasladaba fielmente a la tela, pintándolos.

Otro paso más lo di empleando la ampliadora de color del laboratorio fotográfico, alterando el material existente de una materia arbitraria. Con el material resultante, muy abundante, y mediante *collages*, inicié de nuevo el camino. Tengo que advertir que el sistema de *collage* que empleé en este momento no era el ortodoxo pues no había pegamento. Organizaba una especie de *puzzle*, ponía cristal encima y fotografiaba, en color, el resultado: los elementos quedaban disueltos y aptos para ser reordenados de otras formas. Se trataba de un *collage activo*, abierto. El proceso se hacía de una riqueza enorme, pues podían intervenir materiales de todo tipo: papeles dibujados o pintados, fotos de la prensa, fotos hechas por mí, elementos ya muy complejos del proceso en curso, etcétera.

e) Realicé otro tipo de trabajo basándome en la imprenta, pero sin utilizar la cuatricromía. Compuse tres conjuntos independientes, compuestos por imágenes heterogéneas provenientes de diferentes campos y empleando sólo el blanco y el negro. En la imprenta se realizaron variantes, un centenar por cada conjunto, cambiando el color del papel y el de la tinta, monocroma, con la que se imprimía. El resultado final fue impresionante por la calidad y por la cantidad.

Yo apuntaría dos razones esenciales por las que he empleado métodos automáticos de reproducción y transformación:

1. Huida de la esquizofrenización del color, de la pulsionalidad extrema del espacio-color que a niveles subjetivos me eran difícilmente soportables.
2. Deseos de apartarme de las gamas tradicionales de la pintura moderna, que repiten esencialmente los hallazgos obtenidos por los impresionistas: contraposición de tonos calientes y fríos, vibración luminística, etc. El trabajar con medios mecánicos introduce ampliamente la aparición de la casualidad, el hallazgo de gamas, de acordes de colores más allá de lo lógicamente imaginable. Se trataba de crear una neutralidad colorística, de subvertir la atmósfera-color de la modernidad, de dar la vuelta al calcetín de la profundidad creando un espacio ¿laico?

## MÁS SOBRE FOTOGRAFÍA

En la exposición en la Torre de los Guzmanes de La Algaba (1989), pretendo dar a conocer algunos trabajos míos en los que interviene la foto o algún otro procedimiento de reproducción mecánica como la imprenta, fotocopia, etc., etc. No se trata de una antología de esa faceta de mi obra, sino tan sólo de unos casos muy concretos.

Como la torre tiene tres espacios muy delimitados, y bien separados, he pensado en tres tipos de actuaciones distintas.

En la planta baja sitúo esencialmente dos obras que hice hacia los años 1975–1976: *Secuencias edipianas* y *Espejo-gemelos* que son de gran tamaño y totalmente fotográficas. Es curioso observar que en el texto que sobre estos temas escribí en 1982, para *Nueva Lente*, no hago referencia a estos trabajos, a pesar de que son radicalmente fotográficos y, yo diría, que los más importantes. Solamente los mostré en una ocasión, y fue en Barcelona, en la exposición que hice en 1976 en la galería Maeght.

Las dos están vertebradas alrededor de un pequeño muñequito, ya bastante antiguo, que tenía la facultad de fumar si se le ponía en la boca unos minicigarrillos, especialmente diseñados para ello, y unas fotos en las que aparece el cantante Tom Jones y una chica, jugueteando en la playa. Tanto el muñeco como las fotos pertenecían a las colecciones obsesivas que yo hacía por la época, de objetos banales, de poco precio, y de fotos recortadas de los periódicos y de las revistas.

En esa época ya me había comprado una cámara fotográfica y hacía mis fotos, aunque mis conocimientos técnicos eran, y siguen siendo, rudimentarios. Pero con una buena iluminación y con un trípode siempre se puede obtener una imagen clara. Ya en la cuestión posterior de revelado me ayudaron mucho Carmelo Acero y Antonio Zafra, amigos y profesionales de la foto.

La temática de *Secuencias edipianas* gira alrededor del famoso triángulo edipiano y de los procesos de identificación que se operan en el niño con respecto a los dos miembros de la pareja. En este caso, además del niño, del "padre" y de la "madre", existe un cuarto personaje que es el pintor Gordillo, que en el plan *voyeur* está mirando, curioseando y fotografiando. Quiero precisar que en el momento de hacer esta obra trabajaba bastante es-

picture came later and the Freudian digressions date from the present. The work is structured in levels, in a type of relationship that has a lot to do with comic strips, although in the case of *Secuencias edipianas* the work isn't read; that's to say, you don't have to go from left to right or from top to bottom, but all over the place, as with any painting. I'd already made works before, like *Niño verdeencantador* and the *La pareja americuana* (The Americuan Couple), in which the structure was similar. These can also be related to the accumulative works of Andy Warhol (Marilyn, Liz Taylor, dollar bills, etc.). I also think that certain tics having to do with movie freeze-frames can be observed.

I suppose that the other work, *Espejo-gemelos*, symbolizes that failure of the processes of oedipal identification, due to which the individual identifies with himself and gets lost in the dead-end of montonous repetition. In this instance the formal structure is closer to Warhol than to comic strips or cinematography.

The process begins with the photo of the face of such an *andarín* (walker) and continues with a *tres-pisos* (Three Floors) construction based on that face, plus little bits of business added from magazine photos (a smile, another smile, two tiny doll's eyes, another smile and another: I suppose the artist would like to offset the dramatic nature of the walker with something more jovial).

Once the painting *3 pisos* was formed, I worked with it in the printer's; or rather, they worked, the printers themselves. When there was a special ink, not the classic four-color ones, they printed the motif with that ink monochromically (what a word!) on a colored sheet of card. These cards or sheets of paper were left over from a stock in which the strangest colors coexisted. And so a strange color on a strangely colored sheet of paper added up to something doubly strange, especially when you consider that they were doing everything and I wasn't intervening in any of the choices. With these aspects being taken care of by people who had nothing to do with creativity, you could say that a *quasi-automatic* factor was involved. I was fleeing the pictoriality of Impressionist tradition and these odd color clashes were solving the problem for me. They made almost a hundred variants for me at the printer's.

I worked with the three levels derived from the *andarín*, plus two further motifs; that's to say, the day I received all the resulting material at home, it seemed like it had snowed on Copacabana.

The subsequent work was done with collage, although intervening pictorially when necessary. I've always considered this material as something related to my most intimate studio work: something experimental, highly personal and not sellable. It isn't a commodity, since it has to be realized that part of that printed material is dubious as to its physical integrity in future terms.

At times, when something especially attractive appeared during this "lab" work, I considered making it into a painting, large-format and with all the necessary frills. This is the way I made pictures like *Bahía de Nariz A* (Nose Bay A) and *Bahía de Nariz B* (Nose Bay A) (1980); *3 pisos A* (3 floors A) and *3 pisos B* (3 floors B) (1980); *Saltaojos-conejitos* (Peony-Bunnies) (1980); *Dos en piscina* (Two in a swimming-pool) (1981); *Morado vertical A* (Vertical Purple A) and *Morado vertical B* (Vertical Bruise B) (1981); *Doble morado con perro* (Double Bruise with Dog) (1981); and one other.

The really enjoyable part of this process was playing around with the collages. On the other hand, "earnestly" painting an already aesthetically resolved motif, and transposing it to the canvas, was deadly boring. There was something in this contradiction that grated, that wasn't logical. I've always thought that the ideal thing would be to either accept the collages as such, with their poverty of materials, or to have them turned into huge photo blow-ups or screenprints. I think that market forces, the lack of economic means, etc., etc., intervened in these decisions.
**LG, January 1989**

pontáneamente y sin grandes historias conceptuales; el título del cuadro vino posteriormente y las disgresiones freudianas son de ahora mismo. La obra se estructura en pisos, en un tipo de relación que tiene que ver mucho con los tebeos aunque en el caso de las *Secuencias edipianas* la obra no se lee, es decir, no hay que recorrerla de izquierda a derecha ni de arriba abajo, sino de una manera total, como un cuadro cualquiera. Yo antes había hecho ya obras como *El niño verdeencantador* y la *Pareja americuana* en los que la estructura era parecida. También se las puede relacionar con las obras de acumulación de Andy Warhol (Marilyn, Liz Taylor, dólares, etc., etc.). También creo que se podrían observar algunos tics con un cierto aire de cine congelado.

La obra, *Espejo-gemelos*, supongo que simboliza ese fracaso de los procesos de identificación edípicos, por el que el individuo se identifica consigo mismo y se pierde en el callejón sin salida de una repetición monótona. En este caso la estructura formal está más cercana a Warhol que a los tebeos o a lo cinematográfico.

El proceso empieza con la foto de la cara del tal "andarín" y sigue con la construcción de unos "tres pisos", basado en dicha cara, más ciertos miniañadidos de fotos de prensa, (una sonrisa, otra sonrisa, dos ojitos de muñeca, otra sonrisa y otra sonrisa; supongo que al autor querría contrarrestar la dramaticidad del tal andarín con algo más jovial).

Una vez constituido el *3 pisos*, trabajé con él en la imprenta o más bien, trabajaron ellos, los de la imprenta. Cuando había una tinta especial, no las clásicas de la cuatricromía, imprimían el motivo con esa tinta monocromamente (¡qué palabra!) sobre una cartulina de color. Esas cartulinas o papeles eran sobrantes de un stock en donde convivían los colores más extraños. Así pues, un color extraño sobre un papel de color extraño daba lugar a algo doblemente extraño, sobre todo si se tiene en cuenta que lo hacían ellos, y yo no intervenía en ninguna de las elecciones. Se puede decir que al ser manejados estos elementos por personas ajenas a la creación, se producía un hecho *prácticamente automático*. Yo estaba huyendo de la pictoricidad de raigambre impresionista y estos raros acordes de color me solucionaban el problema. En la imprenta me hicieron casi un centenar de variantes.

Trabajé con el *3 pisos* derivado del *andarín*, y con dos motivos más, es decir, que el día que recibí todo el material resultante en mi casa, me pareció que había nevado en Copacabana.

El trabajo posterior lo realizaba por *collage* aunque interviniendo pictóricamente cuando lo necesitaba. Este material siempre lo he considerado como algo de mi trabajo más íntimo, de mi taller: algo experimental, muy personal y no vendible. No es una mercancía, ya que hay que tener en cuenta que parte de ese material de imprenta es sospechoso en cuanto a su integridad física cara al futuro.

A veces, cuando en este trabajo de "laboratorio" aparecía algo especialmente atractivo, me planteaba el realizarlo en un cuadro, en gran formato y con las calidades requeridas. Así hice cuadros como *Bahía de nariz A* y *Bahía de nariz B* (1980), *3 pisos A* y *3 pisos B* (1980), *Saltaojos-conejitos* (1980), *Dos en piscina* (1981), *Morado vertical A* y *Morado vertical B* (1981), *Doble morado con perro* (1981) y algún otro.

En este proceso lo realmente divertido era el juego de los *collages*, en cambio el pintar "en serio" un tema ya resuelto estéticamente, y pasarlo al lienzo, era mortalmente aburrido. Había en esta contradicción algo que rechinaba, que no era lógico. Yo siempre he pensado que lo ideal hubiera sido o aceptar los *collages* como tales, con su pobreza de materiales o haberlos pasado a grandes ampliaciones fotográficas o serigráficas. Creo que en estas decisiones intervinieron elementos de mercado, carencia de medios económicos, etc., etc.

**LG, enero 1989**

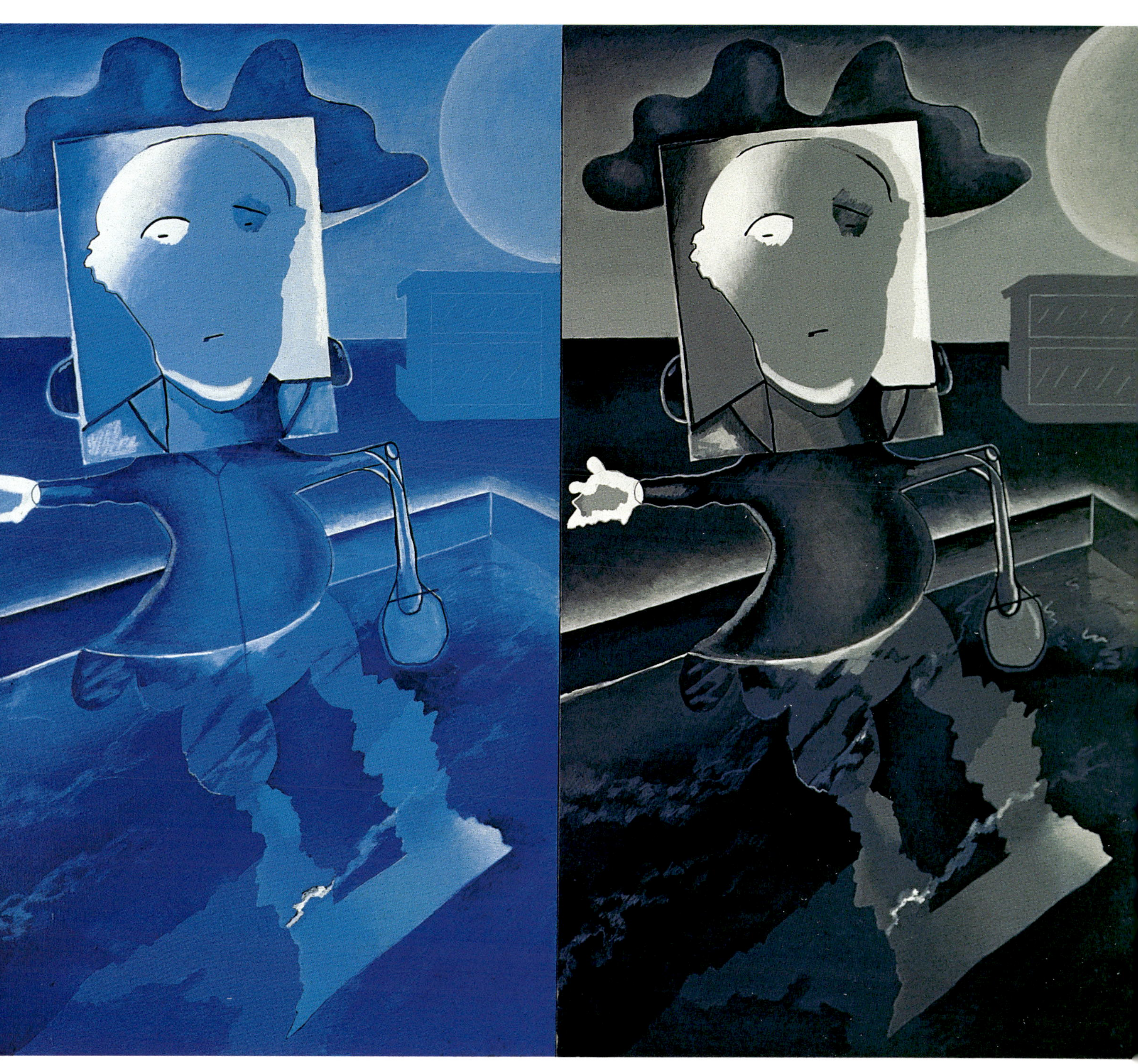

**Baño dúplex** 1974 140 x 163 cm

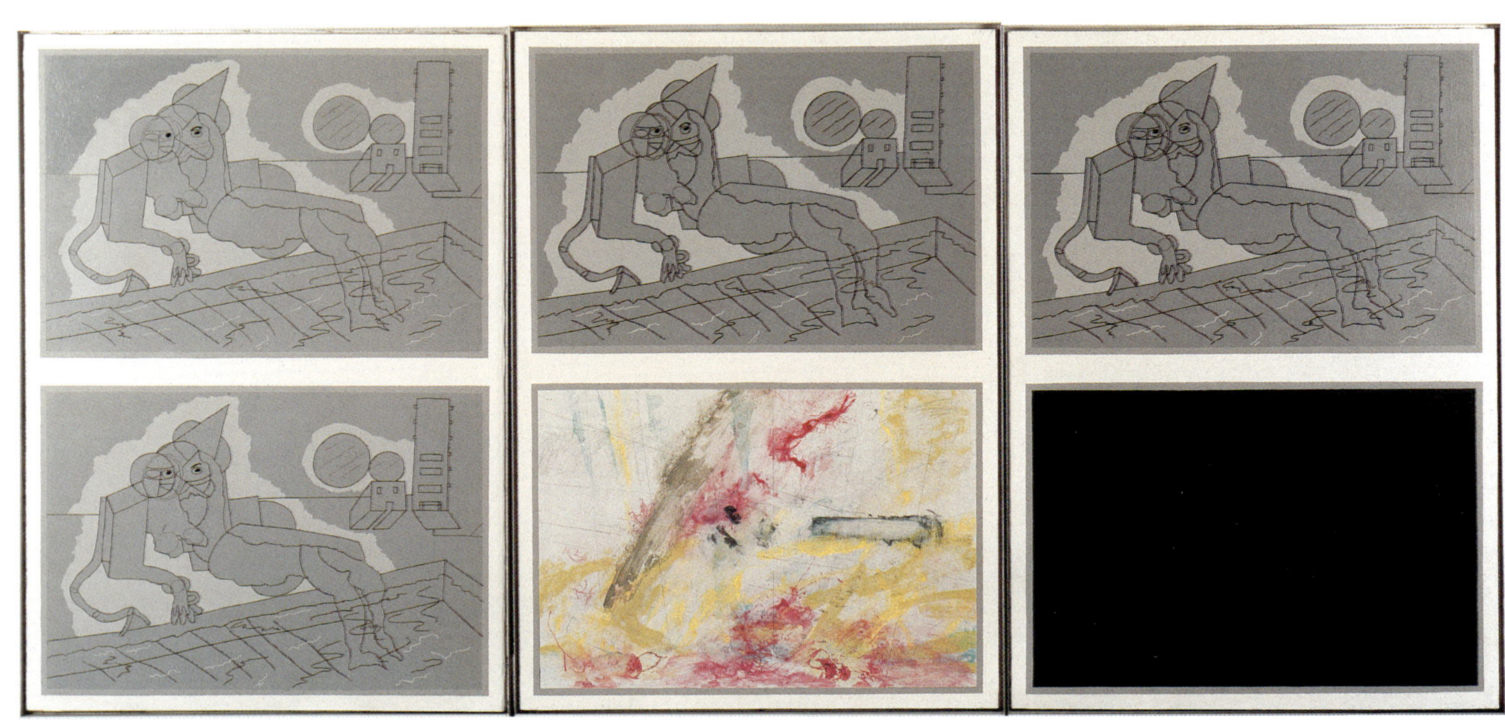

**Sentado junto a la piscina** 1974 130 x 280 cm

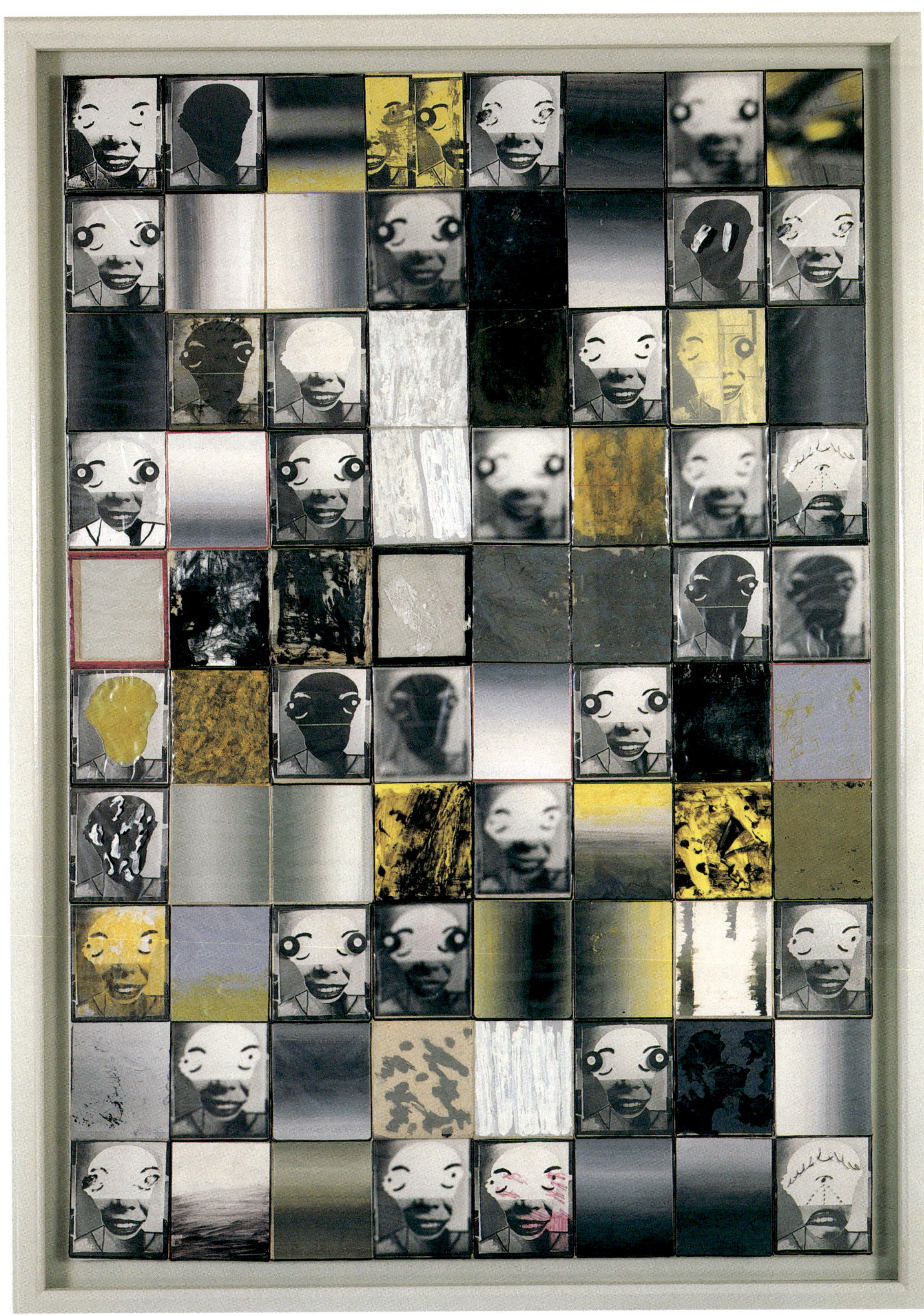

**Serie blanda A** 1976 205 x 140 cm

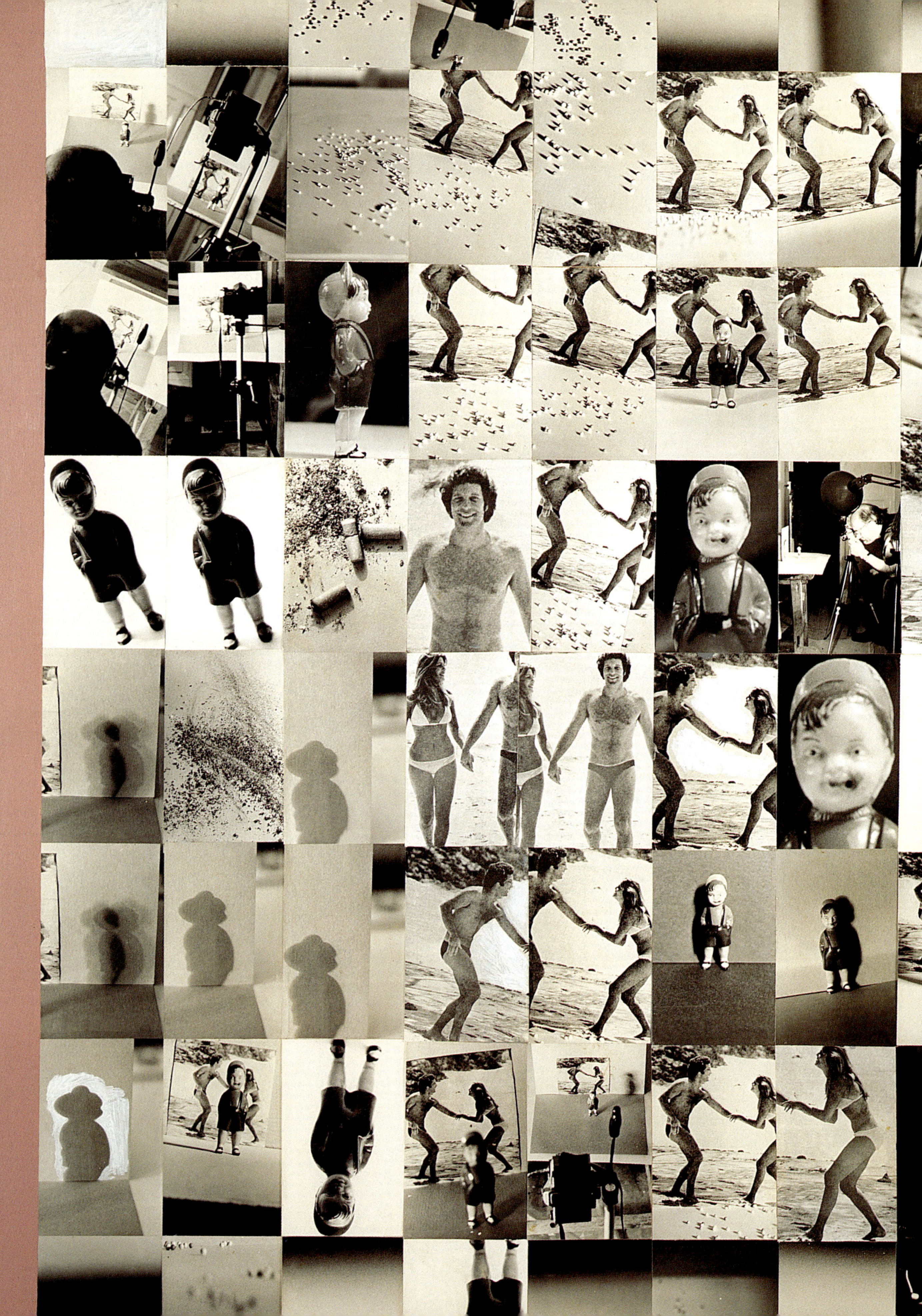

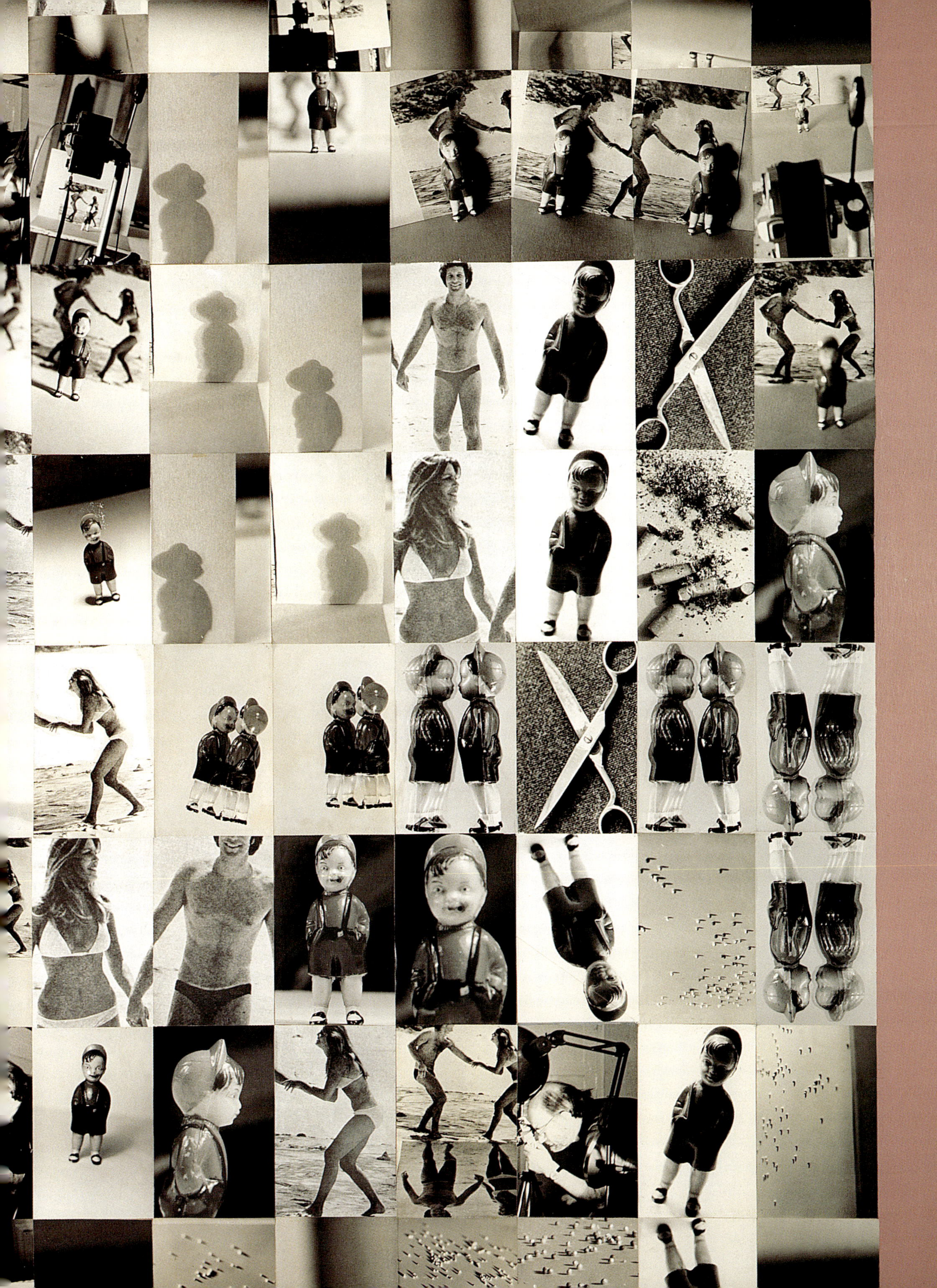

Página anterior **Secuencias edipianas** 1975–1976 139 x 240 cm

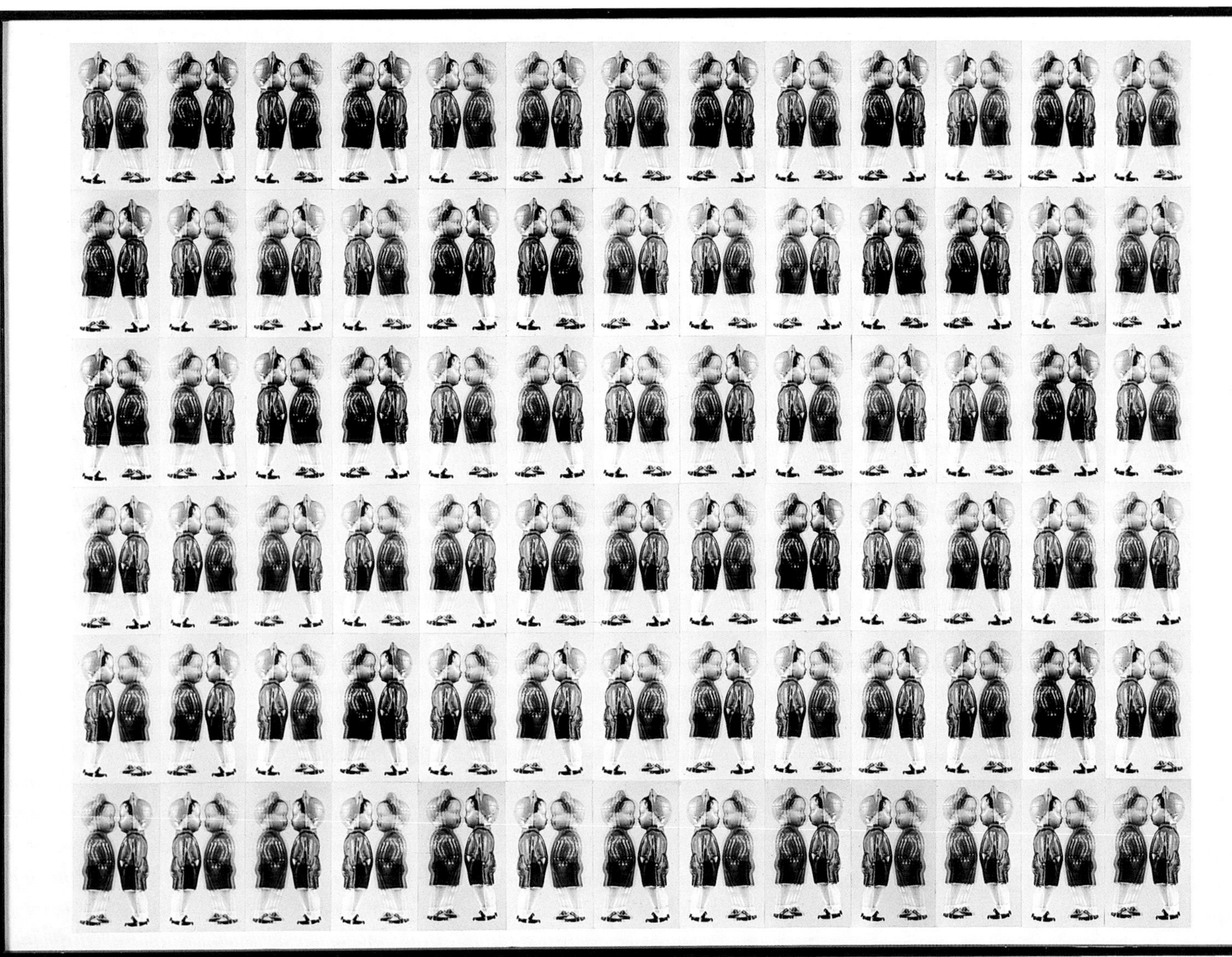

**Espejo-gemelos** 1975–1976 140 x 191 cm

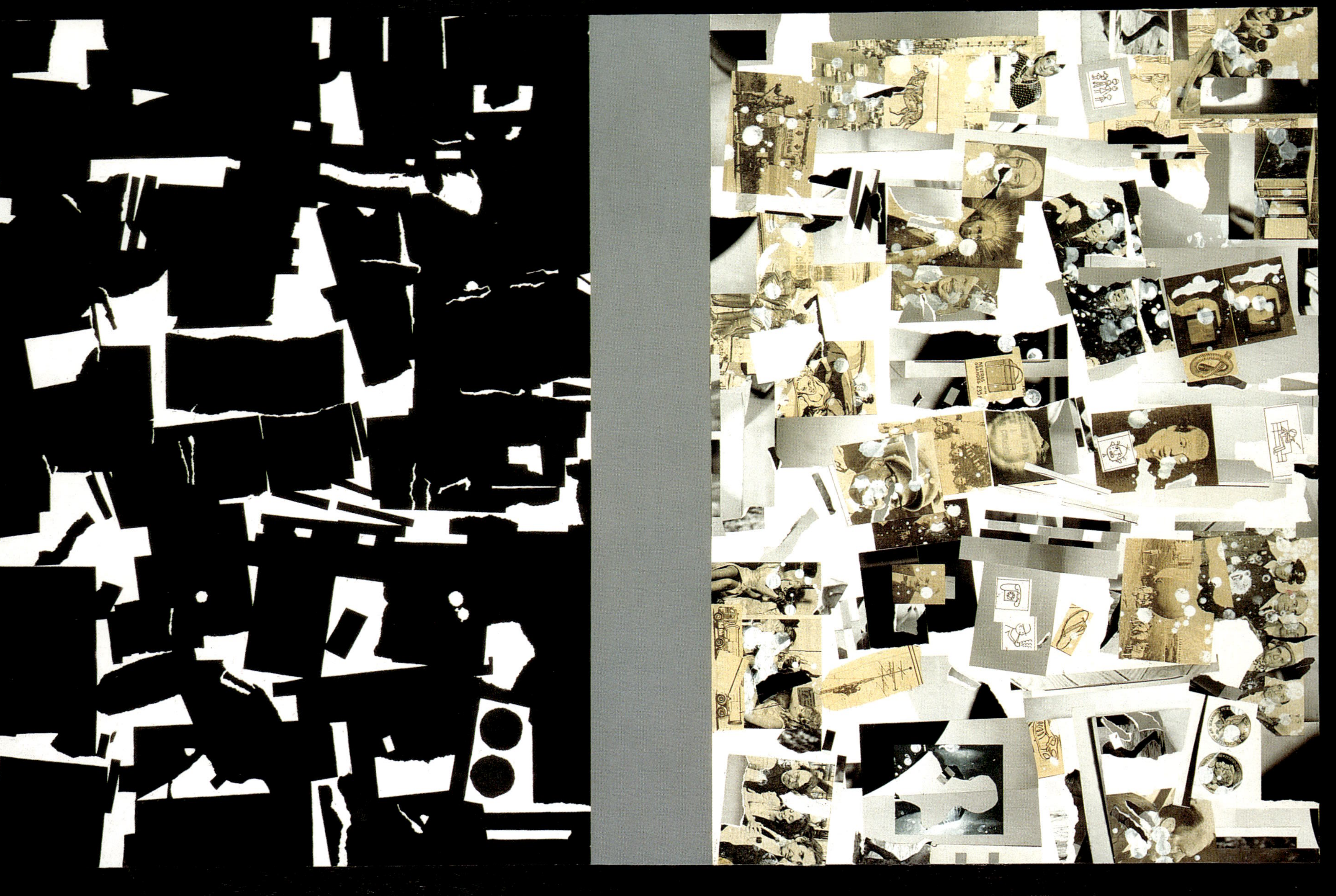

Sedimentación, estructuración D 1975–1976 170 x 115,5 cm

Sedimentación, estructuración A 1975–1976 170 x 115,5 cm

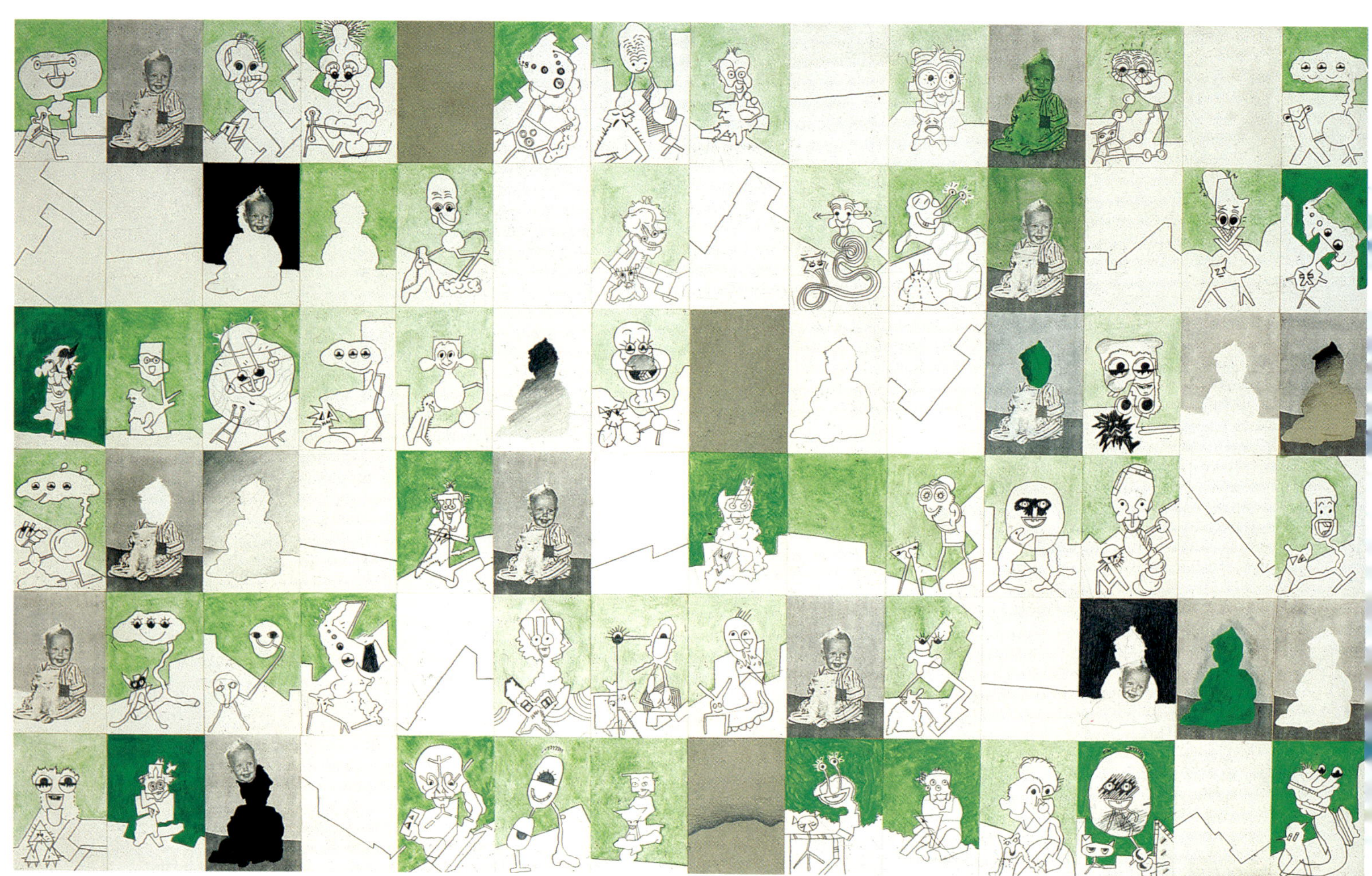

**Niño verdeencantador** 1974 95 x 150 cm

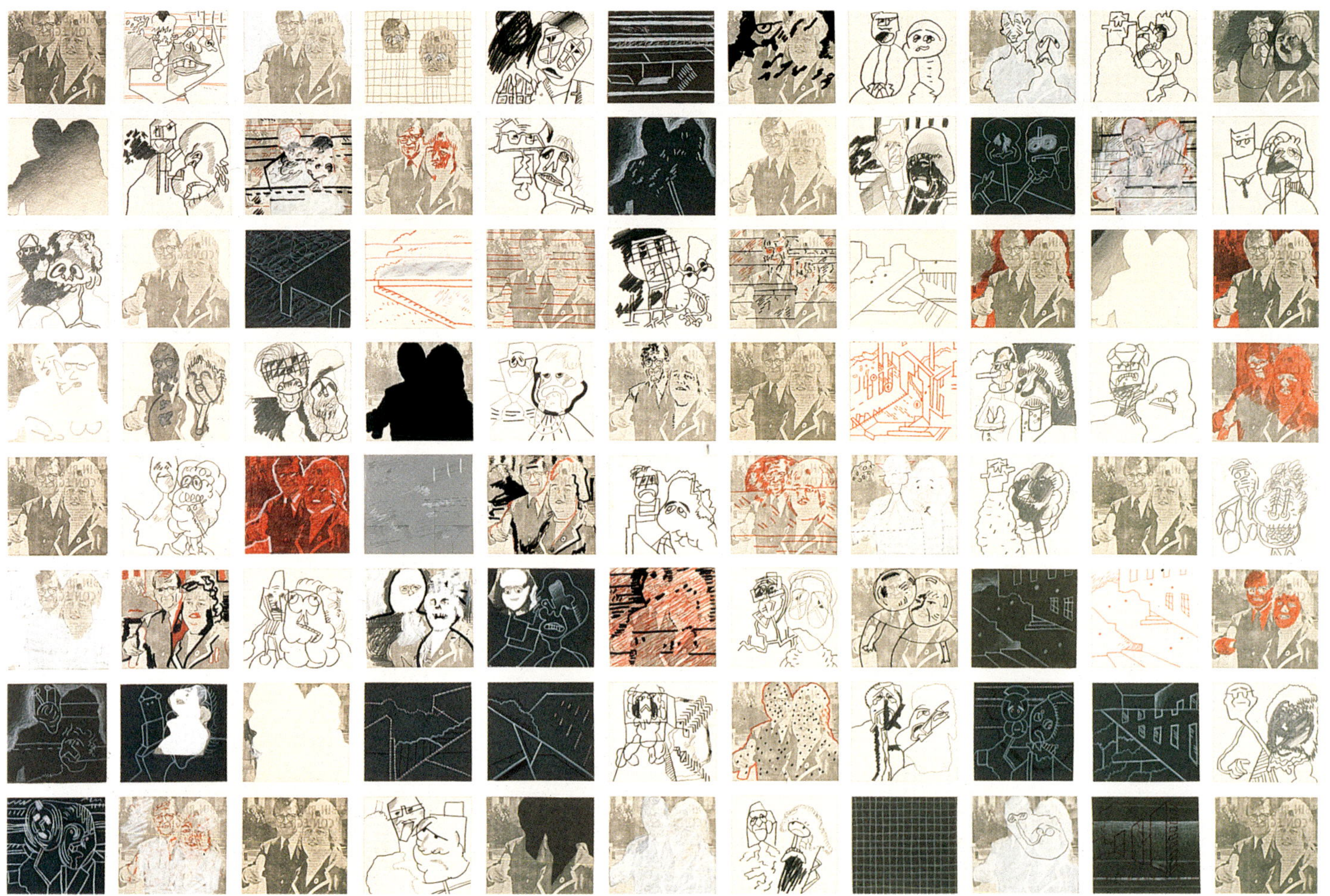

**La pareja americuana** 1974 100 x 140 cm

Espacio tortilla (con león en el centro) 1976 157 x 226 cm

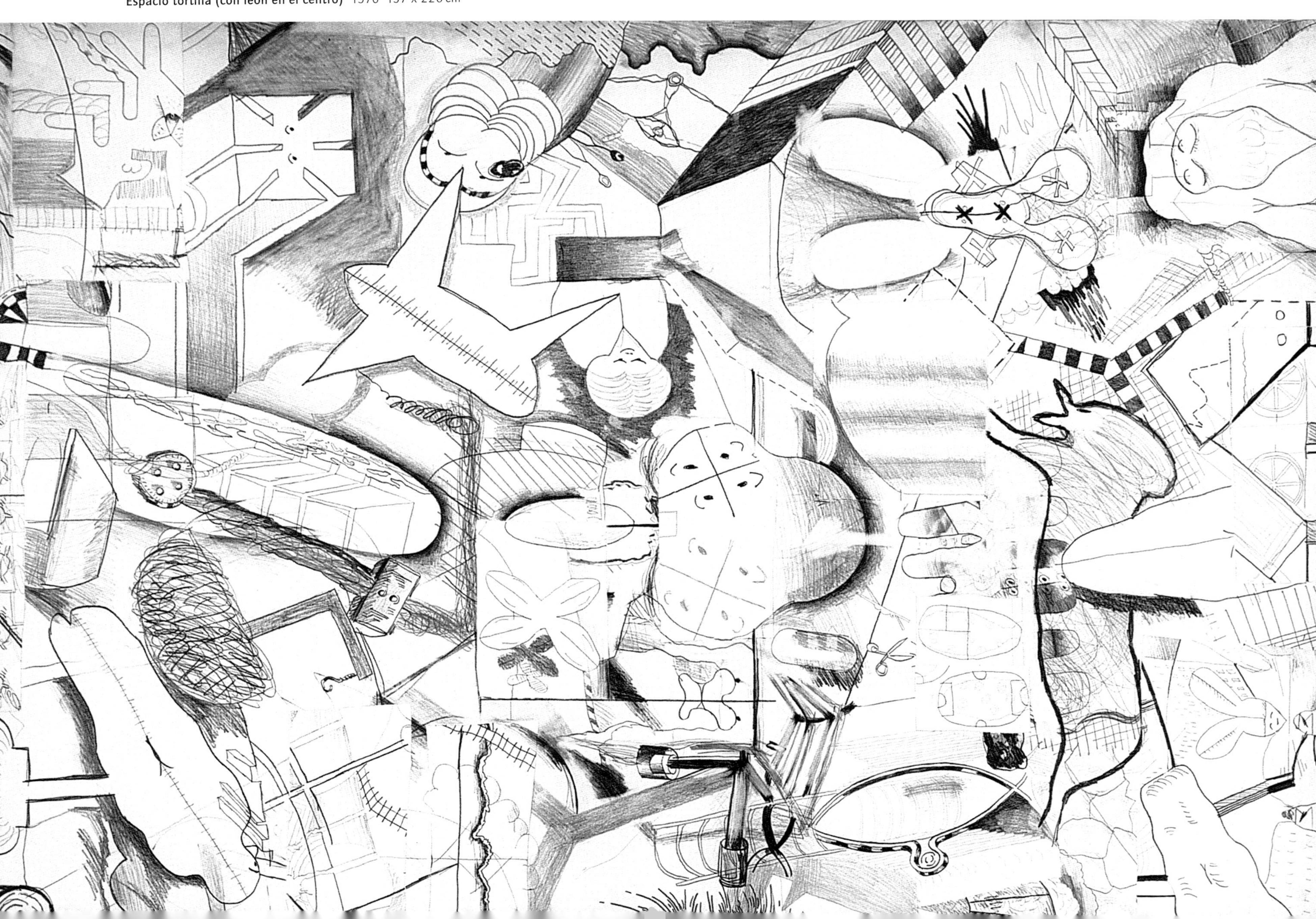

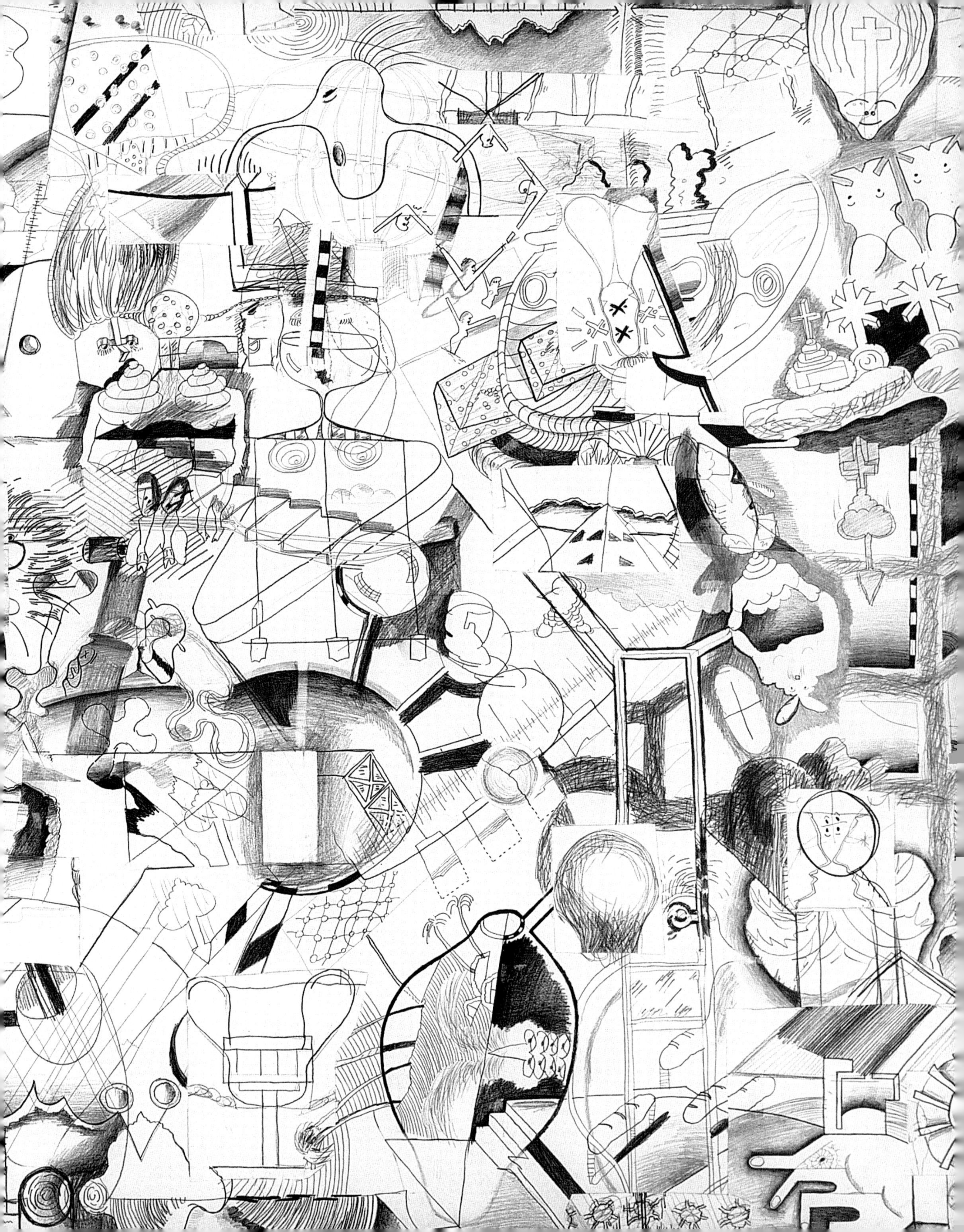

Espacio tortilla 1  1976  157 x 226 cm

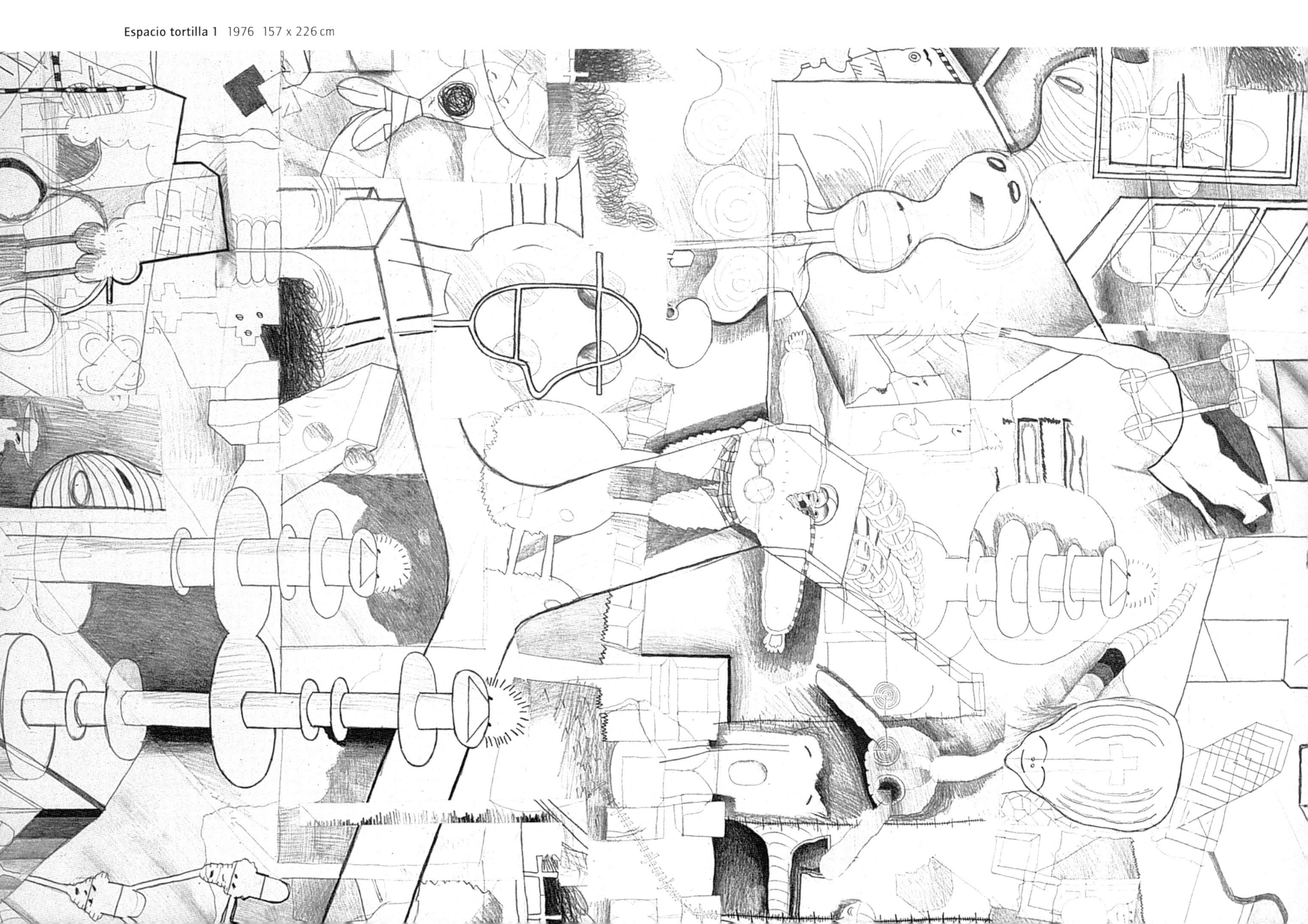

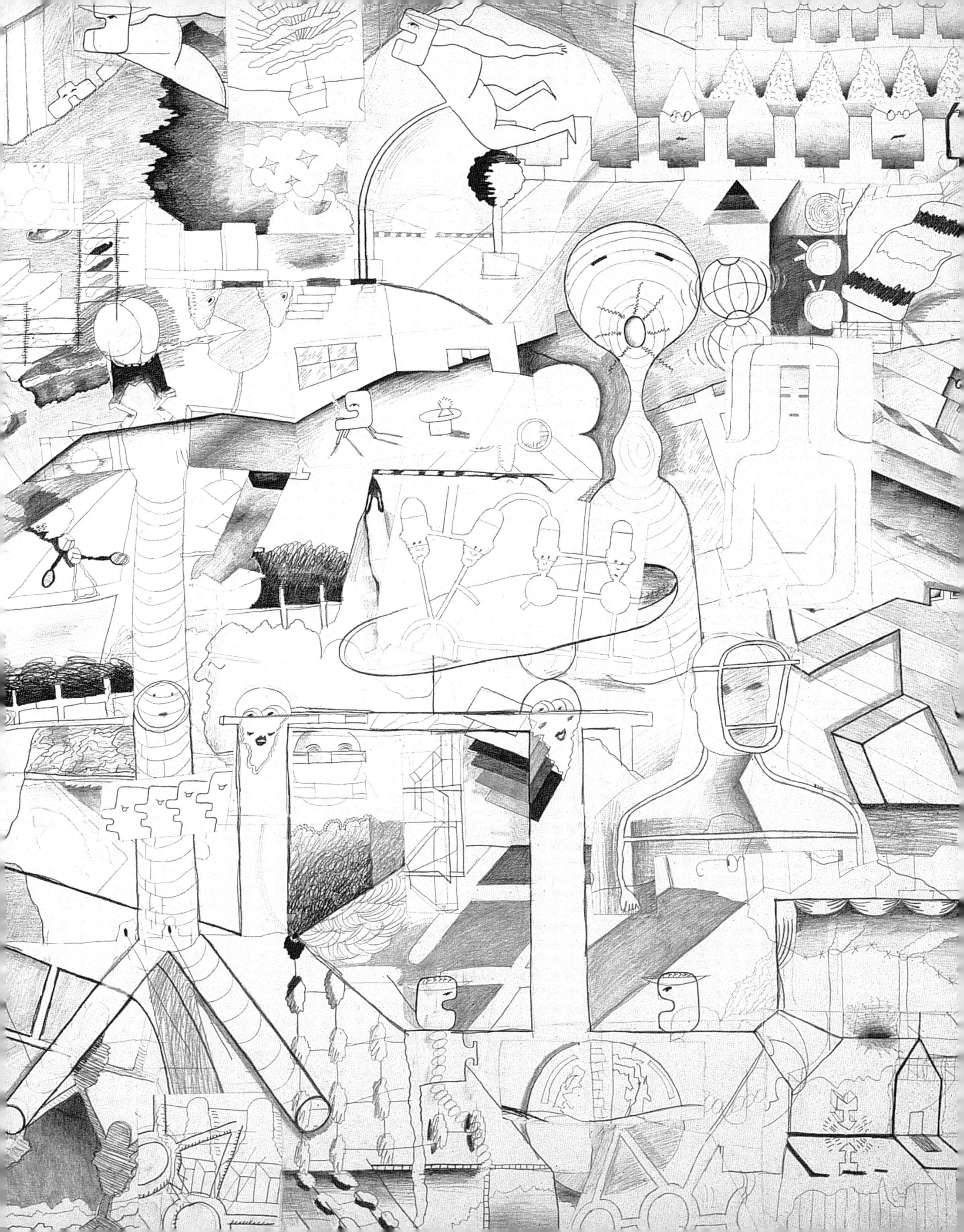

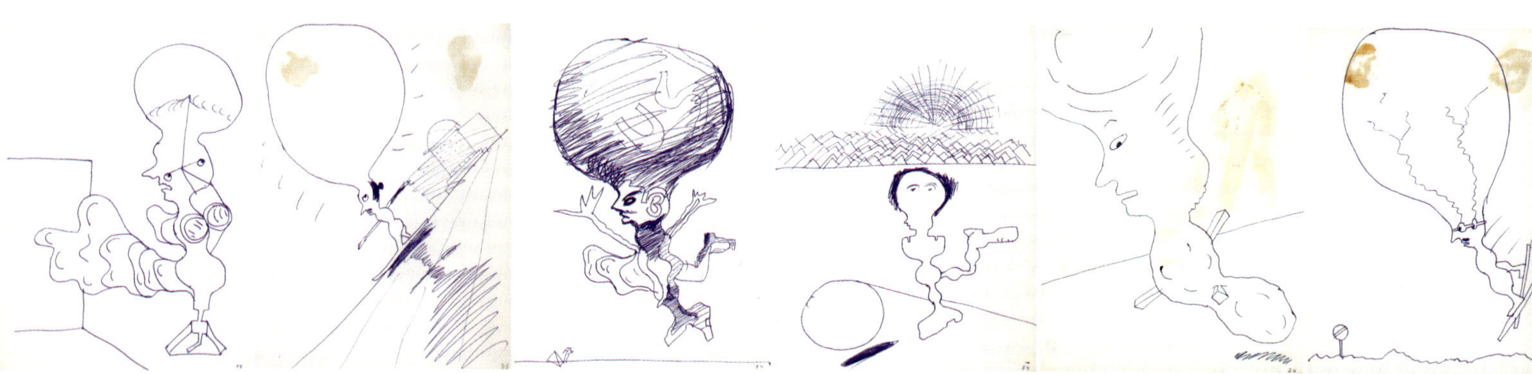

Dibujos para el desarrollo de **Andarín cabezón dúplex** 1974–1975

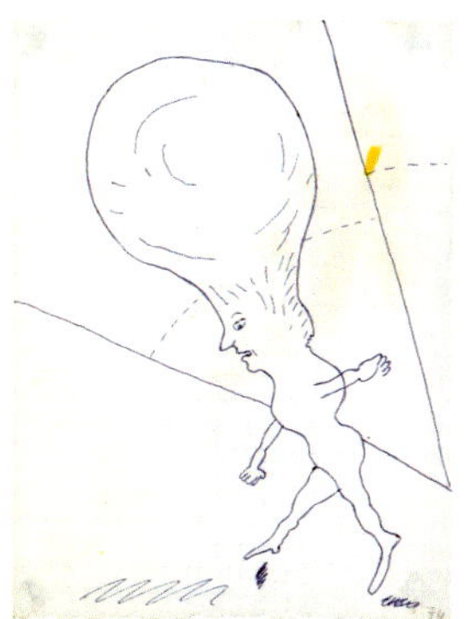

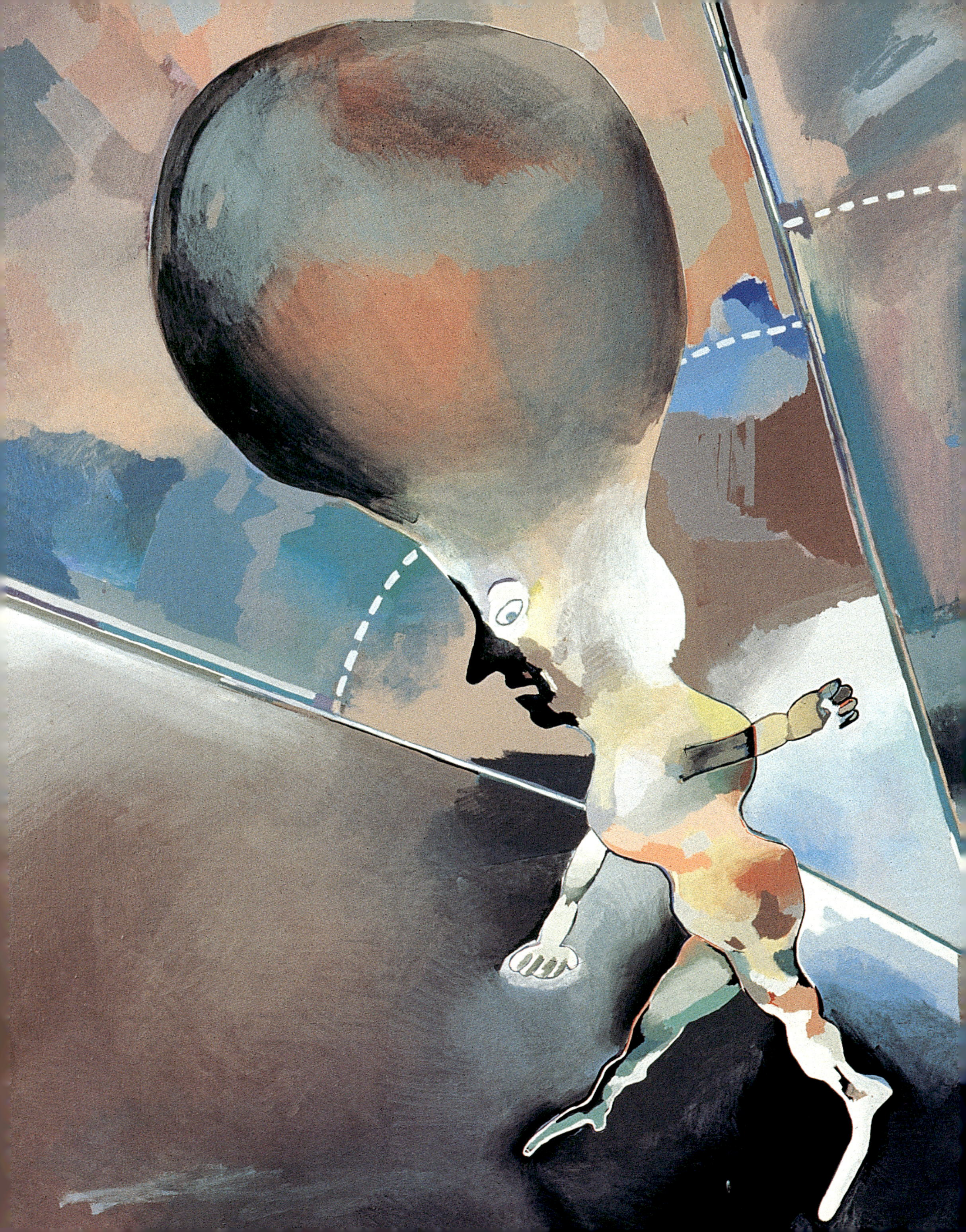

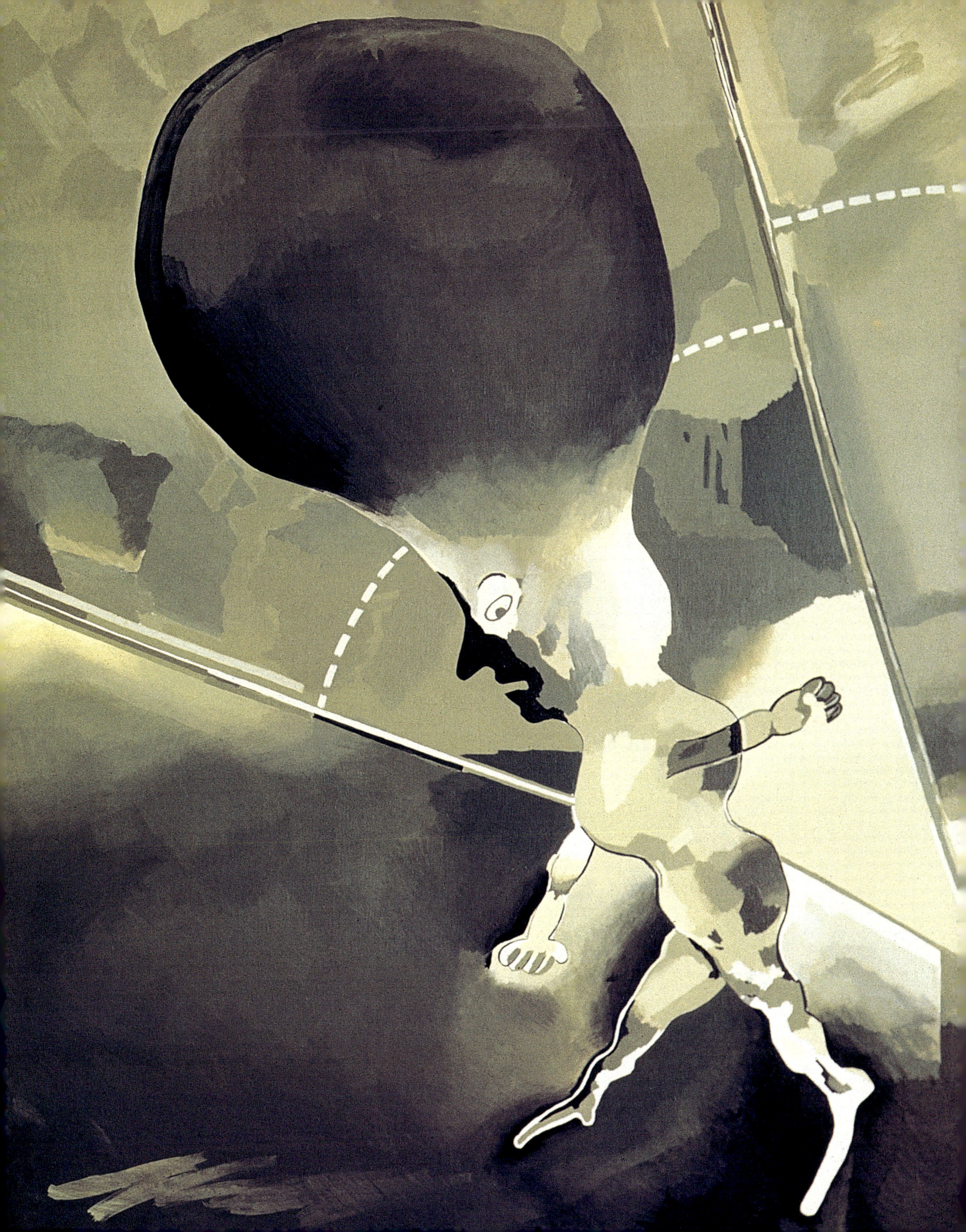

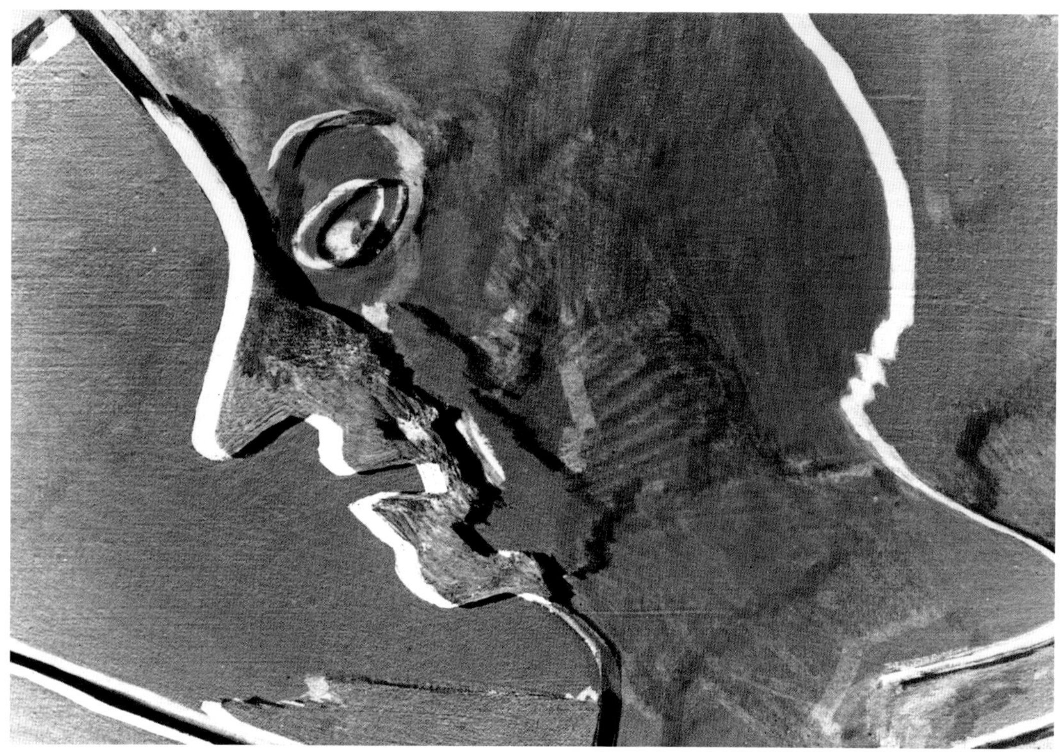

Fotografía para el desarrollo de **Andarín cabezón dúplex** 1974–1975

Página anterior **Andarín cabezón dúplex** 1975–1976 160 x 235 cm
Páginas 100 y 101 Pruebas de imprenta para el desarrollo de **Andarín cabezón dúplex** 1974–1975

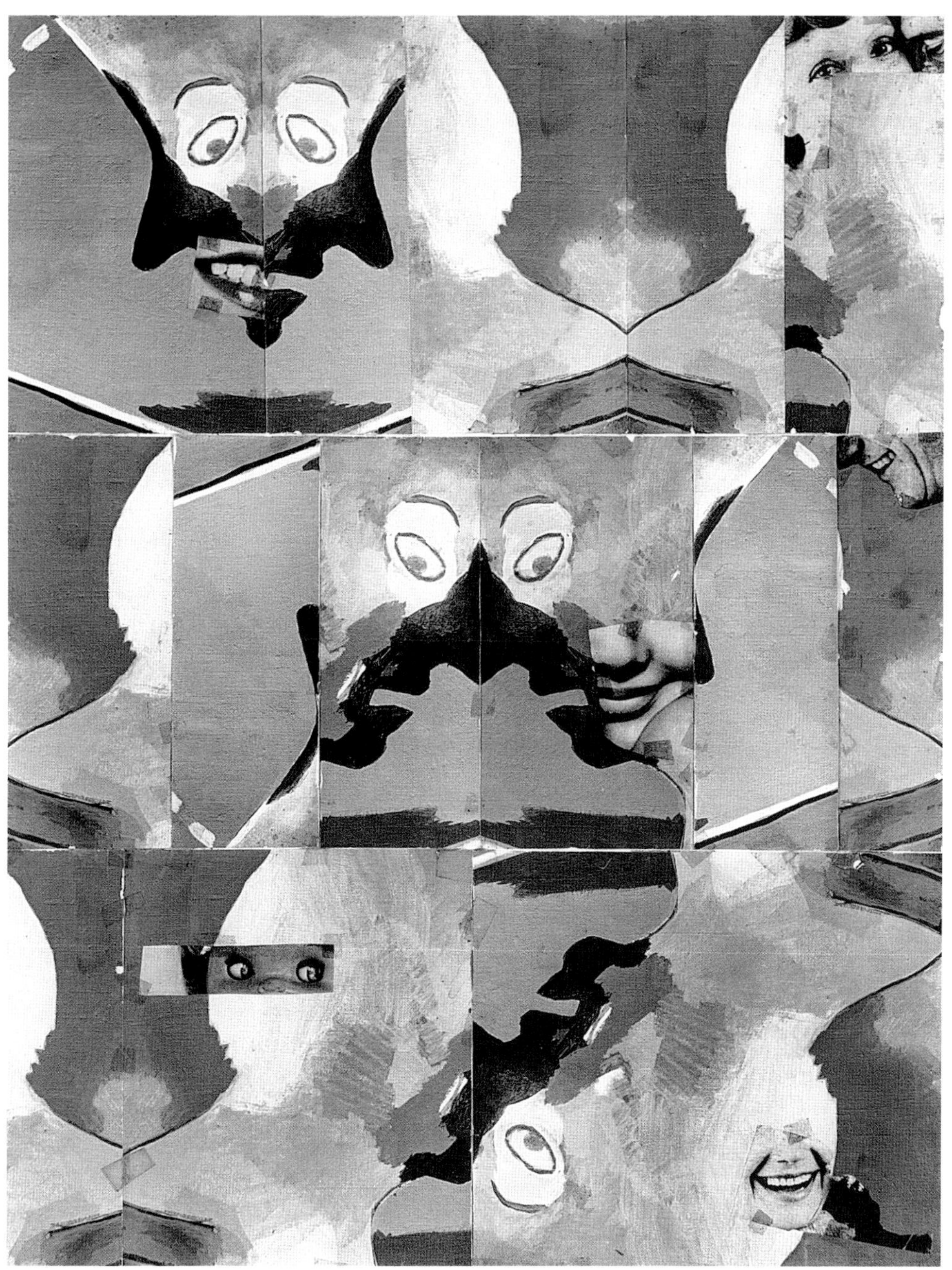

*Collage* para el desarrollo de **Andarín cabezón dúplex** 1974–1975

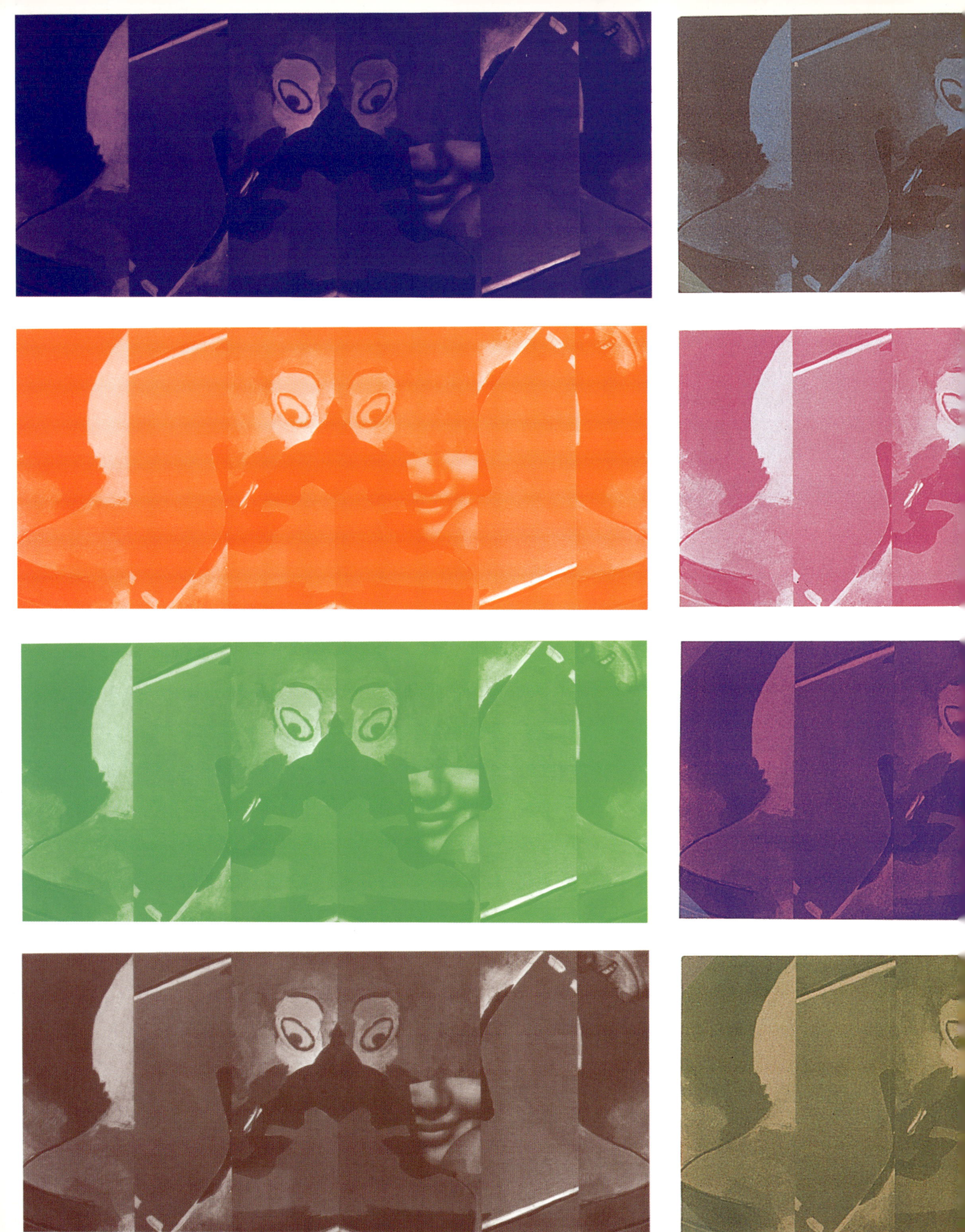

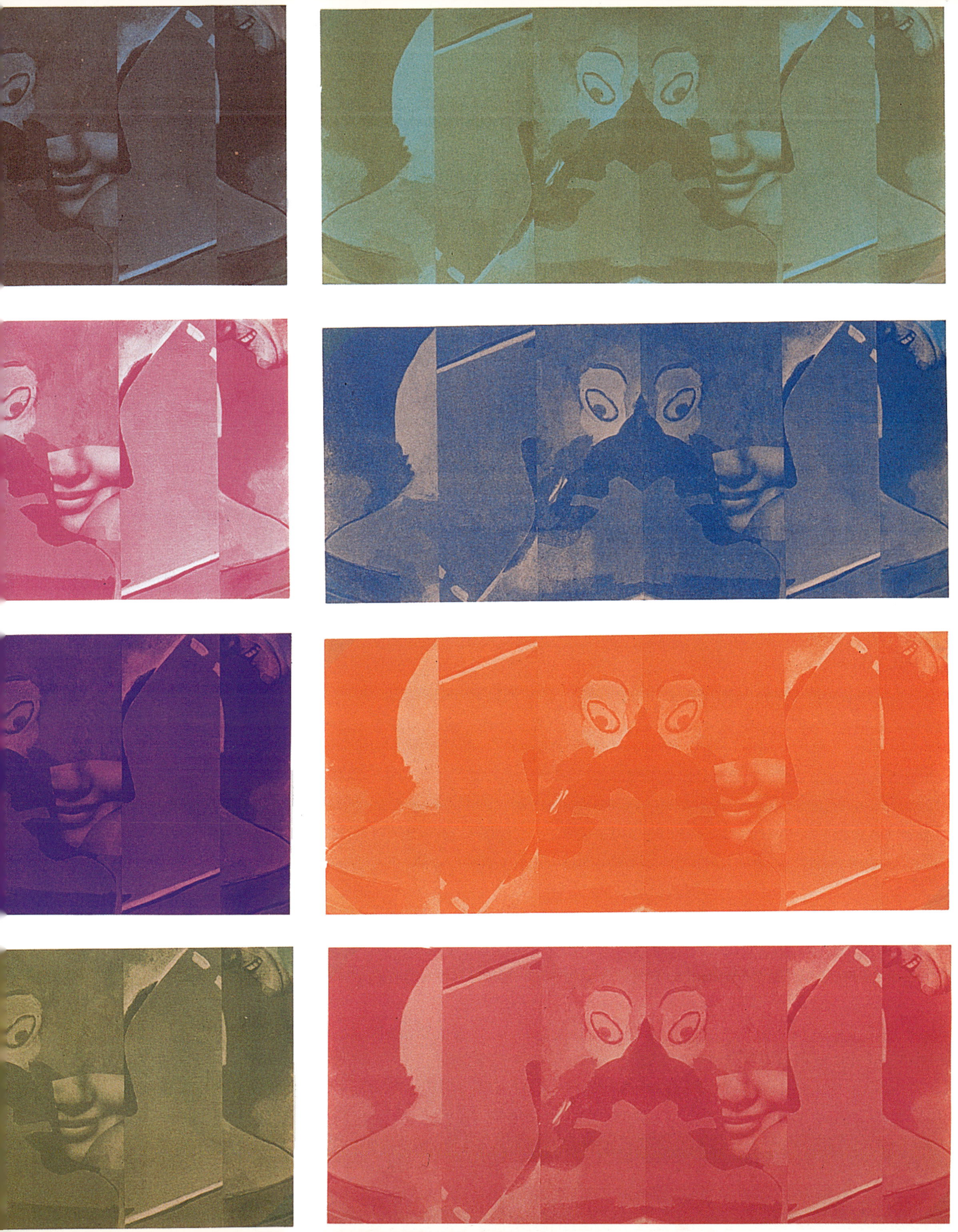

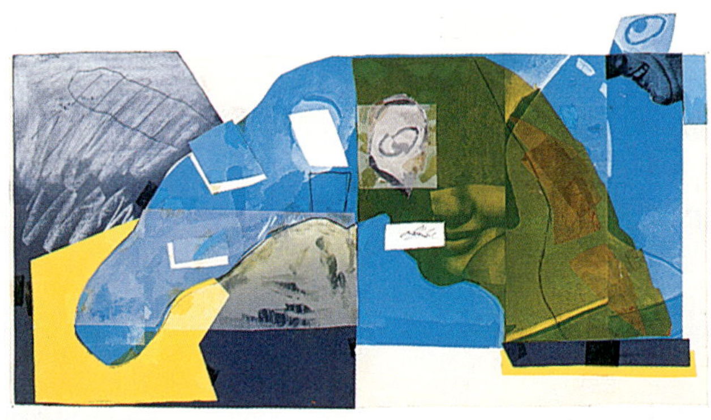

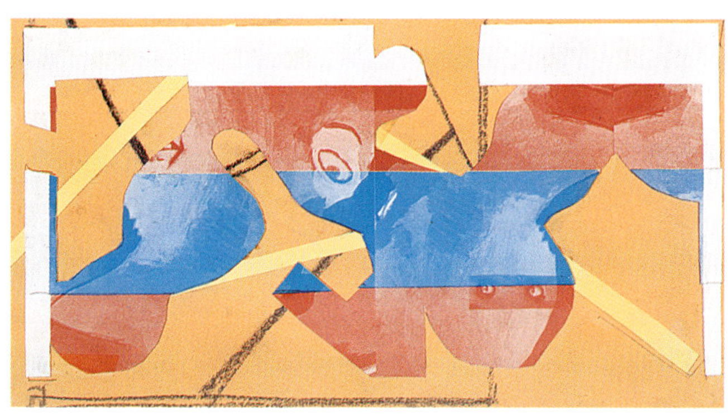

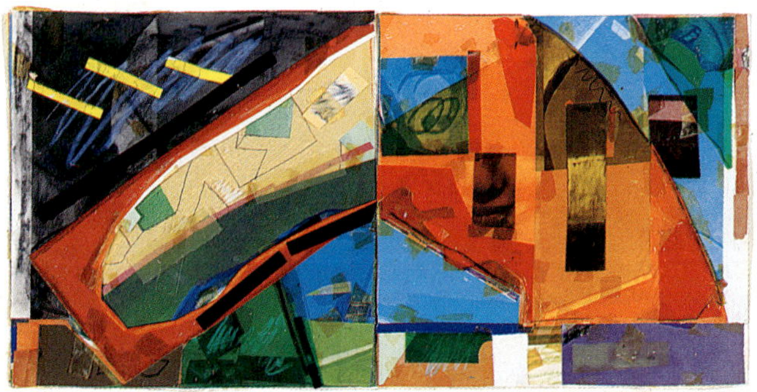

*Collages* para el desarrollo de **Andarín cabezón dúplex** 1974–1975

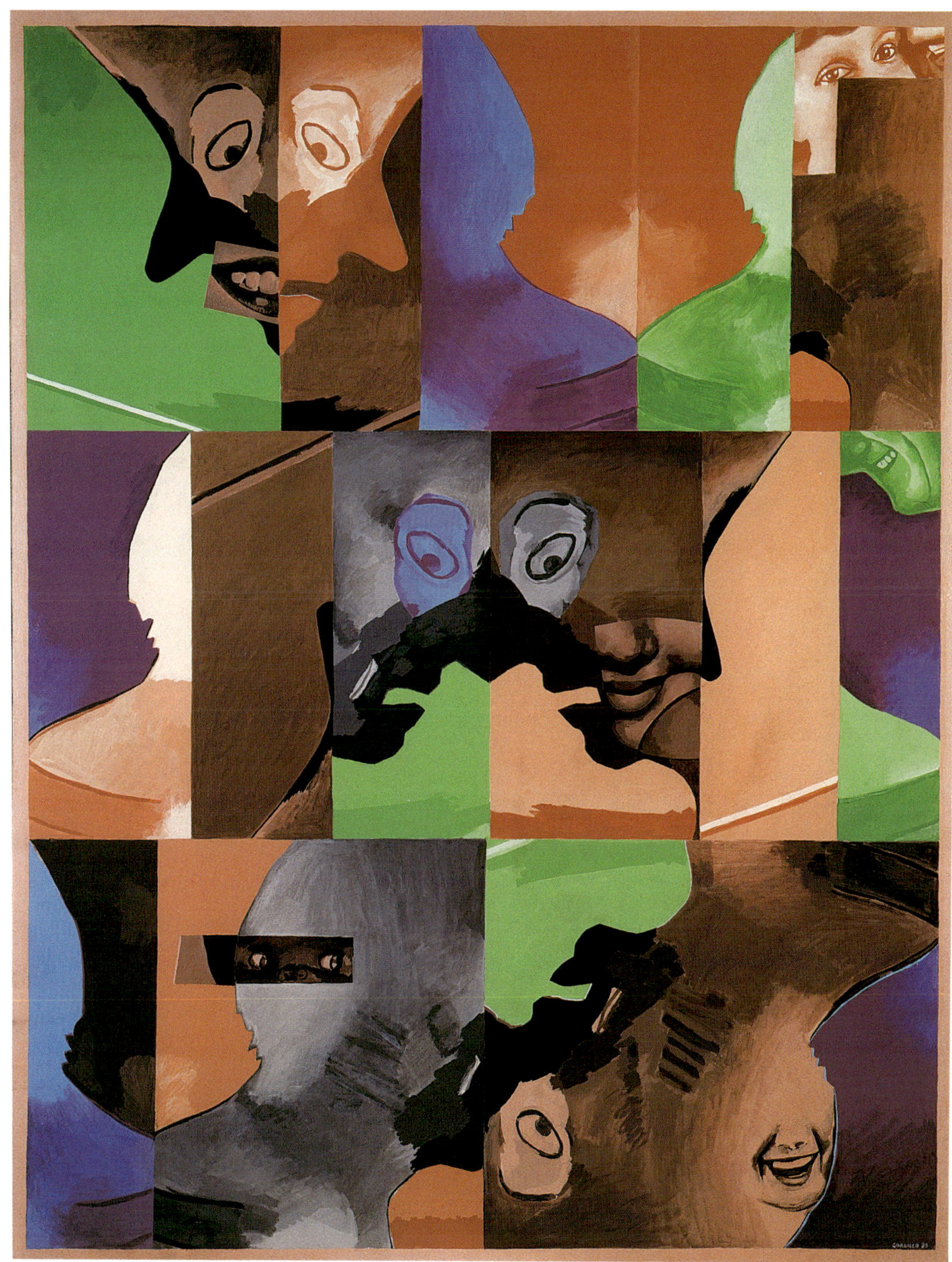

**3 pisos A** 1980 154 x 114 cm

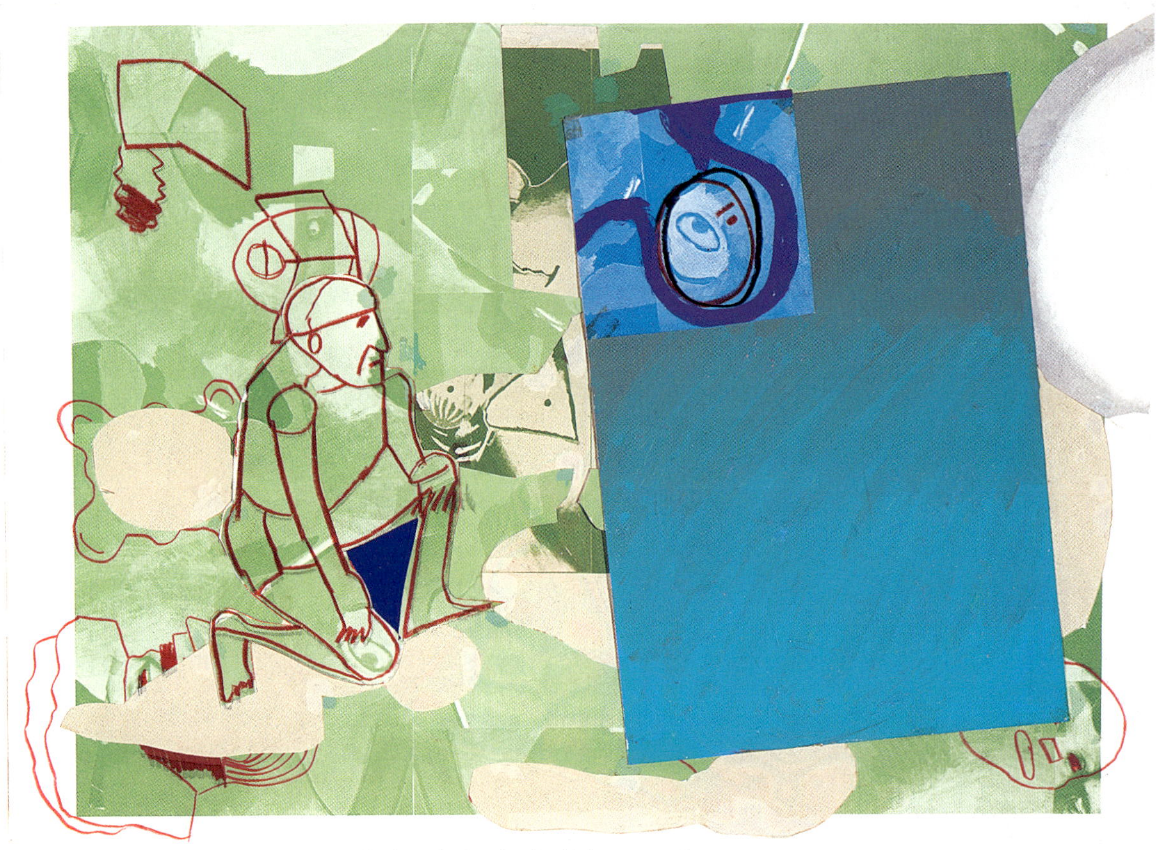

Páginas 104 a 107 *Collages* para el desarrollo de **Andarín cabezón dúplex** 1974–1975

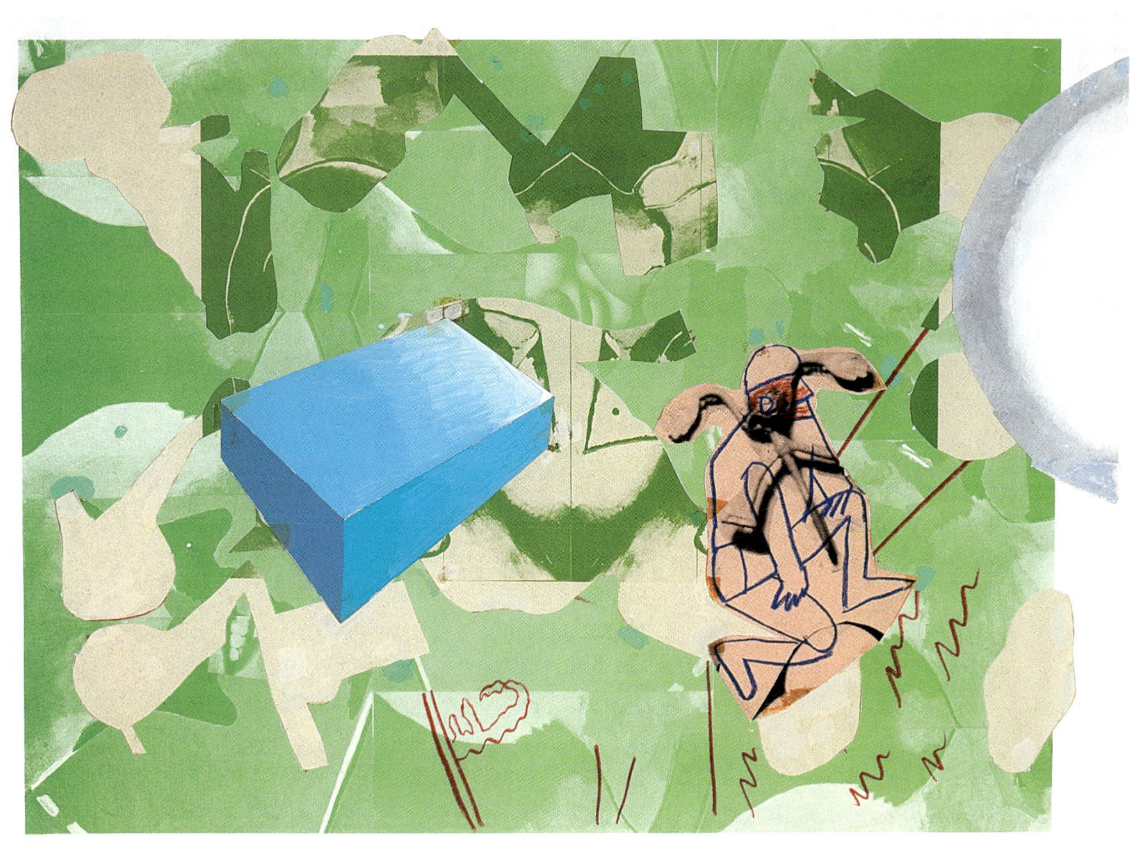

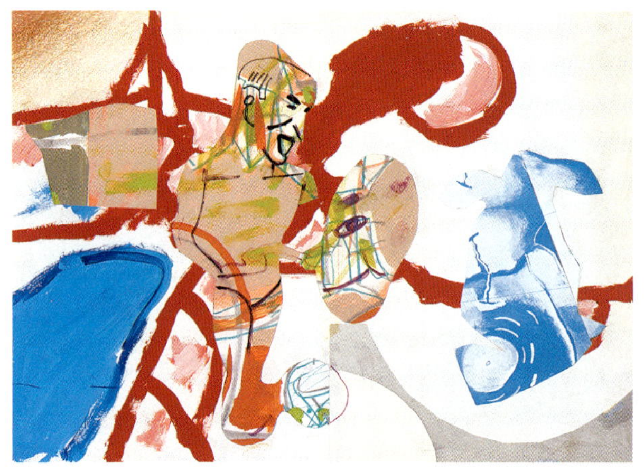

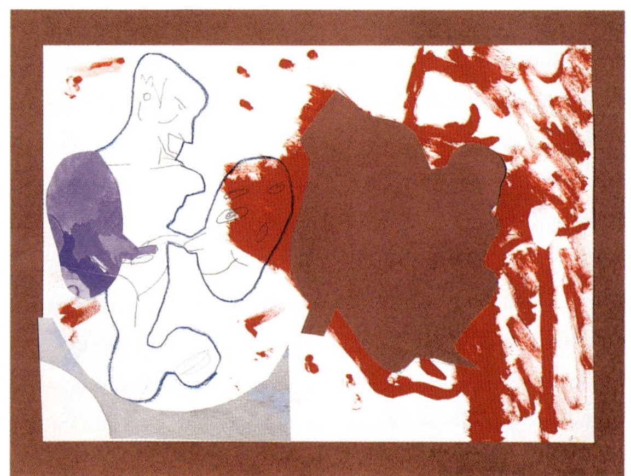

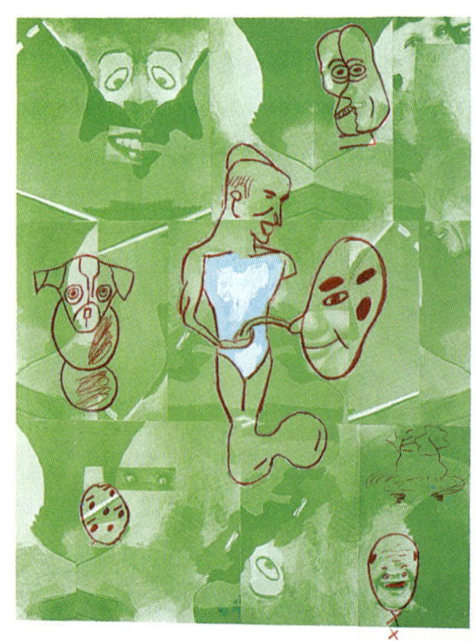

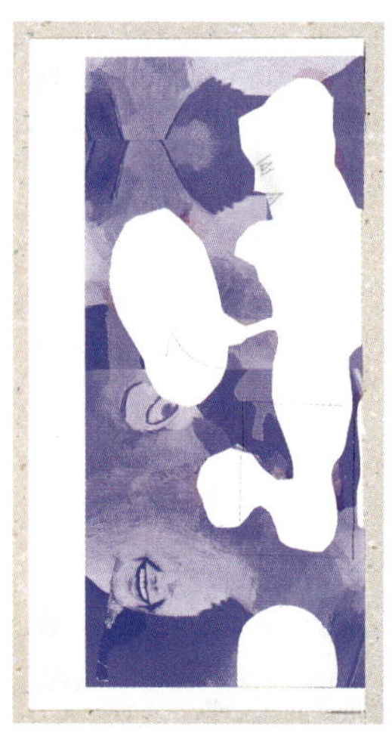

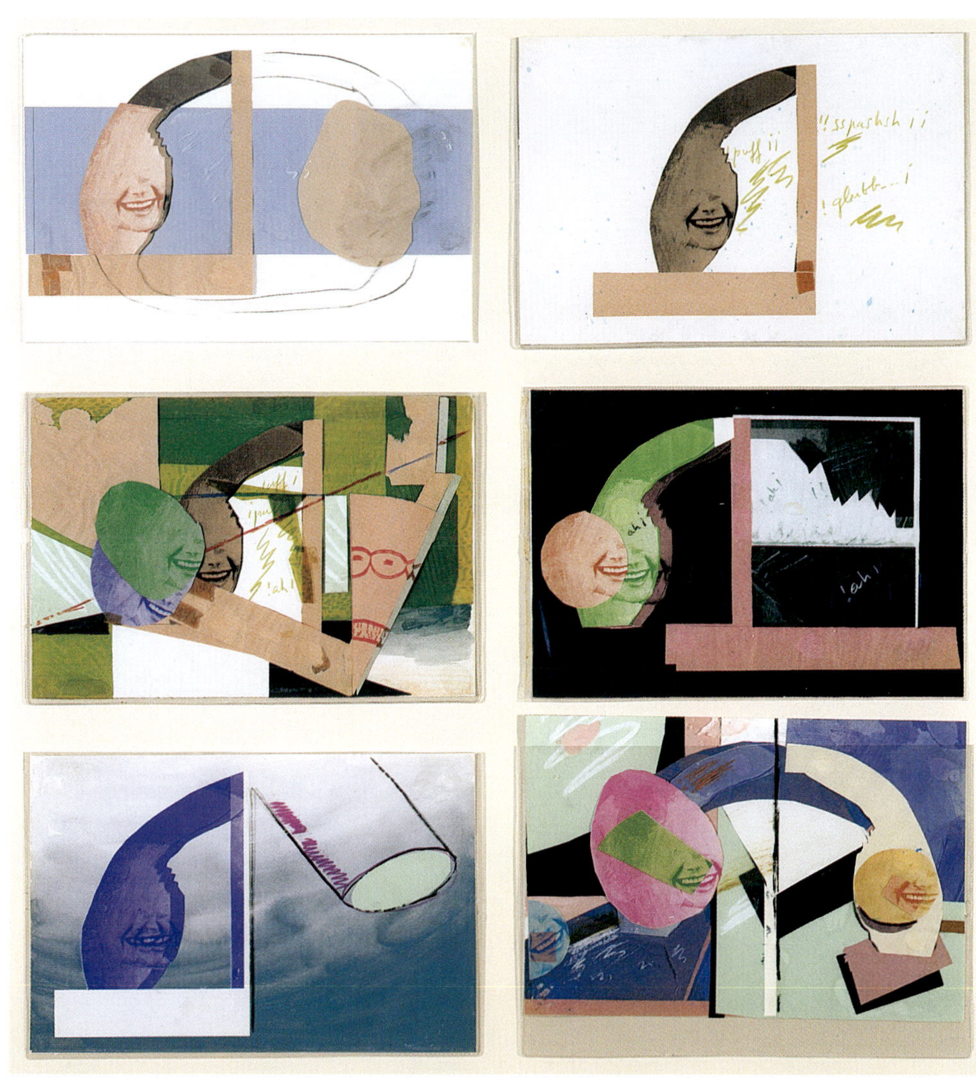
¡puff!!
!!sspashsh¡¡
!glubb...¡
¡ah!
¡ah!

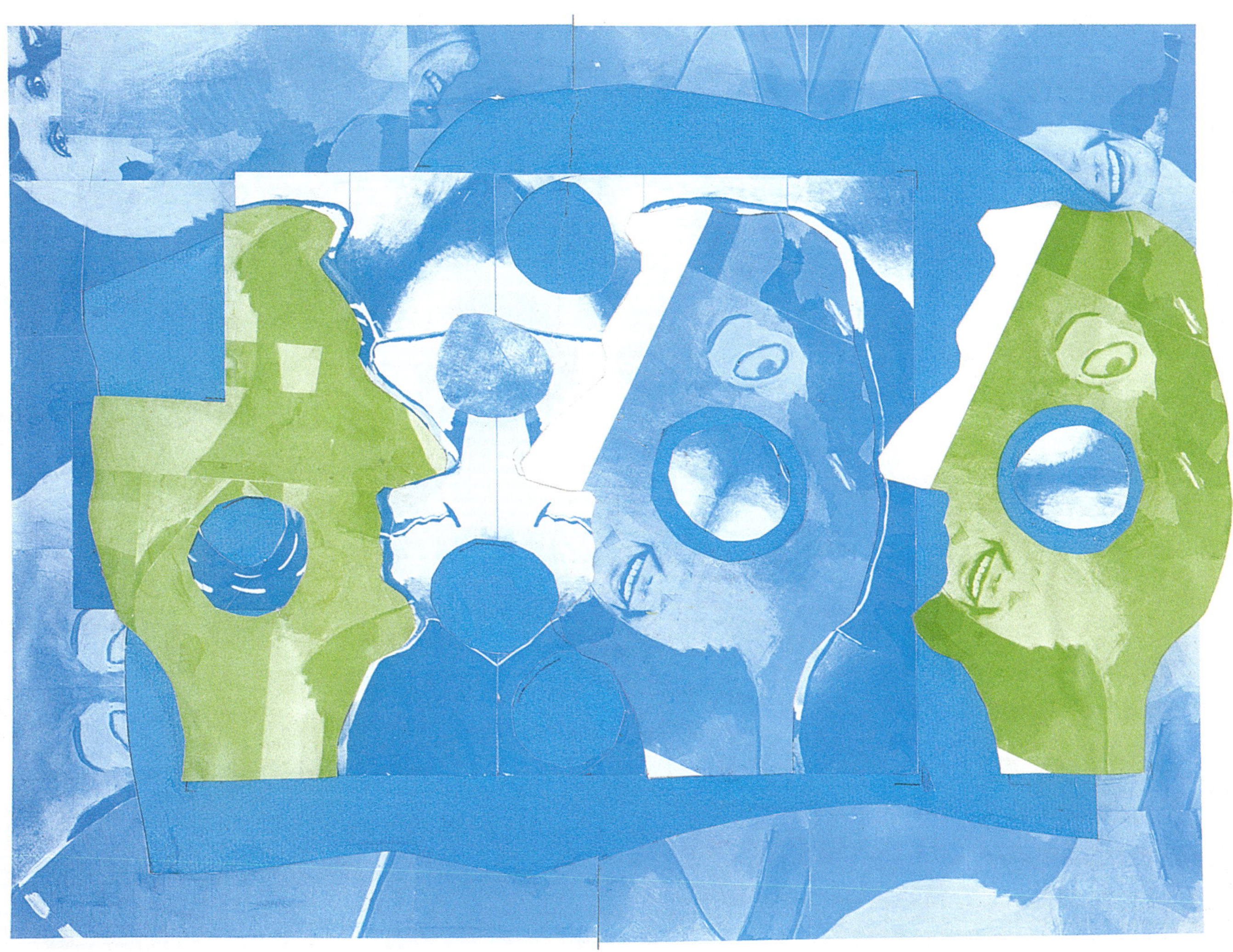

*Collage* preparatorio de **Trío gris y vinagre**

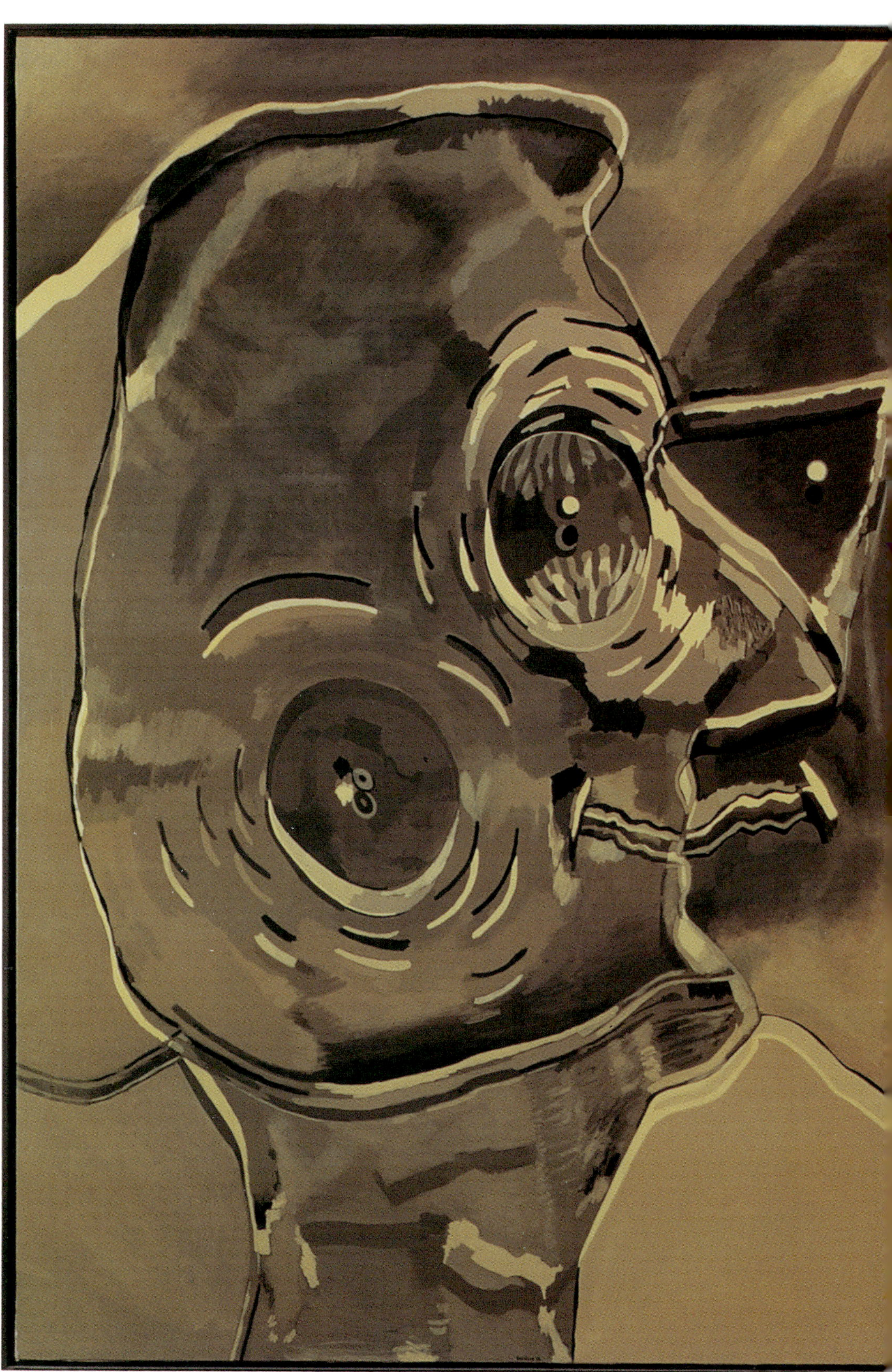

**Trío gris y vinagre** 1976 200 x 276 cm

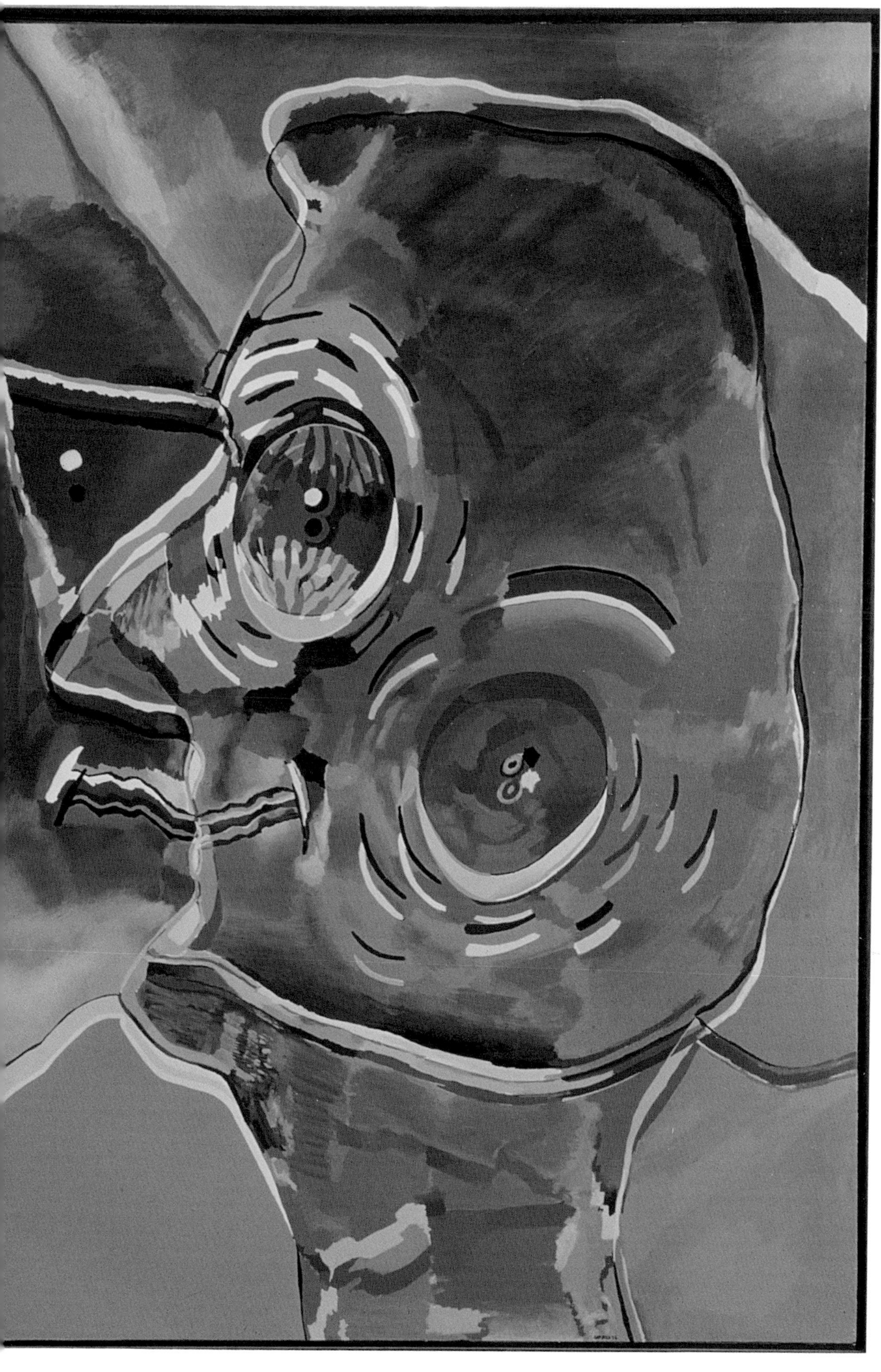

## On Payseyes

The narrating of historical or mythical facts does not exist in my work; that's to say, my work comes already framed by the most avant-garde tradition. My first great love is the Informalism that's radically abstract and essentially energetic. Although after the sixties something more narrative emerges, as in pictures like *El Suicida triplex* (The Suicide Triplex; 1974), this is not the main thing. History paintings they are not by any stretch of the imagination, yet I'm totally convinced that any visual work, however abstract it may be, has a history, not only as art, but as part of social history and as the object of an historical theory. For me the maximum reality of a picture is the stylistic one, that which turns it into an historical entity.

Completed in 1979, *Payseyes* is a picture that's always interested me, although I had my doubts about its possible theoretical content for a long time. It is a triptych of two-and-a-bit meters by almost five called *Payseyes*, a play on the words *paysage* (landscape) and *eyes*. The pronunciation is hispanicized and the composition of the image, dominated by a series of eyes, has a certain landscape feel. I first showed it in 1981 in the Fernando Vijande Gallery, at the same time as I was exhibiting in the Theo Gallery, both in Madrid, where I presented earlier pictures that were radically different to this one. I bring up the dual nature of the exhibitions because it bespeaks a major point about my work: its extreme mobility. There was a time when I suspected that my work had no meaning, it was so changeable... I was seeing how my colleagues, after a youthful period, were taking up residence, settling down into an early maturity sufficient to last until the end of their lives. I said "How is it possible that my work shifts around so much, is so dynamic, does it lack a strategy for keeping calm?" This fear has totally disappeared, in part because in the last decade other artists have emerged who make a strategy out of mobility. At no time have I sought to pride myself on mobility, although I'd like to fix that process of variation as something instinctive, like that of a plant, an animal, like the geological change of growth and organic variation in a landscape.

In the seventies I wrote a lot about my work. They were texts that when I read them now seem highly compulsive to me. More than theoretical, I get the feeling that they're messages in a bottle cast into the ocean by a shipwrecked man in the hope of somebody reading them. I was writing at the same time as I was painting. *At times when painting one gets the feeling of knowing things*, that one has tapped into some network with its tensions, and that one is connected to something magical, with its particular wisdom. These are moments that soon pass and afterwards you go back to knowing nothing. What I was doing was compulsively taking note of such feelings as they came to me. Those texts don't gladden me today, they communicate an enormous disquiet; however, it's certain that they created a theoretical situation in the entire first half of my work, even a hyper-meaning. When things are over-explained, the meanings end up cancelling each other out.

The essential argument in this picture functions as a reaction to my first works in the seventies, works that were highly dramatic for me. The work of those years was maybe an excessive, over-ambitious, perhaps contradictory, project in which my ambitions were too high. The results obviously never measured up to my desires. A moment arose in which I couldn't stand that way of painting. I wrote a text in which I promised myself not to go back to working within the framework of that esthetic: I preferred living to painting in that space.

The origin of *Payseyes* and of the discovery of a new, alternative space goes back to an image of the actor Peter Sellers that I found in an illustrated weekly magazine. At that point in time I used to feel uneasily attracted by banal press photos. Maybe the major influence Pop Art had on me crystallized into this mania for accumulating objects and anecdotal images. I almost always chose photos with an ironic meaning; what I liked about this image of Sellers was the irony it communicated by showing the man striding forth in short pants and with a suitcase. I was tremendously interested in the setting in which he was portrayed, a pseudo-Californian landscape. I set out to work with the photo: I went to the printer's and ordered a load of reproductions of each one of the precise stages for making a four-color separation; namely, a hundred copies of the image

## SOBRE PAYSEYES

En mi obra la narración de hechos históricos o míticos no existe; es decir, que mi trabajo se origina enmarcado en la tradición más vanguardista. Mi gran amor primero es el informalismo, que es radicalmente abstracto y esencialmente energético. Aunque después de los años setenta se hace algo más narrativa –en cuadros como *El suicida triplex* (1974)–, no es lo sustancial. Difícilmente serán cuadros de historia, sin embargo, estoy totalmente convencido de que toda obra plástica, por abstracta que sea, tiene una historia, pero no solamente como arte, sino como parte de la historia social y como objeto de una teoría histórica. Para mí la realidad máxima de un cuadro es la estilística, lo que la convierte en cosa histórica.

Acabado en 1979, *Payseyes* es un cuadro que siempre me ha interesado aunque durante mucho tiempo me planteé la duda respecto a sus posibles contenidos teóricos. Es un tríptico de dos metros y pico por casi cinco metros que se llama *Payseyes*, un juego de las palabras *paysage* (paisaje) y *eyes* (ojos). La pronunciación es españolizada y la composición de la imagen tiene cierto sentido paisajístico dominada por una serie de ojos. Lo expuse por primera vez en 1981 en la galería Fernando Vijande, a la par que exponía en la galería Theo, ambas de Madrid, donde presentaba cuadros anteriores y radicalmente distintos a éste. Traigo a colación la duplicidad de exposiciones porque avisa de un argumento máximo para mi obra: su extrema movilidad. Hubo una época en la que sospeché que mi trabajo no tenía sentido, era tan movible..., veía que mis compañeros, después de una época juvenil, se aposentaban, se sedimentaban en una primera madurez para resistir hasta el final de sus vidas. Yo decía, "¿cómo es posible que mi obra se mueva tanto, sea tan dinámica, es posible que le falte un argumento para mantenerla tranquila?" Este miedo ha desaparecido totalmente, en parte porque en la última década han surgido otros artistas que hacían de la movilidad un argumento. En ningún momento he querido presumir de movilidad, aunque me gustaría fijar ese proceso de variación como algo instintivo, como el de una planta, de un animal, el cambio geológico de crecimiento y variación orgánica en un paisaje.

En los años setenta escribí mucho sobre mi obra. Eran textos que ahora, cuando los leo, me parecen enormemente compulsivos. Más que teóricos da la impresión de que son escritos echados por un náufrago en una botella al mar con la esperanza de que alguien los lea. Escribía a la par que pintaba. *A veces, pintando, uno tiene la impresión de saber cosas*, de que ha pinchado alguna red, con tensiones, y de que se conecta con algo mágico, con una sabiduría especial. Son momentos que pasan deprisa y después vuelves a no saber nada. Lo que hacía era tomar nota de modo compulsivo de esos sentidos que me llegaban. Esos textos hoy no me serenan, transmiten una gran inquietud; sin embargo, es cierto que crearon una situación teórica en toda la primera mitad de mi obra, incluso un hipersentido. Cuando las cosas se explican excesivamente, los sentidos terminan neutralizándose.

El argumento esencial en este cuadro funciona como reacción a mis primeros trabajos de los años setenta, que para mí eran obras altamente dramáticas. El de aquellos años era quizá un proyecto excesivo y demasiado ambicioso, quizá paradójico, en donde mis ambiciones eran demasiado elevadas. Los resultados, evidentemente, nunca estaban a la altura de mis deseos. Llegó un momento en que yo no podía soportar esa manera de pintar. Escribí un texto en el que me prometía a mí mismo no volver a trabajar en el marco de aquella estética: prefería vivir a pintar en aquel espacio.

El origen de *Payseyes* y del descubrimiento de un nuevo espacio alternativo se remonta a una imagen del actor Peter Sellers que encontré en un semanario ilustrado. En aquella época me sentía ansiosamente atraído por las fotos banales de la prensa. Quizá la influencia mayor que tuve del arte pop cristalizó en esta manía por acumular objetos e imágenes anecdóticas. Casi siempre elegía fotos con un sentido irónico; lo que me gustaba de esta imagen de Sellers era la ironía que transmitía mostrando a este señor de paseo con pantalones cortos y su maleta. Me interesó muchísimo el ambiente donde aparecía retratado, un paisaje seudocaliforniano. Me propuse trabajar con la foto: fui a la imprenta y encargué multitud de reproducciones de cada uno de los estadios precisos para efectuar una cuatricromía; es decir, cien unidades de la

in blue, another hundred in magenta, in yellow, in gray, and also in black-and-white. With this mechanically produced material I set to work; first I made a series of caricatures of the photos, a system I'd previously utilized in *La pareja americuana* and in *Niño verdeencantador*, both of 1974. It consisted of doing drawn versions of photographs that caught my eye. I was doing drawings with the idea of creating a common constellation of the photos plus the drawings, similar to that obtained in previous instances: a kind of comic strip.

In the second exhibition I did in the Vandrés Gallery in Madrid I presented monochrome works alongside other ones full of color. Some of the painters who were connected at the time with my work came to see me. I remember a visit when they asked me to account for my esthetic ravings. They thought that my approach at the start of the seventies had to last for all time, hadn't to change. I was continuing doing what I'd done from the very beginning: changing. It seemed that the others, on the other hand, had arrived at that esthetic in order to stay with it till kingdom come.

The first impression I have in front of this picture is the emptying-out of something excessively full, of a sculpture, an inflated balloon that's burst, what happens after living a great passion... what remains is the same amount of space, but empty. This would be a negativist theory, although I think that in this picture it's the most important. In *Payseyes* I broke the referential image of Sellers down into vertical strips often enough to create a space, a landscape in which I eliminated the human character. With the figure removed, the surroundings remained. A moving person immobilized by the photo being the motive of the initial image, it serves for representing a place whose spatiality is based precisely on the repetition of the moment. This idea doesn't much differ from my theories at the start of the seventies in which I was referring to *immobile movement. In the struggle between expression and control, desire and geometry, the gesture and its control, immobility has to be produced by force.* This is one of the big issues of twentieth-century art: if everything moves so incredibly fast, how can we study the instant? This is maybe the great problem of both the painting and the art of the twentieth century. If we wish everything to move rapidly and to change at great speed, how can we make an artwork? The problem of retention and speed has been a constant in my work.

I've been consistently faced with compulsive change and yet attracted by the perfect opus, by holding everything back in order to arrive at a work that's dense. This produces *a creaking expressionism*. When expressionism is spoken of the connection is made with German Expressionism from the beginning of the century, which is basically physical, gymnastic, and afterwards extended to North-American Expressionism in the form of action painting; but another kind exists that I call 'creaking'. When the desire for speed is very intense, so is that of freedom; the need to produce a dense, classical work is very intense, it causes a very intense rubbing sound.

What's harder for me to do is construct a positive theory behind this picture. It's surprising, maybe, to observe that a picture can be made without there being a prior theory. In my case, this isn't odd at all. We painters use a visual, autonomous language. To orally explain a picture requires an enormous effort because many works are made without passing through the filter of a higher form of consciousness. A picture is part of a flow – the important thing is a way of thinking –, certain pictures are explained by other pictures. What's been interesting about *Payseyes* is to remark its relationship to works I'm doing right now, in which this kind of mirage interests me a lot. I think it's more a mirage than a landscape. I associate it with the feelings that are experienced in the big city, where depth is limited to a sort of single backdrop. The depth that nature provides, even the plastic kind produced in the swarming of the pictorial range I was referring to before, has practically disappeared from painting. I would go as far as to say that such pictorial depth had a sacred quality.

Certain ways of painting have been transformed into lost paradises, their sacred value has disappeared. Pop Art declared

imagen en azul, otras cien en magenta, en amarillo, en gris, y también en blanco y negro. Con este material obtenido mecánicamente me puse manos a la obra: primero hice una especie de caricaturas de las fotos, un sistema que había utilizado previamente en *La Pareja Americuana*, 1974, o en *Niño verdeencantador*, 1974. Consistía en hacer versiones dibujísticas de fotografías que me llamaban la atención. Hacía los dibujos con la idea de crear una constelación común de las fotos más los dibujos similar a la obtenida en casos anteriores: una especie de cómic.

En la segunda exposición que hice en la galería Vandrés de Madrid presentaba obras monocromas junto a otras cargadas de color. Vinieron a verme algunos de los pintores que en aquel momento estaban relacionados con mi obra. Me acuerdo de una visita de Chema Cobo y Carlos Franco pidiéndome cuentas de mis desvaríos estéticos. Pensaban que mi planteamiento de inicios de los setenta tenía que ir a misa y que aquello no debía cambiar. Continuaba haciendo lo que había hecho desde el principio: cambiar. Parecía que ellos, en cambio, habían llegado a aquella estética para quedarse más tiempo.

La primera impresión que tengo ante este cuadro es el vaciamiento de algo excesivamente lleno, de una escultura, un globo hinchado que se pincha, lo que ocurre tras vivir una gran pasión..., lo que resta es un espacio igual de grande pero vacío. Ésta sería una teoría negativista aunque creo que en este cuadro es la más importante. En *Payseyes* rompí en tiras verticales la imagen referencial de Sellers, suficientes veces para crear un espacio, un paisaje en el que eliminaba al personaje. En este espacio ganado hice una serie de nuevos cuadros. Quitada la figura quedaba el ambiente. Siendo el motivo de la imagen inicial una persona que se mueve inmovilizada por la foto, sirve para representar un lugar cuya espacialidad se basa precisamente en la repetición del momento. Esta idea no difiere mucho de mis teorías de principios de los sesenta en las que hablaba del *movimiento inmóvil*. *En la lucha entre la expresión y el control, el deseo y la geometría, el gesto y su control, se tiene que producir por fuerza un inmovilismo*. Es uno de los grandes asuntos del arte del siglo XX: si todo va excesivamente deprisa, ¿cómo podemos estudiar el momento? Quizá sea el gran problema de la pintura y del arte del siglo XX. Si deseamos que todo vaya rápidamente y que todo cambie a gran velocidad, ¿cómo podemos hacer una obra de arte? El problema de la retención y la velocidad ha sido constante en mi obra.

Siempre he estado enfrentado al cambio compulsivo y, por otro lado, tentado por la obra perfecta, por la retención para lograr una obra densa. Eso produce un *expresionismo rechinante*. Cuando se habla del expresionismo, se relaciona con el expresionismo alemán de principios de siglo, que es básicamente físico, gimnástico, y se amplió después en el expresionismo norteamericano, en la *action painting*; pero existe otro que denomino de *rechinamiento*. Cuando el deseo de velocidad es muy intenso, también lo es el de libertad; querer producir una obra densa, clásica, es muy intenso, provoca un rumor de rozamiento muy intenso.

Lo que más difícil me resulta es construir una teoría positiva de este cuadro. Quizá extrañe constatar que se puede hacer un cuadro sin disponer de una teoría previa. En mi caso, no es nada raro. Los pintores utilizamos un lenguaje plástico y autónomo. Explicar un cuadro con el lenguaje oral demanda un esfuerzo enorme porque muchas obras están hechas sin pasar por el tamiz de una concienciación elevada. Un cuadro se integra en un fluido —una manera de pensar que es lo importante—, unos se explican con los otros. Lo que me ha interesado de *Payseyes* es darme cuenta de su relación con trabajos que estoy haciendo actualmente en los que me interesa mucho esta especie de espejismo. Pienso que es más un espejismo que un paisaje. Lo asocio con las sensaciones que se experimentan en la gran ciudad, donde la profundidad queda limitada a una especie de telón único. La profundidad que proporcionaba la naturaleza, incluso la plástica producida en el maremágnun de la gama pictórica a la que antes me refería, prácticamente ha desaparecido de la pintura. Me atrevería a decir que esa profundidad pictórica tenía un carácter sacro.

Ciertas maneras de pintar se han convertido en paraísos perdidos, su valor sacro ha desaparecido. El arte pop anunciaba que la clave de todo esto residía en la unión de la alta y la baja cultura. Llegué a pensar que éste era el elemento más importante del arte pop. Sin embargo, puntualmente he descubierto que el pop

that the key to all this resided in the marriage of high and low culture. I got to thinking that this was the most important thing about Pop Art. I soon realized, however, that Pop was about a more relevant issue: it's the neutralization of painting by means of photography and cold reproduction techniques *that have drained painting of the paradisial and sacred meaning* I was referring to. I repeat that for me this has to do with the mirage of the big city, in which our perception of reality is being profoundly disordered.

In that sense, I see a bridge between *Payseyes* and the set of problems I'm dealing with today. The pictorial field has been reduced to a plane, and it's on that grid-like plane where all the tensions occur of subjects and depth struggling for ascendancy. I can't help thinking that while I started with Informalism I could now be approaching a new kind of 'informalism' through the autodestruction of grids that are superimposed and in tension. The result would be a piling up of partly illegible visual detritus: noise, chaos, visual material passed through a blender. It's a theoretical temptation to which I've found an absolutely clear answer: in the eighties I referred to an reification of the gesture. Generically, I move between the temptation of Informalism and a critique of the gesture. Over the years I've assumed different attitudes in relation to this. That gestural critique has, however, become more transparent from the eighties onwards, when the formal essence of my work started to be based on that reification of gestuality. My images never ever set out to be visceras, as has been sometimes said; such things don't interest me in the least. They're coagulated gestures, more sculptural than liquid or libidinal.

My most recent works I see as being related, in part, to the works of those American painters who've sometimes been dubbed *Abstract-Pop*. I'm referring to Bleckner, Winters, Reed...; artists whose main characteristic I see as being what could be called a falsification of thermodynamics, an expression related to problems of the kind that are central to my work as a whole.

**LG, September 1999**

trataba una cuestión más relevante: es la neutralización de la pintura mediante la fotografía y los medios fríos de reproducción *que han vaciado a la pintura de este sentido paradisíaco y sagrado* al que me refería. Insisto en que para mí tiene mucho que ver con el espejismo de la gran ciudad donde la percepción de la realidad está siendo profundamente perturbada.

En ese sentido, veo un puente tendido entre *Payseyes* y la problemática en la que hoy me muevo. El campo pictórico ha sido reducido a un plano y en ese plano, similar a una celosía, se dan todas las tensiones de los sujetos y de la profundidad luchando en el mismo plano por el protagonismo. Tengo la tentación de pensar que, si empecé con el informalismo, ahora podría estar abocándome a una nueva especie de "informalismo" por una autodestrucción de celosías superpuestas y en tensión. El resultado sería un amontonamiento de detritus visuales en parte ilegibles: ruido, caos, material visual pasado por una batidora. Es una tentación teórica para la que he encontrado una respuesta clarísima: en los años ochenta me refería a una cosificación del gesto. Genéricamente me muevo entre la tentación del informalismo y la crítica del gesto. Con el paso del tiempo he ido tomando diferentes posturas al respecto; sin embargo, cuando esa crítica al gesto se ha vuelto más transparente ha sido a partir de los ochenta, cuando la esencia formal de mi obra pasó a basarse precisamente en esa cosificación de la gestualidad. En ningún momento mis imágenes pretenden ser vísceras, como se ha dicho por ahí, no me interesan para nada. Son gestos coagulados, más escultóricos que líquidos o libidinales.

Veo mis últimas obras relacionadas en parte con las de los pintores americanos que, en ocasiones, han sido calificados de "abstractos-pop". Me refiero a Bleckner, Winters, Reed..., artistas en los que veo como característica principal lo que se podría llamar falsificación de la termodinámica, expresión relacionada con problemas de este tipo que son centrales en toda mi obra.

**LG, septiembre 1999**

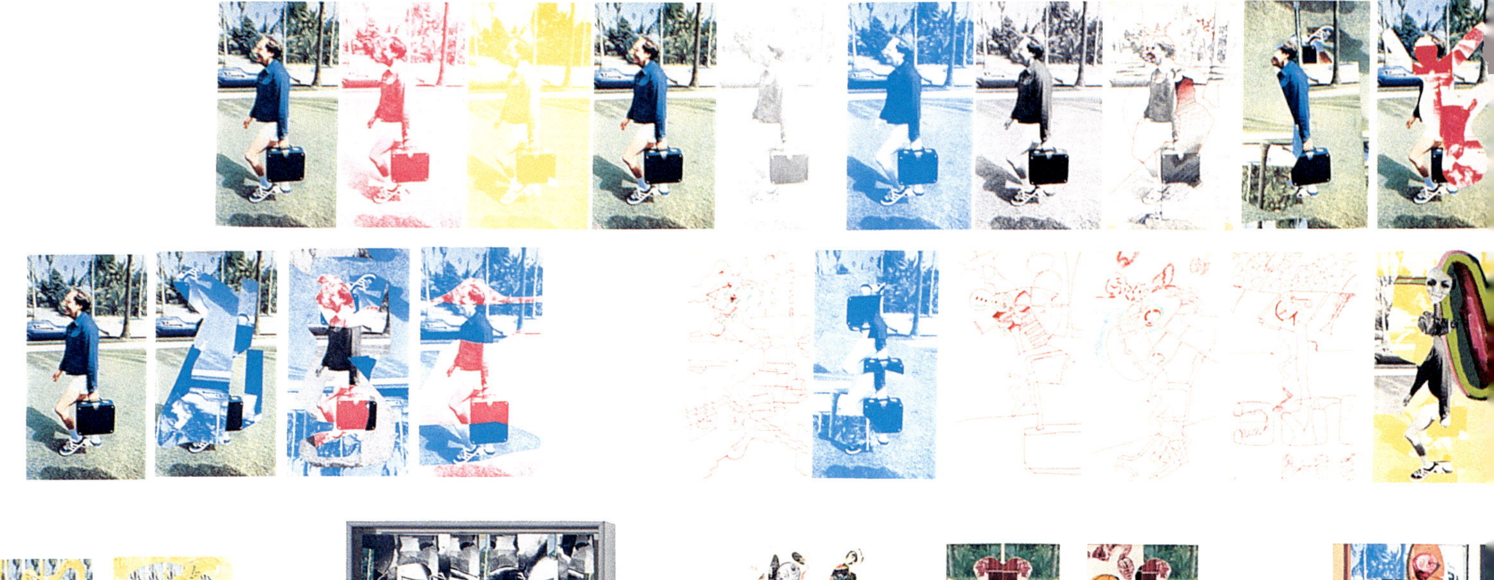

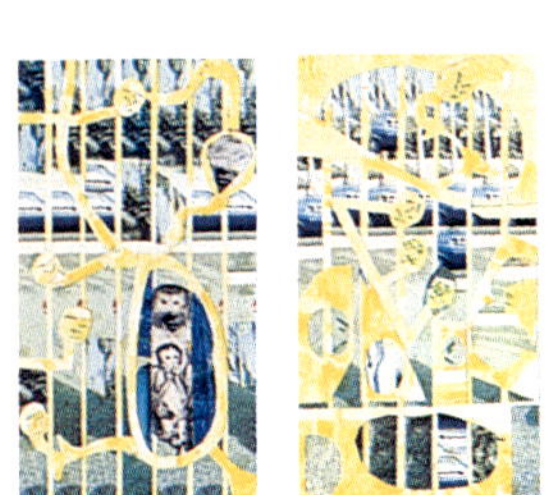

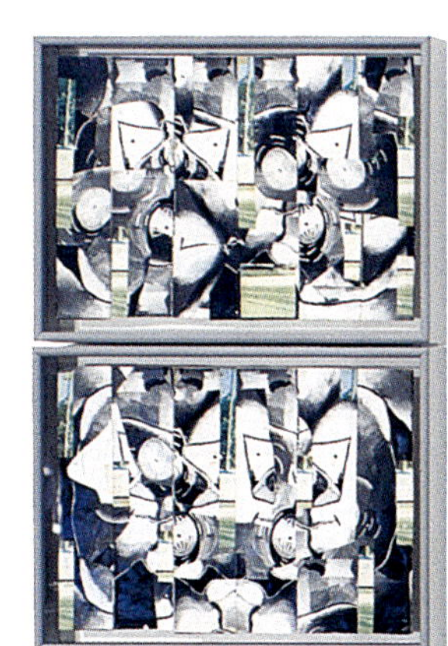

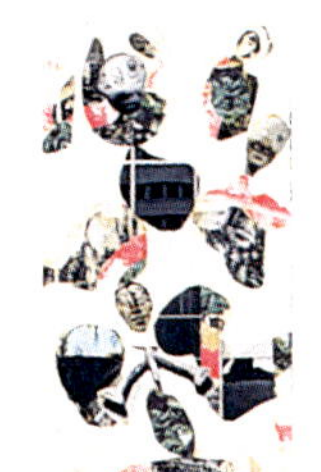

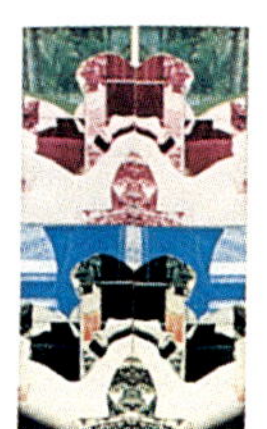

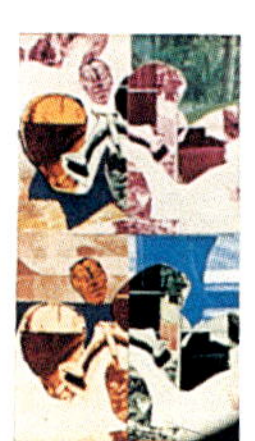

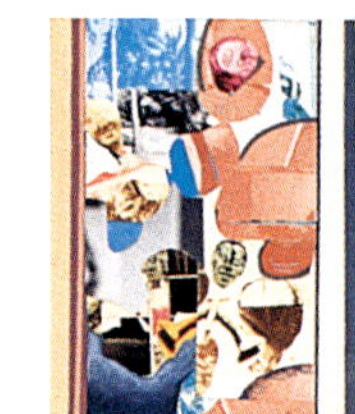

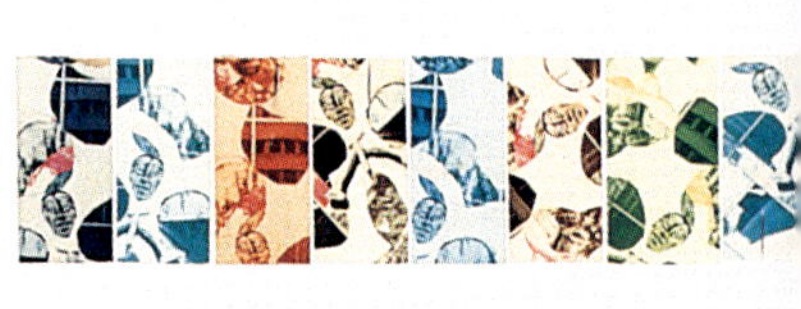

Páginas 118 a 123 Desarrollos a partir de una fotografía de Peter Sellers 1999

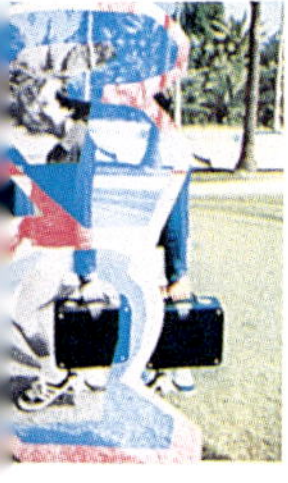
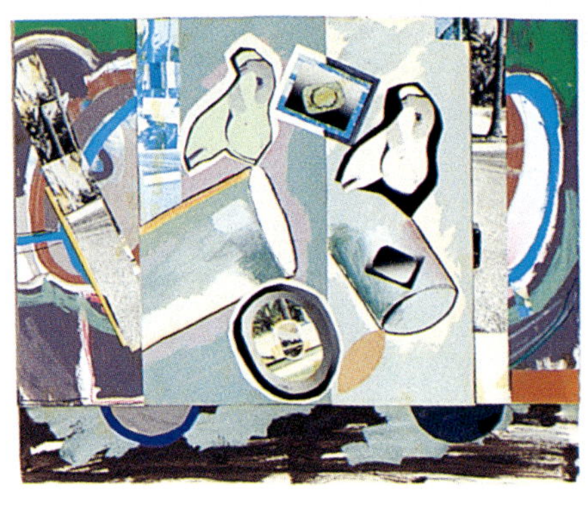
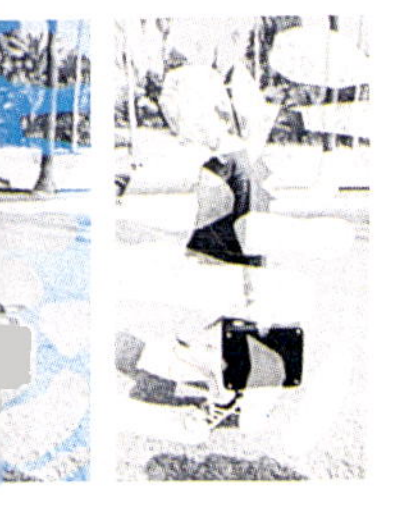
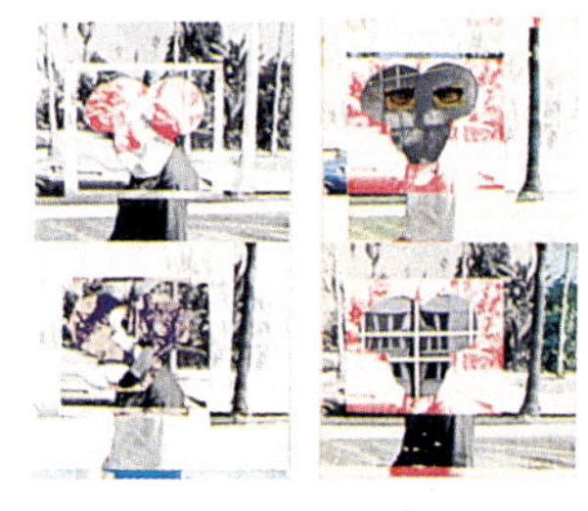
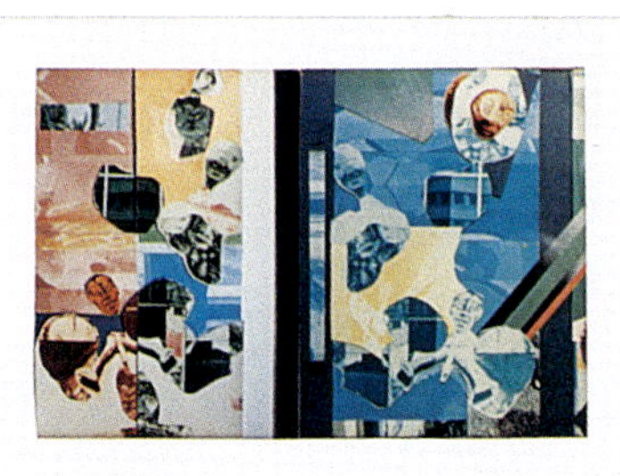
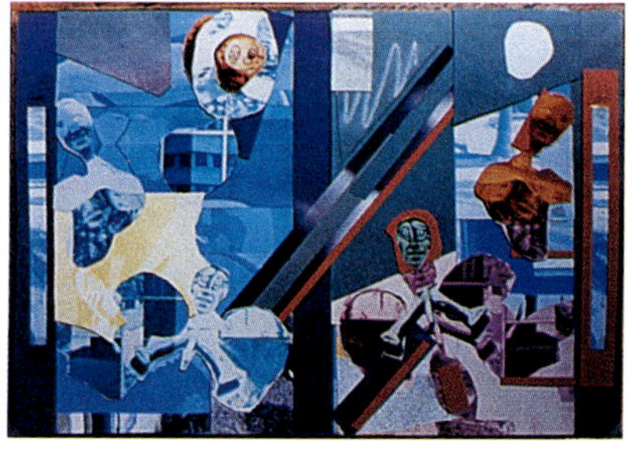
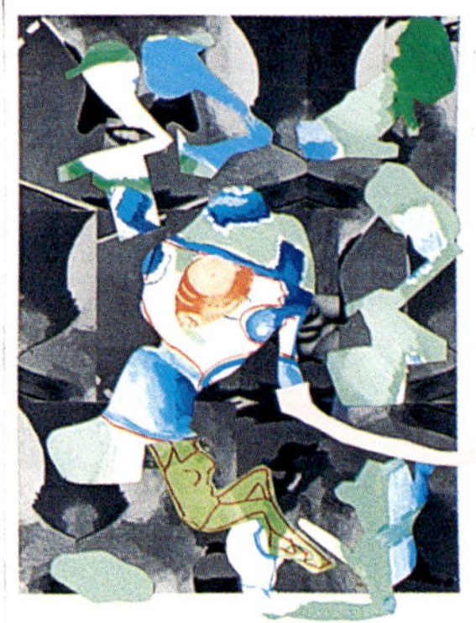
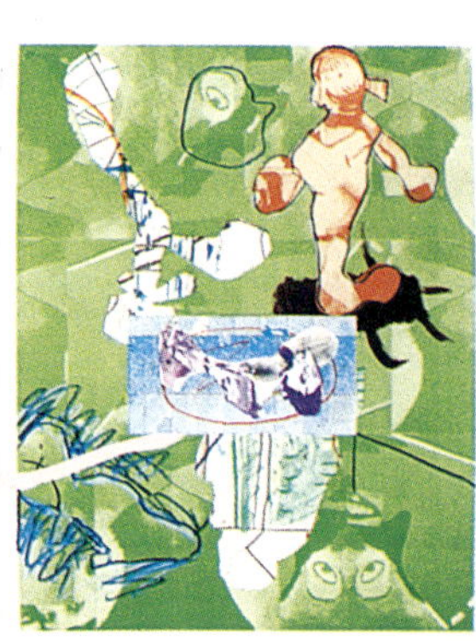
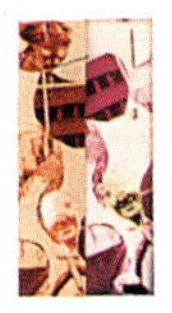
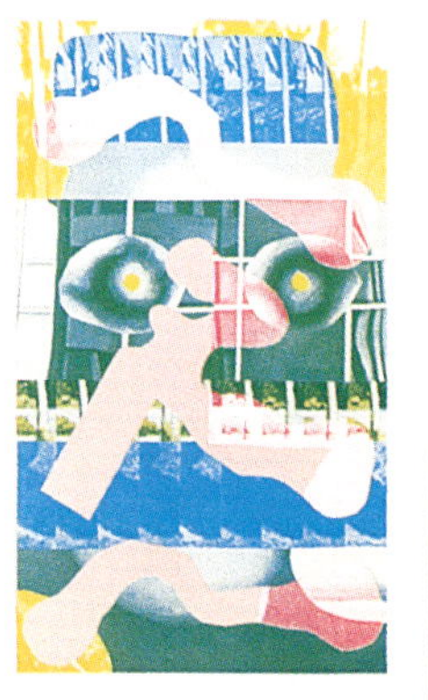

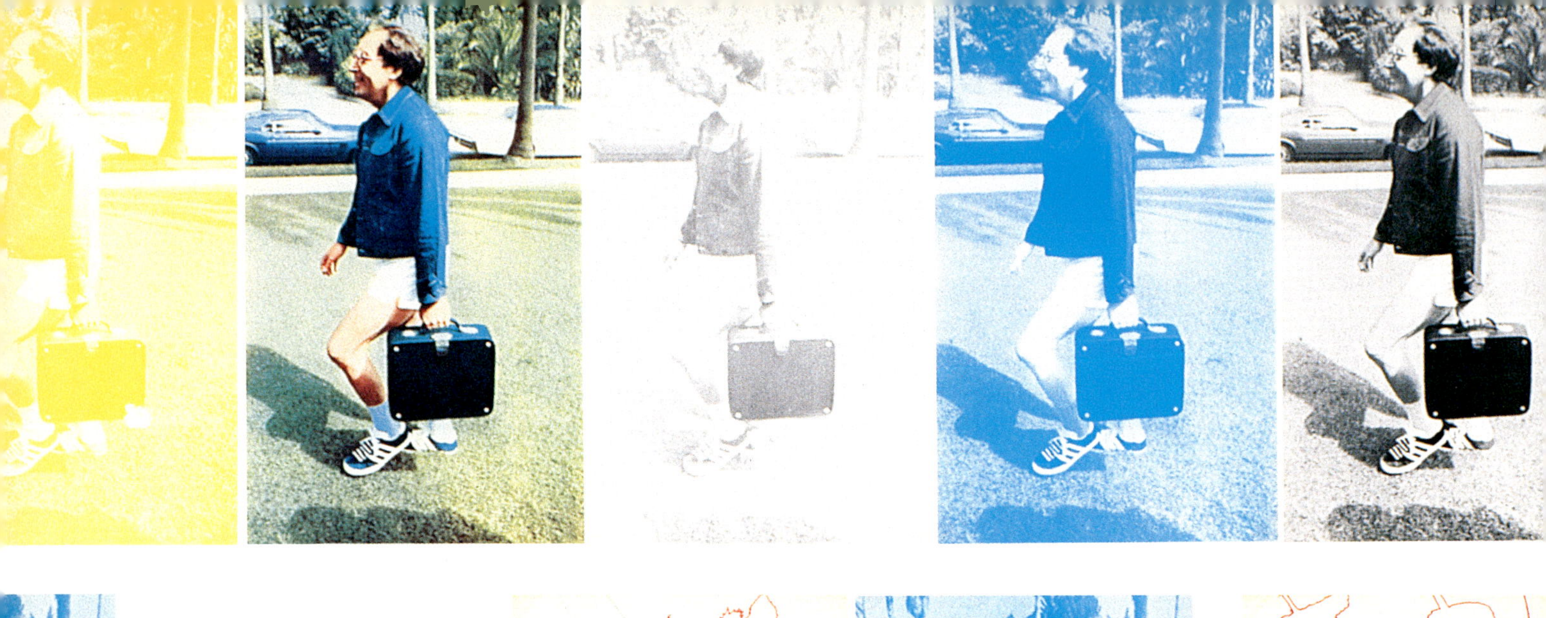

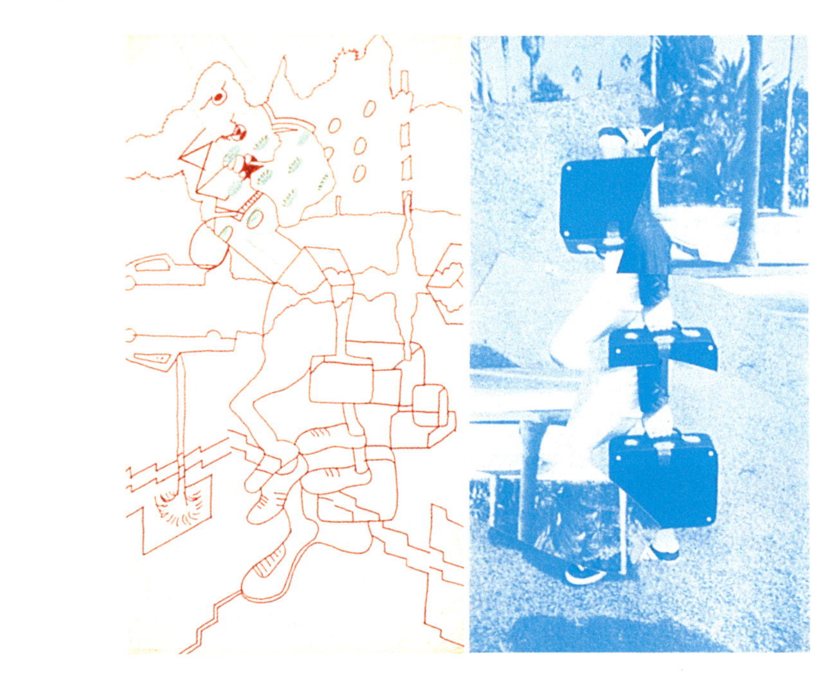

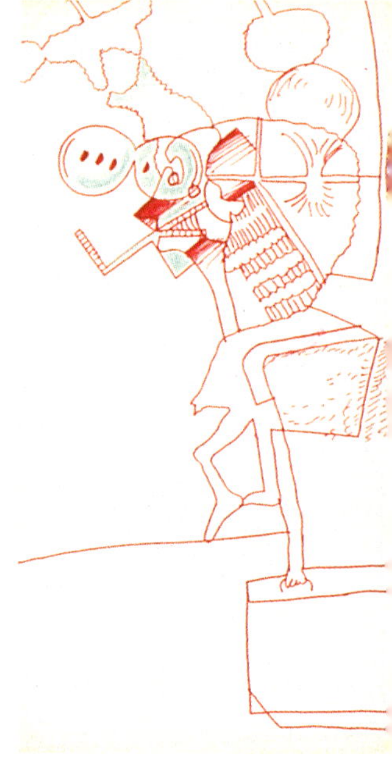

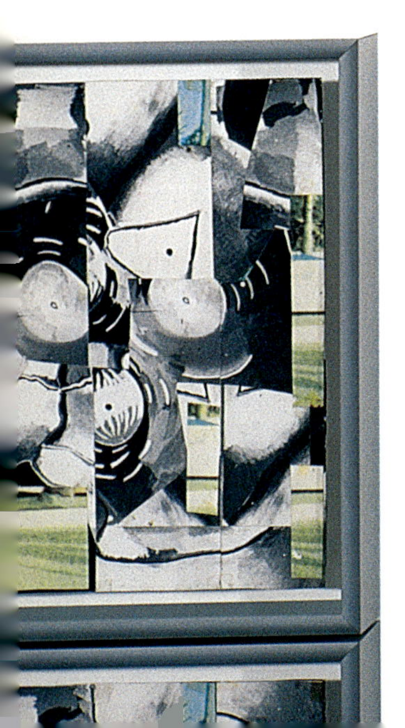

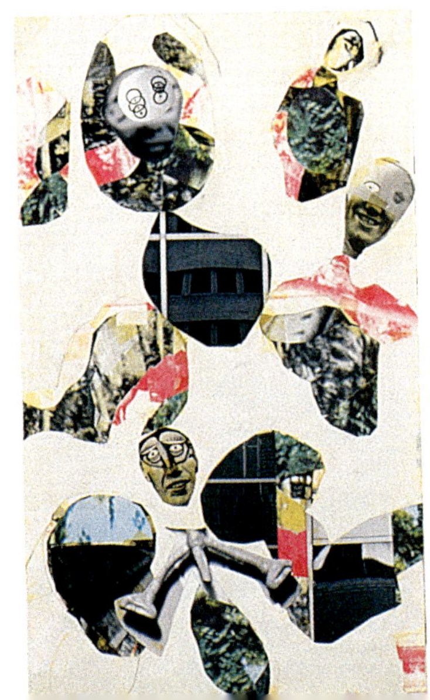

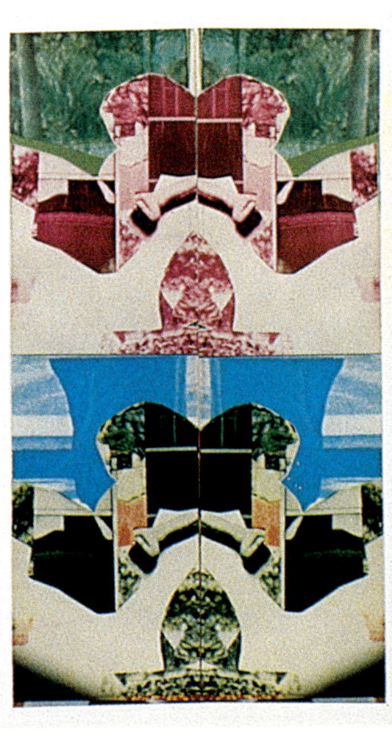

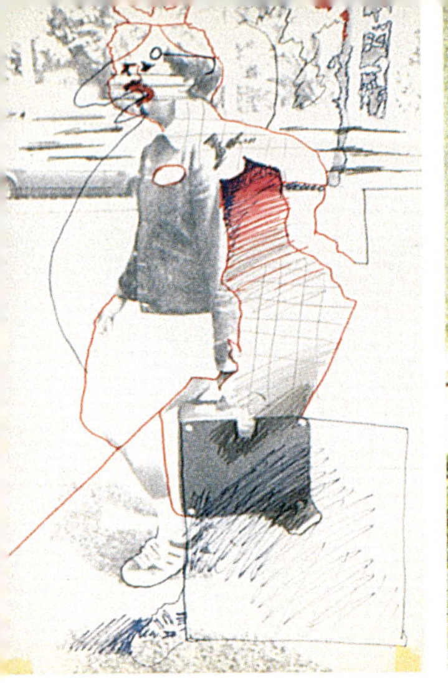
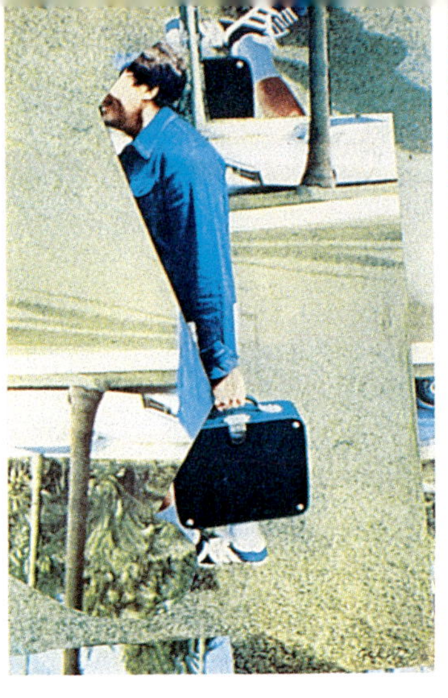
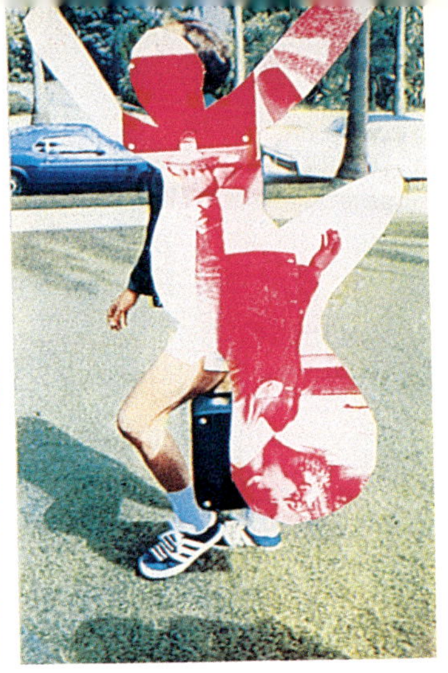
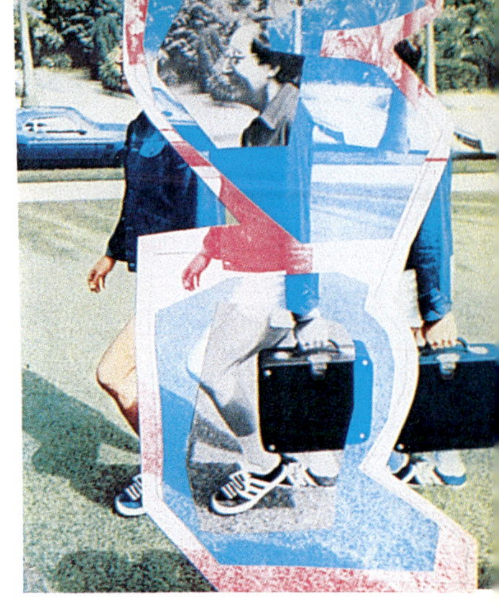
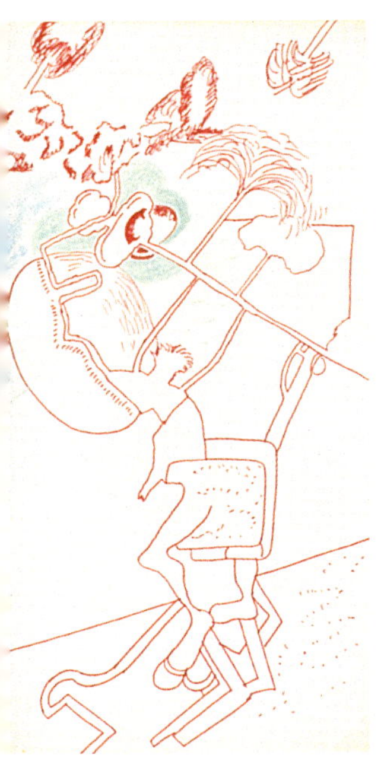
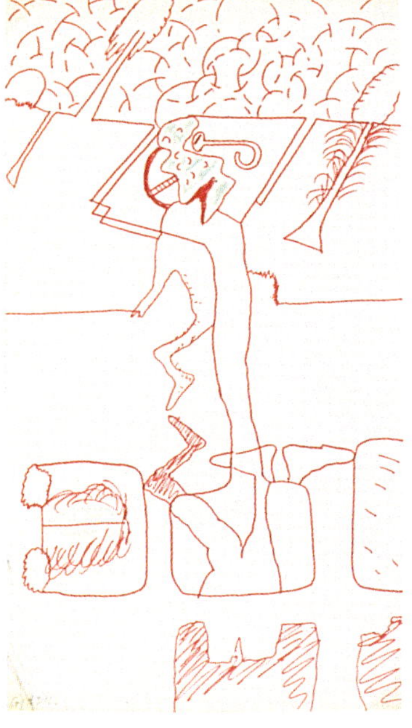
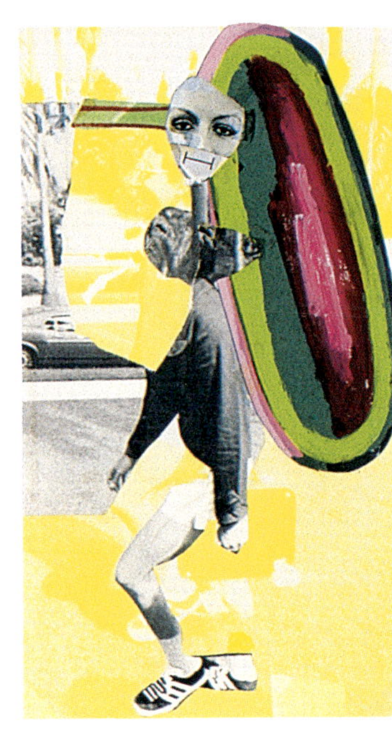
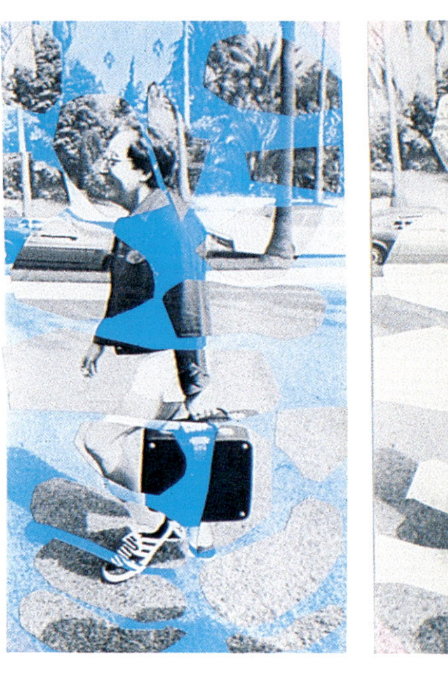
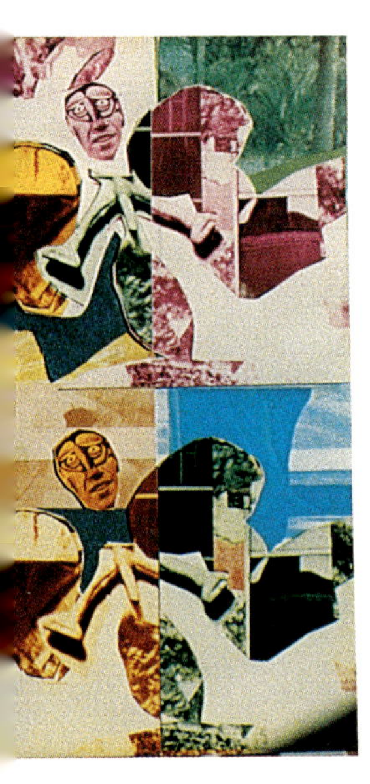
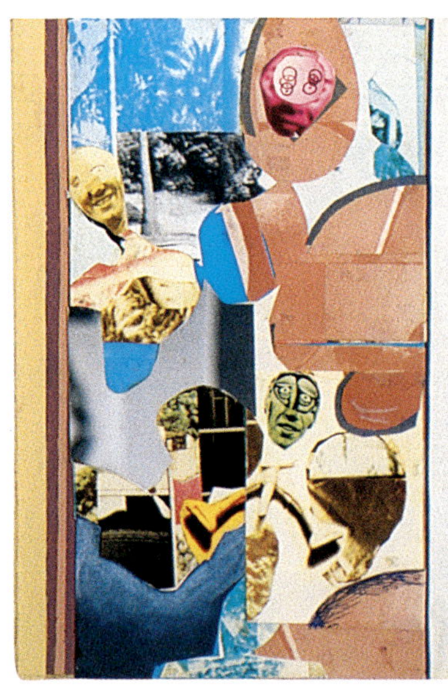
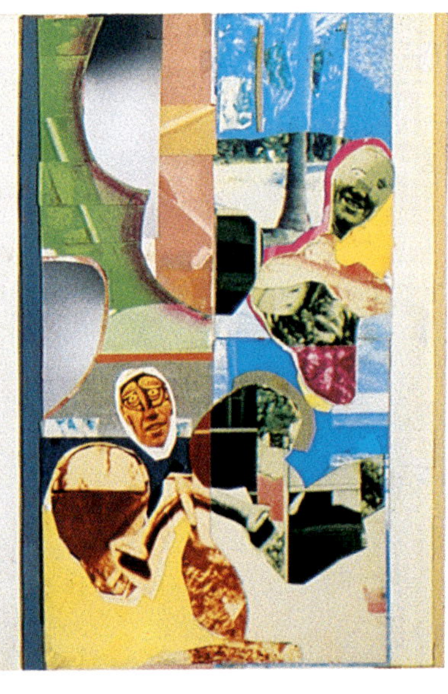

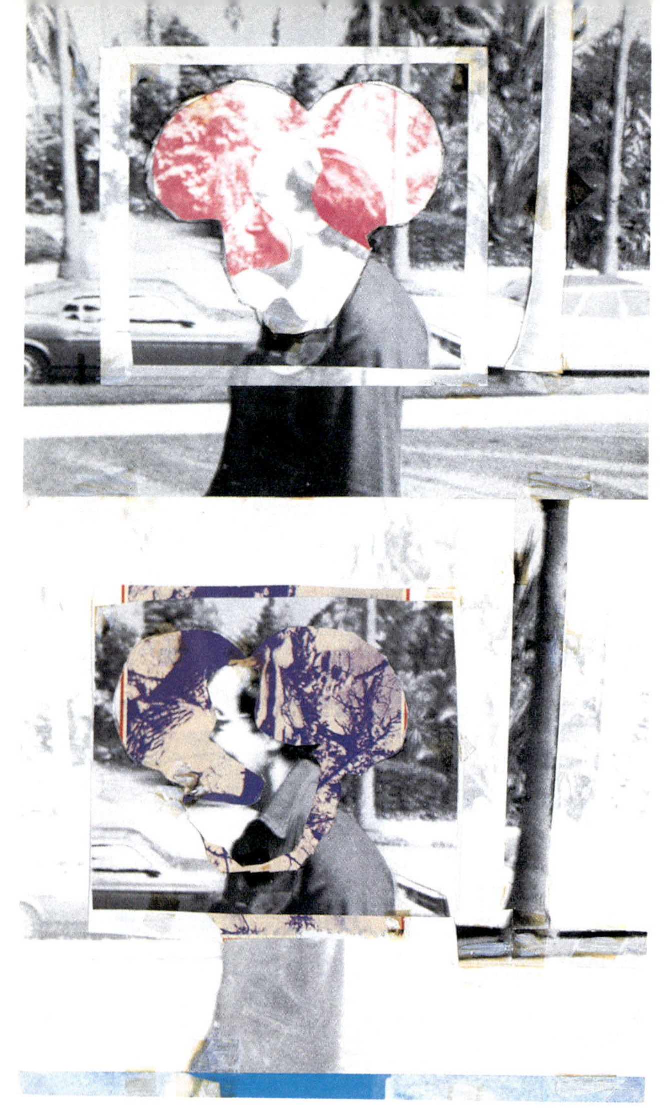

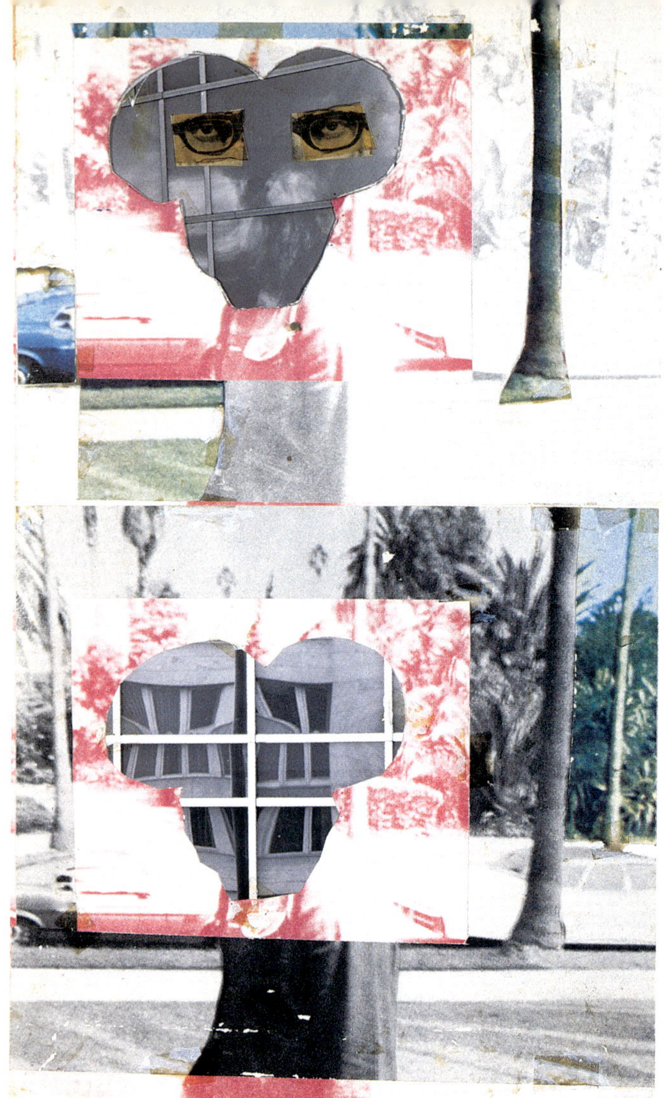

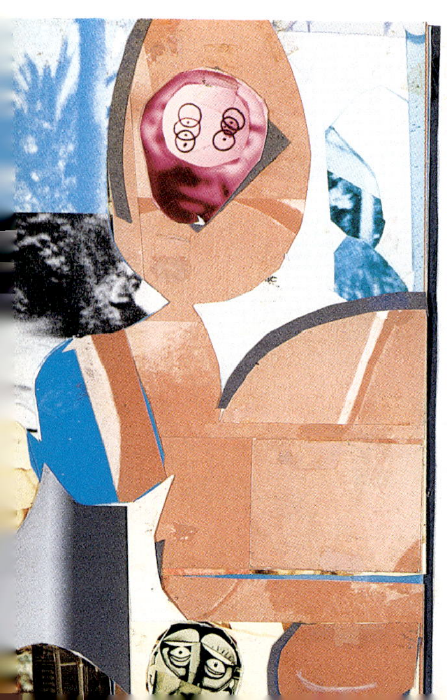

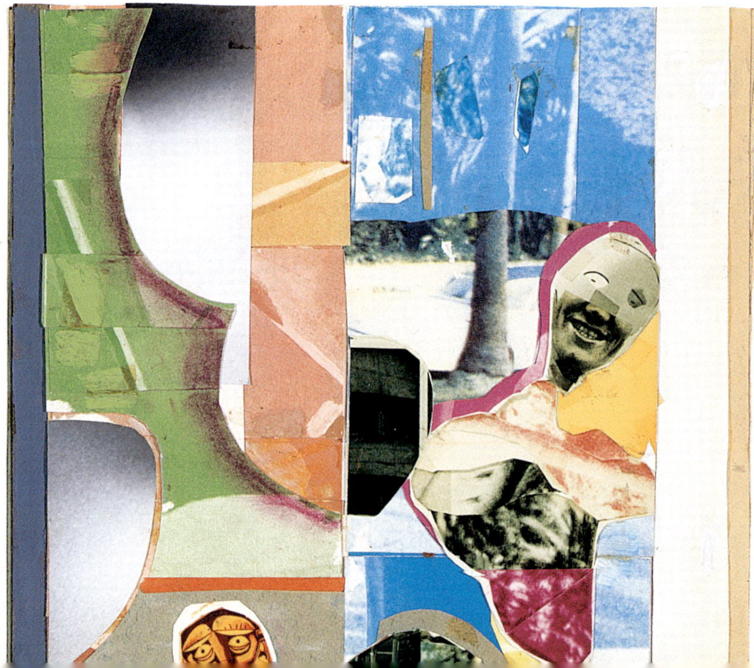

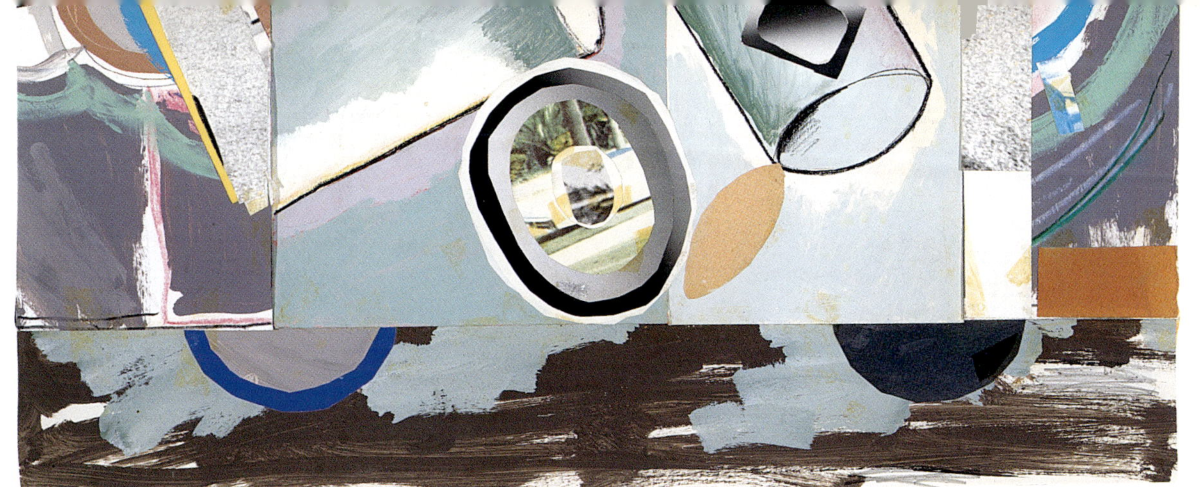

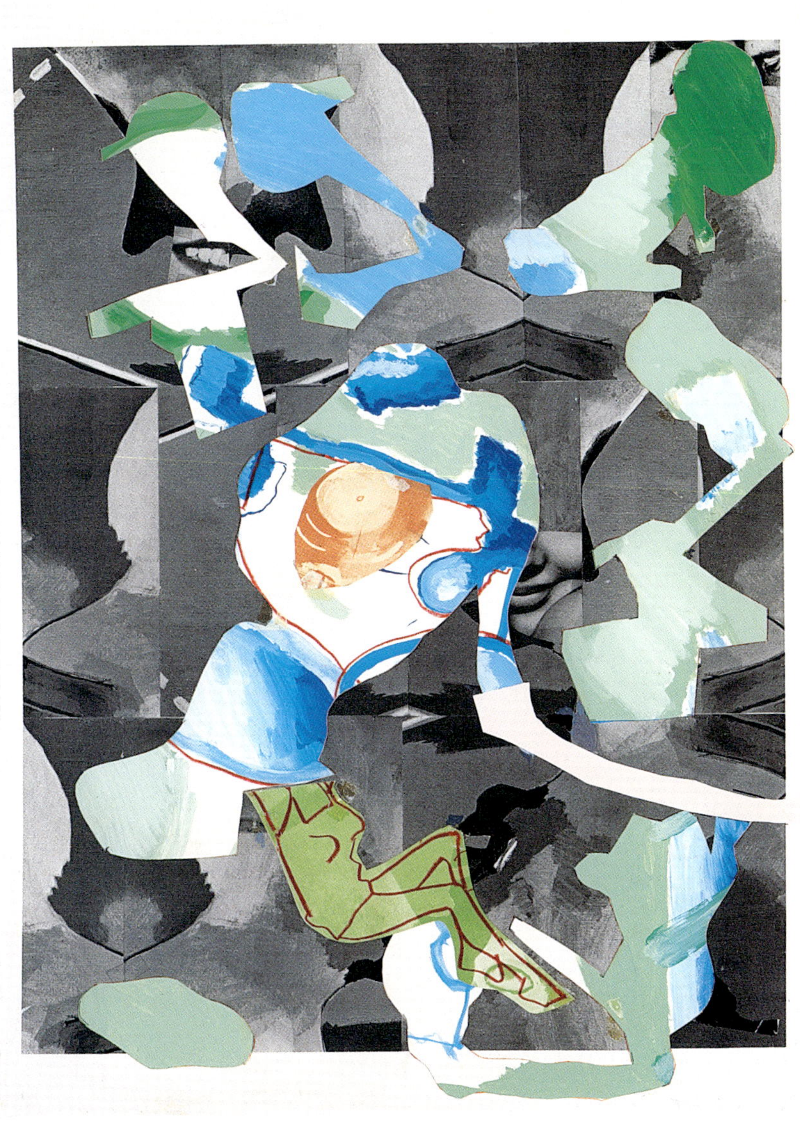

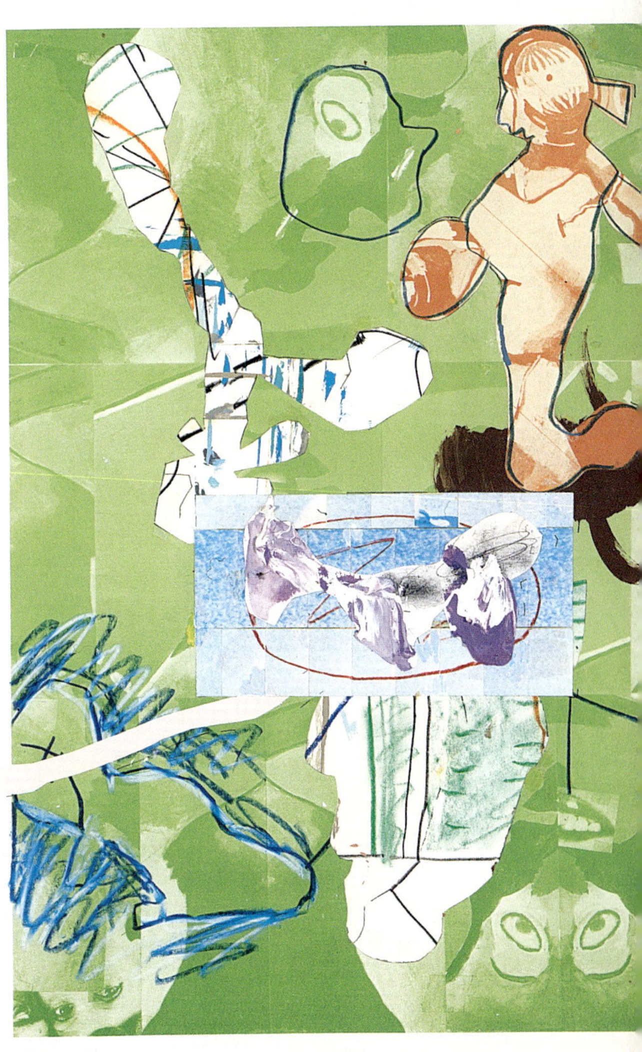

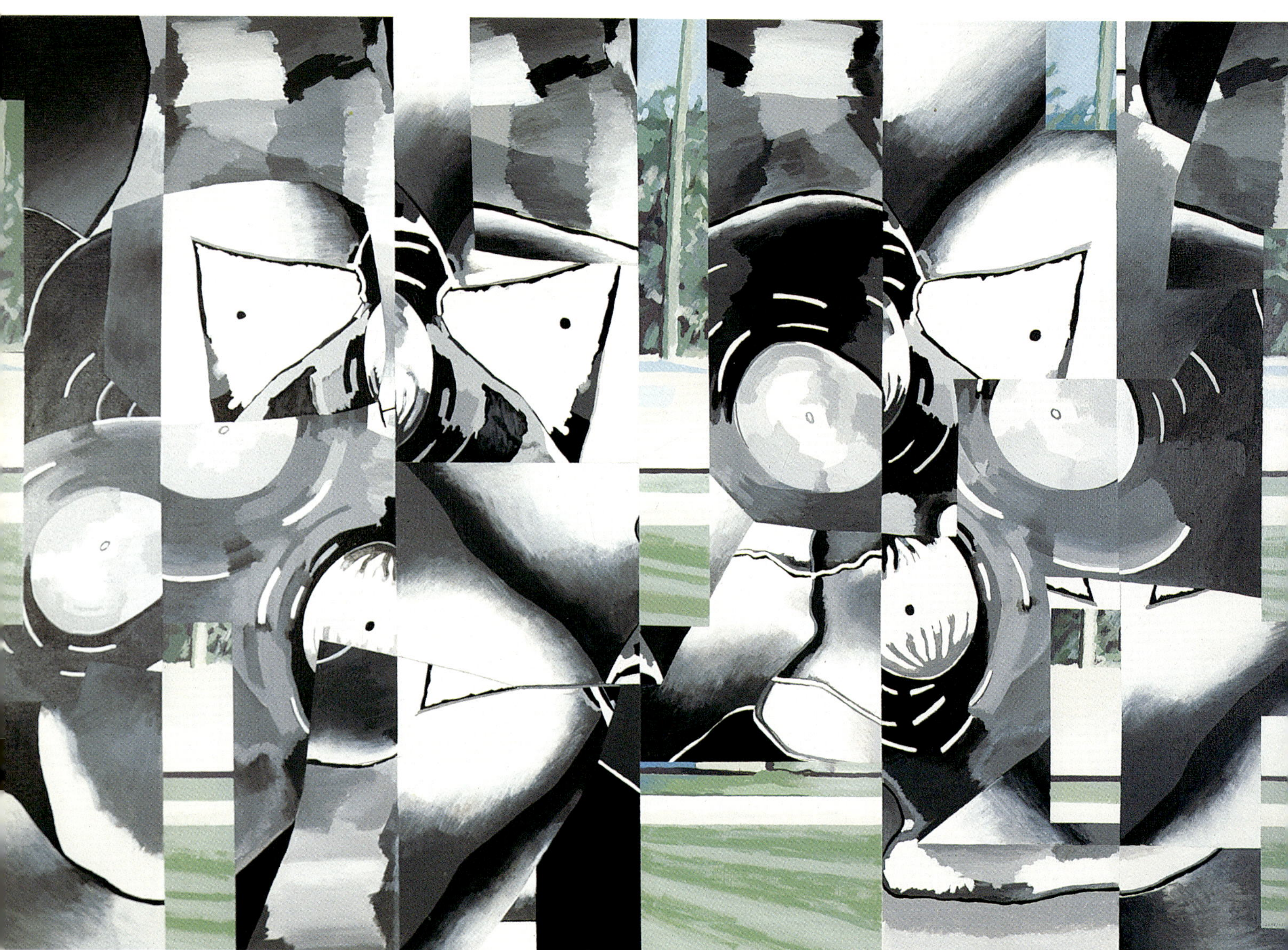

**Traslapiel, traslapiel** 1978 139 x 360 cm

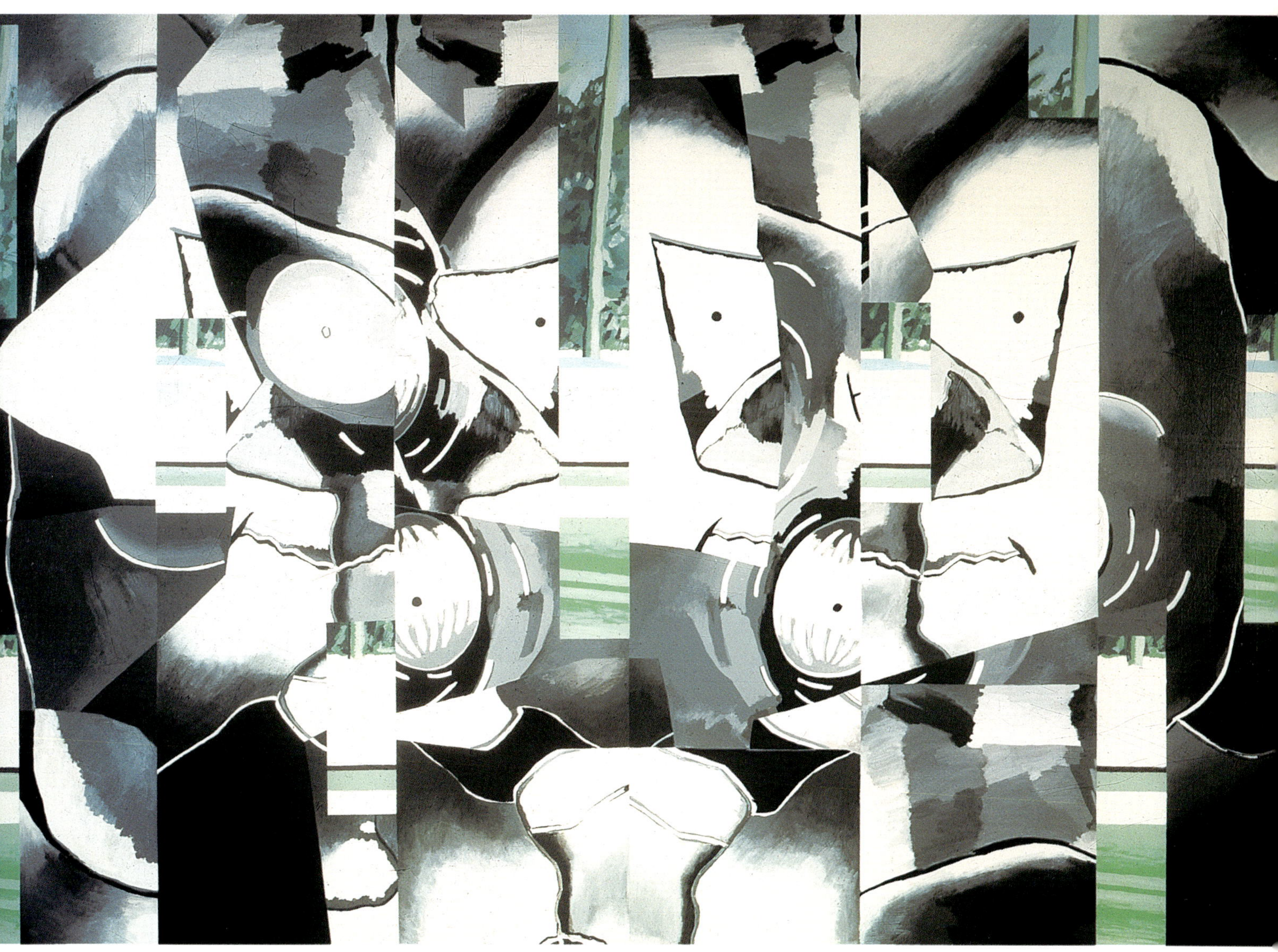

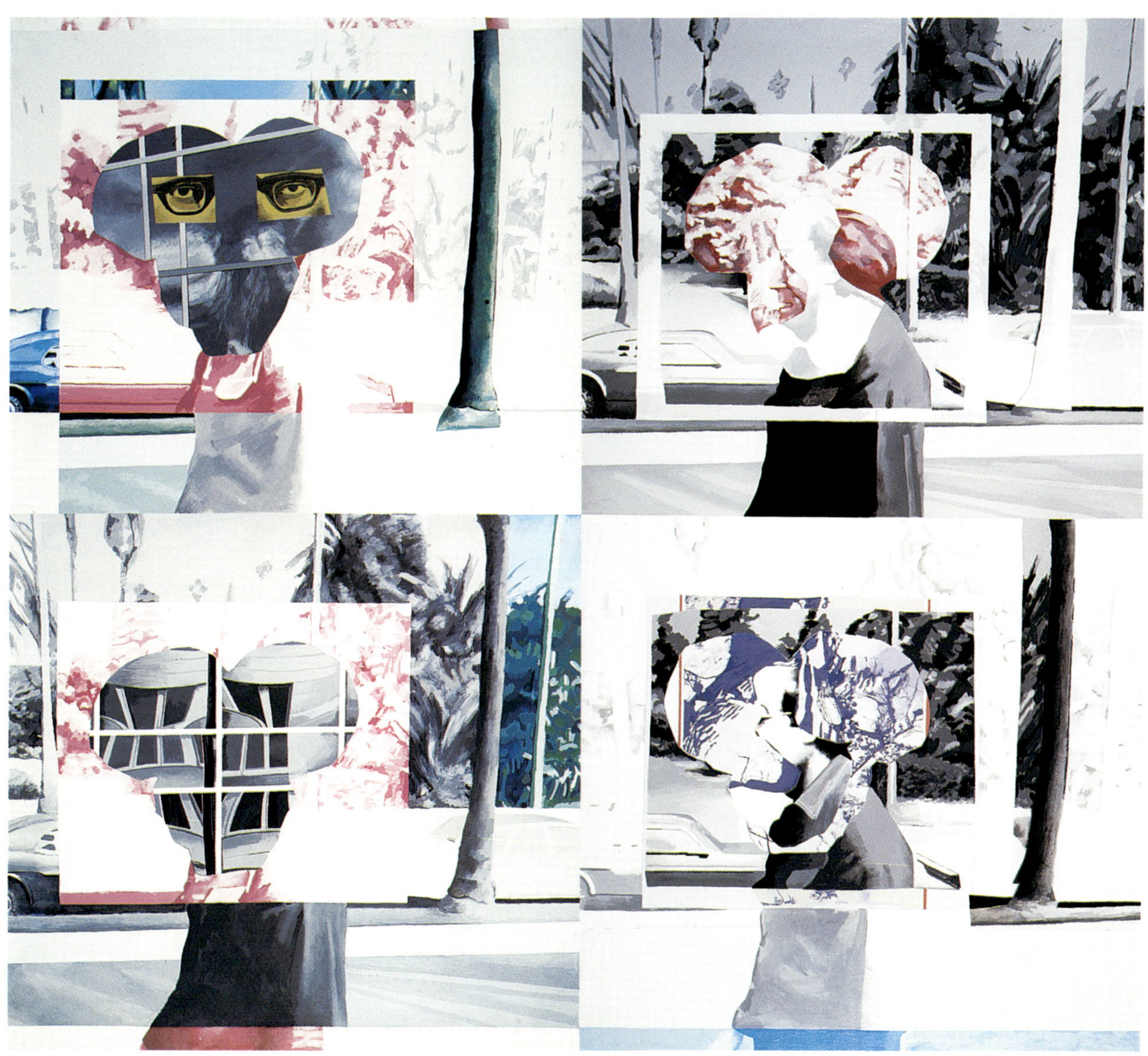

**A través de dos A, B** 1979 200 x 246 cm

Página siguiente **Payseyes** 1979 220 x 369 cm

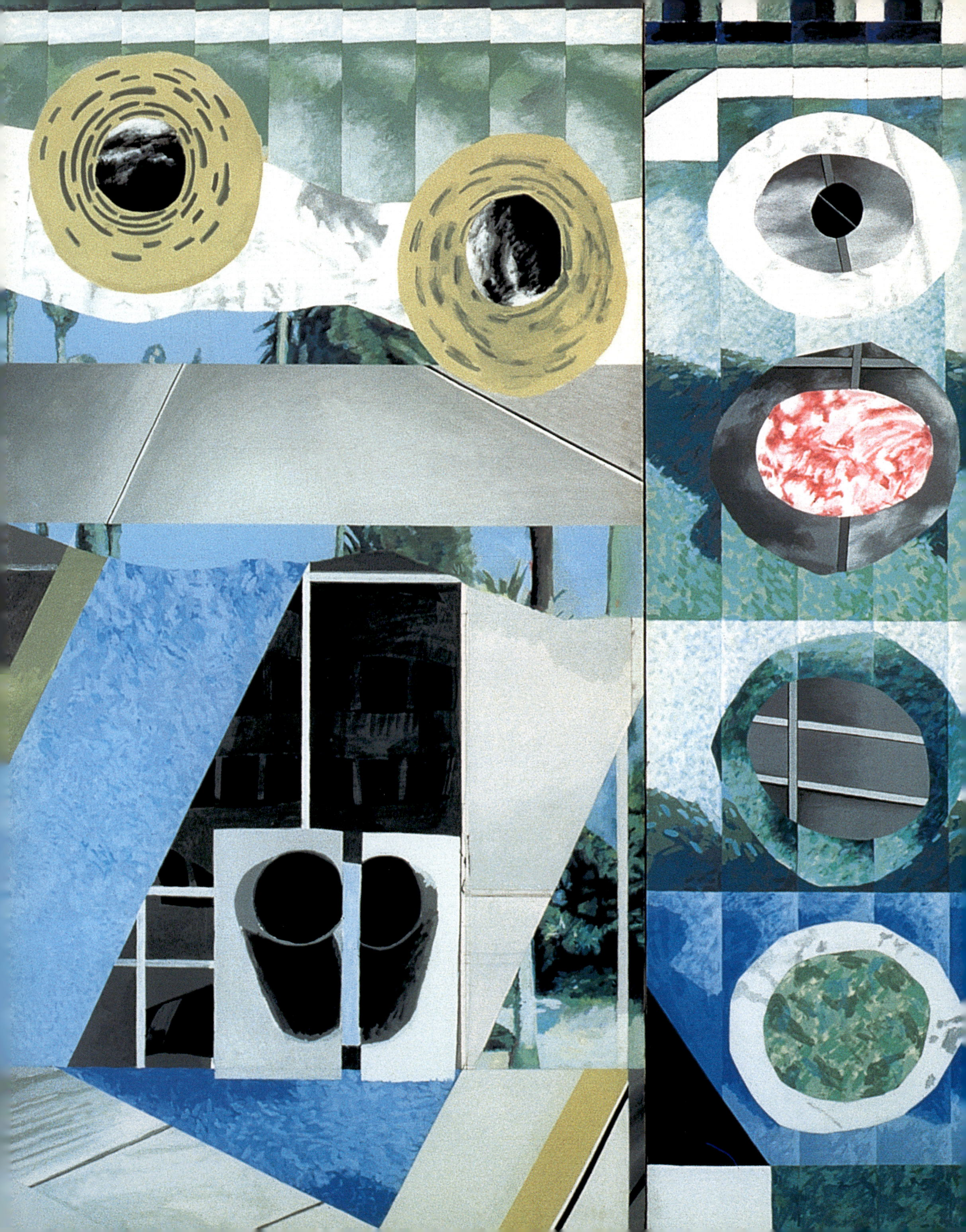

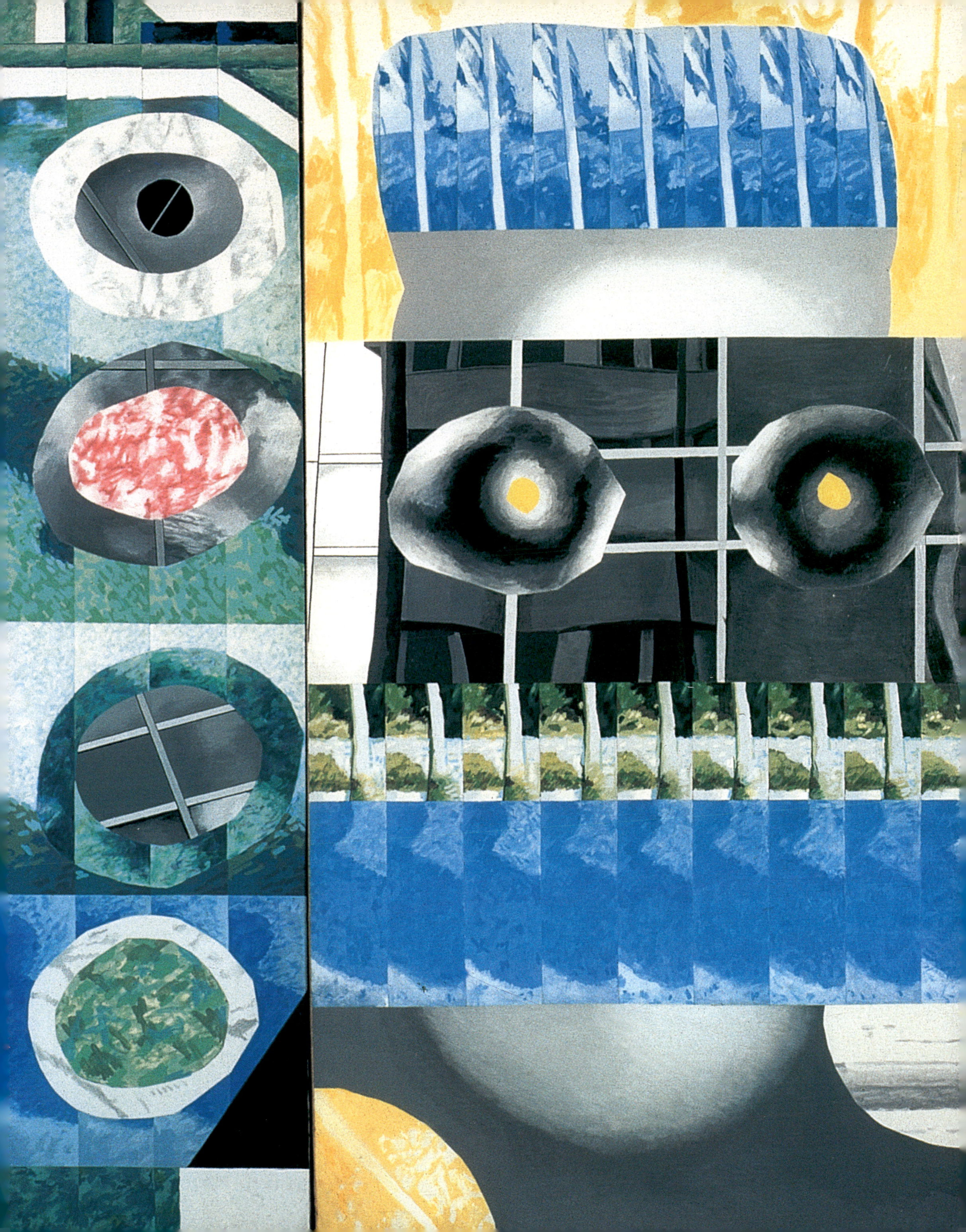

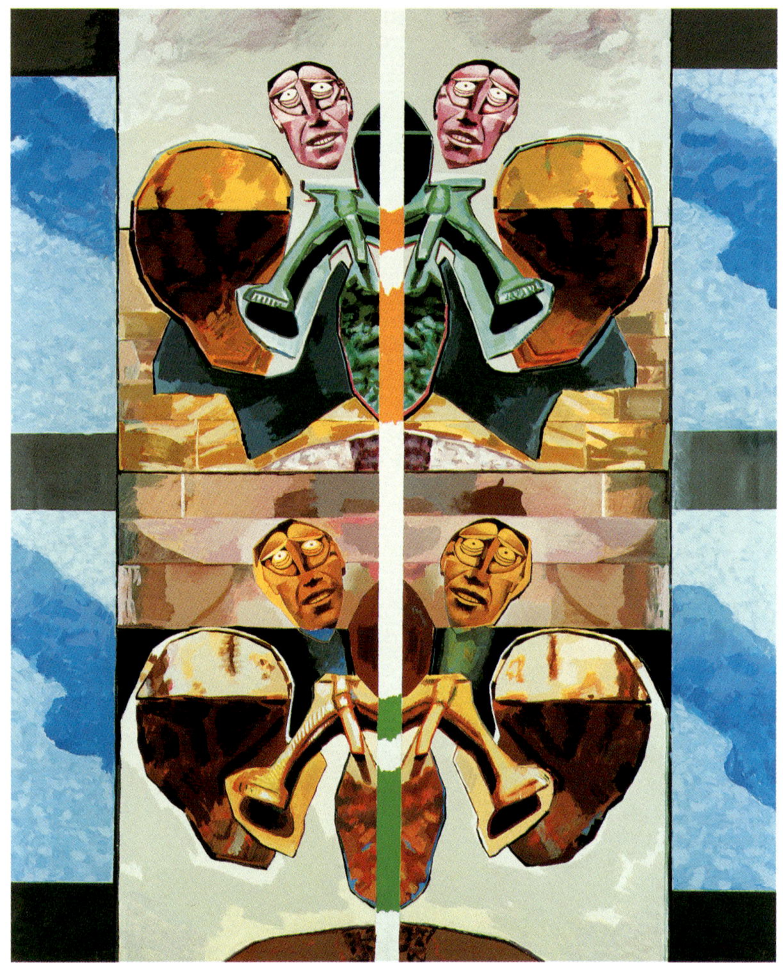

**Ácido simétrico** 1980 200 x 161 cm

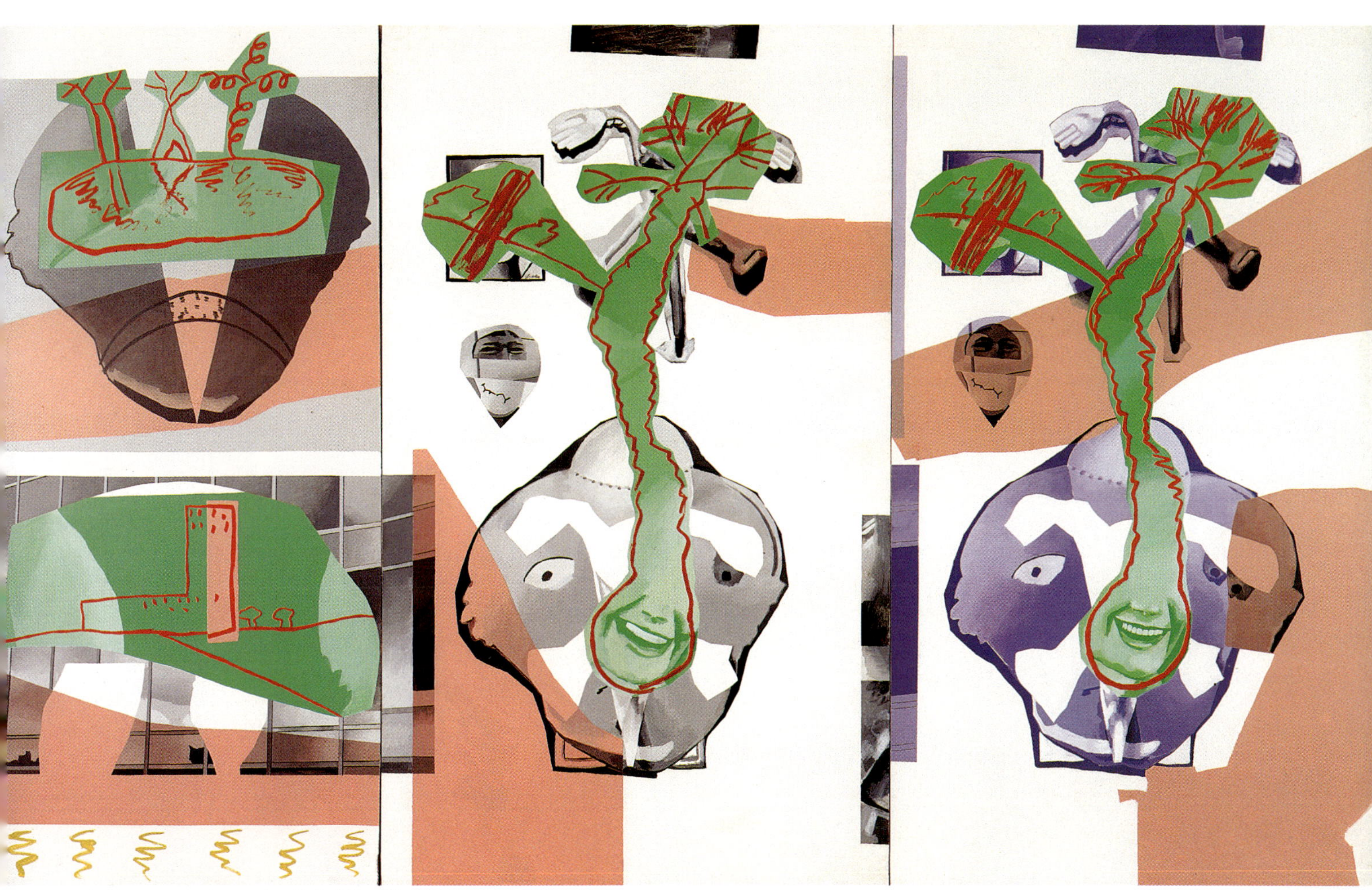

**Con lago y espachurrando** 1981 160 x 274 cm

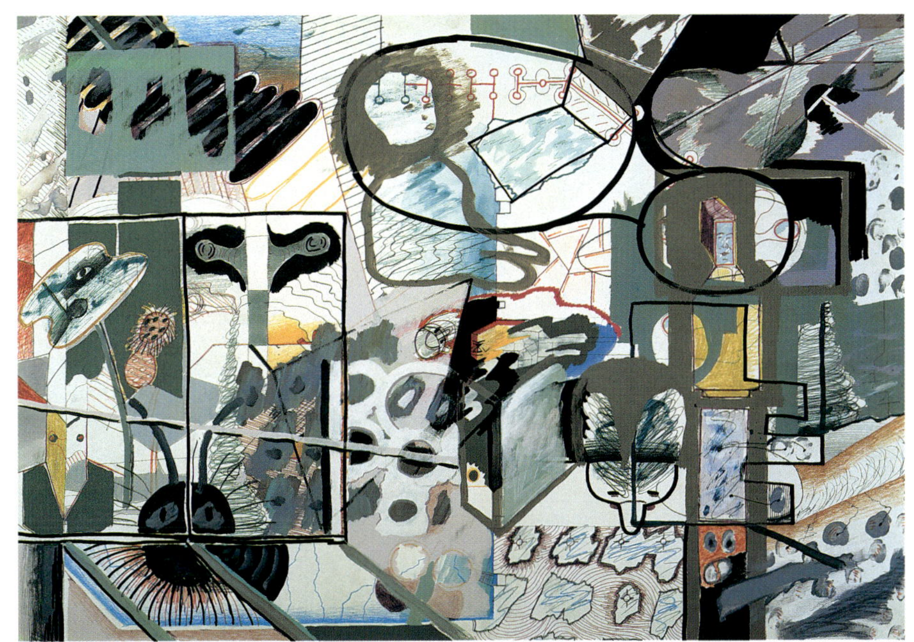

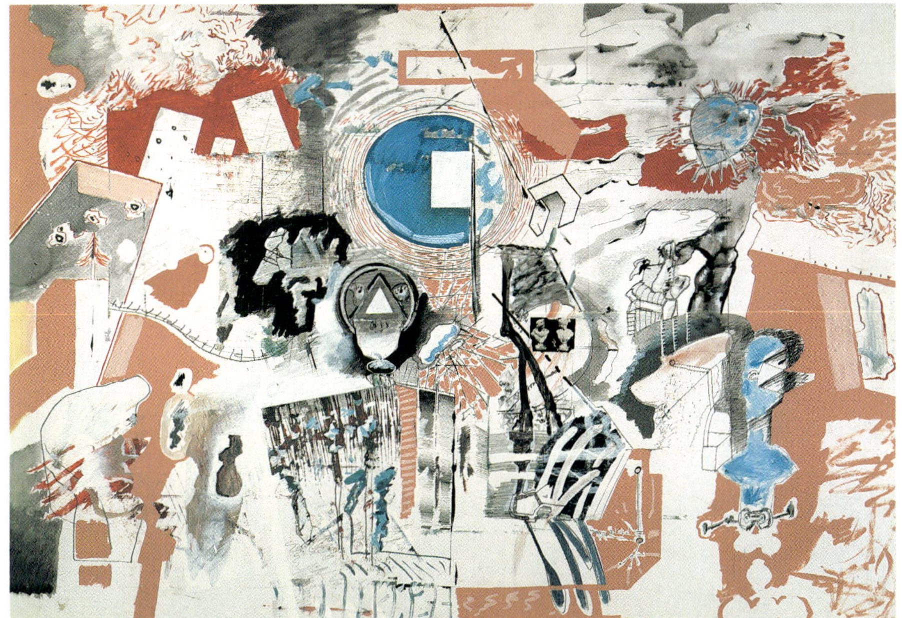

**Pinturas** 1977 70 x 100 cm c/u

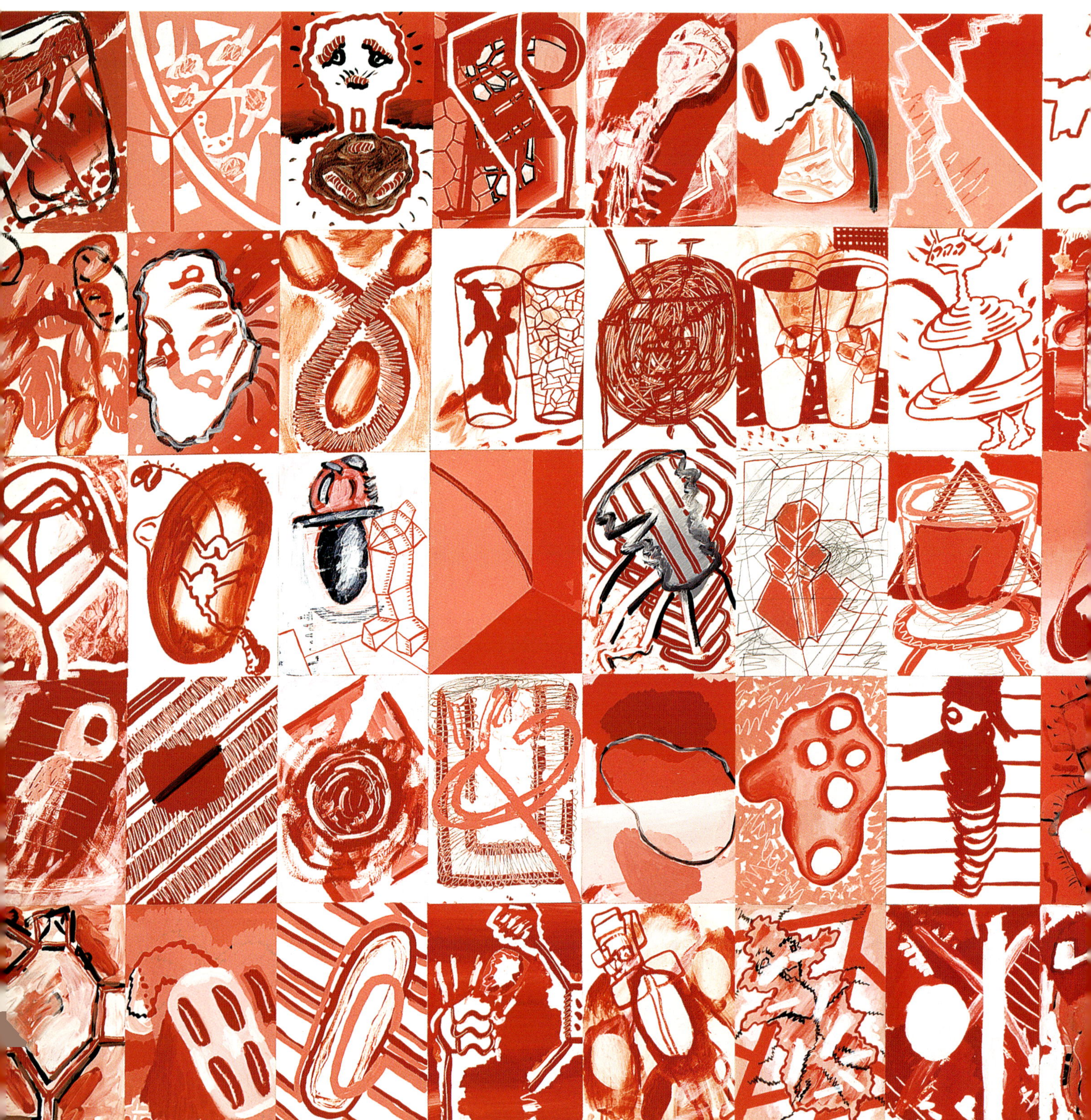

**Serie roja 1** 1982 156 x 321 cm

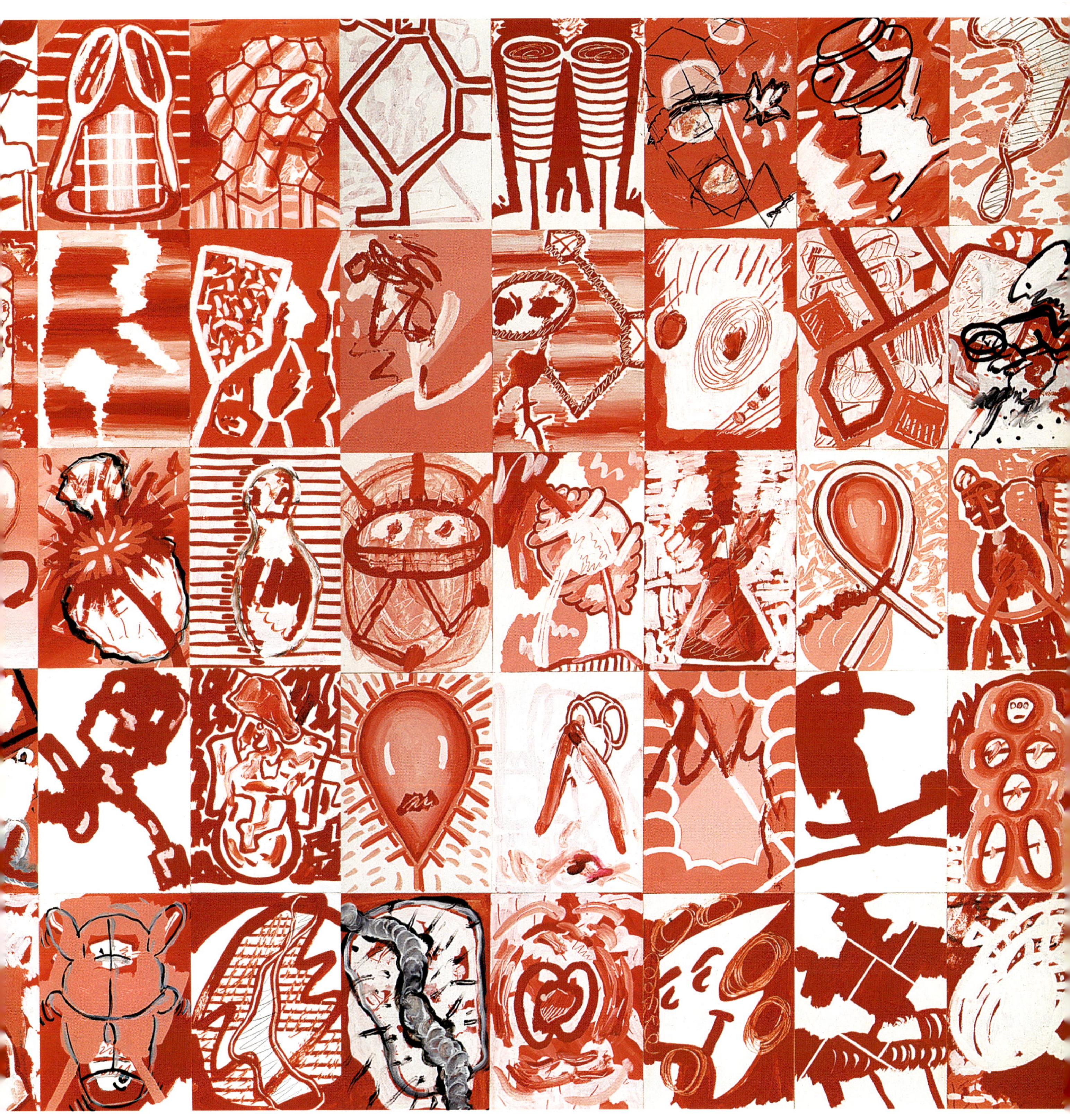

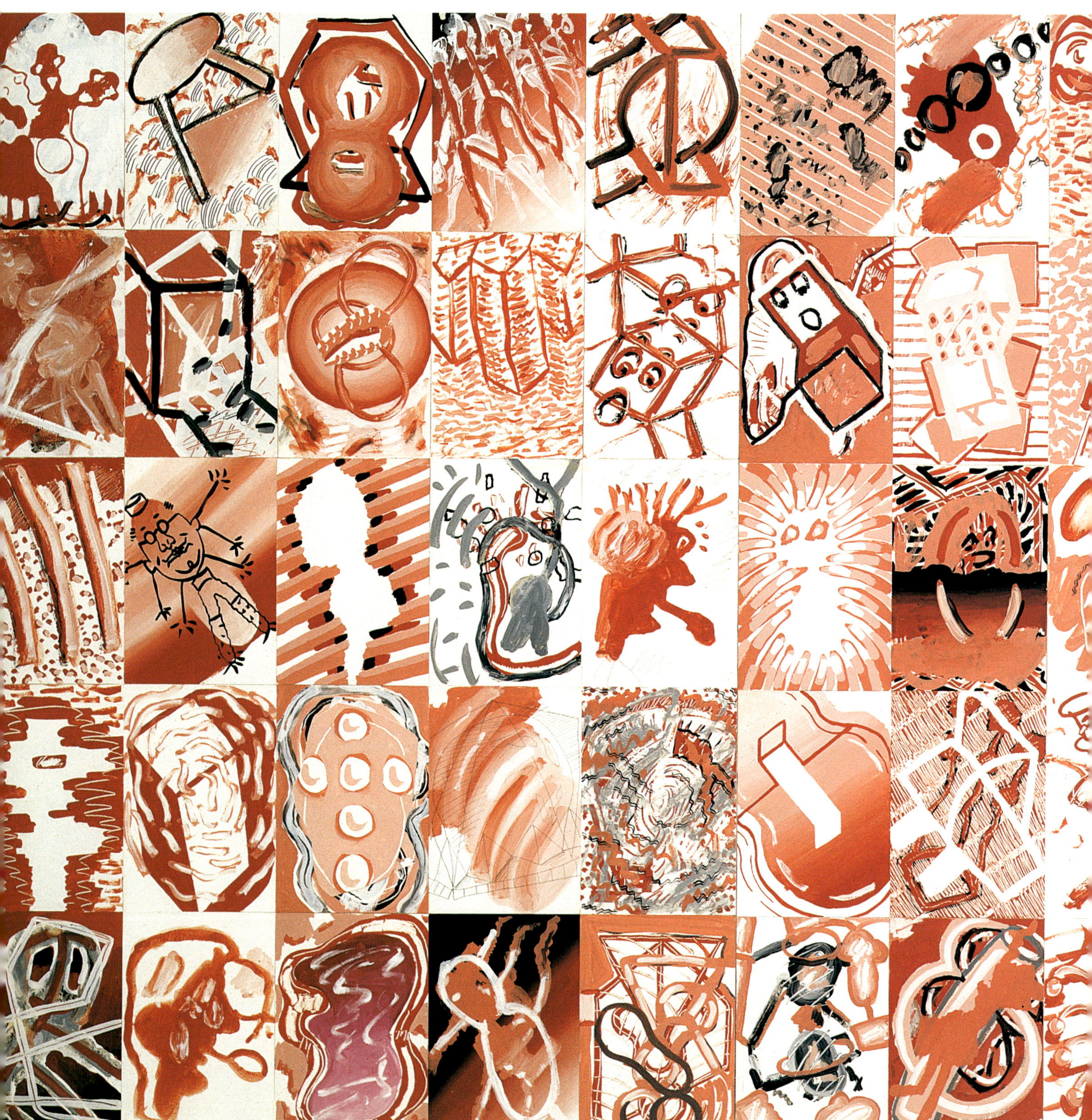

**Serie roja 2** 1982 156 x 321 cm

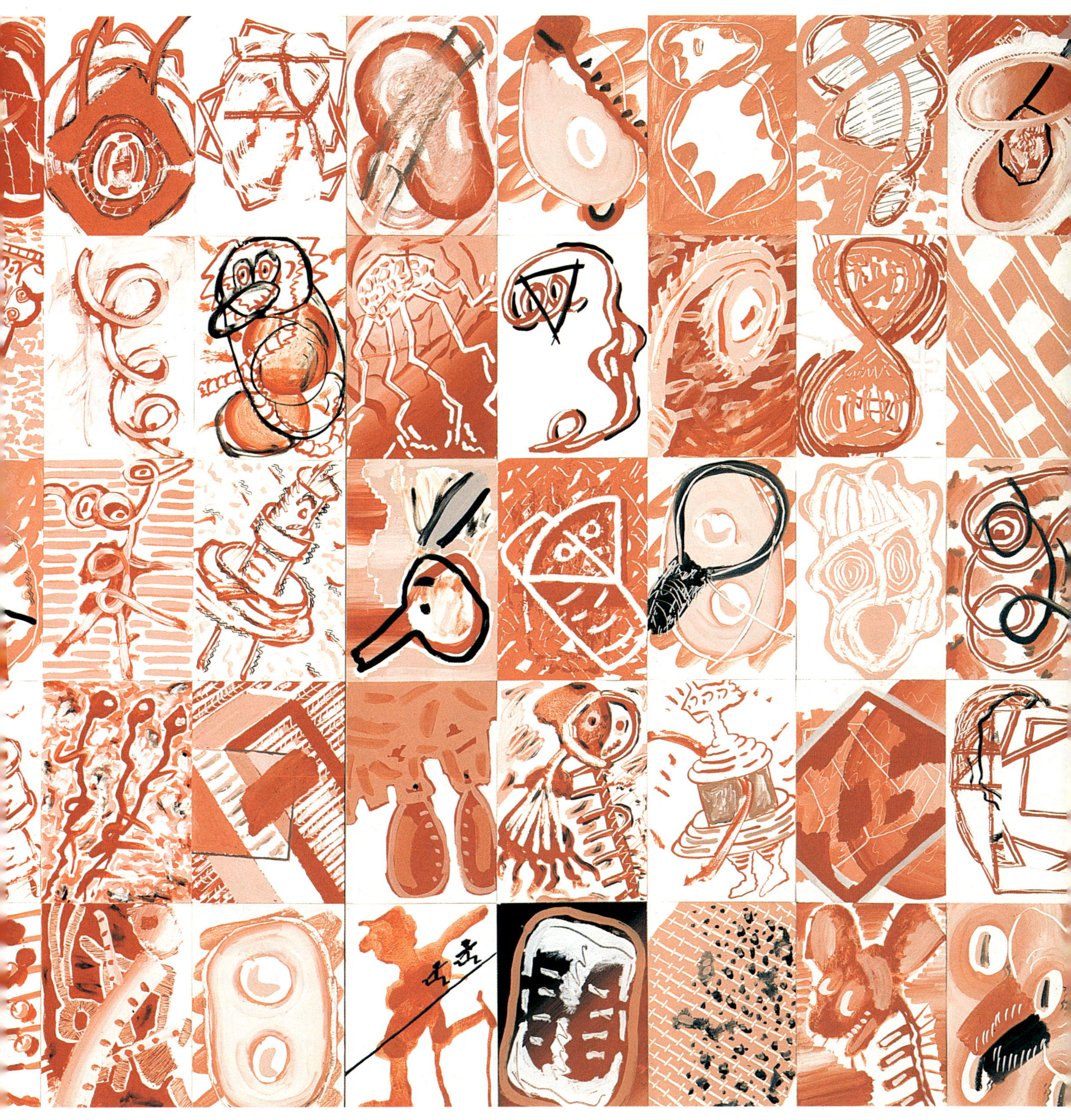

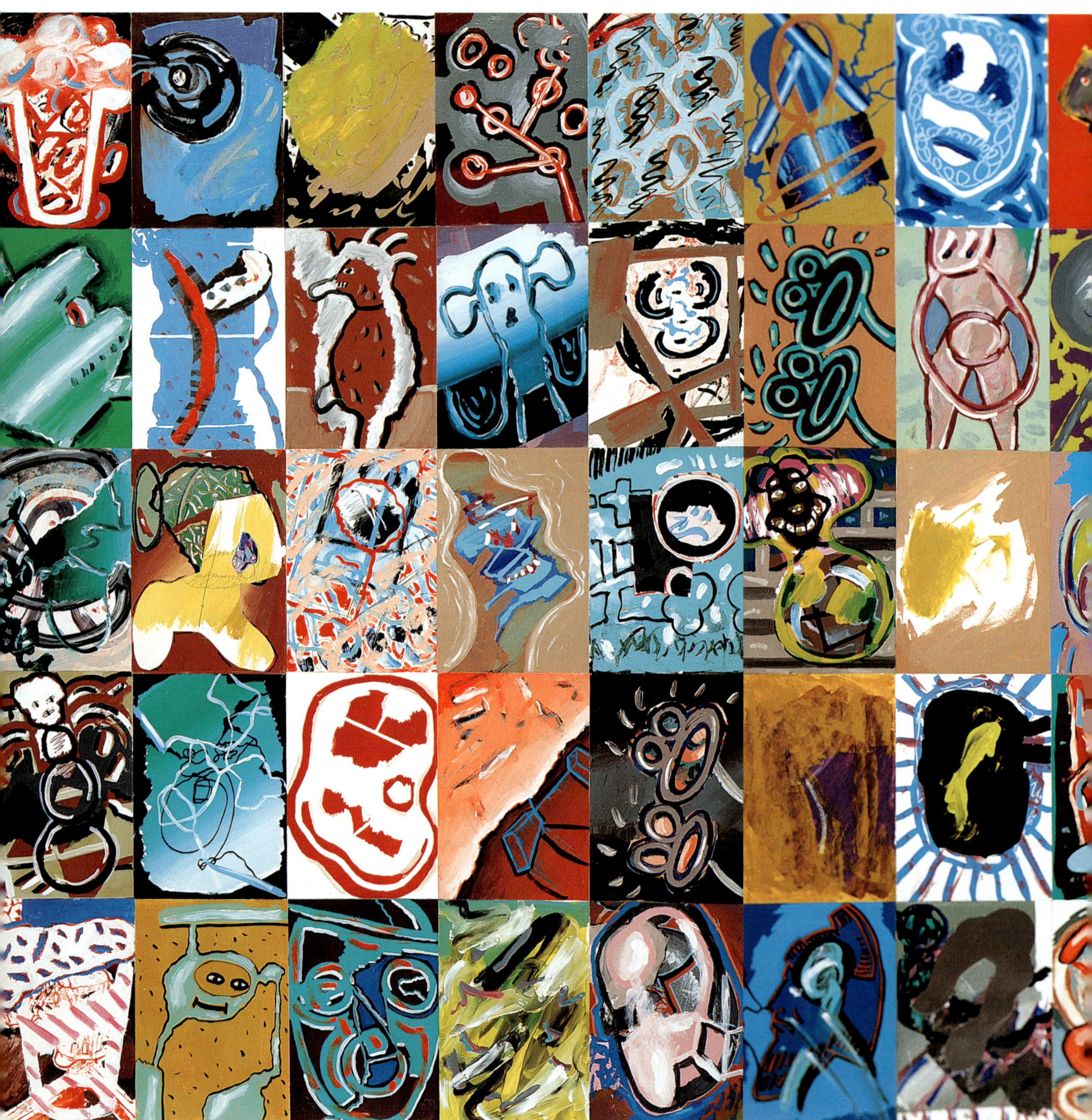

**Serie fría A** 1982 156 x 321 cm

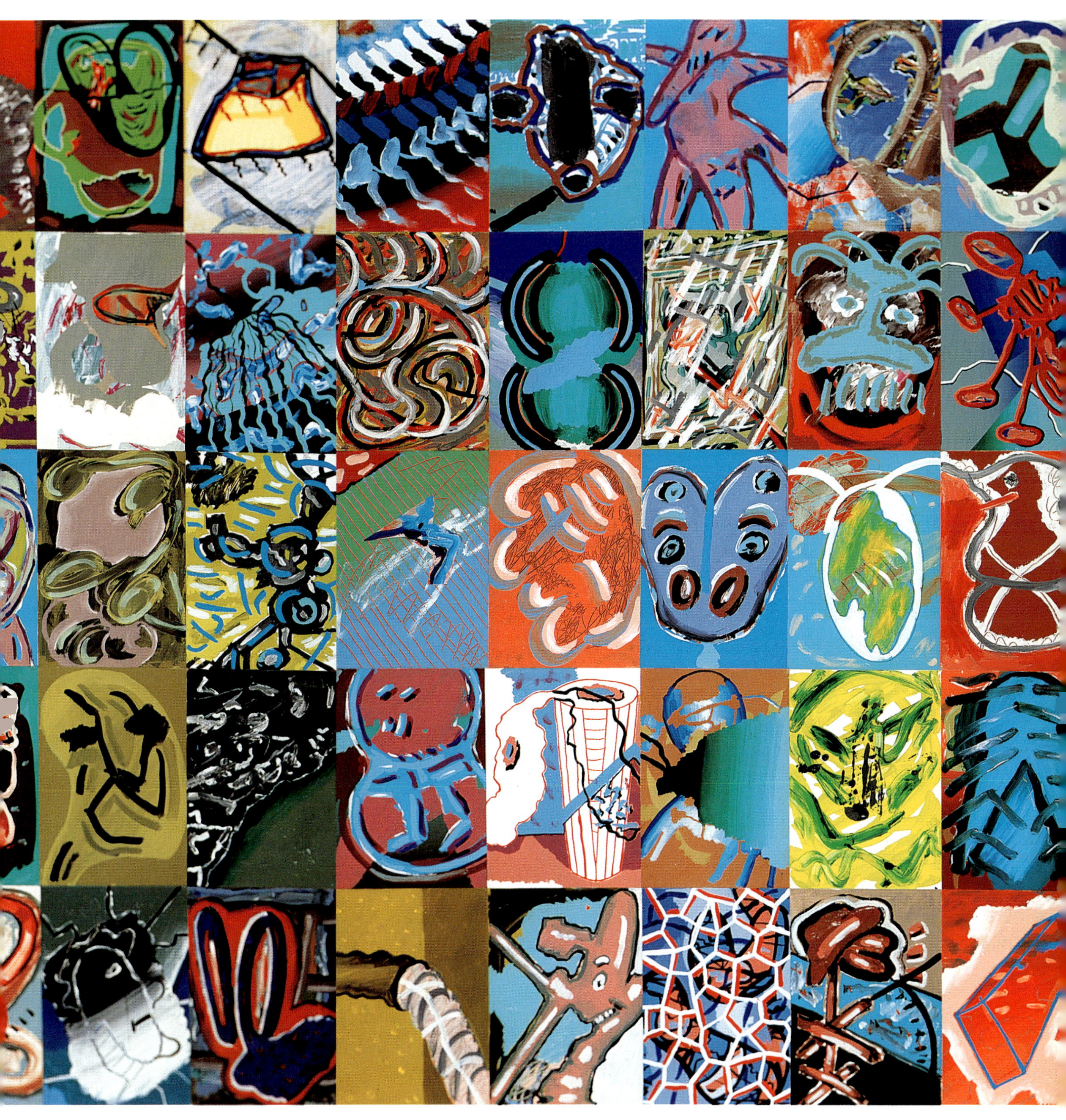

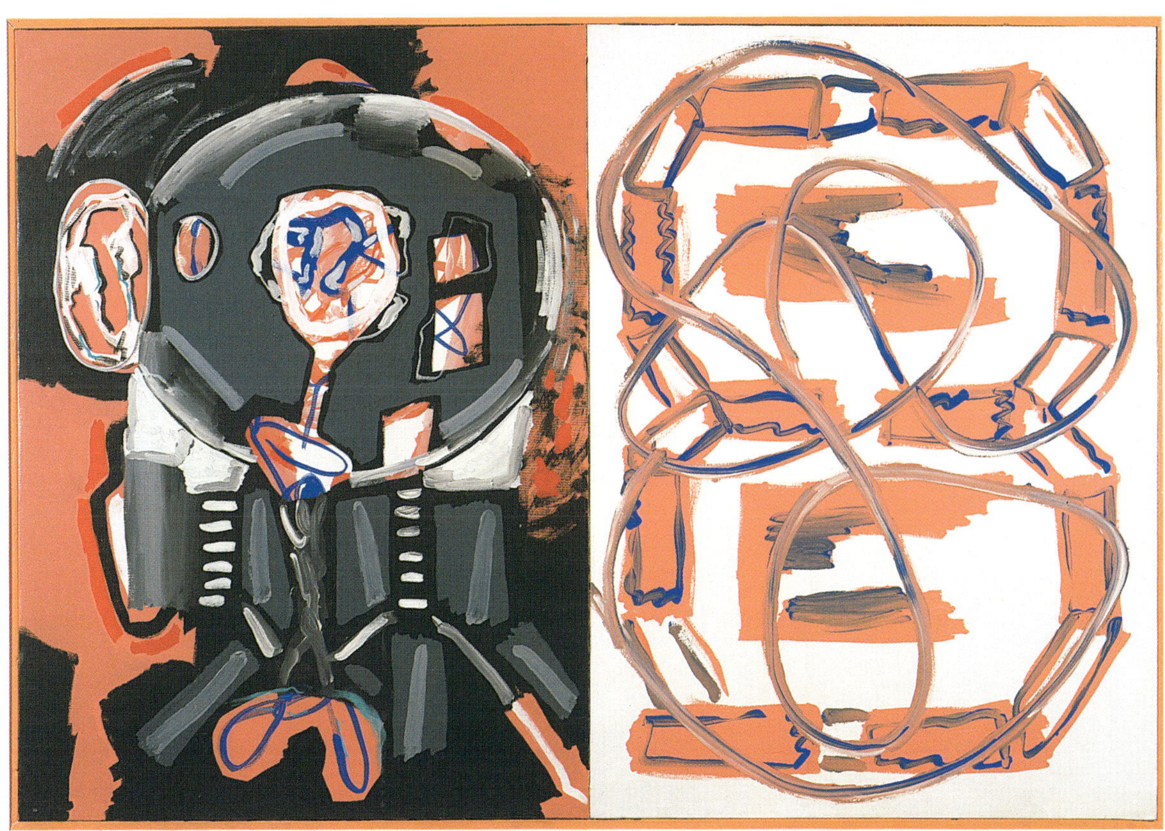

**Ritmoso globuloso** 1984 108 x 154 cm

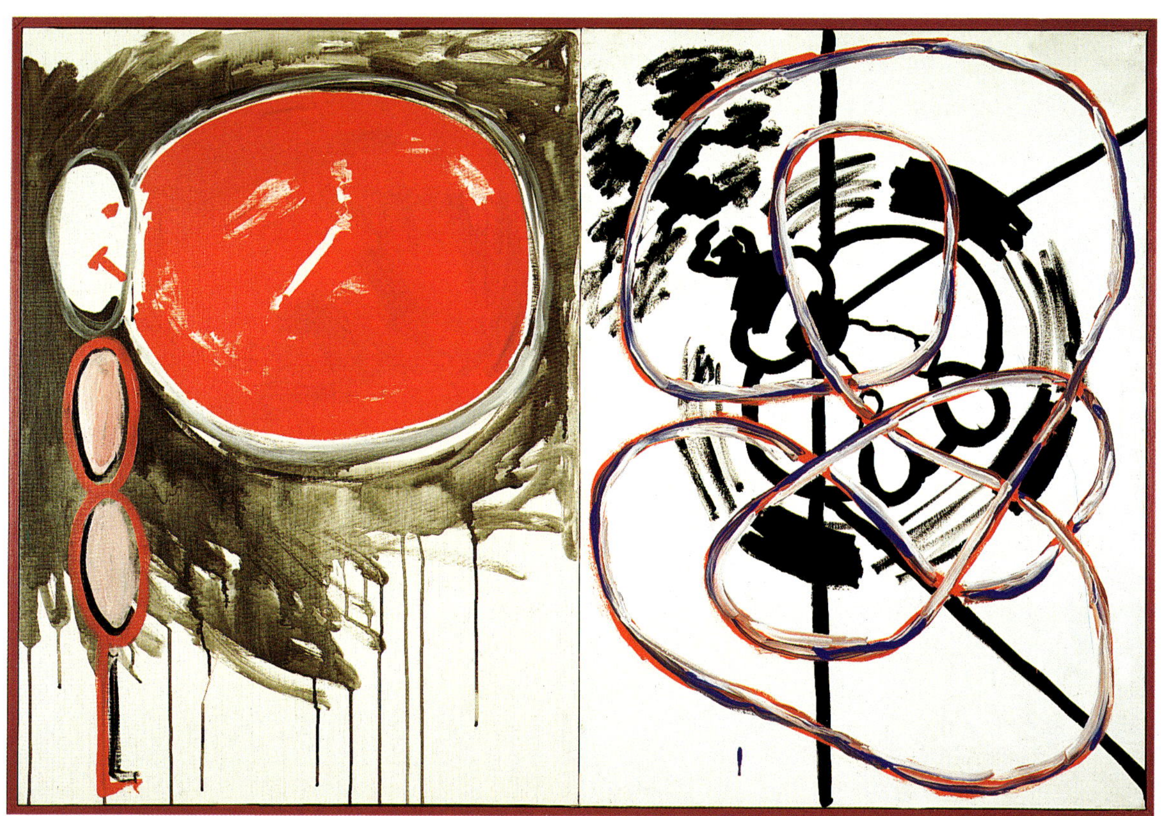

**Cronó-grafo** 1984 108 x 154 cm

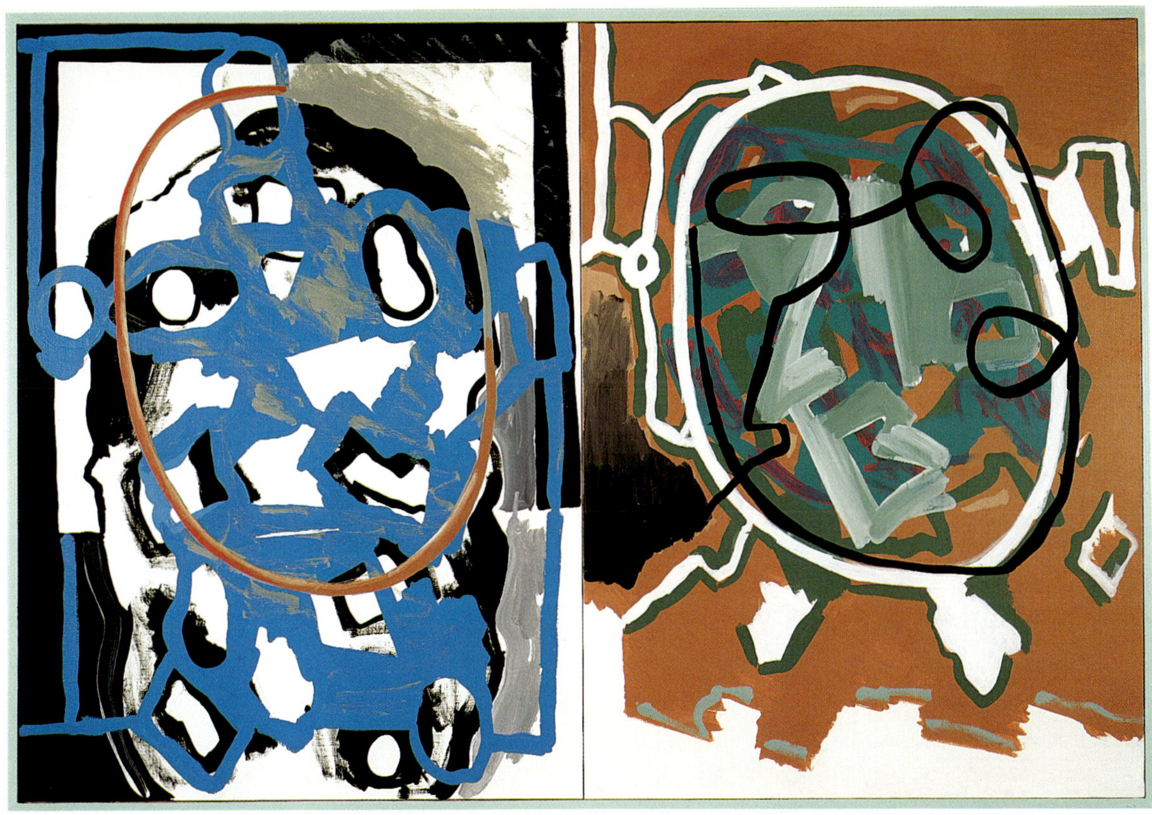

**Gélido y canela** 1984 108 x 154 cm

# DDT

It's mid-morning and I go into a cafeteria to have the second coffee of the day. The place is almost elegant, full of penpushers from a nearby ministry, bathed in the relaxed, almost happy, atmosphere induced by this brief respite from the monotony of it all. I sit at the bar and I wait.

Facing me is the obligatory setup: a series of stainless steel shelves, shining and spotless, vertically interlinked by round tubes of the same material. I'm in front of a Donald Judd or something aesthetically similar.

On the top shelf is the very beautiful machine for making orange juice that, seeing me, says, "Hi! How you doing?", the no less beautiful one that grinds the coffee, the one that heats the milk, etc., etc. All are happy and contented to serve for something. Are we in front of a Steinbach this time?

Above this shelving there is a large continuous mirror that reaches up to the ceiling, in which I'm reflected and the waiters are reflected and all those who are around me too. No, I don't think this time that we're in front of the Manet of the *Bar aux Folies-Bergère*, in which a beautiful waitress looks at us from behind the display counter.

On the second shelf going down I remark the following. There is a piece of cloth that occupies a space approximately one meter wide, between two series of vertical tubes, and some thirty centimeters deep. It's rather thick, a centimeter and a half more or less, soft, spongey and damp, since it's responsible for soaking up the water from the recently washed glasses, when necessary.

Right now the cloth is alone, more than a bachelor, a widower, with the dry nostalgia of things when they aren't used for what their destiny marks them out for. So far there is no glass on it.

The cloth meticulously occupies the space that has been assigned to it, but not in a geometrical or a disordered way.

It has a color slightly off from white yet without daring to be pink or yellow; something of the color of peach although at its lightest, or that of certain tinges that appear in the sky at daybreak. It evokes that marginal sensation there is in the paintings of Rothko when his flat icebergs melt on contact with layers of milk, vanilla or melted butter.

Visually, you can see that the cloth has little weight in itself, since if anything gives it density it is the water it has been gradually absorbing, that due to its precise nature it would be about to change into an atmospheric sandwich gliding on top of the steel, the latter being indeed hard and by definition immobile.

You also sense that this atmospheric pancake in the shape of a cloth maintains a series of solid and intimate contacts, both with the parallelepiped of air that separates it from the upper shelf and the robust neighbor supporting it. The first contact is relaxed, given that the rectangle and the parallelepiped are of the same family; the second, though, is discordant, akin to a secret neurosis: that minimal space between the levitating atmosphere and the robust steel is full of tears.

While on the top shelf, submitted to fierce illumination, the babble is generalized, on the one just below the tranquil half-light of an empty aquarium spreads forth.

The cloth, then, is thick yet lightweight. It is damp. It is set out geometrically, but not stiffly so. It has a color between peachiness and dawn, along with the Rothkoesque sensual melting. It maintains relations of varying affectivity with its different neighbors. It stoically supports the solitude shading into half-light, while on the other hand the coming and going on the top shelf is incessant. The cloth shines out tenuously, dully, and waits.

All these qualities and quantities, these relationships of different classes, colors, emanations and sensations, produce a perceptual constellation that constitutes itself as floating and very slightly vibratory sculpture; increasing slowly but surely; emitting pulsions, pulsations and palpitations that continue landing on the beaches of my nervous system disguised in hypnotic morse code. I note how my neurons go down on bended knee and start to sing *a capella* and my heart pumps very slowly but irremediably like a thick natural sponge full of bath gel.

This is the moment of the ineffable, the poetic, the sacred. In days gone by people used to see angels, virgins or upside-down Jesuses on the cross, emitting rays from their wounds or, more recently, they need madeleines or mescalin to transcend

## DDT

Es media mañana y entro en una cafetería a tomar el segundo café del día. El lugar es casi elegante, lleno de funcionarios de un ministerio cercano, rodeados de un ambiente relajado, casi alegre, fruto del breve respiro de la monotonía. Me siento junto a la barra y espero.

Enfrente de mí está el escenario obligado: una serie de estanterías de acero inoxidable, impolutas y brillantes, unidas verticalmente entre sí por unos tubos circulares de la misma materia. Estoy ante un Donald Judd o algo de una estética semejante.

En la estantería superior está la bellísima máquina de hacer zumos de naranja que al verme me dice: "¡Hola, qué tal!", la no menos bella que muele el café, la que calienta la leche, etc., etc. Todas están contentas y agradecidas de servir para algo. ¿Estamos esta vez ante un Steinbach?

Por encima de esa estantería hay un gran espejo continuo que llega hasta el techo en el que me reflejo y se reflejan los camareros y todos los que están a mi alrededor. No, no creo que estemos esta vez ante el Manet del *Bar del Folies-Bergère*, en el que una bella camarera nos mira desde detrás del mostrador.

En la segunda estantería según se mira hacia abajo, observo lo siguiente. Hay un paño que ocupa un espacio de aproximadamente un metro de ancho, entre dos series de tubos verticales, y unos treinta centímetros de profundidad. Es algo grueso, de un centímetro y medio más o menos, blando, esponjoso y húmedo, ya que está encargado de almacenar el agua sobrante de los vasos recién lavados, cuando ello es necesario.

En este momento el paño está solitario, más que soltero, viudo, con la seca nostalgia de las cosas cuando no son utilizadas para lo que su destino les marca. Por ahora no aparece ningún vaso encima.

El paño ocupa minuciosamente el espacio que le ha sido asignado, ni geométricamente ni desordenadamente.

Tiene un color levemente distinto del blanco pero sin atreverse a ser rosa o amarillo; algo del color del melocotón aunque en su gama más leve, o el de algunos tintes que aparecen en el cielo al amanecer. Recoge esa sensación periférica que se da en los cuadros de Rothko cuando sus icebergs planos se derriten en contacto con capas de leche, vainilla o mantequilla hirviendo.

Se nota visualmente que el paño tiene poco peso en sí mismo, pues si algo le da densidad es el agua que ha ido absorbiendo, ya que él, por su estricta naturaleza, estaría a punto de convertirse en un sandwich atmosférico, planeando sobre el acero, éste sí, duro y terminantemente inmóvil.

También se siente que esta torta atmosférica en forma de paño mantiene contactos densos e íntimos, tanto con el paralelepípedo de aire que le separa de la estantería superior, como con su recio vecino que lo soporta. El primer contacto es distendido, ya que el rectángulo y el paralelepípedo son de la misma familia; el segundo por el contrario es agrio, parecido a una neurosis secreta: ese mínimo espacio entre la levitante atmósfera y el recio acero está lleno de lágrimas.

Mientras en la balda superior, sometida a una fuerte iluminación, la algarabía es generalizada, en la inmediatamente inferior se esparce una penumbra quieta de acuario vacío.

Así pues, el paño es grueso pero ligero. Está húmedo. Se encuentra situado geométricamente, pero sin dureza. Tiene un color entre amelocotonado y de amanecida, junto con el sensual derretimiento limítrofe rothkiano. Mantiene relaciones de distinta afectividad con sus diferentes vecinos. Soporta estoicamente la soledad convertida en penumbra, mientras que por el contrario en la estantería superior el tráfico es incesante. El paño brilla tenue, sordamente, y espera.

Todas estas calidades y cantidades, estas relaciones de diferentes clases, colores, emanaciones y sensaciones, producen una constelación perceptiva que se constituye en escultura flotante y muy levemente vibratoria; creciendo lenta pero obstinadamente; emitiendo pulsiones, pulsaciones y palpitaciones que van desembarcando en playas de mi sistema nervioso disfrazadas de lenguaje morse hipnótico. Noto cómo mis neuronas se ponen de rodillas y empiezan a cantar *a capella* y mi corazón se exprime lentísima pero inapelablemente como una gruesa esponja natural llena de gel de baño.

Es el momento de lo inefable, de lo poético, de lo sagrado. En otros tiempos las gentes veían ángeles, vírgenes o crucificados

the obvious. Today it seems that the damp cloth of a cafeteria is sufficient for this. This is Holy Pop.

The Holy Shroud broadcasts in such a way that it seems radioactive. I don't understand how the people around me haven't noticed such a phenomenon; not even the waiters who, passing by, interfere with the broadcast. I look right and left and nobody's looking at me: they're absorbed in their conversations and their laughter. Won't they notice a kind of aura around my head and my entire body? A sort of pale green light emanating from my skin? Won't they see the round pancake of steel that must be floating above my head? Aren't I emitting that received energy myself?

I look and look again at all the people, one by one, in case they're pretending not to be interested or are looking at me out of the corners of their eyes. But none of it! They go on talking like gabbers cretinized by all the gabbing, like parrots and cockatoos, like old hens and turkeys. There's even a gent at my side with a lot of neck and a lot of tie and a lot of aftershave who pushes me sideways, struggling to win a place at the bar that belongs to me, and who sets to talking with the waiter about draws and nil-nils. They are completely blind to the logistic transcendence that's occurring in front of our eyes. I don't even understand how the hypnotic waves don't make them float and make their eyes green and crinkly. They go on drawing and scoring points for their teams in ever louder voices, while the collective gabbing intensifies and my brain is already completely peachified.

"I can't take any more of this, you fucking parrots, cuckling hens, braying donkies!" I hear my screaming voice say. "Don't you know I'm a visionary? A VISIONARY, ferchrissakes! I'm sure none of you know anything about illumination apart from turning on the light switch! I'm sure nobody in this barrio has the faintest idea of what I'm talking about, and that in all Madrid few can understand me!"

"Get down on your knees, you bastards!" I say at the top of my voice. I pull out the cat o' nine tails with its incrusted nails and shards of glass and start whipping them long and hard. I see the blood glisten and hear them begging for mercy. My fury becomes ever more baroque and I'm all but ready to drive over all these plebs in the latest model of tank.

A voice calls to me from deep within myself. Warily and haltingly it says to me, "Luis, I used to think that you were an obsessively doubting kind of guy, with big problems of self-confidence, a depressive, bald, a whiner... fat..., and now I see you as an Attila, laying about and massacring the crowd. What's happening to you?"

I shelve the tank. Put down the whip. Wipe the sweat from my brow. I sit down and smooth my clothes. I drink a glass of water and look around me with dawning consternation. I reflect and ponder. I breathe deeply and say to myself, "There's something really mysterious and paradoxical behind this whole phenomenon. Something contradictory." A very deep, very hidden suspicion makes its way into my consciousness. "Is not the poetic and even the religious a compensatory secretion of nature's when faced with situations of inferiority or lack?"

Explanations of that phenomenon fill the Histories of art and of religion. And there I leave it. Furthermore, Mariano Navarro is making signs to me from behind the cameras and even showing me a blackboard on which is written THE TELEPHONE DRAWINGS. *I'm miles away!* I was to write about DDTs. So. I say. Like a pupil who doesn't know his lesson, "The telephone drawings are... , the telephone drawings are... "

OK then, the DDTs, my deedeetees, are reminiscences of the old history of surrealist automatism. While the *mind* (?) is absorbed in conversation, the *hand* (?) executes drawings. These could be considered as *ready-mades* that the waves of the nocturnal part of my personality leaves washed up on the beach of my conscious.

A lot could be said about the nocturnal and a lot about treachery, a lot too about the phenomenon of the *appearance* and the *conversion of things into light*. But all this will be in the next program.

"Don't forget us!!!"

"Ding-dong!!!"

**LG, March 1992**

invertidos, despidiendo rayos de sus heridas o, más recientemente, necesitan magdalenas o mescalina para traspasar lo evidente. Hoy parece ser que basta para ello el paño húmedo de una cafetería. Es el Santo Pop.

El Santo Paño emite de tal manera que parece radioactivo. No comprendo cómo los que me rodean no se han apercibido de tal fenómeno; ni siquiera los camareros que al pasar a veces interfieren la emisión. Miro a diestro y a siniestro y nadie me está mirando: siguen enfrascados en sus conversaciones y risas. ¿No se notará una especie de aura alrededor de mi cabeza y de todo mi cuerpo? ¿Una especie de luz verde clara que emana de mi piel? ¿No verán la torta redonda de acero que debe flotar sobre mi cabeza? ¿No estoy yo mismo emitiendo esa energía recibida?

Miro y remiro a todo el mundo, uno por uno, no fuera a ser que se hagan los distraídos o que me miren con el rabillo del ojo. ¡Pero no es así! Siguen hablando como cotorras imbecilizadas por el cotorreo, como loros y papagayos, como gallináceas y pajarracos. Incluso hay un señor a mi lado con muchos cuellos y muchas corbatas, y oliendo a muchos perfumes, que me empuja lateralmente, esforzándose por conquistar un lugar en la barra que me pertenece, y que se pone a hablar con el camarero de empates y de ceros a cero. Están completamente ciegos ante esta trascendencia logística que está teniendo lugar ante nuestros ojos. No comprendo siquiera cómo las ondas hipnóticas no los hacen flotar o no les ponen los ojos verdes y alechugados. Siguen empatando y metiendo goles por las escuadras cada vez con voces más fuertes, mientras el pajarreo colectivo se intensifica y mi cerebro está ya plenamente amelocotonado.

"¡Ya no aguanto más, loros de mierda, gallináceas cocleadoras, rebuznantes burros!", oigo que dice mi boca chillando. "¿Es que no os dais cuenta que soy un iluminado? ¡Un ILUMINADO, cojones! ¡Estoy seguro de que ninguno de vosotros sabe nada de iluminaciones que no sean eléctricas! ¡Estoy seguro de que nadie en este barrio sospecha de qué hablo, e incluso en Madrid pocos habrá que me comprendan!"

"¡Pónganse de rodillas, cabrones!", digo en voz alta. Saco el látigo de siete colas con incrustaciones de tornillos y cristales y empiezo a hacerles penitencia feroz y vorazmente. Veo brillar la sangre y escucho un tumulto mendicante. Mi furor se hace cada vez más barroco y me veo dispuesto a pasar sobre toda esa plebe subido en un tanque recién estrenado.

Una voz me llama desde dentro de mí mismo. Cautelosa y con todo tipo de precauciones me dice: "Luis, yo creía que eras un tipo obsesivamente dubitativo, con graves problemas de confianza en ti mismo, depre, calvo, gangoso... gordo..., y ahora te veo como un Atila, imponiéndote y masacrando a la multitud. ¿Qué te está ocurriendo?"

Aparco el tanque. Abandono el látigo. Limpio el sudor de mi frente. Me siento y ordeno mi ropa. Tomo un vaso de agua y miro a mi alrededor con un inicio de consternación. Pienso y deduzco. Respiro y me digo: "Realmente hay en todo este fenómeno algo misterioso y paradójico. Algo contradictorio." Una sospecha muy profunda y muy oculta se abre paso en mi consciencia: "¿No será lo poético e incluso lo religioso una secreción compensatoria de la naturaleza ante situaciones de inferioridad o de carencia?"

Las explicaciones a ese fenómeno llenan las Historias del arte y de la religión. Y ahí lo dejo. Además, Mariano Navarro me está haciendo señas desde el otro lado de las cámaras e incluso me muestra una pizarra en la que está escrito: LOS DIBUJOS DE TELÉFONO. *¡Se me había ido el santo al cielo!* Yo tenía que escribir sobre los DDT. Pues. Digo. Como un alumno que no se sabe la lección: "Los dibujos de teléfono son..., los dibujos de teléfono son..."

Pues bien, los DDT, mis dedetes, son reminiscencias de la vieja historia del automatismo surrealista. Mientras la *mente* (?) está enfrascada en la conversación, la *mano* (?) ejecuta dibujos. Estos se podrían considerar como *ready-mades* que las olas de la parte nocturna de mi personalidad dejasen varados sobre la playa de mi consciencia.

Mucho se podría hablar de nocturnidad y mucho de alevosía, mucho también sobre el fenómeno de la *aparición* y el de la *conversión de las cosas en luz.* Pero todo ello será en el próximo programa.

"¡¡No nos olviden ...... !!"

"¡¡Ding dong ...... !!"

**LG, marzo 1992**

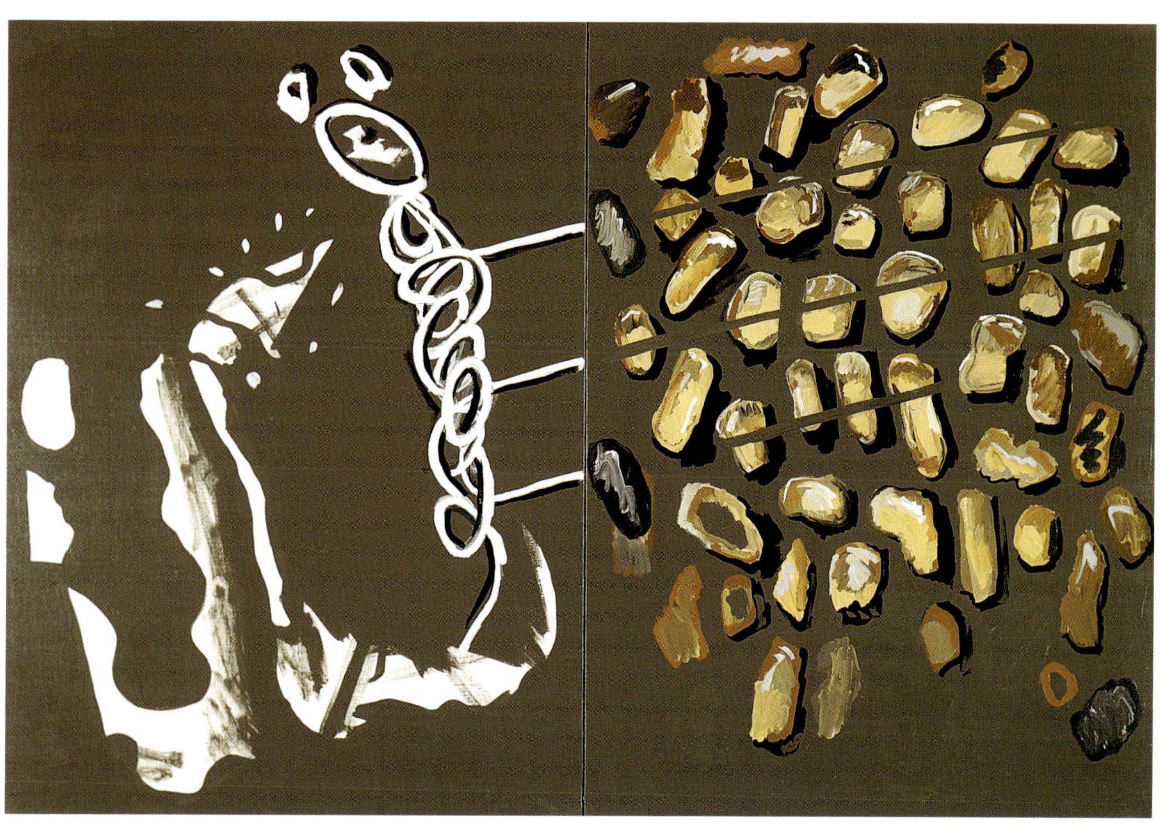

**Gruyère A** 1983 100 x 147cm

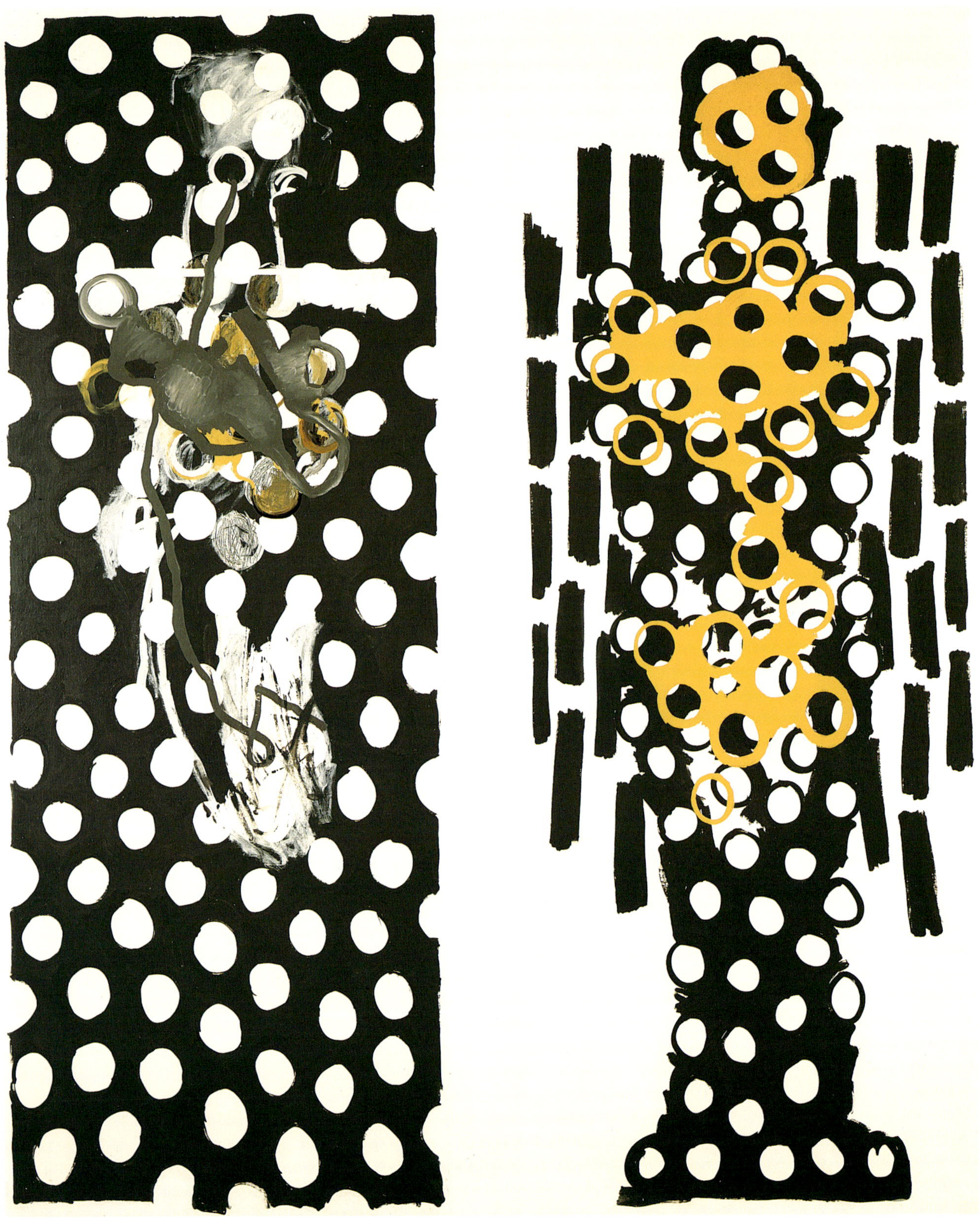

**Gruyère C** 1983 210 x 170 cm

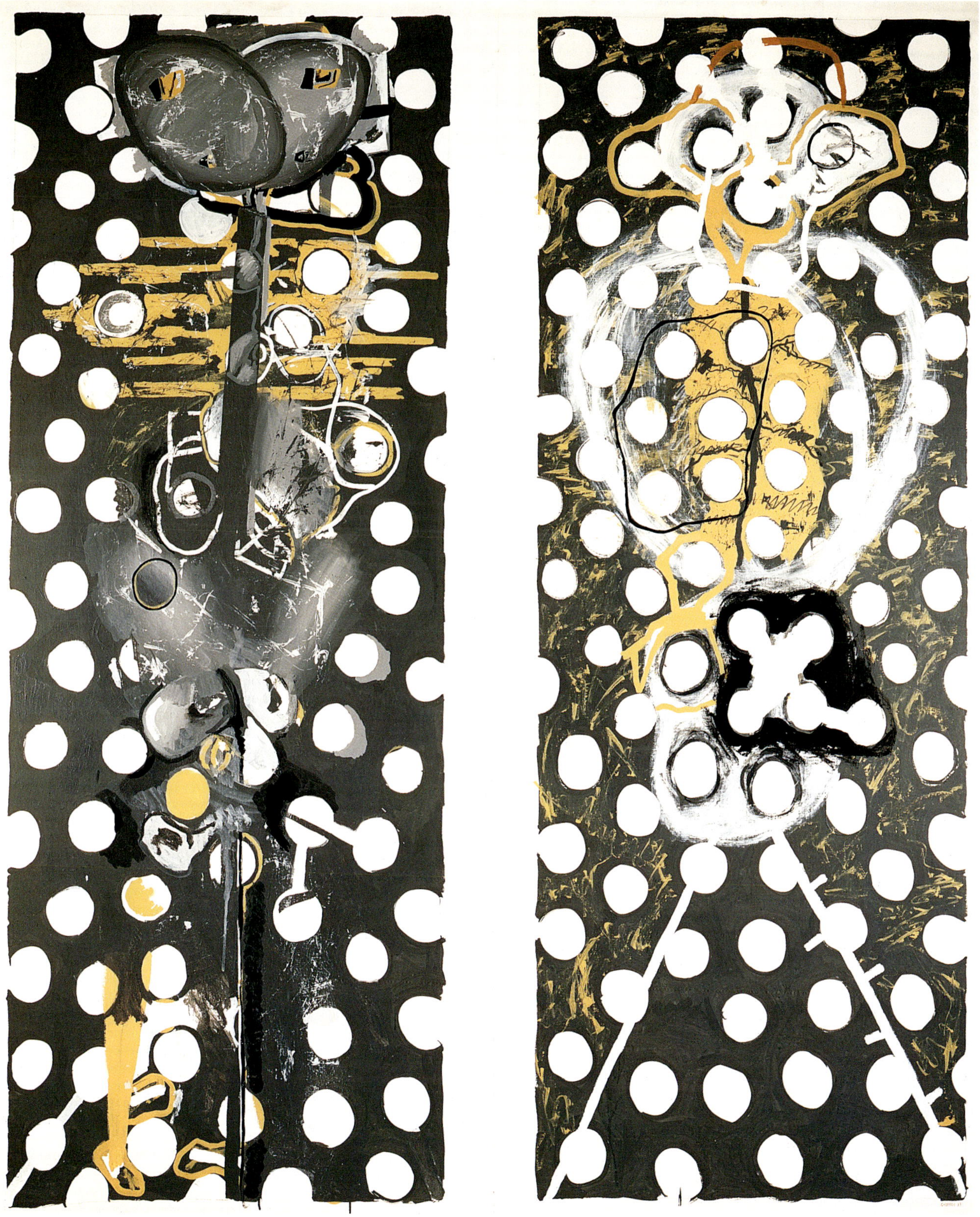

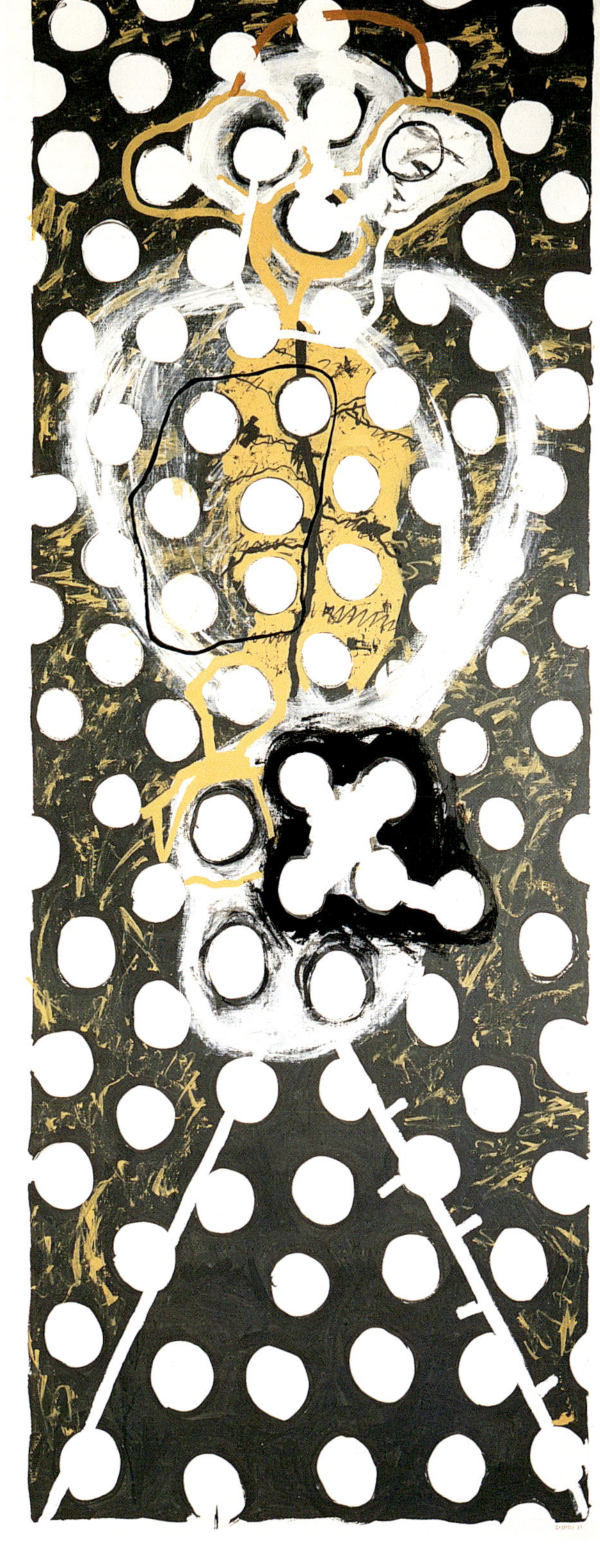

**Gruyère D** 1983 210 x 170 cm

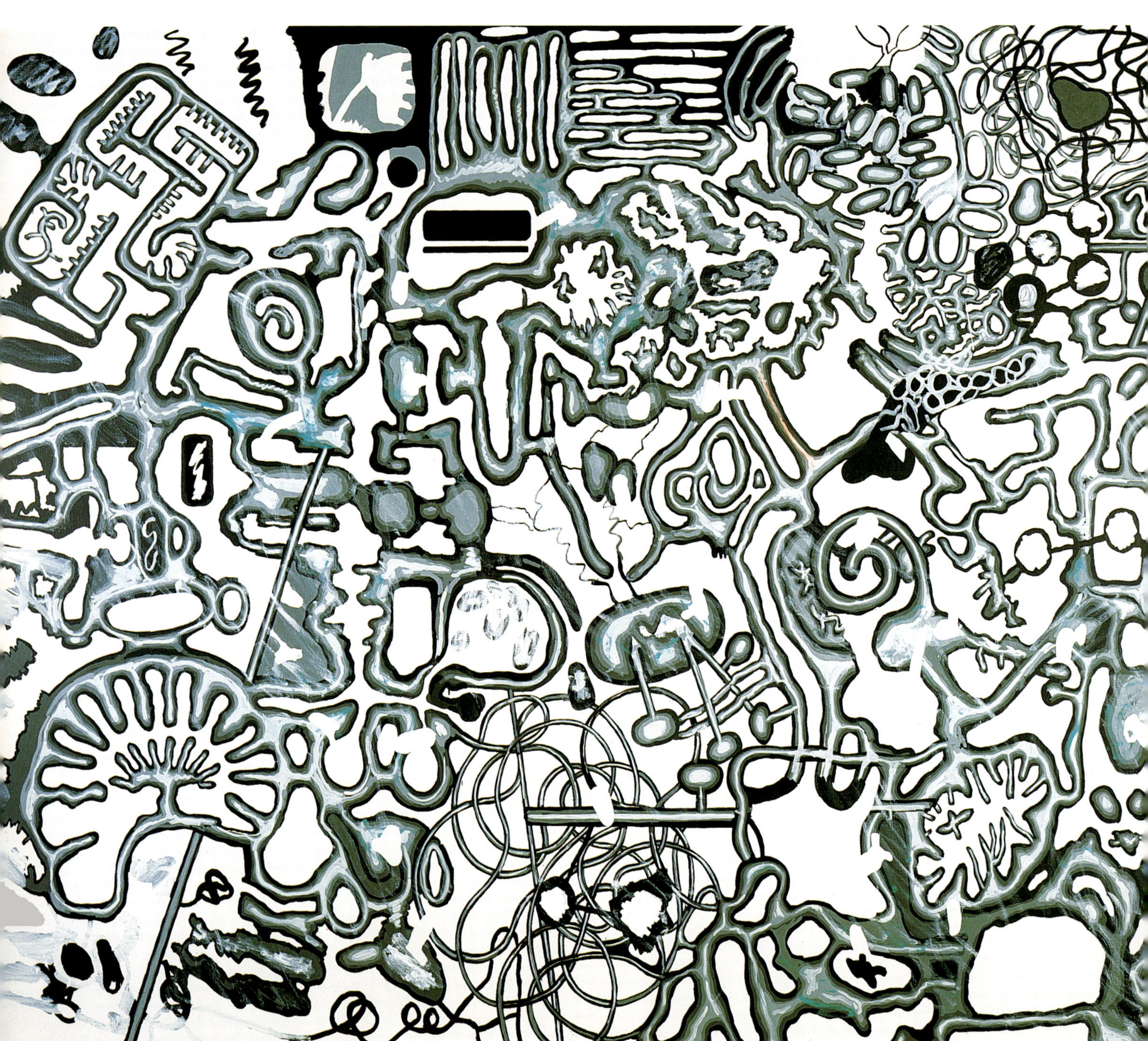

Situación meándrica 3  1986  200 x 480 cm

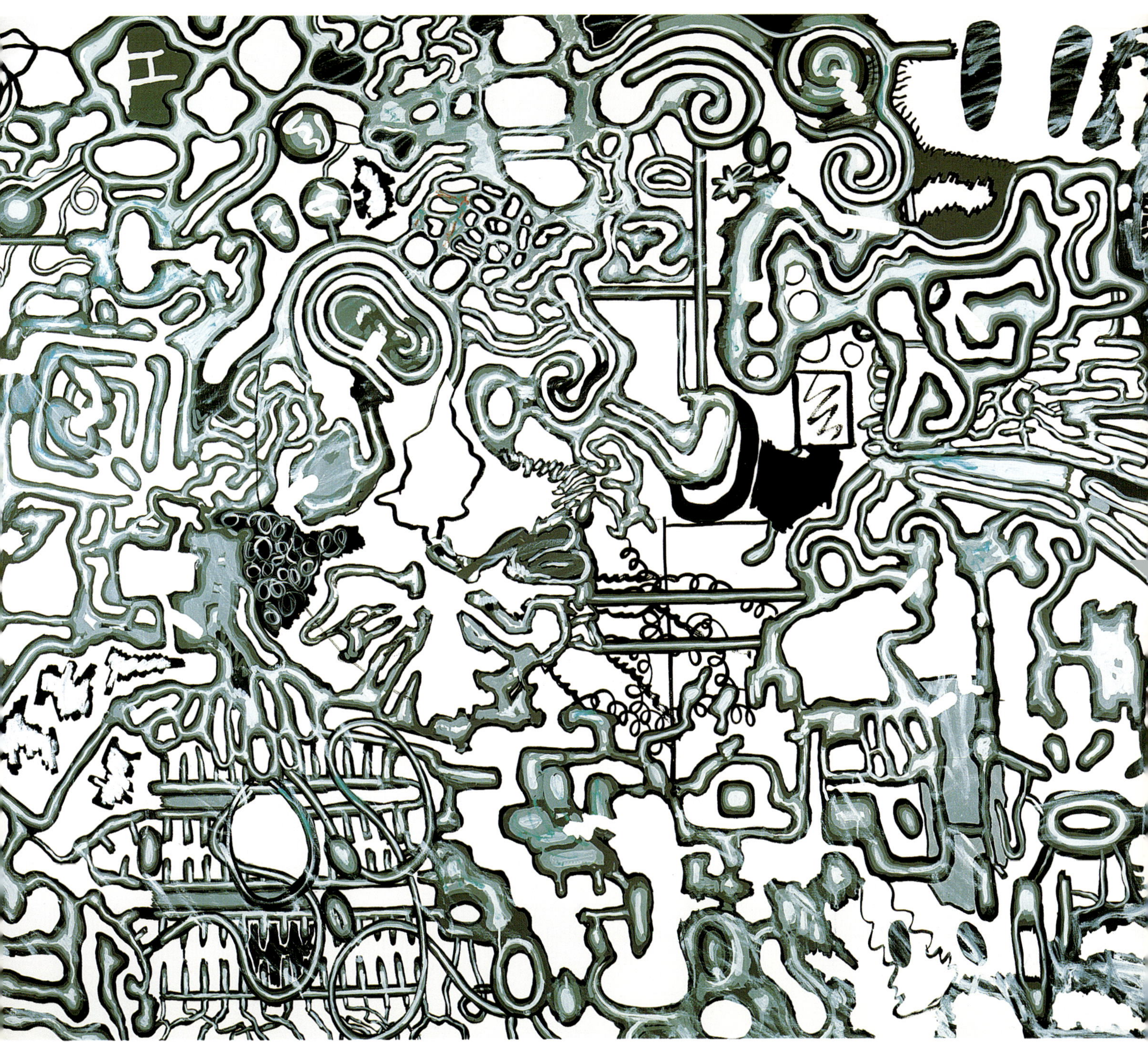

## A Beautiful Period for Painting a Picture

When one seeks to characterize the current moment in painting one resorts to an argument that is effective, even effectual, but of dubious value. One says: the isms, *ismism* – Naturalism, Impressionism, Cubism, Superrealism, etcetera – have, like a snake that moves in spirals, constituted a truly positivist, Darwinian, movement of selective processing towards something. On the other hand the current moment, in which we live, would be defined as the relaxing of the snake, its stomach full after ingesting a century of succulent ism-like mouthfuls plus two world wars and the odd revolution.

I'd say that relaxation there indeed is, although the defining of it would be tricky and very long-winded. Perhaps we are living a postwar period of dreamed-of, frustrated war without bombs or bloodshed; living the bewilderment, torpor and astonishment subsequent to the error.

What I don't see so clearly is the qualification of the earlier, snake-like movement as Darwinian or positivist; these words communicate feelings of historical wisdom, of ethical intentions, of good signposting on the motorway. I see that process, the snake of isms, more as the violent and immoderate rhythm of the schizoid, of a mechanical Hegelianism of creaking wood. The to-ing and fro-ing of the tennis ball between shots, and lifeless at times following a fault. Another simile comes to me: the movement of a dice, with six sides, obviously. When playing with it, one gets the impression that it's a mobile, fluid object full of complex nuances; but in falling dead between the three or the four, between the six or the one, there's the feeling of a clumsy and tragic gravitational destiny.

More than a positivist, *homo ismico* is a nervous being, a smiling and sporty madman.

And so the particular aspect to be defined would be the subsequent relaxation, the moment of digestion. One would also have to be more precise about the resulting type of man: I would risk a name for this new being, that of *homo flotador* (rubber ring man); I will go on to explain this later.

Man has stopped, or rather they have stopped him, but he hasn't stopped worrying. The most typical thing about this new prototype we are turning into is his condition *of being limited*, *of having been limited* by lots of situations: there's no room for more people on the planet, raw materials are not infinite, all-encompassing total wars are not possible, mythological mysteries have been jettisoned, progress erodes the atmosphere and will have to be stopped somehow, the revolution has ended up being a romantic idea, etcetera.

### ECLECTICISM AND CLASSICISM

At present eclecticism is much spoken of in the visual arts, with some bold folk even speaking of a new classicism. Where the first is concerned, I agree: if a lot of rats are shut up in a tiny space they get very nervous and fidgety, and what you eventually get is rat purée: this is eclecticism through blocking the future, through utopian shortage.

Where classicism is concerned, no, I don't believe that we're living through a period that can distil such a delicate liquor; for that one would need a certain serenity, a linear and long-term way of understanding the world, values credible to and credited by the majority. Maybe all that can emerge is a new antiquated neoclassicism, stiff and made of cardboard. I'd go as far as to think, paradoxically, that our possible cynical classicism has been that epic world of the isms, violent, inbred, banging together with a tinny sound.

And what is *homo flotador*? He's the man whose aesthetic, and thus ethic, is to let himself rise, survive, float, not one inch above or below the water line. Not in vain is the ultra-clear, iridescent, green swimming pool one of our most cherished symbols. Even floating is impossible at times. Forget metaphysics: if there are such they'll be bottled and pasteurized and set out on the supermarket shelves.

*Homo flotador* suffers from the Julio Iglesias Syndrome: at last, a democratic art imposed by the vote of the majority. The Marxist partisans of Socialist Realism could never have imaged that the art of the people would become reality in such a way. Forget about *épateurs* and *épatés*; on the contrary, all of us together creating our favorite idols through advertising. Not one centimeter more or one centimeter less of water.

Millenarianism, doubtless our favorite vice.

Neither classicism or mature eclecticism, no avant-gardism, they say, but what a splendid and sizzling period for painting a picture! **LG, 1983**

# UNA HERMOSA ÉPOCA PARA PINTAR UN CUADRO

Cuando se quiere caracterizar el movimiento actual en pintura se echa mano de un argumento que es efectivo, incluso efectivista pero de dudosa validez. Se dice: los ismos, el ismismo: naturalismo, impresionismo, cubismo, superrealismo, etcétera, como una culebra que se agita en volutas, han constituido un auténtico movimiento positivista, darwiniano, de proceso seleccionado hacia algo. Por el contrario, el momento actual, en el que vivimos, se conformaría como relajación de la culebra, en plena digestión después de ingerir un siglo de suculentos bocados ísmicos más dos guerras mundiales y alguna que otra revolución.

Yo diría que relajación, sí, la hay, aunque sería peliagudo y extensísimo el caracterizarla. Quizá estemos viviendo una posguerra de guerra soñada, frustrada sin bombas ni sangre; viviendo el alelamiento, torpor y pasmo posteriores al error.

Lo que no veo tan claro es la calificación del anterior movimiento culebril como darwiniano o positivista; estas palabras emiten sensaciones de sabiduría histórica, de finalidades éticas, de buena señalización en la autopista. Ese proceso, la culebra de los ismos, yo lo veo más bien como el ritmo violento y desacompasado de lo esquizoide, de un hegelianismo mecánico de madera chirriante. El ir y venir de la pelota de tenis entre golpe y golpe, y a veces sin vida después de un fallo. Se me ocurre otro símil: el movimiento de un dado, de seis caras, claro, jugando con él se tiene la impresión de que es un objeto móvil, fluido y lleno de complejos matices; pero al caer muerto entre el tres o el cuatro, entre el seis o el uno, hay la sensación de un torpe y trágico destino gravitatorio.

El *homo ísmico* más que un positivista es un ser nervioso, un loco sonriente y deportivo.

Así, pues, el elemento específico a definir sería la posterior relajación, el momento de la digestión. También habría que concretar el tipo de hombre resultante: arriesgaría un apelativo para este nuevo ser, el de *homo flotador*; más adelante pasaré a explicarlo.

El hombre se ha parado, o más bien lo han parado, pero no se ha tranquilizado. Lo más característico de este nuevo prototipo en el que nos estamos convirtiendo en su condición de ser limitado, *de estar siendo limitado* por una multitud de situaciones: en la tierra no cabe más gente, las materias primas no son eternas, las guerras totales definitorias no son posibles, los arcanos mitológicos se han vaciado, el progreso corrompe la atmósfera y de alguna manera habrá que pararlo, la revolución ha terminado por ser una idea romántica, etcétera.

### ECLECTICISMO Y CLASICISMO

Actualmente, en las artes plásticas se habla mucho de eclecticismo, y algunos osados incluso de nuevo clasicismo. En cuanto al primero estoy de acuerdo: si se encierran muchas ratas en un espacio pequeño, si se ponen muy nerviosas y si se mueven mucho, termina por producirse una papilla de ratas: es el eclecticismo por obstrucción de futuro, por carencia utópica.

En cuanto al clasicismo, no, no creo que vivamos una época que pueda destilar tan delicado licor; para ello haría falta una cierta serenidad, una manera lineal y prolongada de concebir el mundo, valores creíbles y creídos por una mayoría. Quizá pueda aflorar, tan sólo, un nuevo neoclasicismo decimonónico envarado y de cartón piedra. Yo llegaría a pensar, paradójicamente, que nuestro cínico posible clasicismo ha sido ese mundo épico de los ismos, violentos, entrecruzados, chocando con ruido a latas.

¿Y qué es el *homo flotador*? Es aquel cuya estética, y por tanto ética, es dejarse llevar, sobrevivir, flotar, ni un centímetro más alto o más bajo que el nivel del agua. No en vano la piscina verde purísimo, iridiscente, es uno de nuestros símbolos más queridos. Incluso flotar a veces es imposible. Nada de metafísicas, y si las hubiera deberán estar envasadas pasteurizadas y ordenadas en los estantes del supermercado.

El *homo flotador* padece el síndrome Julio Iglesias: por fin un arte democrático impuesto por el voto de la mayoría. Los marxistas partidarios del realismo socialista no hubieran podido nunca imaginar que el arte del pueblo podría llegar a ser una realidad por tal camino. Nada de epatadores y epatados; por el contrario, todos juntos creando a través de la publicidad nuestros ídolos favoritos. Ni un centímetro más ni menos del nivel del agua. Milenarismo, sin duda, nuestro vicio favorito.

Ni clasicismo ni maduro eclecticismo, dicen que ni vanguardismo, pero ¡qué hermosa y chirriante época para pintar un cuadro!

**LG, 1983**

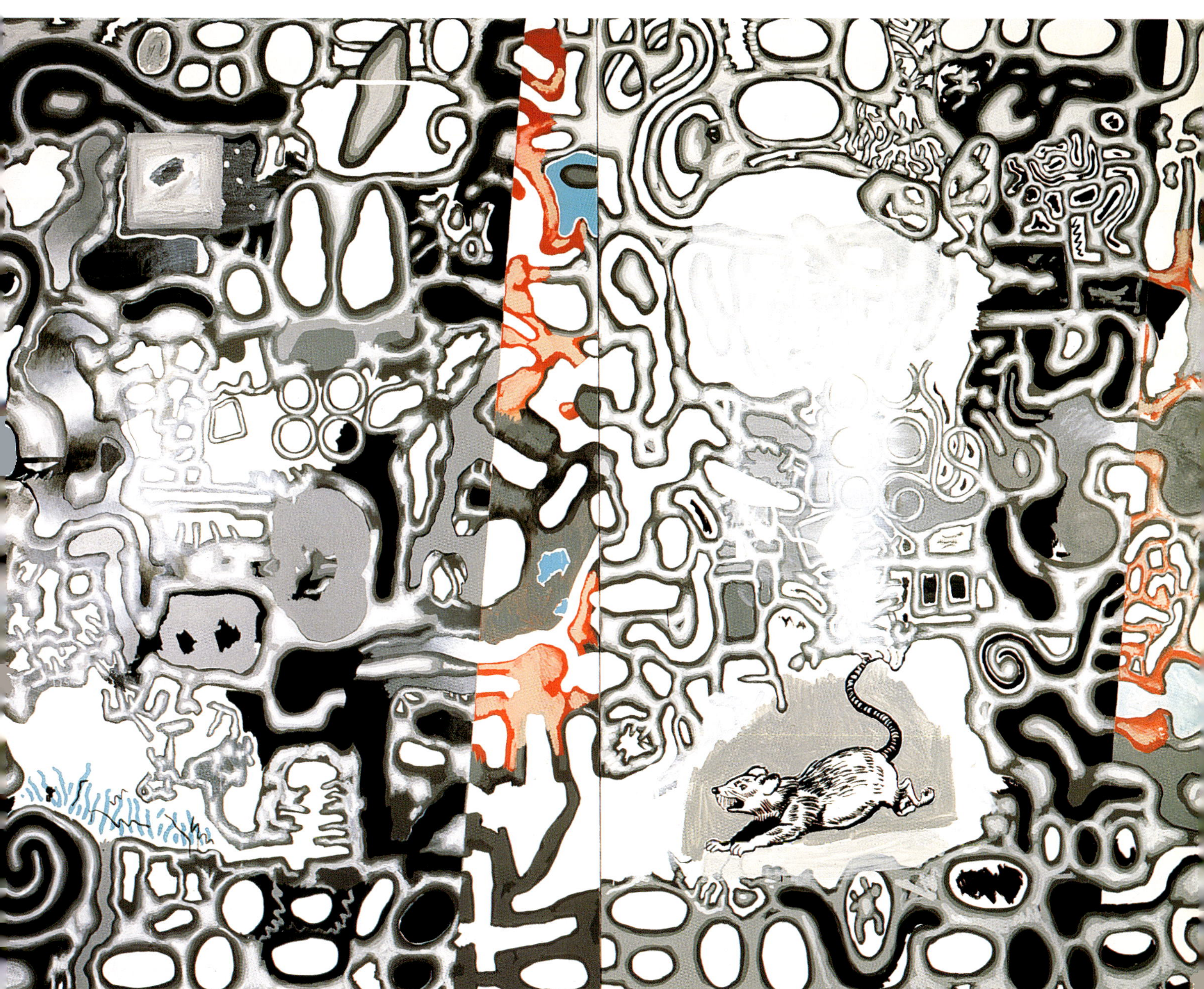

**La nieve es negra** 1987 250 x 310 cm

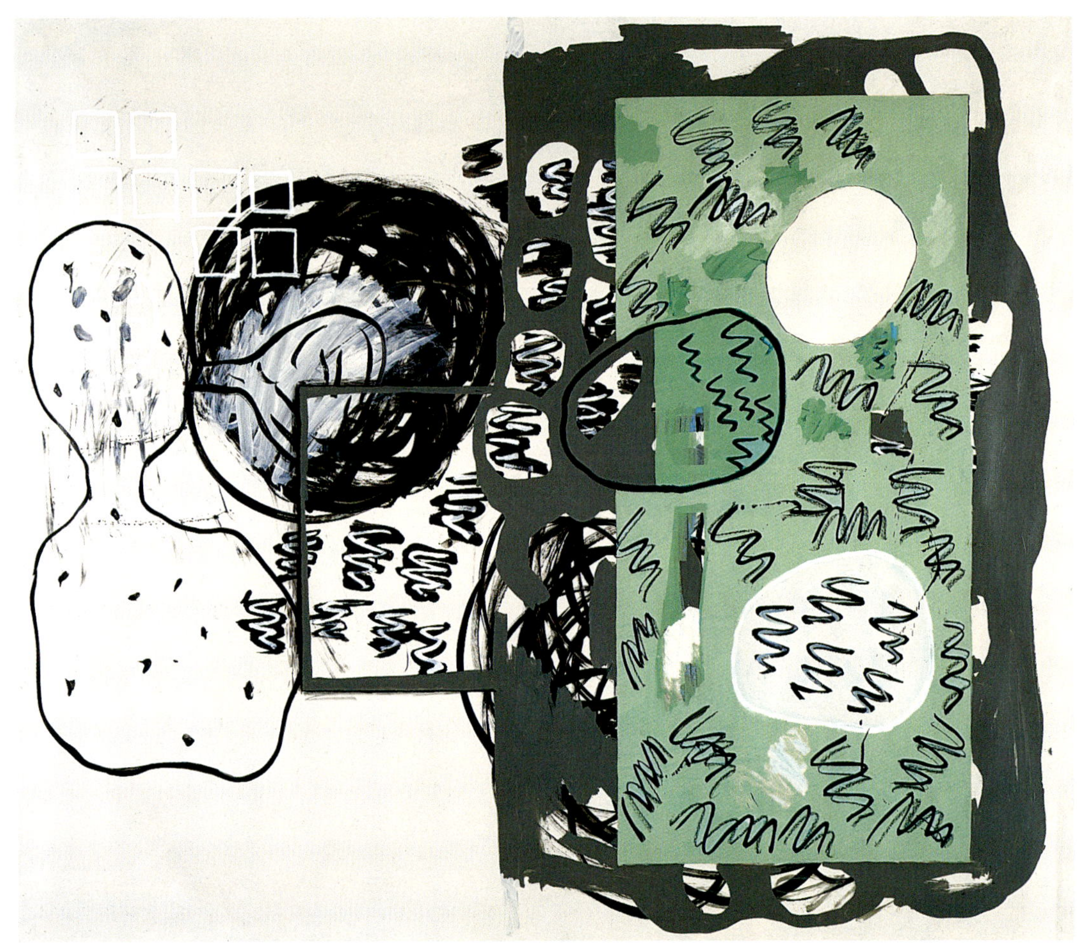

**Piscifactoría B** 1987 144 x 158 cm

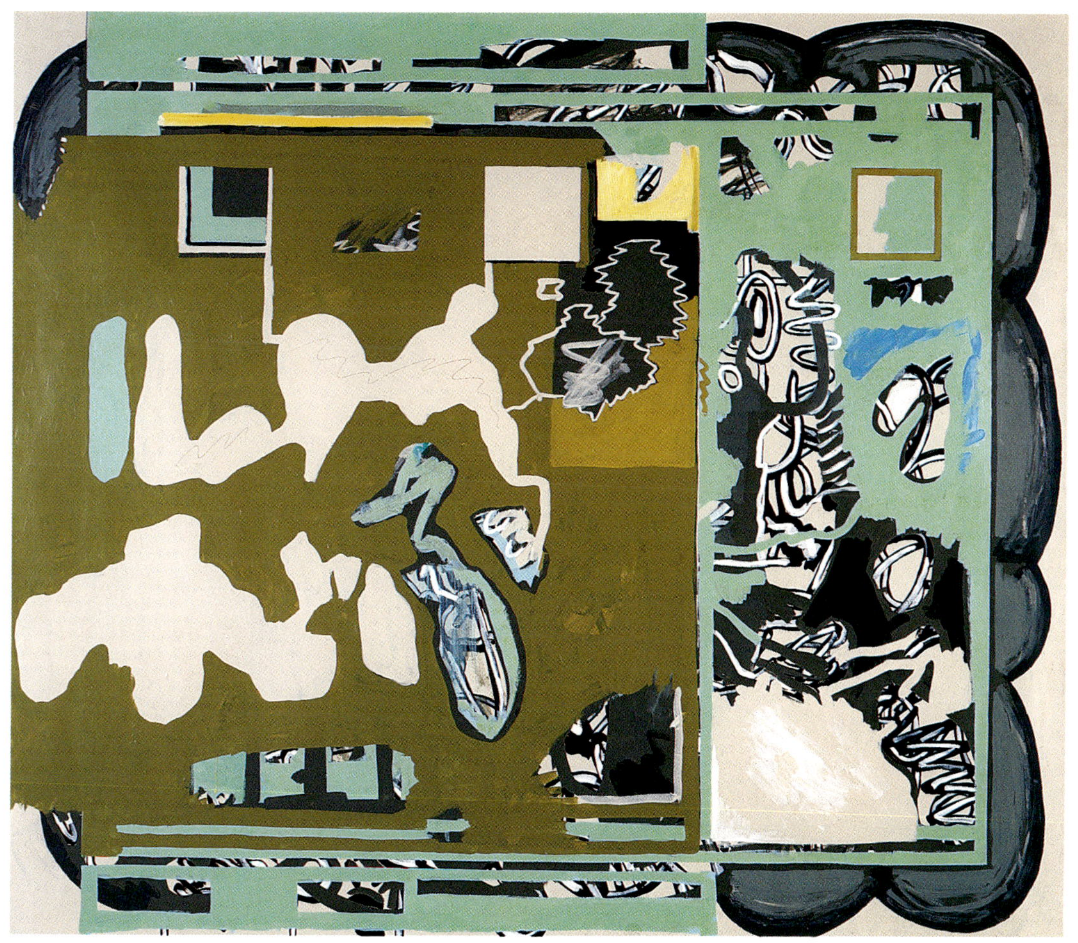

**Piscifactoría C** 1987 144 x 158 cm

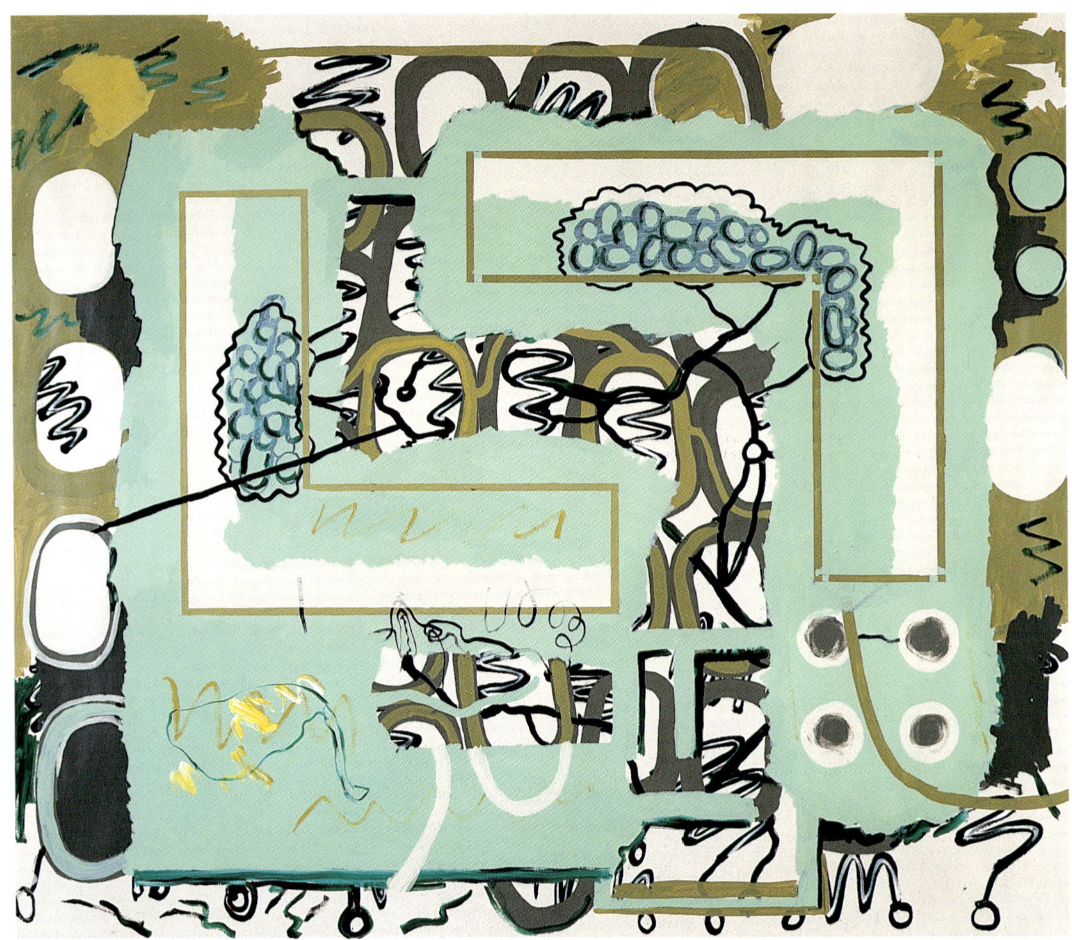

**Piscifactoría A** 1987 144 x 158 cm

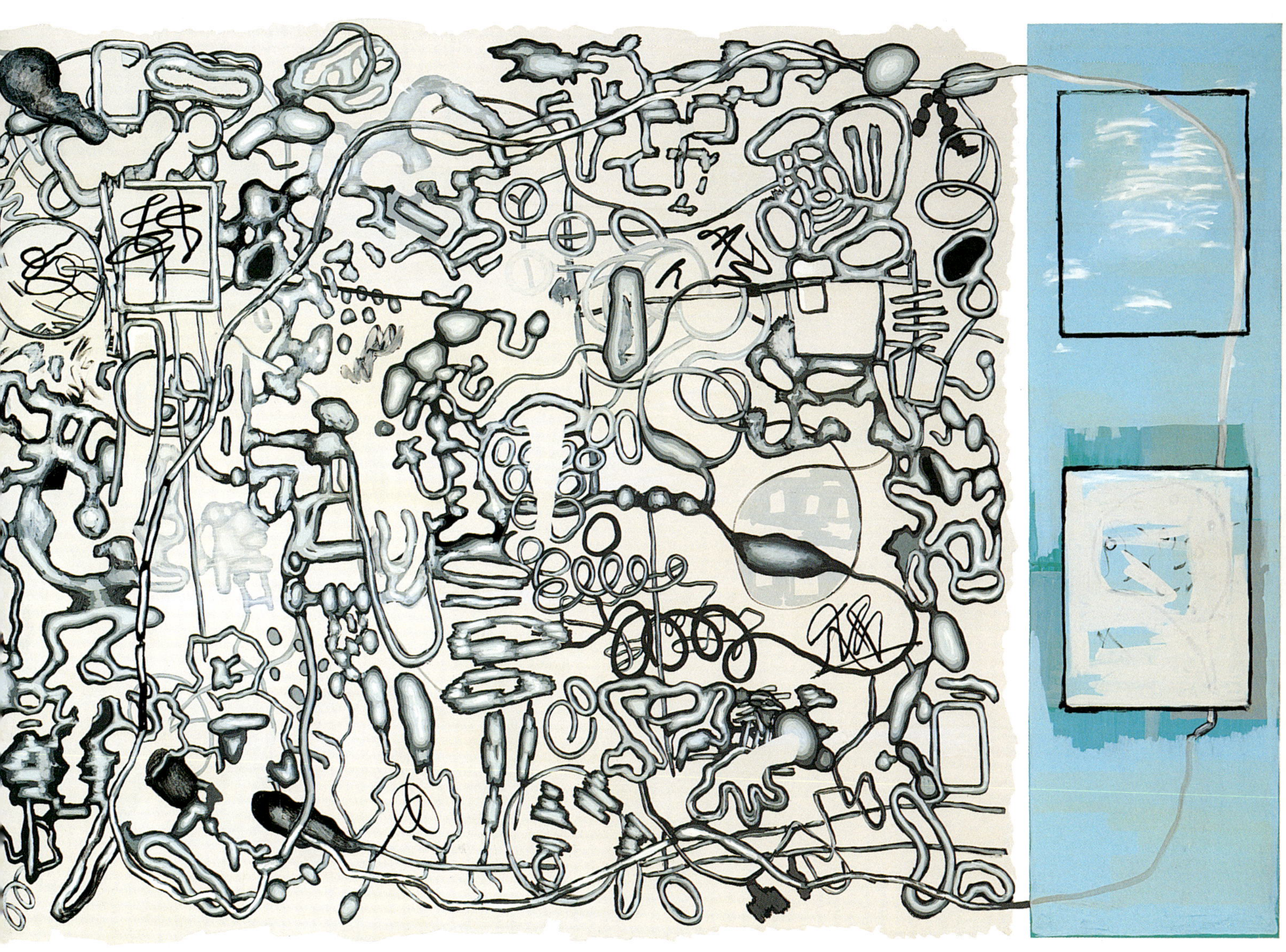

**Meándrico con evasión esmeralda** 1987 210 x 300 cm

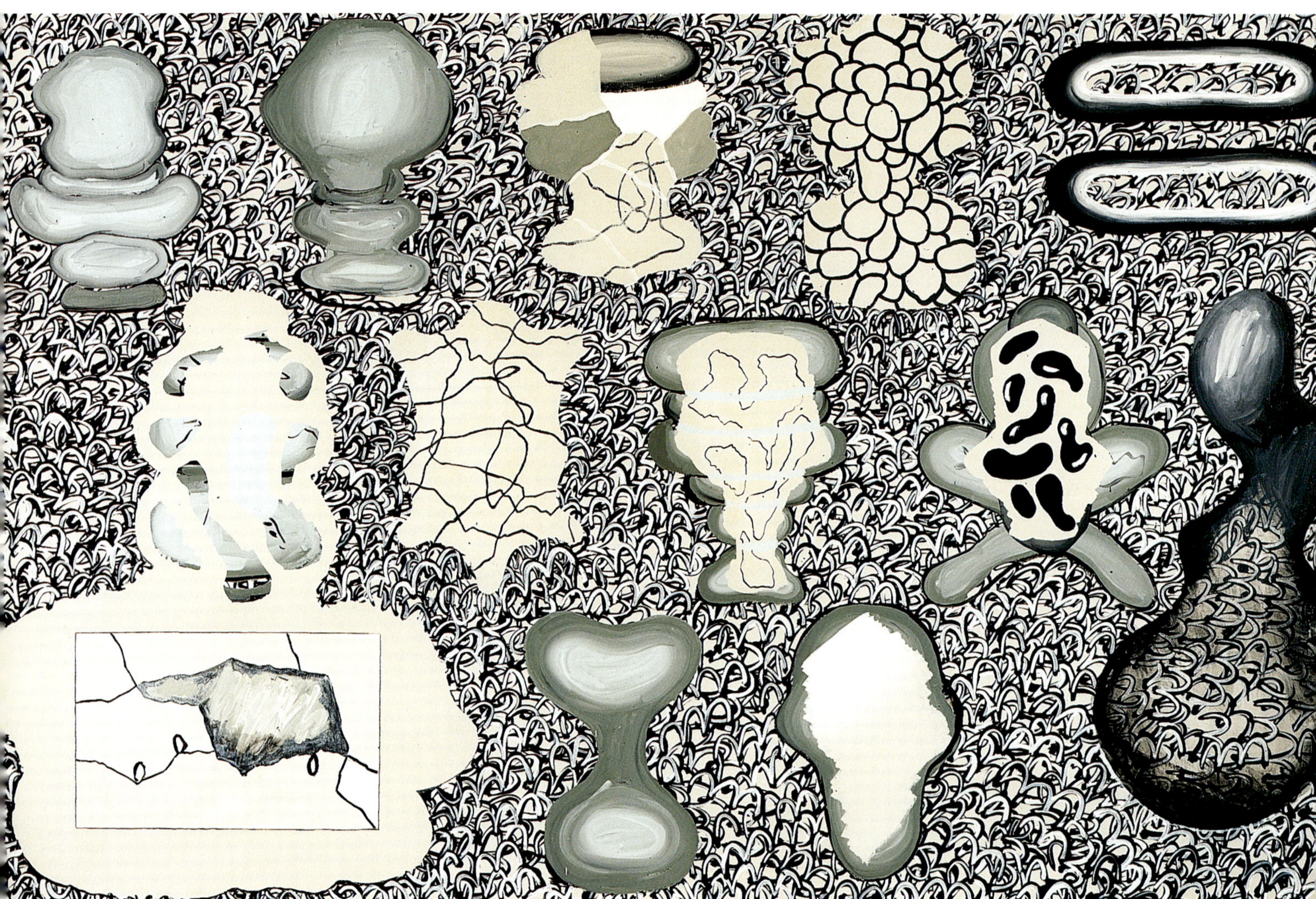

**Condensaciones** 1988 158 x 251 cm

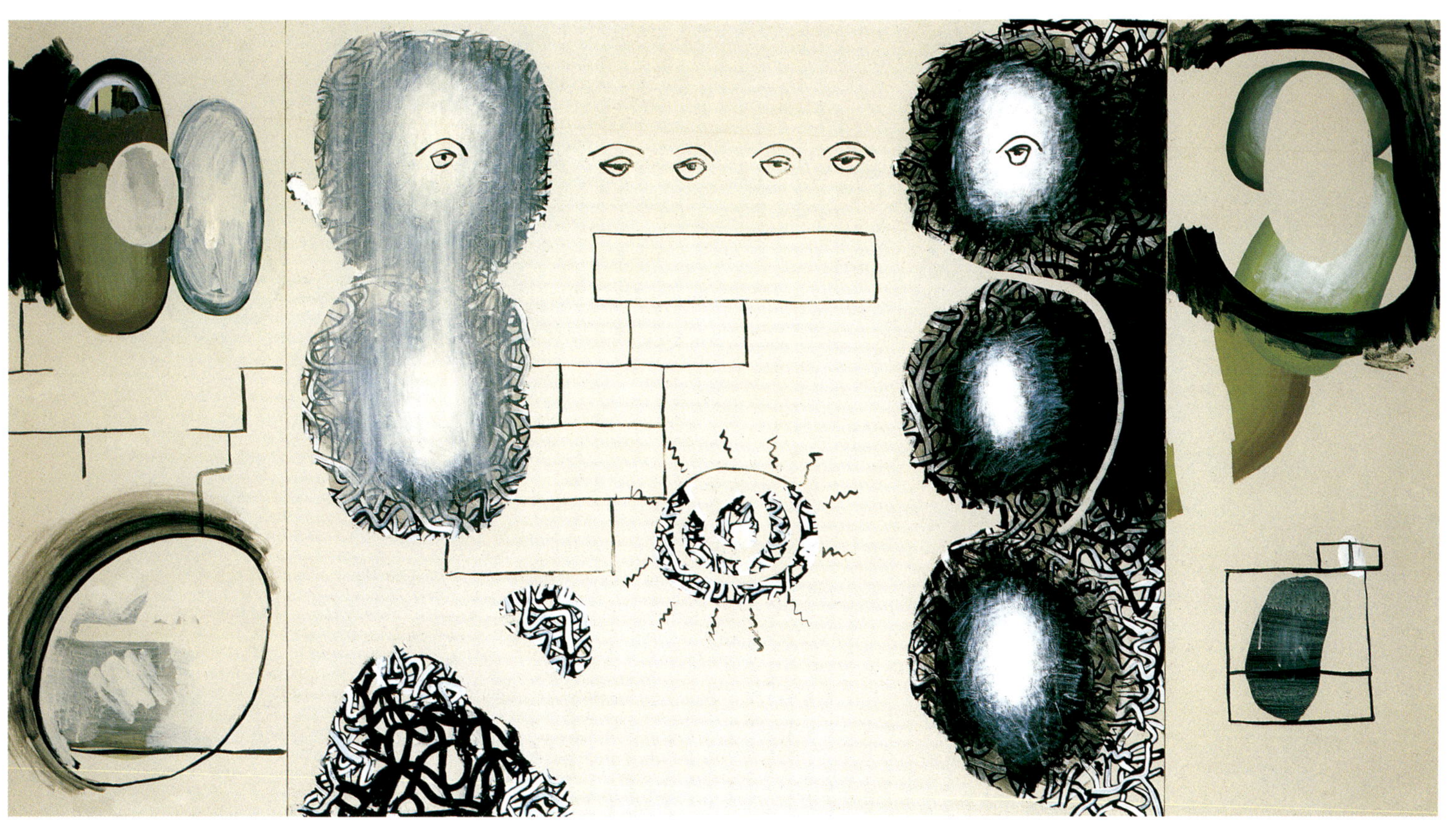

**Segunda adoración** 1989 143,5 x 257,5 cm

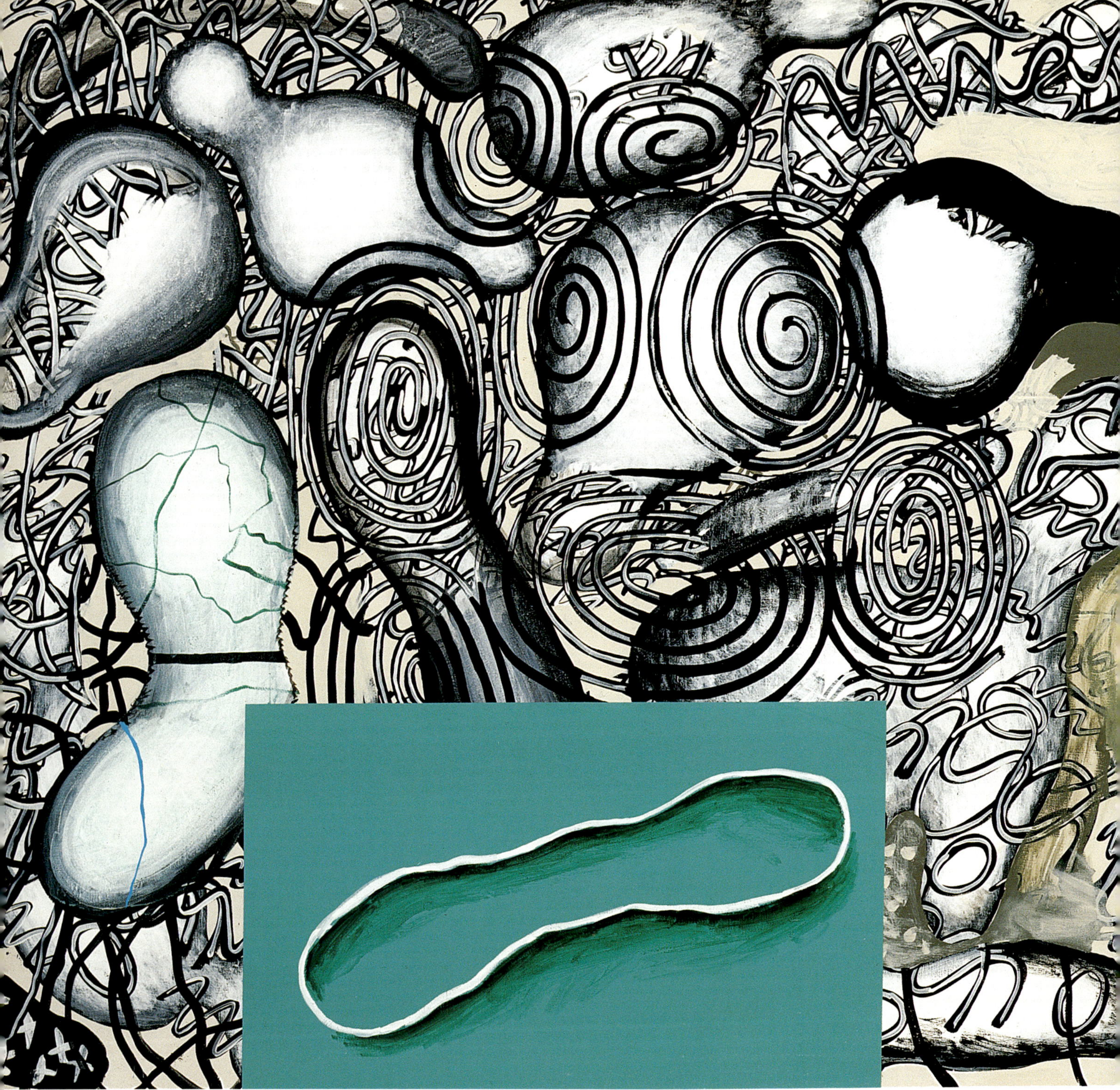

**Desafinadamente tuyo** 1989 143 x 314 + 65 x 50 cm

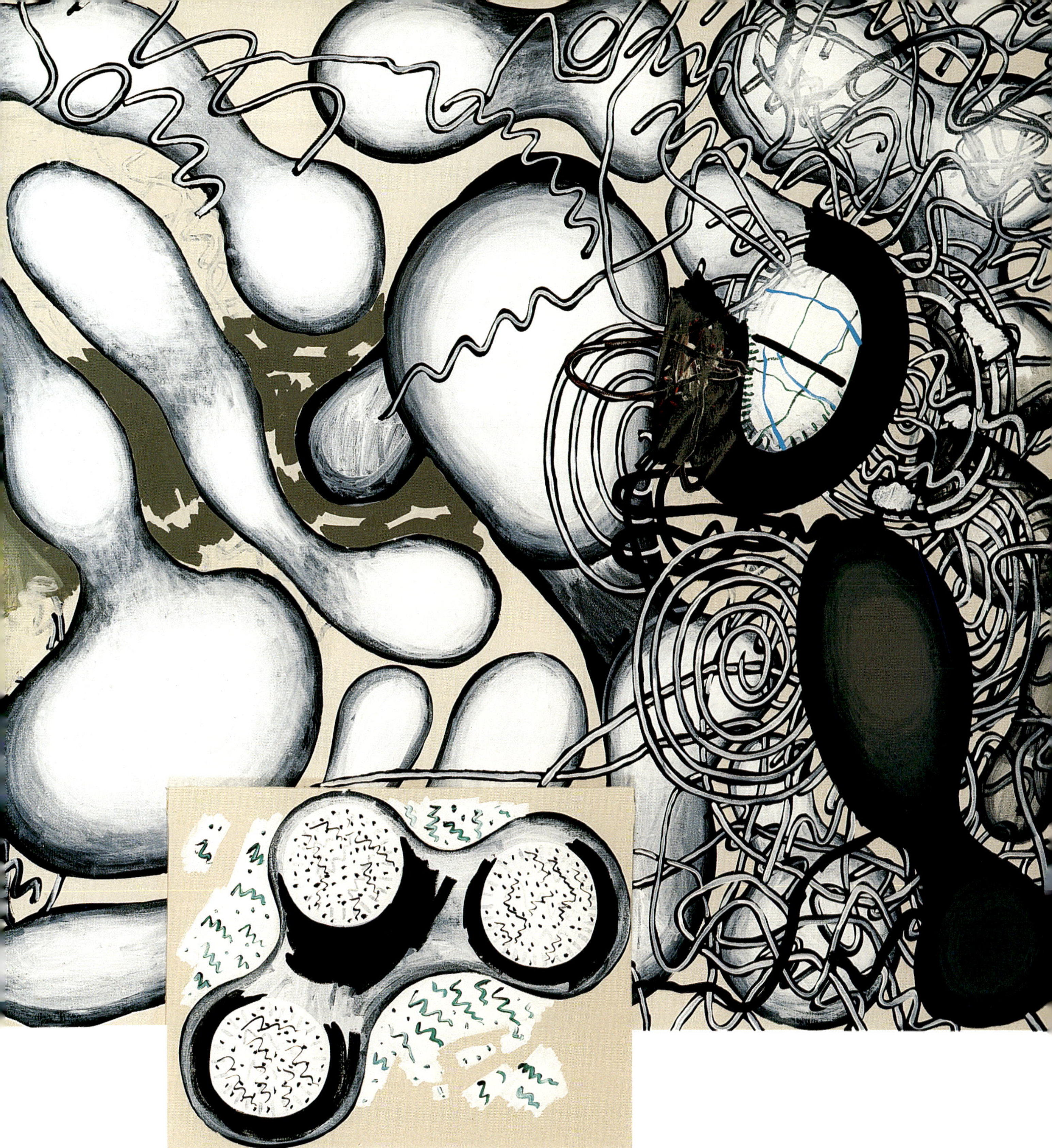

## Duck

He'd finished the two pictures around February, just before Arco, with the intention of showing them to some foreign visitors he was expecting. He'd worked on three pictures at once but in the end one remained unresolved. They were quite big, especially one of them. They were enveloping. They were the kind of pictures that could "represent him" plus, I'd say, "contain him", "situate him", bear witness to him, a somewhat sad point, this, if you think about it, since nothing ought to bear greater witness to one than oneself.

They'd been difficult pictures, painful and complex. Lengthy. Almost interminable. (He thinks pictures are made with time, more than with paint or with visual ideas.) They're pictures that are thought to be finished because the painter admits to himself in the solitude of the studio that he's reached the limit of his powers. Get this straight, not only the limit of his pictorial faculties, but also of his ability to continue holding back the time of possibilities.

Once he'd finished them he took the paintbrush, blessed them and baptised them. The larger had the good fortune to be called *Alternancia en timbres* (Alternation in Bells), and the smaller *Cilindración de fluidos* (Cylindration of Fluids). For me both titles are somewhat oblique and pompous; closer to some scientific, more than aesthetic, theme.

He rested for a few days and on the seventh he embarked on fresh labors on the two already finished pictures. I shall try and give more detail on these. In the first place he was taking out, meticulously, bit by bit, all the elements making them up.
To wit: Chunky lines in the shape of bedsprings or concentric circles that irritated the eyes with old *Op-Art* effects.
Forests of cables.
Drunken shoots.
Eels and worms, petrified like figures from Pompeii or Sodom.
Computer circuits.
Arterial, neuronal and pulmonary systems.
Wriggly and robotic swarms.
Gesticulating intestines.
Diseased livers and sour stomachs.
Oesophagi and larynxes.
Systoles and diastoles.
Purulent sunsets, badly focused and badly developed.
Beginnings of interrupted advertisements.
Avocados.
Breasts and genitals of green plastic.

Severe geometrical containers, classifying and separating out humors which, mixed together, could produce madness, paralysis or death.
And many others besides.

In the second instance, and once all the elements existing in them had been extracted from the pictures, he next began to arrange them on the floor of the big room in families, according to likeness or similarity, following a list of meticulously elaborated codes. Like for example:
Hardness or morbidity of the constituent material.
The metallic or fleshy characteristics of same.
Flexibility or rigidity.
Motility or hieratism.
Temperature and sex.
Smell and taste.

If they produced pleasure in the onlooker, it was specified what sort this was: if erotic, speculative or of another kind; it was also decided if they produced rapture or hypnosis, *déréglements des sens* or mystical ecstasy.

If they produced anguish, it was determined what specific type this involved, this being the amplest and most interminable category.
If they were sweating or excreting.
If they were perishable or not; that is, if some day they were due to be buried, incinerated or thrown into the rubbish.
And many others besides.

For the siting of each family of elements in a given part of the vast space of the room, it was, as well as being a highly delicate question, essential to take into account the possible future relationships between each of them and their neighbors. The squabbling, jealousy, mistrust, hatred and even open and genocidal warfare could ruin the whole process and, in the long run, the whole plan.

## PATO

Había terminado los dos cuadros hacia febrero, un poco antes de Arco, con la intención de mostrárselos a algunos visitantes extranjeros que esperaba. Había trabajado en tres cuadros a la par pero al final uno quedó sin resolver. Eran bastante grandes, especialmente uno de ellos. Eran envolventes. Eran de esos cuadros que podían "representarle", y yo diría que "contenerle", "situarle", dar fe y garantía de él, extremo éste más bien triste, si bien se mira, pues nada debiera dar más fe y garantía de sí que uno mismo.

Habían sido cuadros difíciles, dolorosos y complejos. De una larga duración. Casi interminables. (Él piensa que los cuadros se hacen con tiempo, más que con pintura o con conceptos plásticos). Son cuadros que se dan por concluidos porque el autor se confiesa a sí mismo en la soledad del estudio, que ha llegado al límite de sus fuerzas. Entiéndase, no sólo al límite de sus facultades pictóricas, sino también al de su capacidad de seguir reteniendo aún el tiempo de las posibilidades.

Una vez los hubo terminado cogió el hisopo, los bendijo y les puso nombre. Al mayor le tocó en suerte el de *Alternancia en timbres*, y al menor el de *Cilindración de fluidos*. Para mí ambos títulos son algo atravesados y estirados; más cercanos a algún tema científico que estético.

Descansó varios días y al séptimo emprendió nuevas labores sobre los dos cuadros ya terminados. Trataré de irlas precisando. En primer lugar fue extrayendo de cada cuadro, poco a poco, minuciosamente, todos los elementos que intervenían en ellos.
A saber: Grandes líneas en forma de muelles o de círculos concéntricos, que irritaban la vista con viejos efectos *Op-Art*.
Selvas de cables.
Latiguillos ebrios.
Anguilas y gusanos cosificados, como personajes de Pompeya o Sodoma.
Circuitos de ordenadores.
Sistemas arteriales, neuronales y pulmonares.
Hormigueos culebriles y robóticos.
Intestinos gesticulantes.
Mórbidos hígados y agrios estómagos.
Esófagos y laringes.
Sístoles y diástoles.
Puestas de sol purulentas, mal enfocadas y mal reveladas.
Inicios de mensajes publicitarios interrumpidos.
Aguacates.
Senos y genitales de plástico verde.

Estrictos contenedores geométricos, clasificando y separando humores, que mezclados, podrían producir la locura, la parálisis o la muerte.
Y muchos otros más.

Posteriormente, en segundo lugar, y una vez extraídos de los cuadros todos los elementos en ellos existentes, empezó a ordenarlos sobre el suelo de la vasta sala, por familias, según parecidos y semejanzas, siguiendo una lista de códigos minuciosamente elaborados. Como por ejemplo:
Dureza o morbidez del material, constituyente.
Características metálicas o carnosas del mismo.
Flexibilidad o rigidez.
Motilidad o hieratismo.
Temperatura y sexo.
Olor y sabor.

Si producían placer en el espectador se especificaba de qué clase era; si erótico, especulativo o de otro signo; se señalaba también si producían embriaguez o hipnosis, *déréglements des sens* o arrobos místicos.

Si producían angustia se precisaba de qué tipo concreto se trataba, siendo éste el apartado más amplio e interminable.
Si sudaban o excretaban.
Si eran o no perecederos, es decir, si algún día debían ser enterrados, incinerados o tirados a la basura.
Y muchos otros más.

Para la ubicación de cada familia de elementos en un lugar concreto del vastísimo espacio de la sala, era preciso, y cuestión muy delicada, tener en cuenta las posibles futuras relaciones entre cada una de ellas y sus vecinas. Las rencillas, celos, desconfianzas, odios e incluso guerras abiertas y asesinatos, podían dar al traste con todo el proceso y a la larga con todo el plan.

El objetivo siguiente era el estudio de cada elemento extraído de los cuadros, uno por uno, de manera exhaustiva y total.

The next objective was the study of each element extracted from the pictures, one by one, in an exhaustive and comprehensive manner. He proceeded in his work as if each entity had just landed on earth from some distant galaxy and represented a perfect mystery. Nothing was taken as read. His study extended from their measurements and weight to recent atomic and cellular matters.

Previously, with the help of computers, he'd arrived at a number of up-to-the-minute syntheses of all the ideological, cultural, religious, economic and scientific movements present throughout the History of humanity.

At that point, the moment had come to relate the data of each element of the pictures to these historical factors. The result was, in each case, an equation or sign, almost a logo, that strictly defined each of these entities within the infinite abundance of all that exists.

Next came the wrapping. He ordered some cases, very like the ones used to keep cutlery, jewels or goblets in, lined with plain velvet in solemn colors, and with precise concavities in which to place each object. He placed each family in a single case, due to which they could sometimes be very big and heavy. At times the maker of the cases found himself, in his task, with problems difficult to overcome and which tested his imagination and ability. This happened when he had to fit in and house elements that were sweating or suppurating that were breathing that had to remain in liquid that were endowed with movement. And still more difficult, all but impossible, when these elements were incorporeal, like odors, atmospheres or dreams.

A few possibilities occur to me for bringing this tale to an end:

A) Gordillo places the filing cases one on top of the other, following precise guidelines provided by the computers. The cases gradually form different levels, fitting together to the millimeter and making up partitions or small walls of a sort.

Once all the material is located and organized, Gordillo steps back a certain distance from the groups thus arranged, observes them, looks at them long and hard and – surprise, surprise! – both sets have been transformed into the original pictures, the *Alternancia en timbres* and the *Cilindración de fluidos*, his own paintings, just as he'd finished them in February, for Arco, so as to show them to some foreign visitors.

B) This is the ending I prefer.

Gordillo plonks himself in front of the big screen of the last computer in the line. The defining and definitive final equations or signs of each of the elements of the pictures have been housed in this computer. Gordillo is clearly nervous; even more than is usual for him. He has sweaty palms. Beads of sweat roll down his forehead. He breathes with difficulty.

He knows what he has to do but doesn't dare. He coughs, tears his non-existent hair.

He turns out the lights in the room. Only the screen remains vaguely watchful, pinky in color like the the dawn.

It's a question of asking the machine to symphonically combine all the data obtained, and to give its final answer. Its final verdict. Comprehensive. All-embracing.

Gordillo slowly coaxes a tremulous Chopinesque waltz from the computer keyboard. He insists. Waits. Vague noises are heard inside the machine; muffled questionings; banana purée penumbras.

Little winking lights appear.

Gordillo tinkles a fresh waltz. A scherzo. An impromptu.

Splutters are heard. Complaints.

A RESOUNDING SILENCE PROMPTLY FOLLOWS.

The color of the screen has changed into the most severe and blinding white. Faint noises are emitted. A few lines slowly begin to loom up on the screen. Each sound corresponds to a small stroke, almost always circular.

Something is taking shape. Bit by bit an image is condensing.

It coagulates. No! No! It cannot be! Gordillo recoils, prisoner of a dark frenzy! He loses consciousness for a spell.

He comes round. Gets up. Looks at the screen.

No! It isn't a dream!

On the screen is the DUCK!

But which duck?

DONALD DUCK

**LG, June 1990**

Procedía en su trabajo como si cada unidad acabara de caer en la tierra procedente de una galaxia lejana y representara un misterio perfecto. Nada daba por sabido. Estudiaba desde sus medidas y peso hasta las últimas precisiones atómicas y celulares.

Previamente, con la ayuda de computadoras, había elaborado unas síntesis últimas de todos los movimientos ideológicos, culturales, religiosos, económicos y científicos habidos a lo largo de la Historia de la humanidad.

En este punto, había llegado el momento de poner en relación aquellos datos de cada elemento de los cuadros, con estos índices históricos. El resultado era, en cada caso, una ecuación o signo, casi logotipo, que cualificaba estrictamente cada una de estas unidades, dentro del infinito maremagnum de lo existente.

A continuación venía el embalado. Encargaba unos estuches muy parecidos a los que se emplean para guardar cuberterías, joyas o cálices, forrados de terciopelo sobrios, de colores solemnes, y con precisas concavidades en las que albergar cada objeto. Colocaba a cada familia en un único estuche, razón por la que a veces podían ser muy grandes y pesados. A veces el fabricante de los estuches se encontraba en la tarea con dificultades difíciles de superar, que ponían a prueba su imaginación y habilidad. Tal ocurría cuando tenía que contener y albergar elementos que sudaban o supuraban, que respiraban, que debían permanecer dentro de materiales líquidos, que estaban dotados de movilidad. Y más difícil aún, casi imposible, cuando estos elementos eran incorpóreos, como los olores, las atmósferas o los sueños.

Para finalizar este relato se me ocurren dos posibilidades:

A) Gordillo va colocando los estuches ordenadores, unos encima de otros, siguiendo precisas pautas servidas por las computadoras. Las cajas van formando pisos, encajando milimétricamente entre sí formando unas especies de tabiques o muretes.

Una vez todo el material situado y organizado, Gordillo se retira a una cierta distancia de los conjuntos así dispuestos, los observa, los mira detenidamente y... ¡oh sorpresa!, ambos ordenamientos se han transformado en los cuadros primigenios, el *Alternancia en timbres* y el *Cilindración de fluidos*, sus propias pinturas, tal como las había terminado en febrero, por Arco, para enseñarlos a unos visitantes extranjeros.

B) Este es el final que yo prefiero.

Gordillo se sitúa delante de la gran pantalla de la computadora final. En esta computadora se han albergado las ecuaciones o signos últimos, definitorios y definitivos, de cada uno de los elementos de los cuadros. Gordillo está claramente nervioso; aún más de lo habitual en él. Tiene las manos húmedas. Gotas de sudor le caen por la frente. Respira con dificultad.

Sabe lo que tiene que hacer pero no se atreve. Tose, se mesa sus inexistentes cabellos.

Apaga las luces de la sala. Sólo la pantalla queda vagamente vigilante, con un rosado color de amanecer.

Se trata de pedir a la máquina que combine sinfónicamente todos los datos finales obtenidos, y que dé su última respuesta. Su veredicto final. Unitario. Total.

Gordillo acaricia lentamente un trémulo vals chopiniano sobre el teclado de la computadora. Insiste. Espera. Hay sordos ruidos en el interior de la máquina; acolchadas interrogaciones; penumbras de puré de plátano.

Aparecen lucecitas que parpadean.

Gordillo teclea un nuevo vals. Un *scherzo*.

Un *impromtu*.

Se oyen toses. Quejas.

DE PRONTO SE HACE UN GRAN SILENCIO.

El color de la pantalla ha cambiado hacia el blanco más estricto y luminoso. Suenan algunos ruiditos. Unas líneas empiezan a dibujarse lentamente en la pantalla. Cada sonido corresponde a un pequeño trazo, casi siempre circular.

Algo se va configurando. Un signo se condensa poco a poco. Coagula. ¡No! ¡No! ¡No es posible! Gordillo cae de espaldas, preso de un negro frenesí. Durante un cierto tiempo pierde el conocimiento.

Se recupera. Se levanta. Mira la pantalla.

¡No! ¡No es un sueño!

¡En la pantalla está el PATO!

Pero, ¿Qué pato?

EL PATO DONALD.

**LG, junio 1990**

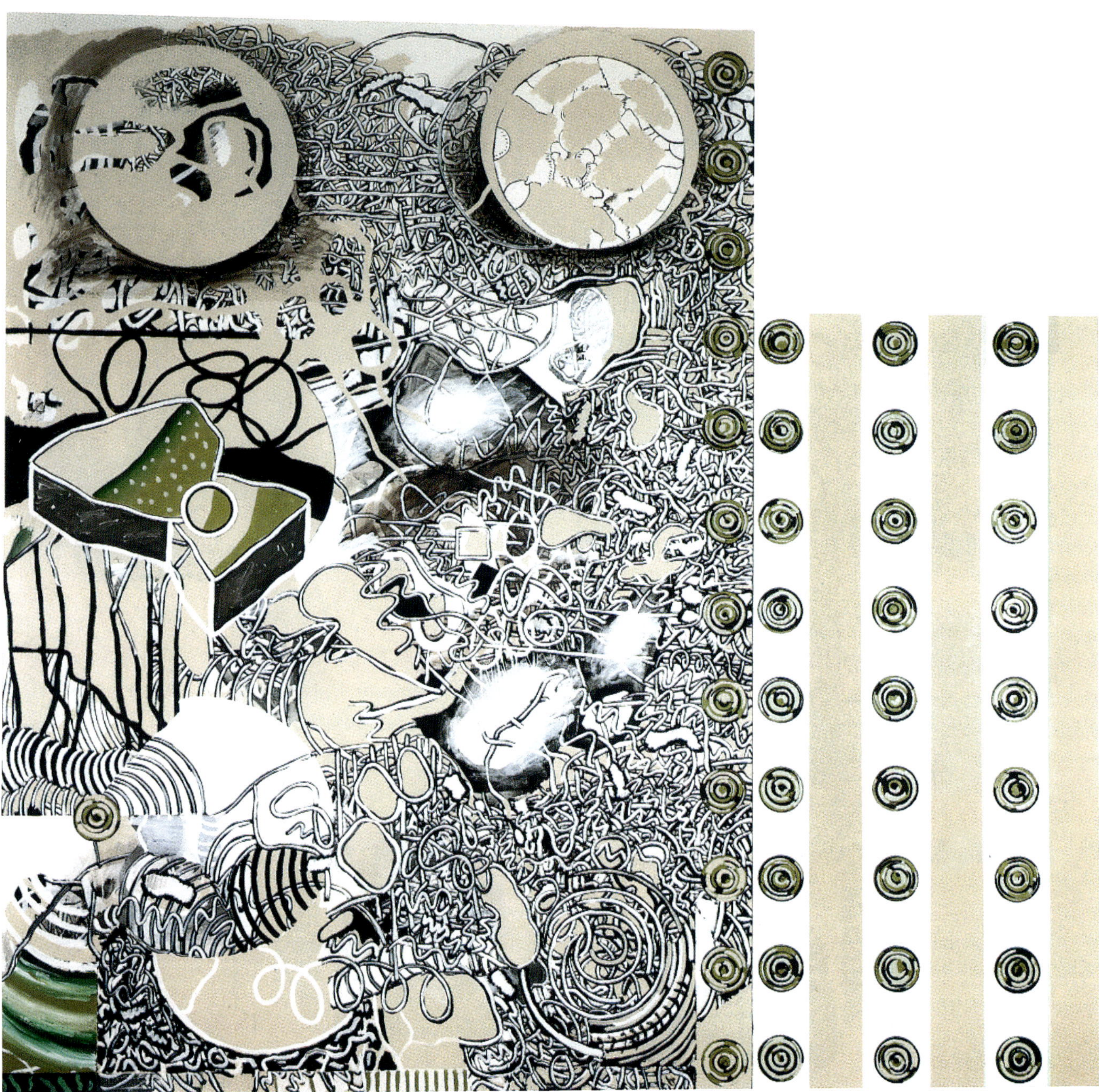

**Alternancia en timbres** 1990 300 x 310 cm

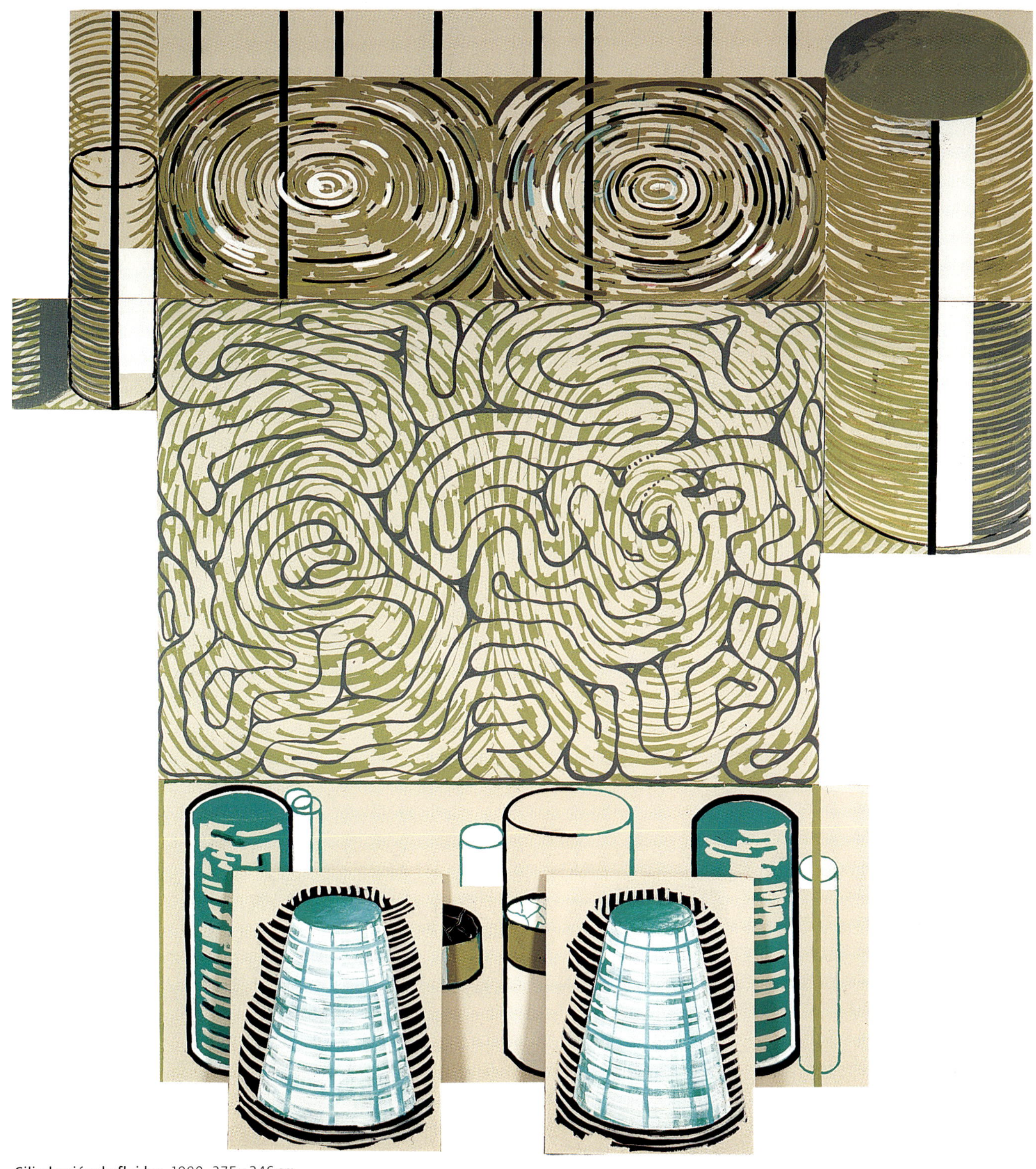

**Cilindración de fluidos** 1990 275 x 246 cm

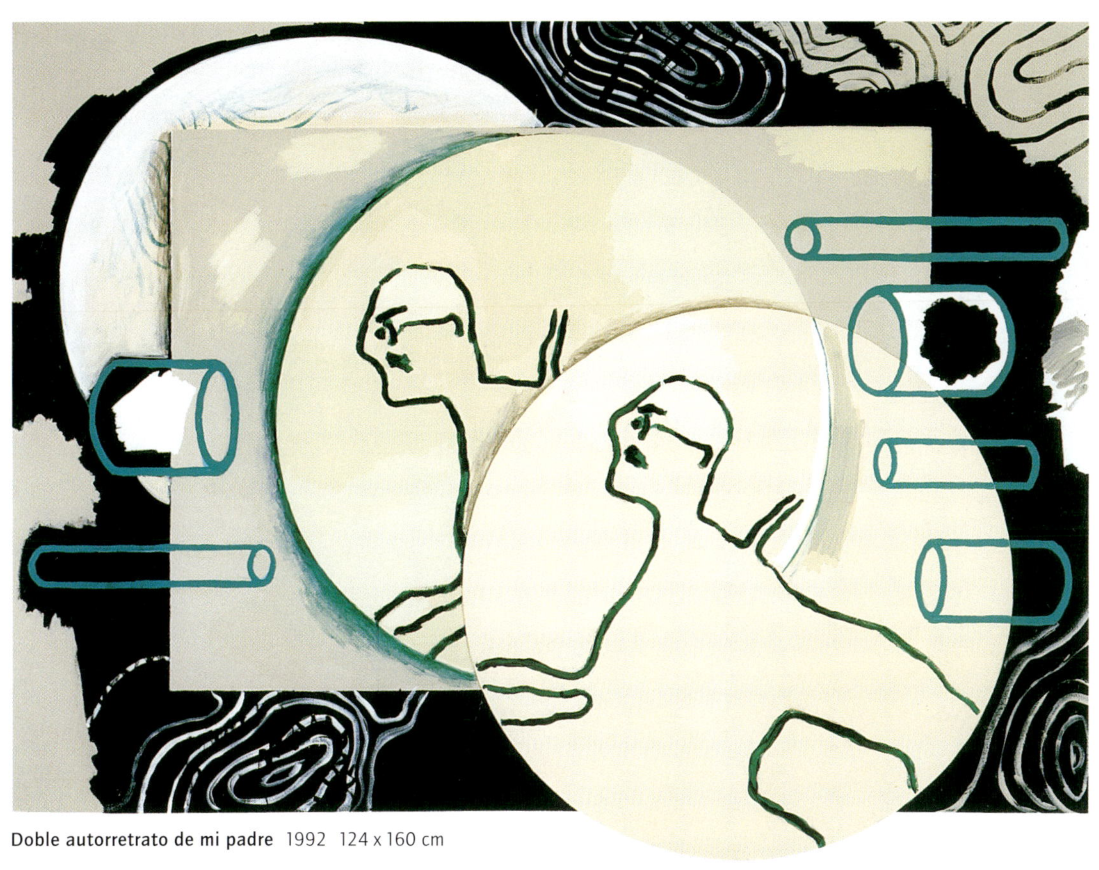

**Doble autorretrato de mi padre** 1992 124 x 160 cm

## New Photographic Uses

**José Lebrero Stals** **In the mid-seventies your work began being openly influenced by your discovery of photography. Within the conventional context of Spanish art, strongly dominated by the pictorial tradition, photography had little presence and negligible importance. Nevertheless, a sudden irruption was involved that was to lead to a change in the work's status by questioning the supremacy of an essentially romantic conception of art...**

**Luis Gordillo** I had a very odd experience around 1974–1975. It might seem banal, but for me it was very important. For the first time I got hold of a black-and-white photo reproduction of one of my more dramatic pictures, painted at the beginning of that decade. It has to be remembered that we were working with modest photographers, the art market barely existed and specialized magazines were extremely poor. We were using low-quality photo reproductions. But for the first time I had access to a reproduction made from a 9 x 12 plate-negative. I was impressed by the chiaroscuro effect produced in the positive black-and-white print of pictures so full of color, in which traditional chiaroscuro was absent and in which the depth caused by the range of color I was after dominated; I was trying to first destroy the image and then to recompose it. When I saw the photo in black-and-white I had the feeling that the picture had taken half a tube of tranquillizers, that feeling we get when we take a valium to calm the nerves; the image seemed to suddenly settle and acquire a heavy, succinct corporality. This impression was so strong and clear that it opened up an area of development and above all of tranquillization of my esthetic for me.

**JLS** **The influence the odd chromatism had for you, a chromatism the chemical process of photography produced in the resulting image, caused a kind of calming effect in the pictorial anxiety of your pictures, then?**

**LG** I realized that an esthetic could be developed in this way without it costing me as high a psychic price as the one I was paying. The first experiment I made deriving from this photographic aspect was in a picture called *Gran veloz iscariote dúplex* (Large Fast Iscariote Duplex; 1974). I counterposed the original picture with a painted blowup of this black-and-white photo, flopping the image over to produce a kind of mirror effect. This is what I called "Duplex", not diptych but duplex, making an ironic reference to the advertising of apartments. A lot of duplex apartments were being built at the time. I constructed this first image of the duplex, about which much has since been said and speculated on, although I think the primary and literal meaning is the most important; that is, to turn a schizoid image into something more serene. I wouldn't want to use this word improperly, seeing that at the time the term was bandied about in the cultural debates in Madrid as well as in Barcelona, where they termed "schizos" painters like me, Alcolea, Pérez Villalta or Franco, who were paying a lot of attention to my work.

**JLS** **You're saying, then, that prior to the actual realization of this picture you were experimenting with an earlier schizoid phase dominated by a sort of destroying of matter, and that once this rupturing of the work was over, its respective linguistic unity broken down, you were trying to arrive at a new kind of normalization?**

**LG** I was rebelling against this death in life and saying: "But isn't it possible to arrive at the image without such frightening effort and such prior destruction?" Photography gave me the solution to developing things in a less

# NUEVOS USOS FOTOGRÁFICOS

**José Lebrero Stals** **A mediados de los años setenta su obra empieza a estar abiertamente influida por el descubrimiento que hace de la fotografía. En el contexto convencional del arte español, tan dominado por la tradición pictórica, la fotografía tenía una ínfima presencia y poca trascendencia. Sin embargo, se trató de una irrupción imparable que iba a contribuir a un cambio del estatus de la obra cuestionando la supremacía de una concepción esencialmente romántica del arte...**

**Luis Gordillo** Tuve una experiencia alrededor de 1974–1975 muy curiosa. Puede parecer banal pero para mí fue muy importante. Llegó por primera vez a mis manos una reproducción fotográfica en blanco y negro de uno de mis cuadros más dramáticos, pintado en el inicio de aquella década. Es preciso recordar que trabajábamos con fotógrafos modestos, el mercado del arte apenas existía y las revistas especializadas eran muy pobres. Empleábamos reproducciones fotográficas de baja calidad. Pero tuve acceso por primera vez a una reproducción hecha a partir de un negativo de placa de nueve por doce. Quedé impresionado por el efecto de claroscuro que se producía en el positivado en blanco y negro de cuadros tan llenos de colores, en los que estaba ausente el claroscuro tradicional y en los que dominaba la profundidad provocada por el campo de color que buscaba; trataba de destruir primero la imagen para recomponerla después. Cuando vi la foto en blanco y negro tuve la impresión de que el cuadro había tomado medio tubo de ansiolíticos..., esa impresión que tenemos cuando tomamos un valium para calmar el nerviosismo; la imagen parecía reposar de pronto y adquirir una corporeidad grave, clara. Esta impresión fue tan grande y tan clara que me abrió un campo de desarrollo y, sobre todo, de tranquilización de mi estética.

**JLS** **¿La influencia que tuvo en usted el peculiar cromatismo que produce en la imagen resultante el proceso químico de la fotografía, causó una especie de efecto calmante en la ansiedad pictórica de sus cuadros?**

**LG** Me di cuenta de que por ahí podía desarrollarse una estética sin pagar un precio psíquico tan alto como el que estaba costándome. La primera experiencia que realicé derivada de este aspecto fotográfico fue sobre un cuadro que se titula *Gran veloz iscariote dúplex*, de 1974. Contrapuse al cuadro original una ampliación pintada de esta foto en blanco y negro, invirtiendo el sentido de derecha-izquierda con lo cual se producía una especie de efecto espejo. Es lo que denominé "Dúplex", no díptico sino dúplex, haciendo un calco irónico de los anuncios de pisos. Por entonces se llevaba mucho el piso dúplex. Construí esta primera imagen del dúplex sobre la cual después se ha hablado y especulado mucho, aunque el sentido primario y literal creo yo que es el más importante, o sea, lograr el serenamiento de una imagen esquizoide. No quisiera emplear esta palabra en balde ya que, en aquel momento, el término era empleado en el debate cultural, tanto en Madrid como en Barcelona, en donde calificaban de "esquizos" a pintores como yo, Alcolea, Pérez Villalta o Franco, que se fijaron mucho en mi obra.

**JLS** **Entonces, ¿admite que, previa a la misma realización del cuadro, experimentaba una fase anterior esquizoide que estaría regida por una especie de proceso de destrucción de la materia y que, una vez pasada esta ruptura del campo de trabajo, descompuesta su correspondiente unidad lingüística, trata de obtener una nueva normalización?**

painful way. In the mid-seventies I made lots of experiments related to cold reproduction techniques, not only with the photo but also with photocopies, printed reproductions, countless variations. The color photo-lab allowed me make a lot of experiments. Today all this is done by computers. At that time it was more complicated. I arrived at what I called a horizontal painting as opposed to a vertical painting, which was the first, by destroying the visual field by means of depth in the color... another path now emerged that meant a horizontal change of image without having to make this sacrifice, arriving at a neutralized color different, let's say, to Impressionist or Fauvist color. I was thus able to center the work process more in the changing of images than in the creation of the first image. Almost all those experiments were intermediary states aimed at producing transformations so as to finally paint the pictures. I was working in two areas at once: I continued doing the schizoid-style painting and also making all kinds of experiments.

**JLS In bodies of work arising from the picture *Andarín cabezón* (1975–1976), or in the developments taking off from the found photo of Peter Sellers of around that time, your old vocation as a collector of objects and magazine illustrations with a reduced symbolic quality, added to the use of varying types of mechanical reproduction, invites one to relate your practice, to find similarities of discursive attitude, to Pop artists like Dine or Warhol, to the German Richter, but also to more marginal figures like Guston or Fahlström. But as is usual with you, that stage drew to a close and you went back to focussing on pictorial production, although you didn't, for all that, stop using the camera. What function does the latter have in your work of the eighties and nineties?**

**LG** From the eighties on, and I go on doing it today, I used photography in a different way, with more complex connotations, I'd say. I'll try and explain. I could begin by saying that photography merely serves me for recording the picture's history. I'm constantly photographing in the studio; the camera follows the life of the picture from the moment this starts to be interesting. I don't photograph out of necessity or in a systematic way... I begin when I feel that the image starts to take on some kind of life. I may photograph it complete, that is, follow its biography, and I may also photograph bits, units in which visual cells that are worth recording appear. This has the virtue that if certain areas, particular cells, in the picture are subsequently covered over, then in some way the images have been given life via the photo, meaning that almost nothing in the picture is lost.

What could we say about one of my current photos, about one of these visual figures? What is it? Is it an artwork? Is it a document? On the one hand my photographic obsession has an historical aim in that it reflects the history of the picture, yet it also has another practical effect, to hold on to what is hidden; the material that is retained may serve for preparing possible future pictures. For me, then, its use has a historical meaning, and other than that a practical meaning, as the keeper of a store of visual data.

I've already said on other occasions that the studio is a kind of feminine organ in which the beings that are pictures are born. I've consistently demonstrated that I'm barely conscious of what I do. The offspring are born and grow somehow, my task consists in helping them to do this. Photographing in the studio makes a lot of sense in relation to the whole family of pictures that are gestating. The parts of the one serve for the other and vice-versa,

**LG** Me revelaba contra esta muerte en vida y me decía: "Pero, ¿no es posible llegar a la imagen sin este esfuerzo terrorífico y una destrucción previa?... La fotografía me dio la clave para poder efectuar un desarrollo menos doloroso. A mediados de los setenta realicé muchísimas experiencias relacionadas con las técnicas frías de reproducción, no sólo con la foto sino también con fotocopias, reproducciones de imprenta, numerosas variaciones. El laboratorio fotográfico de color me permitió efectuar muchas pruebas. Hoy en día todo eso se hace con ordenadores. Entonces era más complicado. Conseguí lo que denominé una pintura en horizontal frente a una pintura en vertical, que era la primera, destruyendo el campo plástico a través de la profundización en el color..., ahora aparecía otro camino que significaba un cambio horizontal de las imágenes sin tener que hacer este sacrificio, consiguiendo un color neutralizado diferente al, digamos, impresionista o fauvista. Así podía centrar la labor más en el cambio de imágenes que en la creación de la primera imagen. Casi todos aquellos experimentos eran estadios intermedios encaminados a lograr transformaciones para acabar finalmente pintando los cuadros. Trabajaba en dos campos a la par: continuaba haciendo la pintura estilo esquizoide al tiempo que realizaba todo tipo de experiencias.

**JLS En conjuntos surgidos alrededor del cuadro *Andarín cabezón*, 1975–1976, o en los desarrollos a partir de la foto encontrada de Peter Sellers de aquella época, su vieja vocación de coleccionista de objetos e ilustraciones de prensa de bajo valor simbólico, aunada al uso de diversos procedimientos de reproducción mecánica, invita a acercar su práctica, encontrar analogías de comportamiento discursivo, a artistas del pop como Dine o Warhol, al alemán Richter, pero también a figuras más laterales como Guston o Fahlström. Pero como es habitual en usted, aquella etapa acaba cerrándose y vuelve a centrarse en la producción pictórica, aunque no por ello deja de emplear la cámara fotográfica. ¿Qué función tiene en su obra de los años ochenta y noventa?**

**LG** A partir de los ochenta, y lo sigo haciendo actualmente, he empleado la fotografía de una forma distinta, con connotaciones yo diría más complejas. Voy a intentar explicarlo. Podría empezar diciendo que la fotografía sencillamente me sirve para hacer la historia del cuadro. Fotografío constantemente en el estudio; la cámara acompaña la vida del cuadro desde que éste empieza a ser interesante. No fotografío por necesidad ni por sistema... Comienzo cuando siento que empieza a haber algún tipo de vida en la imagen. Puedo fotografiarlo completo, es decir, seguir su biografía y también puedo fotografiar fragmentos, unidades en las que aparecen células plásticas que merezcan ser recordadas. Eso tiene la virtud de que si en el cuadro, al continuar, se tapan ciertas zonas, determinadas células, pues ha pasado de alguna manera a la vida de las imágenes a través de la foto, así casi nada del cuadro se pierde.

¿Qué se podría decir de una de mis fotos actuales, de una de estas figuras plásticas? ¿Qué es? ¿Es una obra de arte? ¿Es un documento?... Por un lado la obsesión fotográfica tiene un objetivo histórico en cuanto refleja la historia del cuadro, pero también tiene otro efecto práctico, guardar lo que se oculta; el material que se va reteniendo puede servir para preparar posibles cuadros futuros. Así pues, para mí su uso tiene un sentido histórico y también un sentido práctico, como el archivero de un almacén de datos plásticos.

Ya he dicho otras veces que el estudio es una especie de órgano femenino en donde nacen los seres que son los cuadros. Siempre he manifestado que soy poco consciente de lo que hago. Las criaturas de alguna manera surgen y se desarrollan, mi tarea consiste en ayudar a que se vayan haciendo. La actividad fotográfica tiene mucho sentido

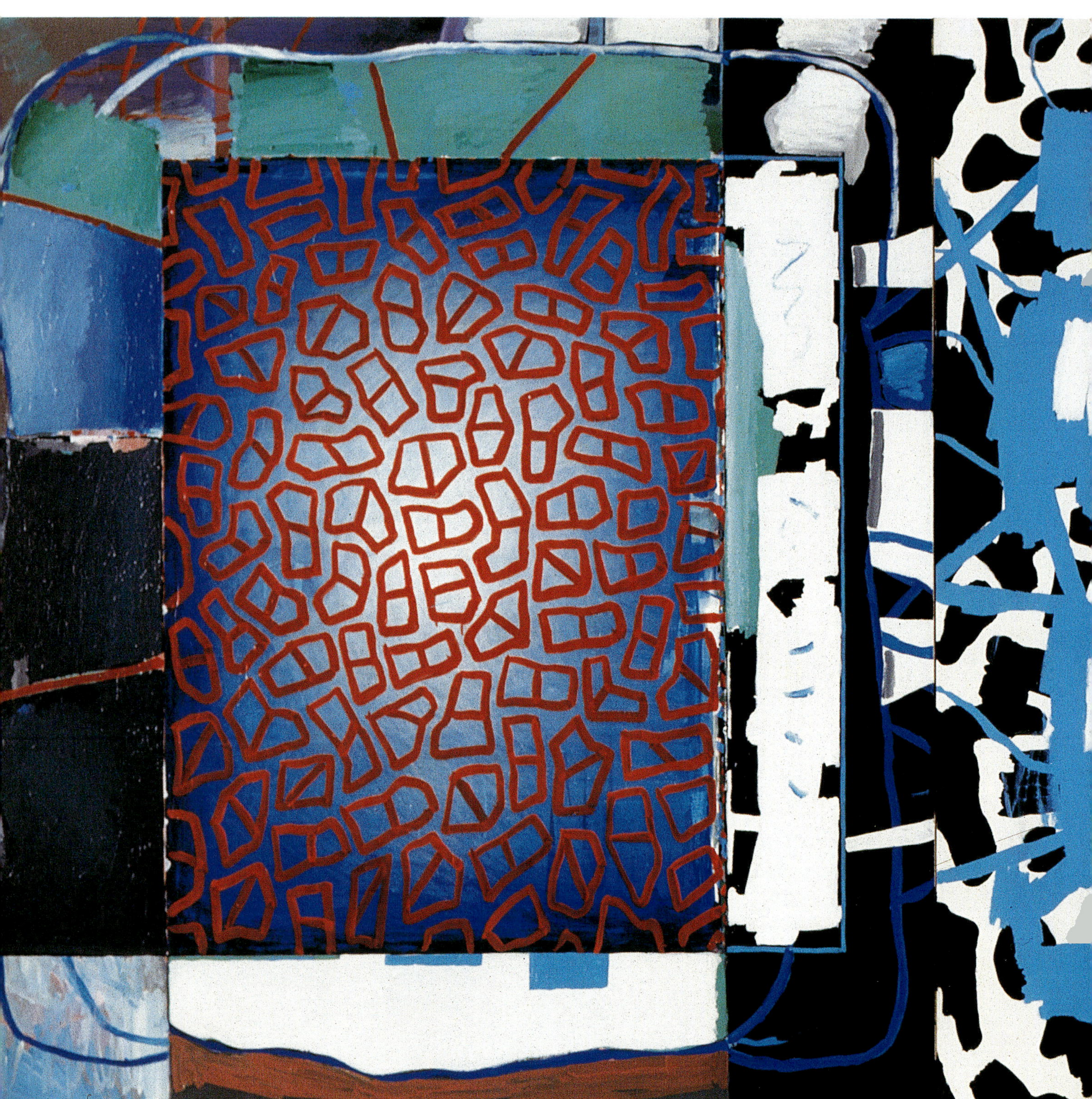

**Malestar óptico, malestar épico 1994** 157 x 505 cm

because I work on several at once. Photographing retains this coming and going, the different possibilities a concrete plastic entity has made use of. This obsession with collecting, because it really is an obsession, makes me think of other totalitarian obsessions of mine from the seventies, like for instance keeping press photos, now extremely old. I have a drawer near the telephone in my studio that I toss press photos into, articles that interest me, small drawings... When it's full I put what's been kept in a box and I date it. Afterwards another task takes place: these hundreds or thousands of photographs that have been collected together are not kept any old how, I create families or groups and put them in boxes numbered by letter. I mainly leave them there without using them so that they get old and I only keep working with maybe the last two: one recent and the other absolutely up-to-date, the two that remain actual. It seems that the pictures aren't sufficient, as if I had to take hold of the world in a symbolic way through this obsessive collecting, a kind of totally mad recall.

**JLS Given its frozen qualities, the photo testifies to the impossible remembering of what was maybe an essentially experiential celebration...**

**LG** At times I've thought of selecting one of these photos and blowing it up to give it the status of a painting. It's certain that in the moments in which I photograph the picture they disappear, that is, they'd be photos of dead pictures that no longer exist, and hence the photo is converted into the only existing life of that concrete visual formulation. In the recent pictures, which are so perfectionist, so clean, the purely pictorical activity is already highly controlled, it's very minimal and prepared, something that becomes so complex that a freer activity would put the wellbeing of the already existing picture in danger. At the beginning one can be free, but when the picture has turned complex it would be suicidal to openly rush at it. There's a 99% chance of ruining it. You get the impression that the pictorial activity becomes very controlled, paralytic. The photographic activity, on the other hand, is quick. The activity shifts from the painting to the photo in a substitutory manner. What maybe interests me more about this process, insisting on the obsessional nature of collecting, is the nebulousness that is established in the studio, *the parallelism between pictorial activity and photographic activity, the friction between the two techniques.*
The pictorial is a manual activity, highly traditional and very conservative. To paint with animal-hair brushes, with liquid, paste-like materials that are transferred to the canvas by hand, is historically determined to an astonishing degree, it has an almost natural status, even. With the camera one is involved in a mechanical and highly contemporary activity... it's as if each element emitted and produced a tunnel of sound between the two and the spectator passed through this tunnel feeling a kind of friction, no?

I'm also interested in all that has a sense of the retaining of time. To be forever photographing the picture-making activity in the studio is like wanting to preserve and extend everything that happens around the picture, those hundreds or thousands of decisions that are minor artistic acts in themselves. It seems as if I were striving to officially guard this temporal treasure, as if what was interesting me was not the esthetic any more, but time.
Time is life, it's trying to hold back the moment of death and the process of life. This reminds me of those cases of people who jealously guard all their trimmed fingernails or the semen they produce or their faeces. It's a way of possessing the time one lives through in a very anguishing and obsessive manner, of making time extremely profitable.
**October 1999**

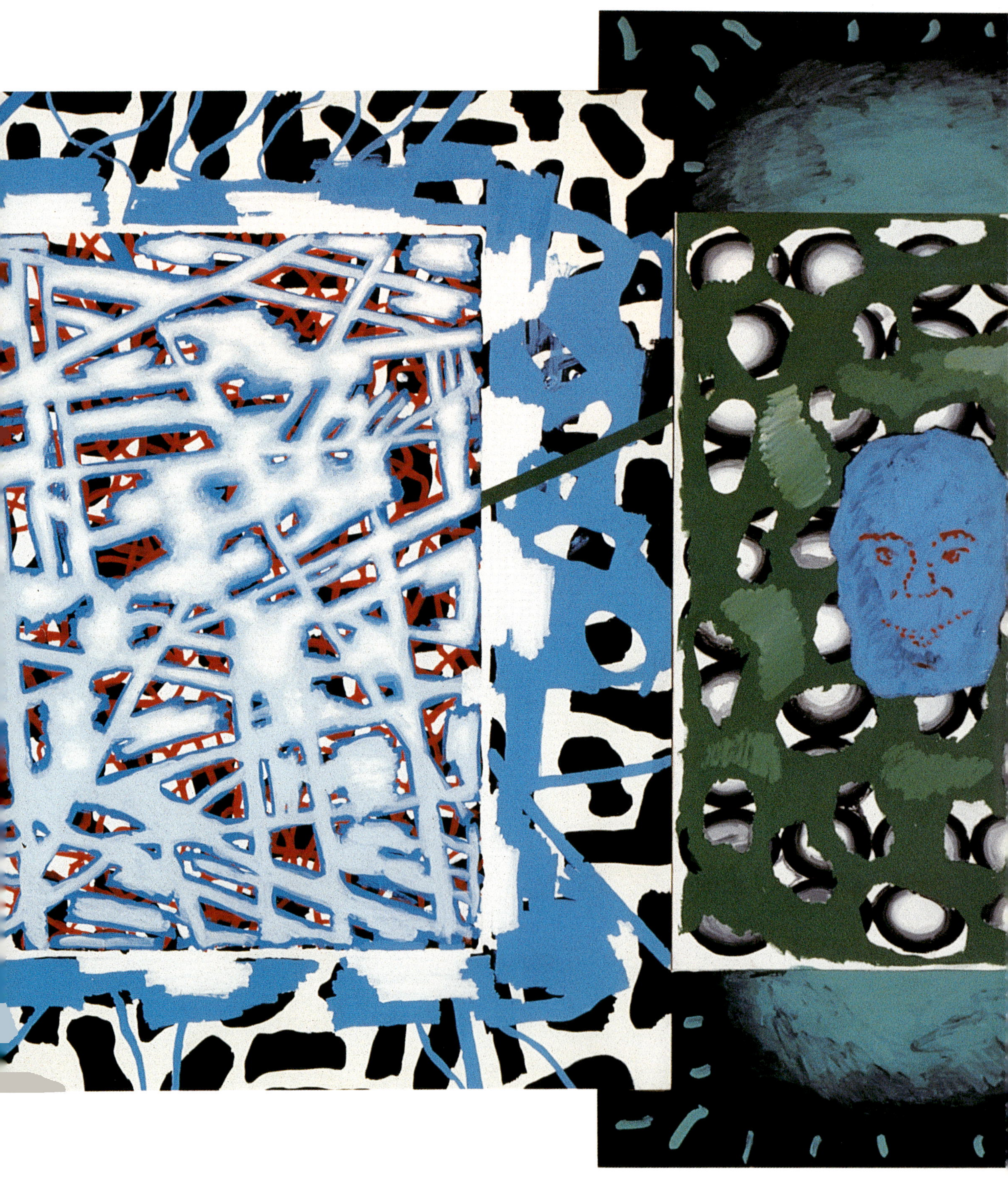

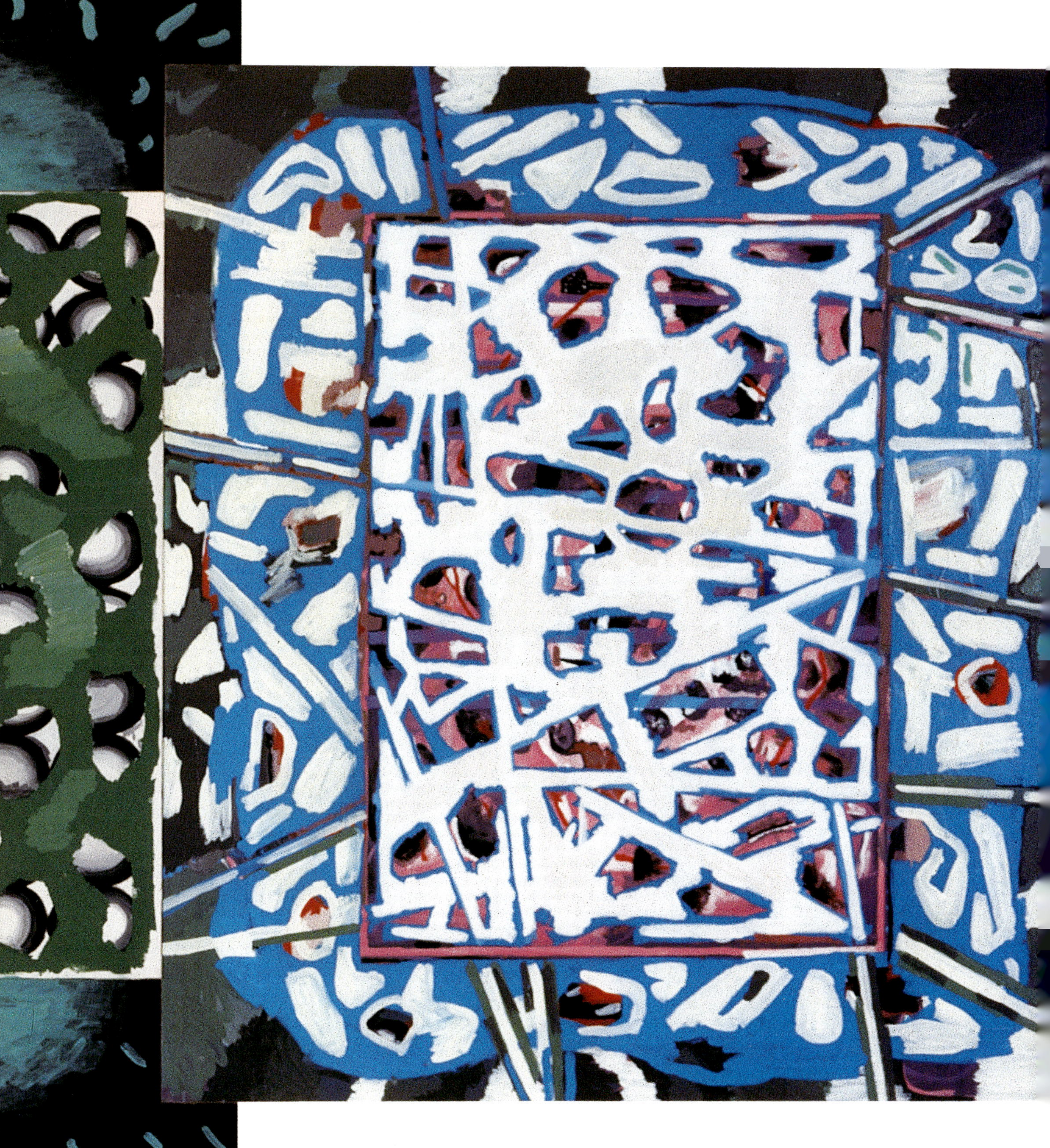

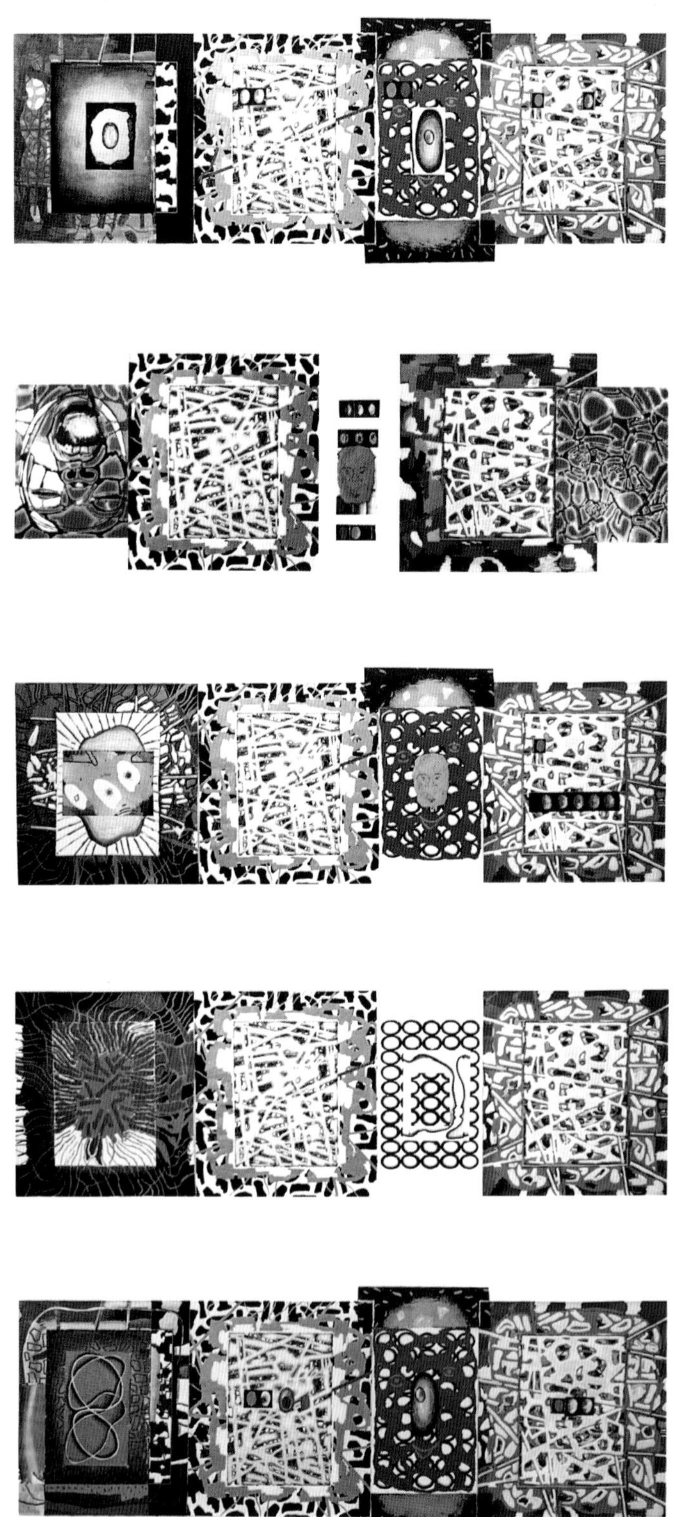

dentro del estudio respecto a toda la familia de cuadros que se están gestando. Las unidades de uno sirven para el otro y viceversa porque trabajo en varios a la vez. La actividad fotográfica retiene este ir y venir, las posibilidades de que ha disfrutado una unidad plástica concreta. Esta obsesión de coleccionista, porque realmente es una obsesión, me recuerda otras obsesiones totalitarias mías de los setenta como por ejemplo guardar fotos de prensa, ya muy antiguas. Tengo un cajón, cerca del teléfono, en mi estudio, en donde voy echando fotos de prensa, artículos que me interesan, pequeños dibujos... Cuando está lleno, meto lo guardado en una caja y la fecho. Después tiene lugar otra tarea: estos centenares o miles de fotografías que se van haciendo no se guardan desordenadamente, sino que creo familias, o grupos, y las pongo en cajas numeradas con letras. Las voy dejando fuera de uso porque se van haciendo antiguas y solamente mantengo el trabajo con quizá las dos últimas: una reciente y la otra totalmente actual, las dos que quedan vivas. Parece que los cuadros no fueran suficiente, como si tuviera que apoderarme del mundo de una manera simbólica mediante este coleccionismo obsesivo, una especie de locura total del recuerdo.

**JLS Por sus características congelantes, la foto atestigua la rememoración imposible de lo que pudo ser una celebración esencialmente experiencial...**

**LG** He pensado a veces en seleccionar una de estas fotos, ampliarla para darle el estatus de cuadro. Es cierto que, en los momentos en los que fotografío el cuadro, desaparecen, es decir, serían fotos de cuadros muertos, que ya no existen y, por lo tanto, la foto se convierte en la única vida existente de esa formulación plástica concreta. En los cuadros recientes, que son tan perfeccionistas, tan limpios, la acción pictórica pura está ya muy controlada, es muy leve y preparada, lo cual se vuelve tan complejo que una acción más libre pondría en peligro la salud del cuadro ya hecho. Al principio se puede ser libre, pero cuando el cuadro se ha vuelto complejo, sería suicida lanzarse abiertamente sobre él. Existe un 99 por ciento de posibilidades de estropearlo. Da la impresión de que la acción pictórica se torna muy controlada, paralítica; en cambio, la acción fotográfica es ágil. La acción pasa de la pintura a la foto de una manera sustitutoria. Lo que quizá más me interesa de este proceso, insistiendo en el carácter obsesivo del coleccionismo, es la nebulosa que se establece en el estudio, *el paralelismo entre acción pictórica y acción fotográfica, el rozamiento entre las dos técnicas*. La pictórica es una acción manual, enormemente tradicional, muy conservadora. Pintar con pinceles que tienen pelos de animales, con materias líquidas, pastosas, que se llevan con la mano al lienzo, está cargado históricamente de un modo asombroso, incluso casi tiene estatus de naturaleza. Con la cámara se realiza una actividad mecánica y muy actual..., es como si cada elemento emitiera y produjera un túnel de emisiones producidas entre los dos, y el espectador pasara a través de este túnel sintiendo una especie de rozamiento, ¿no?

También me interesa lo que tiene de sentido de retención del tiempo. Fotografiar insistentemente la actividad del cuadro en el estudio es como querer preservar y estirar todo lo que pasa alrededor del cuadro, esos centenares o miles de decisiones que son en sí mismas un pequeño acto artístico. Parece que quisiera oficialmente resguardar este tesoro temporal, como si lo que me estuviera interesando ya no fuera lo estético, sino el tiempo. El tiempo es la vida, es tratar de retener el momento de la muerte y el proceso de la vida. Eso me recuerda los casos de personas que guardan celosamente todas las uñas que se recortan, o el semen que producen o las heces. Es una manera de poseer de una manera muy angustiosa y obsesiva el tiempo que uno vive, producir una rentabilidad extrema del tiempo.

**Octubre 1999**

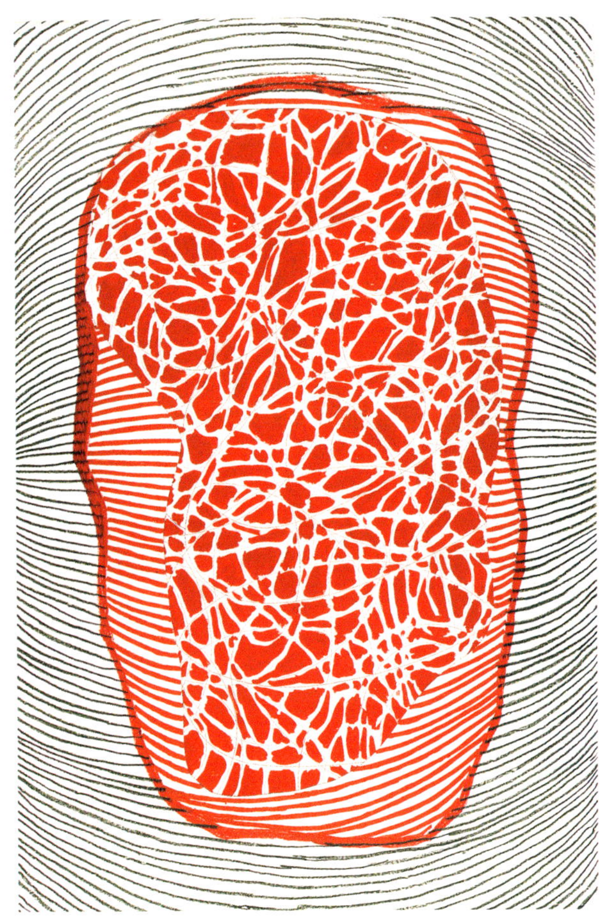

**Anticosas VII** 1995 113 x 76 cm

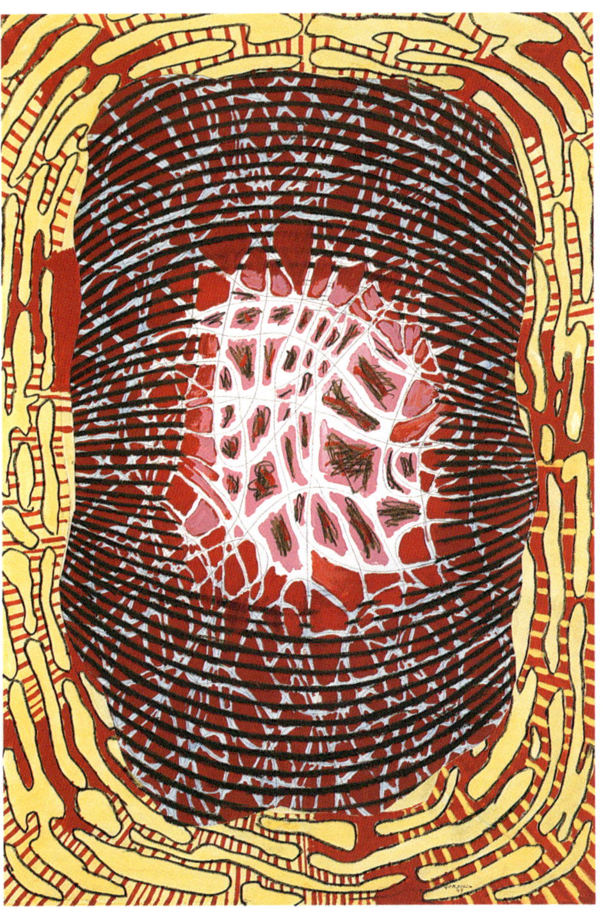

**Anticosas XIX** 1995 113 x 76 cm

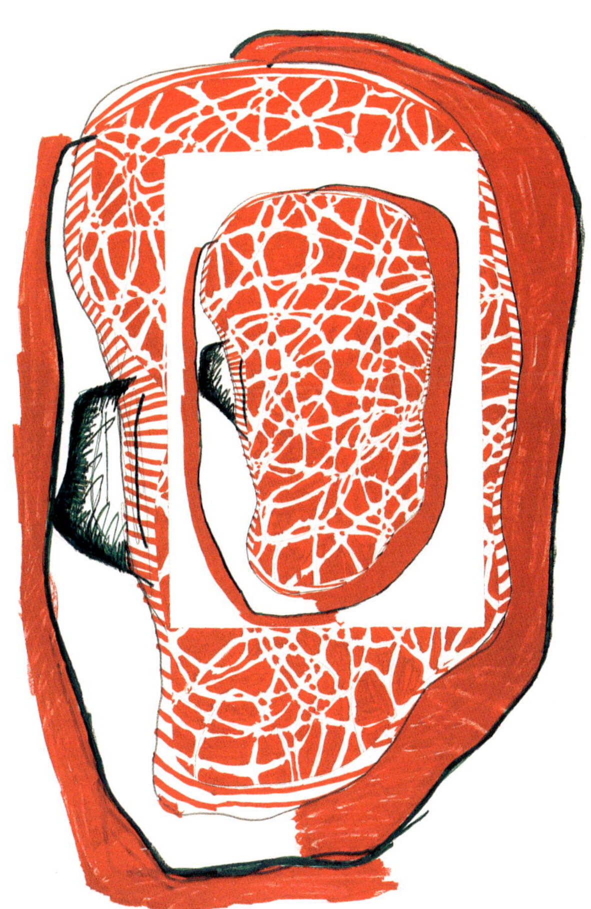

**Anticosas IV** 1995 113 x 76 cm

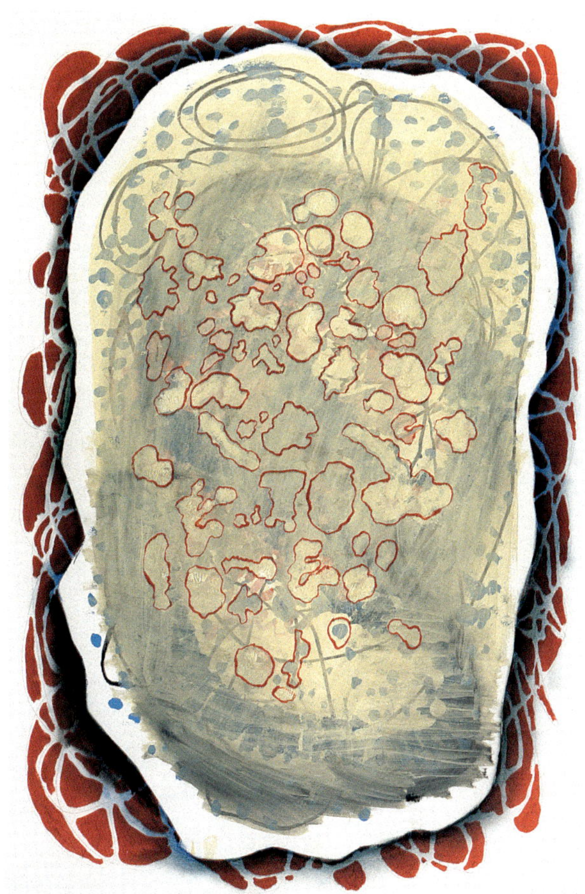

**Anticosas XVI** 1995 113 x 76 cm

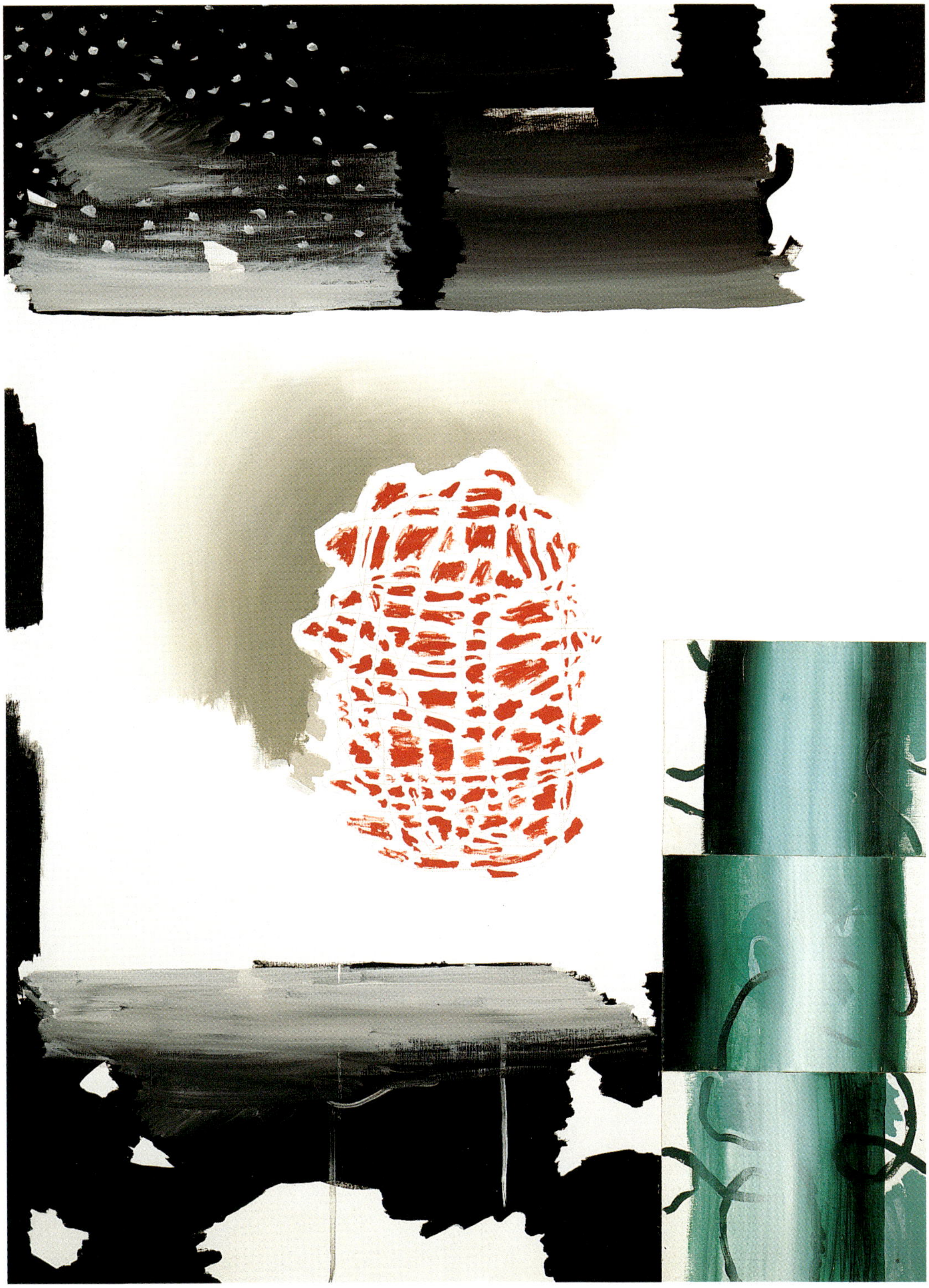

Vacío con anticosa roja 1997 160 x 116 cm

## April 1998

I see my current work from the end of the 90s as having no explanation (or one hasn't emerged yet).

I'd say that more than lacking an explanation, I mainly see it as *not needing one*. The work *exists* without one. That whole theoretical routine makes me wince. Such a theory hasn't emerged (I'm improvizing it, almost), yet the paintings are appearing for all that, discoveries go on being made, and I see no need for a reason.

Maybe I take it as read that the creation of a painting, like the appearance of a child, has its own inherent meaning. A painting grows out of a tradition, historical but also personal. It grows out of something; it's the consequence of a host of factors. It'd be enough to stand in front of it and *read* it. I believe that the meaning is created along with the painting. I can perform my own reading and recreate a precise meaning... but I can't be bothered to. I don't see it as being necessary. I take it as read that this creature is here due to a reason and for a reason. One could debate this instinctual, naturalist or creationist theory at length... but it's too boring.

I might, however, put forward a small additional theory, a plausible theory that doesn't seek to explain my current work centrally, but from a partial point of view. If painting has suffered from something of late, it's from its confrontation with objects, with real spaces, etc. This would mean, then, constructing, coming up with, new energies, affects and tensions that strengthen the objectual feeling in a picture. And I'm not speaking of the objectual quality that the painting has *qua* object (this was done in *support/surface*, Pop and many other movements), but of the objectual quality that the paint painted on the canvas can have. Essentially, this involves pictorial issues of how painting gives rise to real, objectual tensions growing out of the paint itself. (I'm not speaking, obviously, of photographic kinds of realism, of copies of reality.) **LG**

## ABRIL 1998

Mi obra actual, de final de los noventa, la veo sin explicación (o aún no ha surgido).

En principio yo diría que más que falta de explicación, la veo *sin necesidad* de ella. No lo veo necesario. La obra *se da* sin ella. Todo ese rutinarismo teórico me parece mermelada agriada. No ha surgido esa teoría (casi la estoy improvisando), pero también y sobre todo, los cuadros van apareciendo, siguen apareciendo hallazgos y yo no veo la necesidad de su sentido.

Quizás doy por hecho que la creación de un cuadro, como la aparición de un niño, lleva su sentido adjunto. Un cuadro viene de una tradición, histórica, pero también personal. Viene detrás de algo; es consecuencia de multitud de factores. Bastaría ponerse delante de él y *leerlo*. Creo que el sentido se crea con el cuadro. Yo puedo hacer mi lectura y recrear un sentido expreso... pero me da pereza. No lo veo necesario. Doy por hecho que esa criatura está aquí por algo y para algo. Esta teoría instintivista, naturalista o creacionista se podría comentar en extenso... pero me da pereza.

Pero podría avanzar una pequeña teoría colateral. Una plausible teoría que no trata de explicar mi obra actual centralmente, sino desde un punto de vista parcial. Si de algo ha sufrido la pintura últimamente es de su confrontación con los objetos, con los espacios reales, etcétera. Se trataría, pues, de construir, de conformar energías nuevas, afectos y tensiones nuevos, que aumentasen la sensación objetual en el cuadro. Y no hablo de lo objetual que el cuadro tiene como tal objeto (esto ya se hizo en el *support-surface*, en el pop y en muchos otros movimientos), sino de lo objetual que la misma pintura pintada encima del lienzo puede llegar a tener. Así que se trata esencialmente de problemas pictóricos, de cómo la pintura originaría tensiones reales, objetuales, partiendo de la misma pintura. (Y evidentemente no estoy hablando de realismos fotográficos, de copias de la realidad.) **LG**

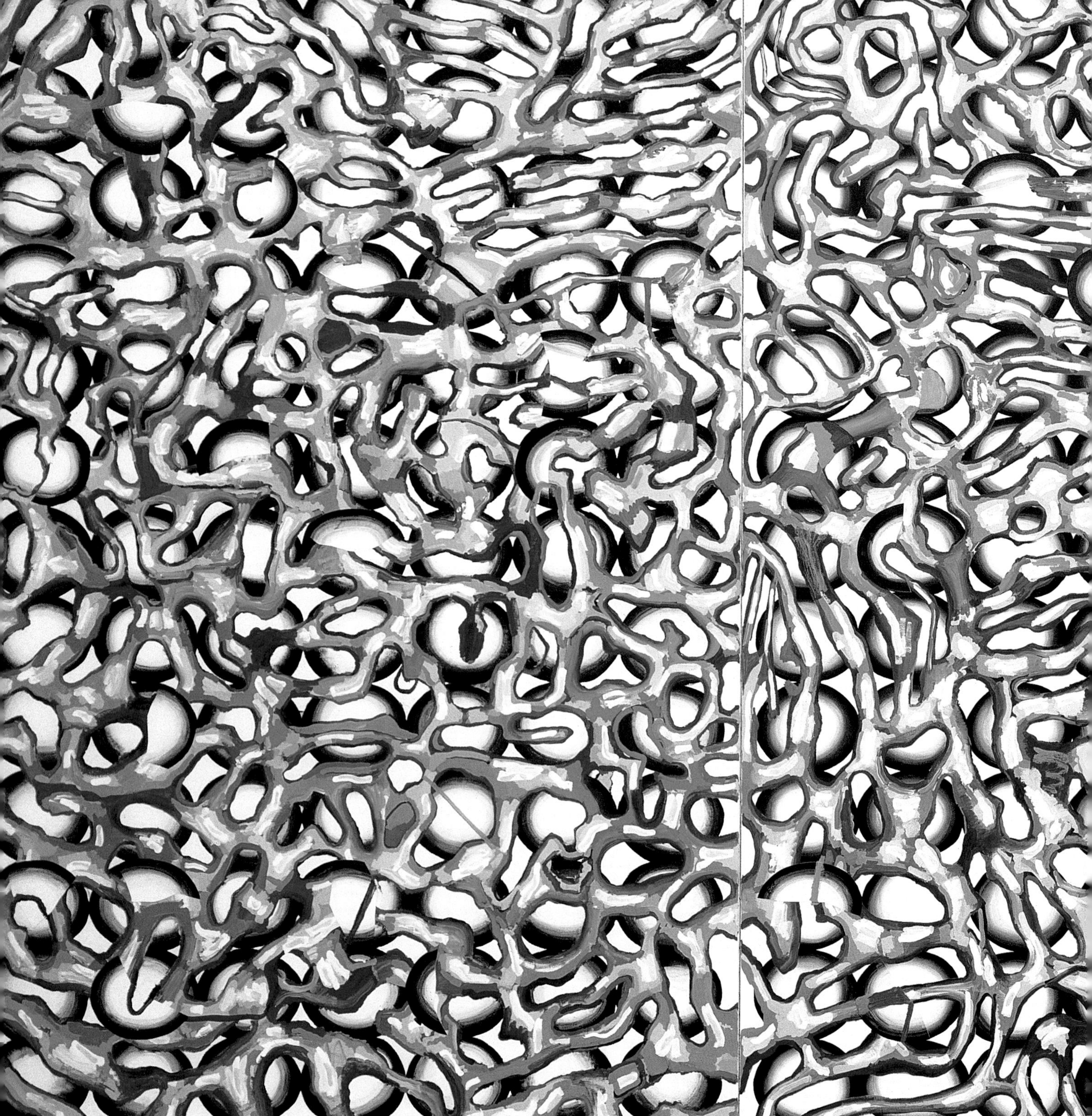

**Blancanieves y el Pollock feroz** 1996 250 x 501 cm

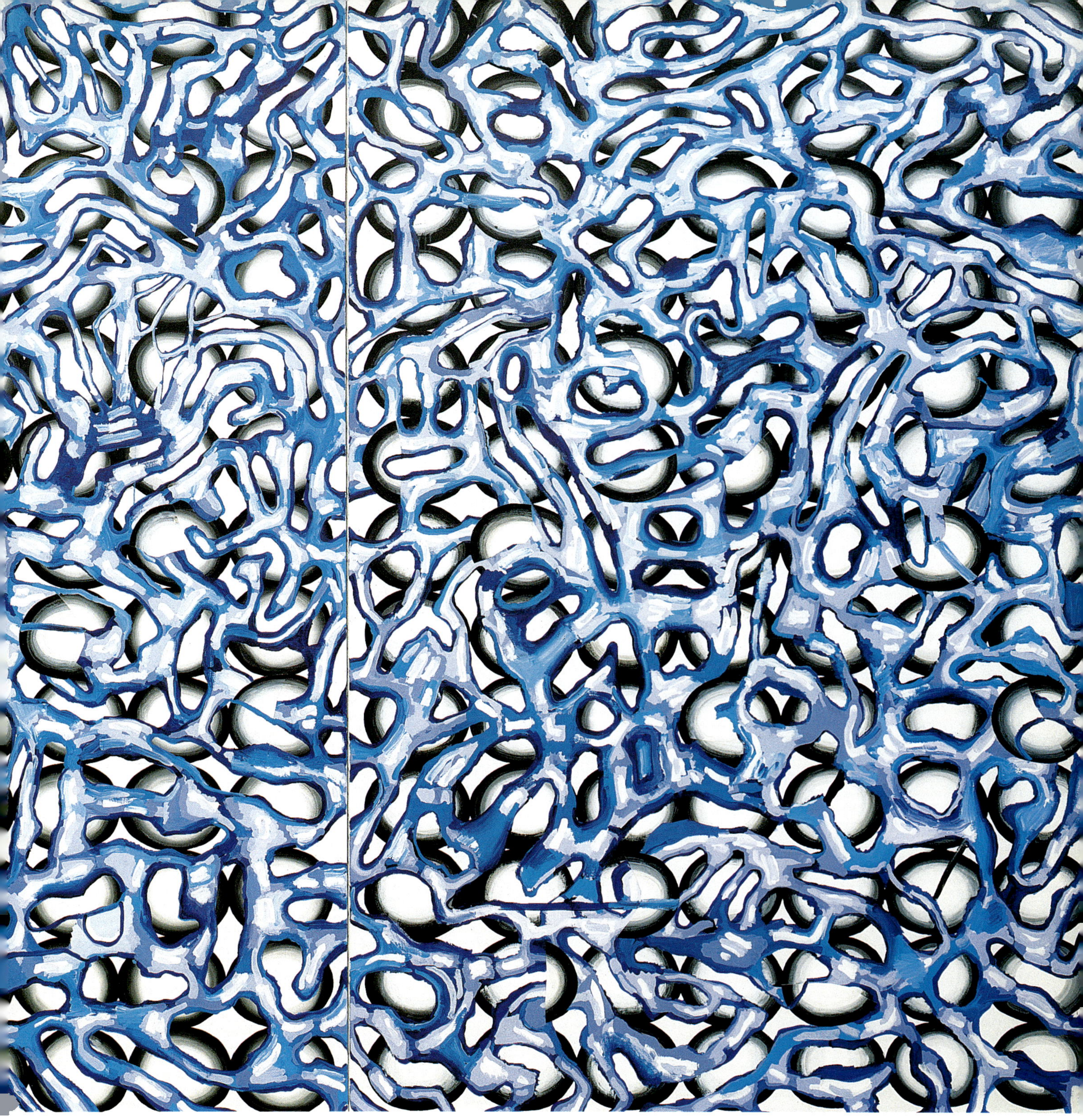

## The Liver of Doubt

Non-cretin, look to your negations!

affirm once, negate twice, affirm three times and doubt four; then back to the beginning again

the phrase you must begin by affirming, negating it halfway through and end it by questioning

put two question marks above each exclamation: the exclamation marks must be taken with mayonnaise

tears must be left for dessert pathetic doubts for after coitus

during coitus only cubes, cylinders and spheres must be thought about and, at the end, rain and ear tuggings

It is magnificent to wake up on Sunday with a tremendous doubt, impossible to resolve, almost tragic, and that lasts all day, until Sunday becomes Monday; at times the doubt lasts till the following Sunday: then the week turns into a cliff lizard

I utter a paternoster and stay doubting to the end: I don't know whether to put exclamation marks or eat it hot. A breakfast of paternosters is good for infected doubt. Hail Maries cure acidity.

Say God out loud twice and listen to the echo twice: afterwards, also out loud, say Wall Street a dozen times, and then repeat the word God (with a capital G) thirty-eight times. If you do it right, the result will surprise you forty-two times.

The center of the circle is doubt, but if you look at it, the center, through a microscope the other side is seen twice (or more).
It's scientific. Proven. You mustn't doubt it, if you do you'll turn into a circle and your center will be doubt

the liver of doubt is not to be eaten while fasting because it produces certainties. Certainties have pink dicks that grow in inverse relation to the inverted infinite.

Say certainty and the word will turn into a black butterfly: it always flies within the same point.

We went on vacation to Certainty and to Truth: breeze, natives, congers and waves. On the flight back the plane reeked of resmoked fag ends: a modest smell to restart Monday with

LG, 1997

## EL HÍGADO DE LA DUDA

descretino, ¡más cuidado con tus negaciones!

afirma una vez, niega dos, afirma tres y duda cuatro; y vuelta a empezar

la frase debes empezarla afirmando, negando a su mitad y terminarla interrogando

pon dos interrogaciones sobre cada exclamación: las exclamaciones se deben tomar con mayonesa

las lágrimas deben dejarse para los postres, las dudas patéticas para después del coito

durante el coito sólo debe pensarse en cubos, cilindros y esferas y, al final, en lluvia y estiramientos de orejas

Es magnífico despertarse el domingo con una duda amplia, imposible de resolver, casi trágica y que dure todo el día, hasta que el domingo se haga lunes; a veces la duda dura hasta el domingo próximo: así la semana se convierte en un lagarto de peñas

rezo un padrenuestro y me quedo dudando al final: no sé si poner exclamaciones o comérmelo calentito. Un desayuno de padrenuestros es bueno para la duda infectada. Las avemarías curan la acidez.

Di Dios dos veces en alta voz y escucha el eco dos veces: después, también en alta voz, di Wall Steet una docena de veces, y a continuación repite la palabra Dios (con mayúscula) treinta y ocho veces. Si lo haces bien, te extrañará el resultado cuarenta y dos veces.

El centro del círculo es la duda, pero si lo miras con microscopio, el centro, se ve el otro lado dos veces (o más). Es científico. Está comprobado. No debes dudarlo, si lo haces te convertirás en círculo y tu centro será la duda

el hígado de la duda no se debe comer en ayunas porque produce certezas. Las certezas tienen pinchos rosas que crecen en relación inversa al infinito invertido.

Di certeza y la palabra se convertirá en mariposa negra: vuela siempre dentro del mismo punto.

Fuimos de vacaciones a Certeza y a Verdad: brisa, nativas, congrios y olas. A la vuelta el avión olía a colillas refumadas: humilde olor para reempezar lunes

LG, 1997

## Field of Ostriches

11 MARCH 1999

memory of the future
the memory of recall
don't forget recall
I don't remember the future
the future is round
a circular future
they spent their holidays in the future
the future had died in the past
how sweet those amnesiac baths!

tomorrow the past will begin
antiquity will be of stone
the temples will be of ice
guffaws in the fridge.
Someone will dream my laughter
Will they remember me laughing?

they were forgetting amnesia
the amnesiacs filed past crying
vast field of ostriches.
It put its head in a hole in the ground

they create gods with bits missing
the gods hated memory.
When it snows I think it's yesterday.
Memory will come naked

remember the past imperfect!
remember obedience!
he's already inherited amnesiac
memories!
don't forget I remember you!
he memorizes figures and prayers!
remember that I remember!
don't remember, just do it!

you no longer remember forgetting?
remembering I've forgotten
you won't have dreamt of forgetting?
The mists of the past
the rains of the future
the storm of still yesterday

remembered deaths of alive men
dead men who prowl about alive
dead men forgotten weeks later.
Whose is the house of History?
How many will never be remembered!

forgettings and rememberings come
unstuck
sunsets are very expensive
the sunset is smudged
that dawn is repeated.
Someone would have called insistently.
Someone will open and close doors.

How to forget the memories?
How remember the forgettings?

Papa, are you there or not?

## CAMPO DE AVESTRUCES

11 MARZO 1999

memoria del futuro
la memoria del recuerdo
no olvides el recuerdo
no recuerdo el futuro
el futuro es redondo
un futuro circular
pasaron las vacaciones en el futuro
el futuro había muerto anteriormente
¡qué dulces los baños amnésicos!

mañana empezará el pasado
la antigüedad será de piedra
los templos serán de hielo
las carcajadas en la nevera.
Alguien soñará mi risa
¿me recordarán riendo?

estaban olvidando las amnesias
los amnésicos desfilaban llorando
extenso campo de avestruces.
Metió la cabeza en un agujero de tierra

fabrican dioses con olvidos
los dioses odiaban la memoria.
Cuando nieva creo que es ayer.
La memoria vendrá desnuda

¡recuerda el pasado imperfecto!
¡recuérdate la obediencia!
¡ya ha heredado los recuerdos amnésicos!
¡no te olvides de que te recuerdo!
¡memoriza cifras y oraciones!
¡acuérdate de que me acuerdo!
¡¡No te acuerdes y hazlo!!

¿ya no recuerdas el olvido?
recordando he olvidado
¿no habrás soñado el olvido?
Las nieblas del pasado
las lluvias del futuro
la tormenta del aún ayer

muertes recordadas de vivos
muertos que vagan vivos
muertos olvidados tras semanas
olvidos muertos, recuerdos muertos
¿De quién es la casa de la Historia?
¡Cuántos no serán jamás recordados!

olvidos y recuerdos mal pegados
las puestas del sol están muy caras
la puesta de sol está manchada
ese amanecer está repetido.
Alguien habría llamado con insistencia.
Alguien abrirá y cerrará puertas.

¿Cómo olvidar los recuerdos?
¿Cómo recordar los olvidos?

¿Papá, estás ahí o ya no?

11 MARCH 1999

are you slender?
not in the line indicated
are you dirty?
as per the regulations
are you modern?
never enough
freckles?
I don't sunbathe...
freckles?
never enough
do you have metaphysical desires?
my share's worth
do you eat animal fats?
only in wartime
have you killed any animal or man?
only mosquitoes and in summer
would you kill for the Fatherland?
only mosquitoes
will you take your own life?
have I already done so?
and?
when the mist rises I feel
nostalgia for green plants, lettuces,
for example

11 MARCH 1999

it's the onset of the air
a small extinct spark
layer of suspended ash
two kinds of dynamic and three
respirations,
steam, kid running, far-off sneeze,
rabbits with their tails in the air,
bang, bang, voice, bicycle.

It's the fall of night
and the air, such as it is, makes a move
rubbing up against the stubble
scrutinizing every hole and every stem
leaning lightly against the chimney
squawking a blank, dead song;
and it raises itself on tiptoe
into the nascent wind
that's now gray, now black:
the bird's already asleep.

The band, all tuned up,
kicks off with the song of the air,
and gets excited, grows bolder,
and, strong now, takes a hold of the trees,
and its sound impregnates sagging dreams.
It's black, they're blankets.

They're singing the song of light-hearted
death.

LG

11 MARZO 1999

¿eres esbelto?
no en la línea señalada
¿eres sucio?
según las ordenanzas
¿eres moderno?
nunca suficientemente
¿pecas?
no tomo el sol...
¿pecas?
nunca suficientemente
¿tienes deseos metafísicos?
según cupo
¿comes grasas animales?
sólo en guerra
¿has matado algún animal o persona?
sólo mosquitos y en verano
¿matarías por la Patria?
sólo mosquitos
¿atentarás contra tu vida?
¿ya lo hice?
¿y?
cuando la niebla se levanta siento
la nostalgia de las plantas verdes,
por ejemplo, la de las lechugas.

11 MARZO 1999

es el comienzo del aire
una leve chispa apagada
capa de ceniza suspendida
dos dinámicas y tres respiraciones,
vaho, carrera de niño, estornudo lejano,
conejos con el culo al aire,
portazo, portazo, voz, bicicleta.

Es el inicio de la noche
y el aire empieza a andar, pequeño
restregándose contra las rastrojeras
remirando todo agujero y cada rama
posándose leve sobre la chimenea
canturreando una canción ciega, muerta;
y se levanta de puntillas
en el comienzo del viento
que ya es gris, ya negro:
ya duerme el pájaro.

La orquesta, terminados los afinamientos,
empieza la canción del aire,
y se agita, y se crece,
y ya fuerte se apodera de árboles,
y su ruido se instala en los sueños preñados.
Es negro, son mantas.

Cantan la canción de la muerte alegre.

LG

Mondrian inspira. Mondrian expira 1997 244 x 334 cm

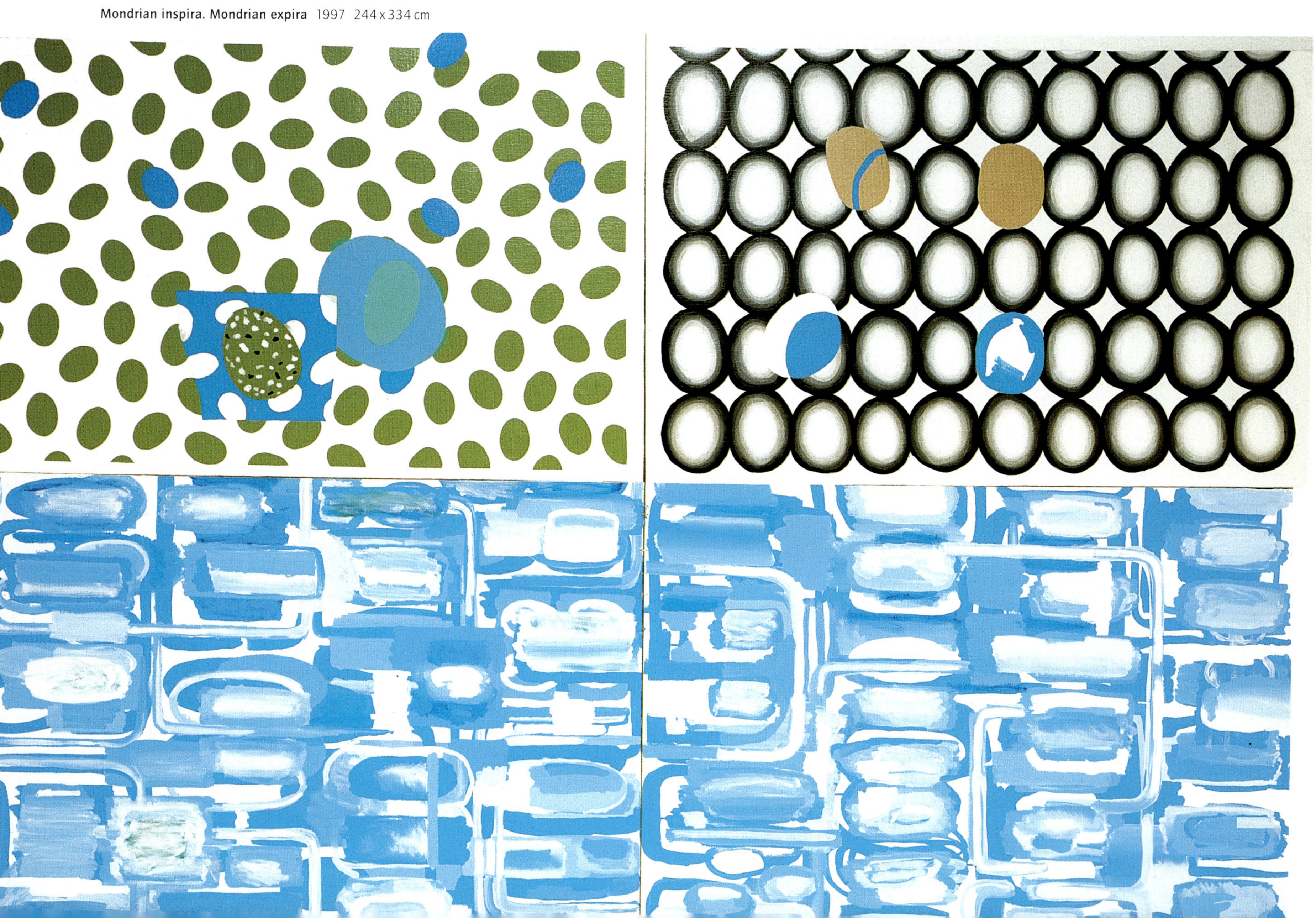

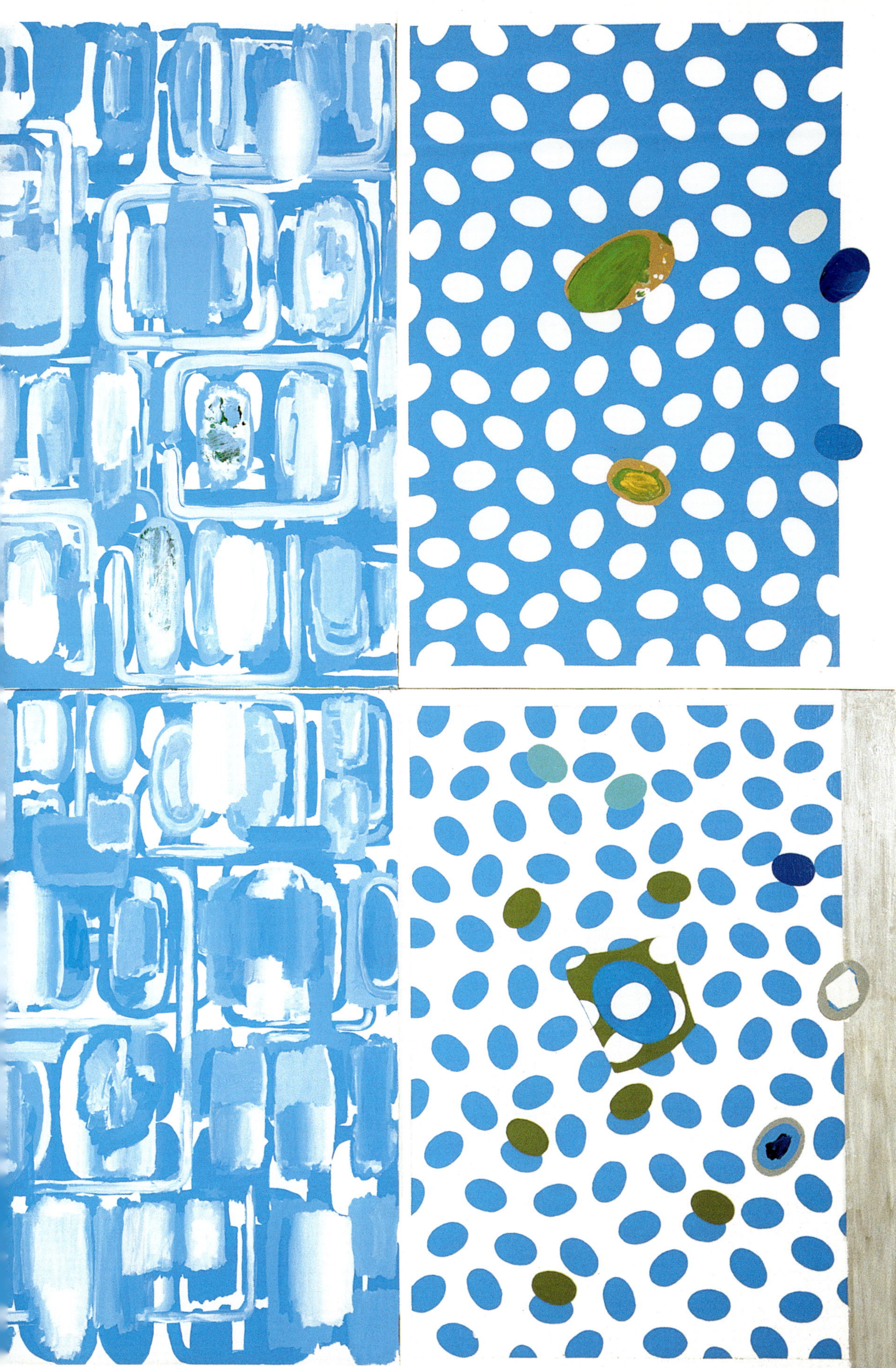

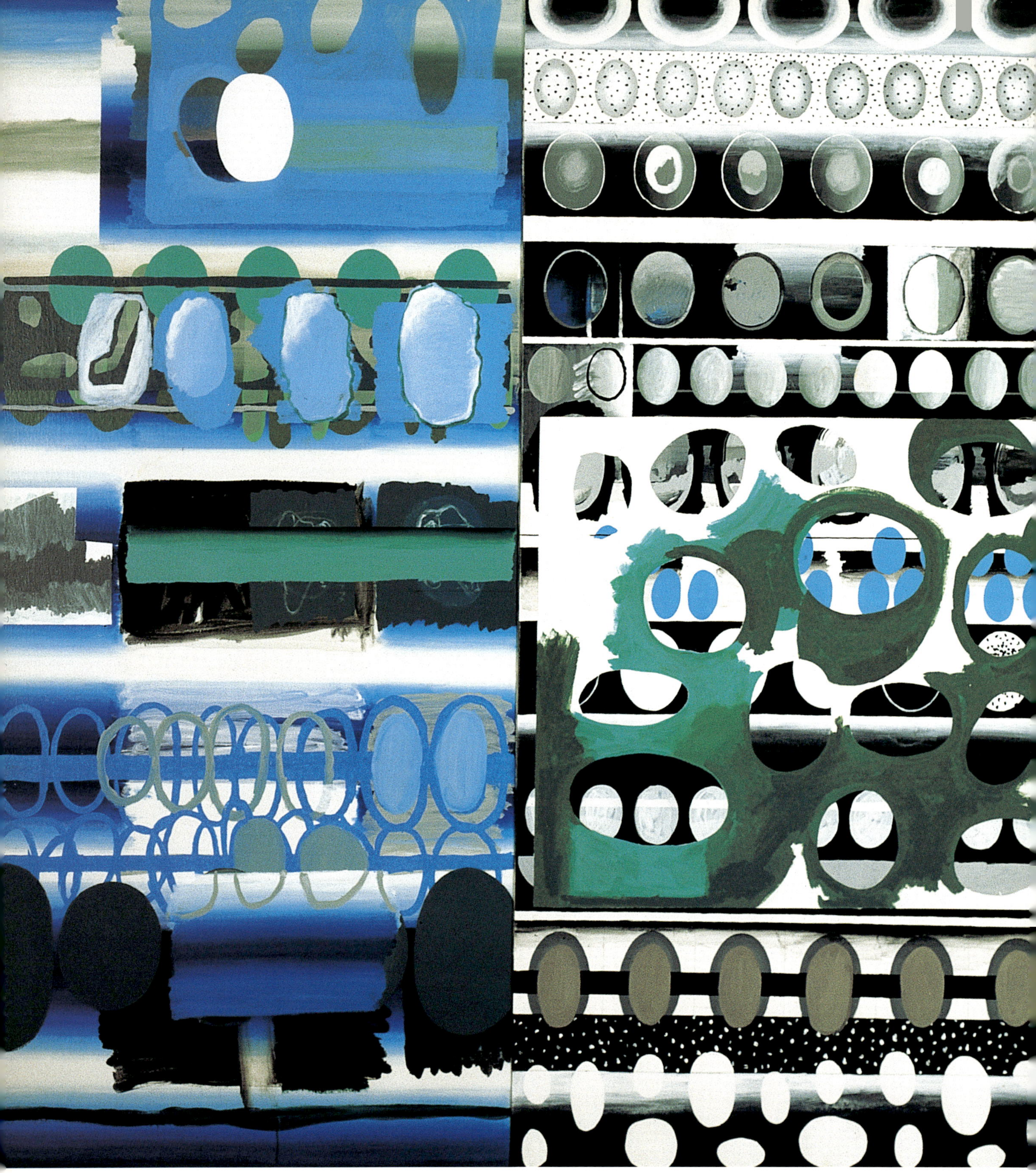

**La forêt rationaliste** 1998 220 x 400 cm

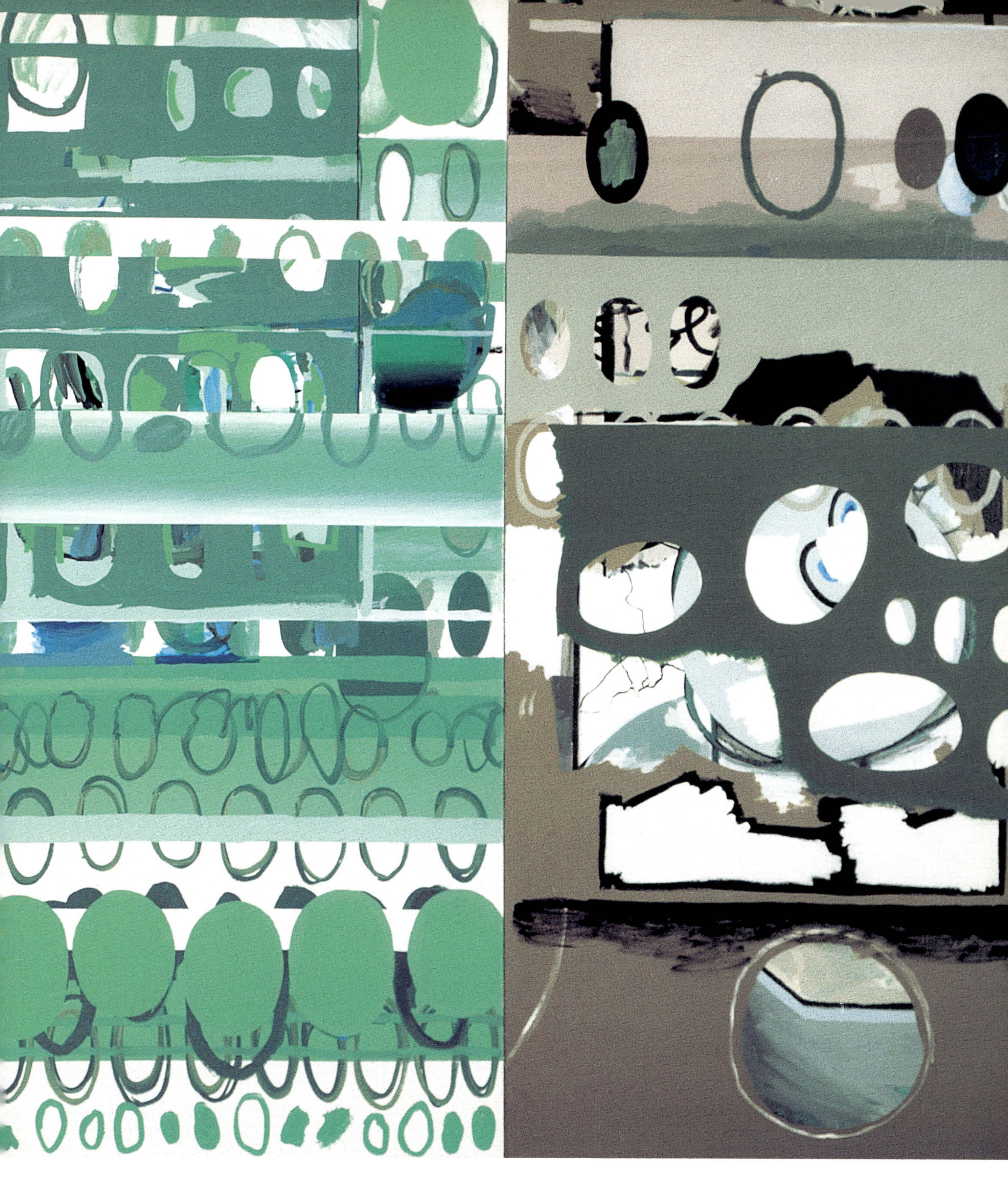

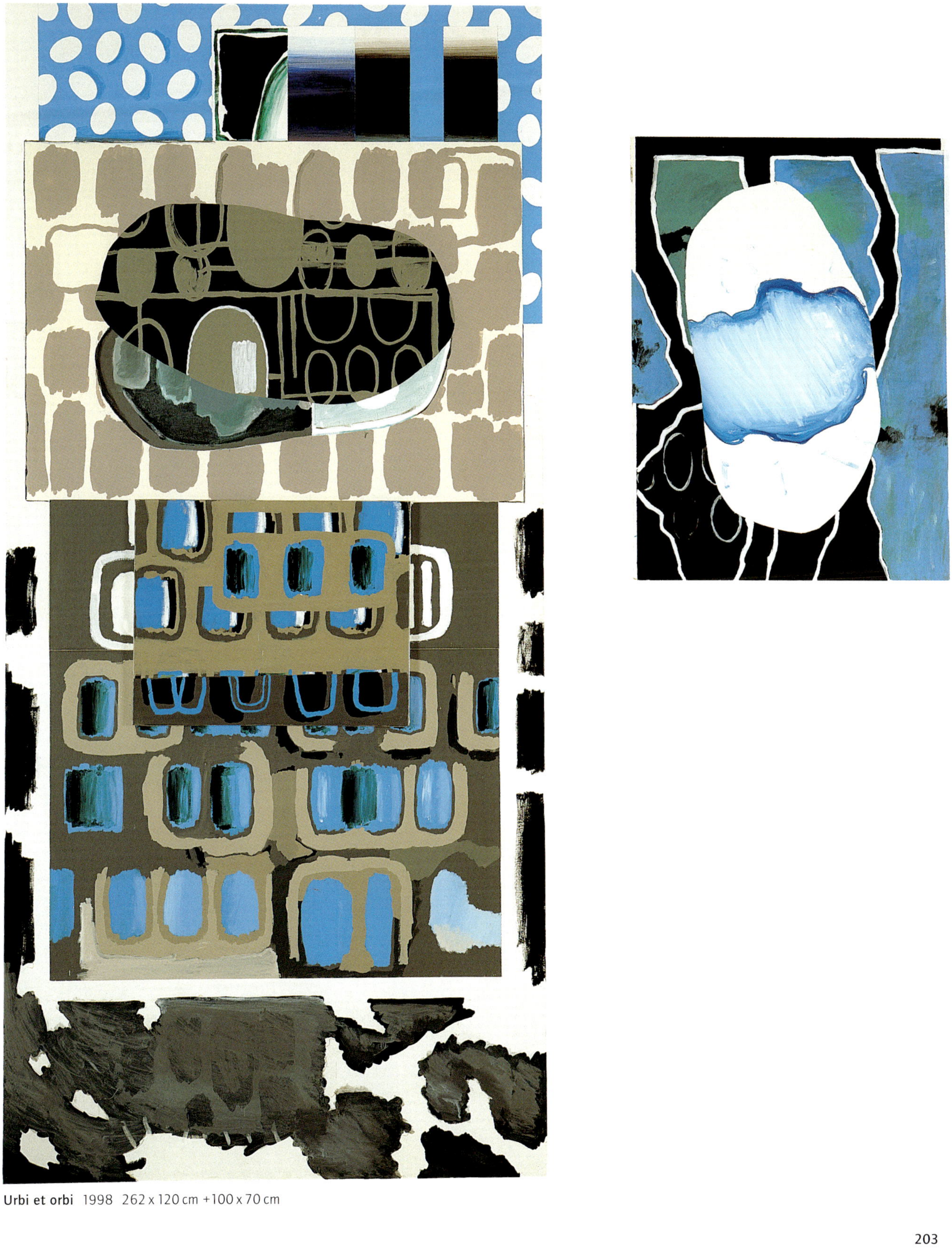

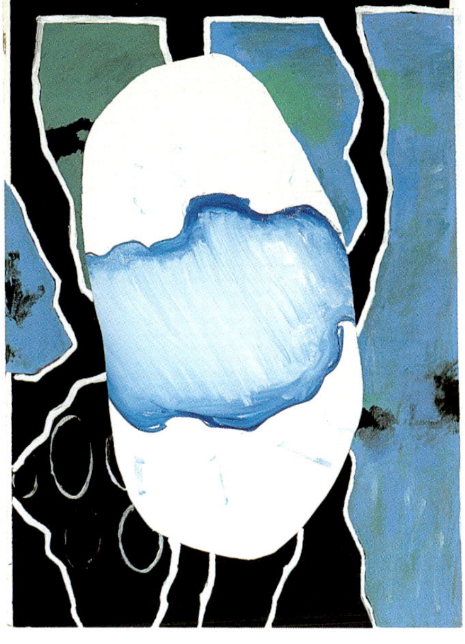

**Urbi et orbi** 1998 262 x 120 cm +100 x 70 cm

## 15 May 1998

Strange sensation, dry, unpleasant, as if the world were upside-down! It's morning, it's a splendid spring day, I'm painting and I've put on a record I particularly like and I don't feel, hearing this music, anything in particular. It's "éclairs sur l'au-delà" and especially its fifth part, "demeurer dans l'amour", in which the feeling is squeezed like one would do with a cosmic orange in the shade of the magnolias on the edge of the infinite lakes at dusk... I feel absolutely nothing, as if the relevant nerves were cut. What an unpleasant feeling, *as it's the feeling of feeling nothing*! It's as if in a marvelous restaurant they made a great show of serving me up a succulent slice of pounded, glistening cork.

And I know Messiaen is extraordinary and this work particularly so; he's a composer I'm incredibly fond of. And if I'm saying all this it's because it's a reaction that recurs with me, and it goes on doing so increasingly, I'd say; classical music previous to Debussy almost always leaves me with this extraordinary feeling of a loved one who ought to be loved but you can't remember why; instead all I feel is a slightly painful anesthesia. It's as if, all of a sudden, a whole forest would turn into plastic. Is this part of growing old? Which areas of the brain cells are turning into cork?

Yet there's an hour in the day, around seven or eight in the evening, when the opposite occurs. Things acquire a cosmic, deliquiescent dimension, things put themselves in an orgasmic situation: God comes down and slips in among the sounds. This shuttling between illumination and obscurity is a constant in my life; plus the tendency to believe, and feel, that the non-illuminated does not exist; that it isn't credible, that it must be discarded; plus the tendency to radically forget that this meant something and was marvelous. It's something I've had to make the effort to gradually accustom myself to. The most unpleasant part of all this is that when the light goes out, there's no other option left to one but pretence: when the situation is prolonged, one feels like a delinquent of cork, although the guilt that is generated is a real feeling, that's for sure.

I put "demeurer dans l'amour" on again so as to feel *non-feeling* once more. Might this process reach the point of being pleasureful? **LG**

## 15 MAYO 1998

¡Extraña sensación, seca, desagradable, como si se invirtiera el mundo! Es por la mañana, hace un hermoso día de primavera, estoy pintando y he puesto un disco que me gusta especialmente y no siento, con esta música, nada especialmente. Se trata de "éclairs sur l'au-delà..." y especialmente su parte 5ª: "demeurer dans l'amour" en la que se exprime el sentimiento como se haría con una naranja cósmica a la sombra de los magnolios, al borde de los estanques infinitos, al atardecer... No siento absolutamente nada, como si me hubieran cortado los nervios pertinentes. ¡Qué desagradable sentimiento!: *puesto que es un sentimiento esto de no sentir nada*. Es como si en un maravilloso restaurante me sirvieran con todo mimo y aparato una suculenta loncha de corcho pulverizado y prensado.

Y yo sé que Messiaen es extraordinario y esta obra especialmente; es un músico al que le tengo extraordinario cariño. Y si digo todo esto es porque es una reacción que se repite en mí, y yo diría que va creciendo; la música clásica anterior a Debussy me deja casi siempre con esta extraordinaria sensación de un amor al que se debiera amar pero no te acuerdas del porqué; siento más bien una anestesia sólo levemente dolorosa. Es como si todo un bosque, de pronto se hiciera de plástico. ¿Será esto parte de la vejez? ¿Qué zonas celulares del cerebro se van acorchando?

Por el contrario hay una hora del día, hacia las siete o las ocho de la tarde, en que ocurre lo contrario. Las cosas adquieren unas dimensiones cósmicas, delicuescentes, las cosas se ponen en situación orgasmática: Dios desciende y se introduce entre los sonidos. Es este ir y venir entre la iluminación y la oscuridad una constante en mi vida; y la tendencia a creer, y sentir, que lo no iluminado, no existe; que no es creíble, que hay que desecharlo; y la tendencia a olvidarse radicalmente que aquello tuvo sentido y fue maravilloso. Es algo a lo que he tenido que irme acostumbrando con gran esfuerzo. Lo más desagradable de todo esto es que, cuando la luz falta, a uno no le queda otra opción que el fingimiento: cuando la situación se prolonga, uno se siente un delincuente de corcho, aunque, eso sí, la culpabilidad, que se genera, es un sentimiento real.

Pongo de nuevo el "demeurer dans l'amour" para sentir de nuevo el *no sentimiento* ¿Puede llegar a ser delicioso este proceso? **LG**

**Superyo congelado** 1999 232 x 214 cm

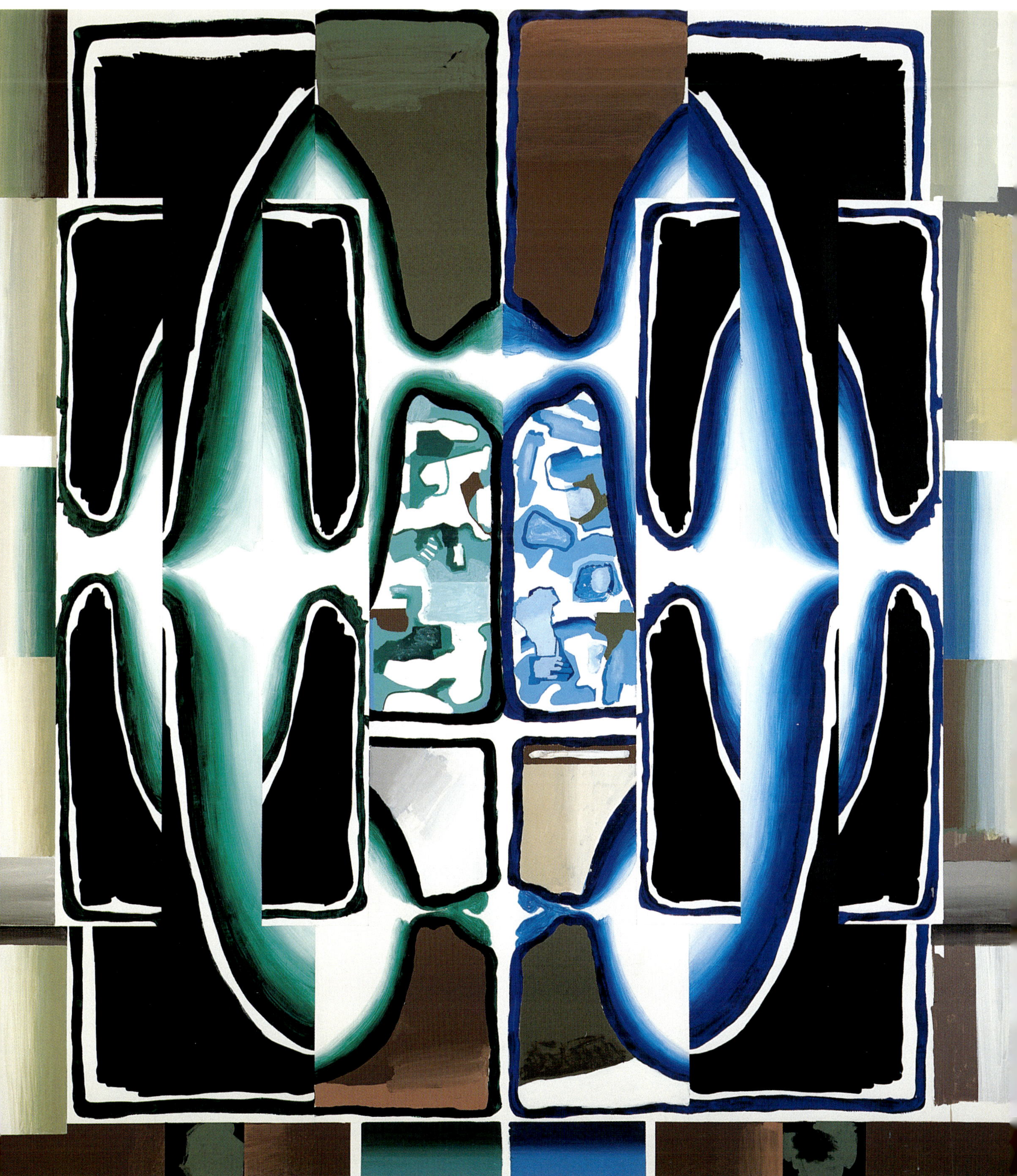

## LISTA DE OBRAS

LUIS GORDILLO. SUPERYO CONGELADO

**Segunda serie abstracta**
**(Second Abstract Series)**
1959
18 unidades. 31,7 x 23,2 cm c/u
Técnica mixta sobre papel
Colección del artista

**Serie de dibujos post-abstractos**
**(Post-Abstract Drawings Series)**
1962–1963
75 unidades 31 x 21cm c/u
Técnica mixta sobre papel
Colección particular

**Cabeza azul-gris**
**(Grey-Blue Head)**
1964
65,5 x 50,5 cm
Pintura al óleo sobre tela
Colección del artista

**Cabeza con franjas**
**(Head with Bangs)**
1964
116 x 89 cm
Pintura al óleo sobre tela
Colección particular, Madrid

**Cabeza con letras C**
**(Head with C's)**
1964
92 x 73 cm
Pintura al óleo sobre tela
Colección particular, Sevilla

**Cabeza seccionada**
**(Dissected Head)**
1964
116 x 91 cm
Pintura al óleo sobre tela
Colección particular, Madrid

**Cabeza sonriente**
**(Smiling Head)**
1964
92 x 73 cm
Pintura al óleo sobre tela
Colección IVAM. Instituto Valenciano de Arte Moderno. Generalitat Valenciana

**Cabeza roja**
**(Red Head)**
1965
92 x 73 cm
Pintura al óleo sobre tela
Colección del artista

**Cuatro ojos**
**(Four Eyes)**
1965
100 x 81 cm
Pintura al óleo sobre tela
Colección Juan Carlos Aguilar, Sevilla

**Gran cabeza introvertida**
**(Large Introverted Head)**
1965
116 x 91 cm
Pintura al óleo sobre tela
Colección particular

**Mano en ojo**
**(Hand in Eye)**
1965
92 x 73 cm
Pintura acrílica sobre tela
Colección del artista

**Cuatropatas seccionado con dúplex blanco**
**(Dissected Four-Legger with White Duplex)**
1966
116 x 162 cm
Pintura al óleo sobre tela
Colección particular, Munich

**Tragaperras**
**(Slot Machine)**
1966
116 x 192 cm
Pintura al óleo sobre tela
Colección particular, Madrid

**Automovilista en paisaje dúplex**
**(Driver in Landscape Duplex)**
1968
160 x 111 cm
Pintura al óleo sobre tela
Colección Museo Nacional Centro de Arte Reina Sofía, Madrid

**Automovilista malva-gris dúplex**
**(Mauve-Gray Driver Duplex)**
1968
160 x 111 cm
Pintura al óleo sobre tela
Colección particular, Madrid

**Choque**
**(Crash)**
1968
160 x 111 cm
Pintura al óleo sobre tela
Colección Santander Central Hispano

**Serie dibujos**
**(Drawings Series)**
1970
49 unidades 44 x 30,5 cm c/u
Técnica mixta sobre papel
Colección del artista

**Asténica entrando**
**(Entering Asthenic)**
1971
190 x 111 cm
Pintura acrílica sobre tela
Colección particular

**Caballero cubista aux larmes**
**(Cubist Gentleman aux larmes)**
1973
160 x 106 cm
Pintura acrílica sobre tela
Colección Museo Nacional Centro de Arte Reina Sofía, Madrid

**Chinata sobre palmeras**
**(Jacks above Palm Trees)**
1973
109 x 160 cm
Pintura acrílica sobre tela
Colección particular

**Le pesa la cabeza**
**(Heavy Headed)**
1973
160 x 106 cm
Pintura acrílica sobre tela
Colección particular

**Reclining figure con paisaje**
**(Reclining Figure with Landscape)**
1973
106 x 160 cm
Pintura acrílica sobre tela
Colección particular

**Gran veloz iscariote dúplex**
**(Large Fast Iscariote Duplex)**
1973–1974
160 x 212 cm
Pintura acrílica sobre tela
Colección particular

**Baño dúplex**
**(Bath Duplex)**
1974
140 x 163 cm
Pintura al óleo sobre tela
Colección particular, Madrid

**La pareja americuana**
**(The Americuan Couple)**
1974
100 x 140 cm
Fotomontaje y dibujo
Colección del artista

**Niño verdeencantador**
**(Enchantinggreen Child)**
1974
95 x 150 cm
Fotomontaje y dibujo
Colección particular

**Sentado junto a la piscina**
**(Seated beside the Pool)**
1974
130 x 280 cm
Pintura acrílica sobre tela
Michael Hasenclever Gallery, Munich

**Desarrollos de Andarín cabezón dúplex**
**(Developments of Big Headed Walker Duplex)**
1974–1975
Varios elementos (dimensiones variables)
Técnica mixta
Colección del artista

**Dibujo lápiz gestual más recollage A**
**(Gesture Pencil Drawing with Collage A)**
1975
72 x 100 cm
Técnica mixta sobre cartulina
Colección del artista

**Dibujo lineal gestual**
**(Gesture Line Drawing)**
1975
72 x 100 cm
Técnica mixta sobre cartulina
Colección MACBA
Procedente de la Diputación de Barcelona

**Andarín cabezón dúplex**
**(Big Headed Walker Duplex)**
1975–1976
160 x 235 cm
Pintura acrílica sobre tela
Colección particular, Bilbao

**Espejo-gemelos**
**(Mirror-Twins)**
1975–1976
140 x 191 cm
Fotomontaje sobre madera
Colección particular

**Secuencias edipianas**
**(Oedipal Sequences)**
1975–1976
139 x 240 cm
Fotomontaje
Colección del artista

**Sedimentación, estructuración A**
**(Sedimentation, Structuration A)**
1975–1976
170 x 115,5 cm
Collage y pintura acrílica sobre madera y cartulina
Colección del artista

**Sedimentación, estructuración D**
**(Sedimentation, Structuration D)**
1975–1976
170 x 115,5 cm
Collage y pintura acrílica sobre madera y cartulina
Colección Museo de Bellas Artes de Álava
Diputación Foral de Álava, Vitoria-Gasteiz

**Espacio tortilla (con león en el centro)**
**(Omelet Space (with Lion in the Centre))**
1976
157 x 226 cm
Dibujo con collage
Colección particular

**Espacio tortilla 1**
**(Omelet Space 1)**
1976
157 x 226 cm
Dibujo con collage
Colección J. Suñol, Barcelona

**Serie blanda A**
**(Soft Series A)**
1976
205 x 140 cm
Fotografias y técnicas diversas en bolsas de plástico
Colección del artista

**Trío gris y vinagre**
**(Vinegar and Gray Trio)**
1976
200 x 276 cm
Pintura acrílica sobre tela
Colección J. Suñol, Barcelona

**Desarrollos de la foto de Peter Sellers**
**(Developmental Material for the Photo of Peter Sellers)**
1978
Varios elementos (dimensiones variables)
Técnica mixta
Colección del artista

**Traslapiel, traslapiel**
**(Undertheskin, Undertheskin)**
1978
139 x 360 cm
2 unidades 139 x 180cm c/u
Pintura acrílica sobre tela
Colección particular

**A través de dos A, B**
**(Through Two A, B)**
1979
200 x 246 cm
Pintura acrílica sobre tela
Colección particular

**Payseyes**
1979
220 x 369 cm
Pintura acrílica sobre tela
Colección particular

**3 pisos A**
**(3 floors A)**
1980
154 x 114 cm
Pintura acrílica sobre tela
Colección particular, Madrid

**Ácido simétrico**
**(Symmetrical Acid)**
1980
200 x 161 cm
Pintura acrílica sobre tela
Colección particular

**Con lago y espachurrando**
**(With Lake and Squashing)**
1981
160 x 274 cm
Pintura acrílica sobre tela
Colección particular

**Serie fría A**
**(Cold Series A)**
1982
156 x 321 cm
Pintura acrílica sobre cartulina, sobre madera
Colección particular

**Serie roja 1**
**(Red Series 1)**
1982
156 x 321 cm
Pintura acrílica sobre cartulina, sobre madera
Colección particular

**Serie roja 2**
**(Red Series 2)**
1982
156 x 321 cm
Pintura acrílica sobre cartulina, sobre madera
Colección Museo Nacional Centro de Arte
Reina Sofía, Madrid

**Gruyère C**
1983
210 x 170 cm
Pintura acrílica sobre tela
Colección del artista

**Gruyère D**
1983
210 x 170 cm
Pintura acrílica sobre tela
Colección IVAM. Instituto Valenciano de Arte
Moderno. Generalitat Valenciana

**"Ja, ja", dijo el chino**
**("Ha, ha", Said the Chinese Man)**
1984
108 x 154 cm
Pintura acrílica sobre tela
Colección particular

**3 naranjas**
**(3 oranges)**
1984
108 x 154 cm
Pintura acrílica sobre tela
Colección particular

**Cronó-grafo**
**(Crono-graph)**
1984
108 x 154 cm
Pintura acrílica sobre tela
Colección particular

**Esquimal tropical**
**(Tropical Eskimo)**
1984
108 x 154 cm
Pintura acrílica sobre tela
Colección particular, Madrid

**Gélido y canela**
**(Icy and Cinnamon)**
1984
108 x 154 cm
Pintura acrílica sobre tela
Colección particular

**La sombra del alma**
**(The Shadow of the Soul)**
1984
108 x 154 cm
Pintura acrílica sobre tela
Colección particular, Madrid

**Nariwater**
1984
108 x 154 cm
Pintura acrílica sobre tela
Colección particular

**Ritmoso globuloso**
**(Rythmous globulous)**
1984
108 x 154 cm
Pintura acrílica sobre tela
Colección M. Cernuda-SALAMA

**Riñones al champagne**
**(Kidneys with Champagne)**
1984
108 x 154 cm
Pintura acrílica sobre tela
Colección Pilar Linares, Madrid

**Situación meándrica 3**
**(Meandering Situation 3)**
1986
200 x 480 cm
Pintura acrílica sobre tela
Colección J. Suñol

**La nieve es negra**
**(The Snow is Black)**
1987
250 x 310 cm
Pintura acrílica sobre tela
Colección de arte contemporáneo Fundació
"la Caixa", Barcelona

**Piscifactoría B**
**(Fishery B)**
1987
144 x 158 cm
Pintura acrílica sobre papel,
sobre madera
Colección Curtichs, Barcelona

**Piscifactoría C**
**(Fishery C)**
1987
144 x 158 cm
Pintura acrílica sobre papel, sobre madera
Colección del artista

**Condensaciones**
**(Condensations)**
1988
158 x 251 cm
Pintura acrílica sobre tela
Colección particular, Munich

**Desafinadamente tuyo**
**(Out-of-tunedly yours)**
1989
143 x 314 + 65 x 50 cm
Pintura acrílica sobre tela
Colección particular, Munich

**Segunda adoración**
**(Second Adoration)**
1989
143,5 x 257,5 cm
Pintura acrílica sobre tela
Colección del artista

**Alternancia en timbres**
**(Alternation in Bells)**
1990
300 x 310 cm
Pintura acrílica sobre tela
Colección particular, Munich

**Cilindración de fluidos**
**(Cylindration of Fluids)**
1990
275 x 246 cm
Pintura acrílica sobre tela
Michael Hasenclever Gallery, Munich

**Doble autorretrato de mi padre**
**(Double Self-Portrait of My Father)**
1992
124 x 160 cm
Pintura acrílica sobre tela
Colección particular

**Elefantomas**
**(Elephantoms)**
1992
300 x 500 cm
Serigrafía sobre papel
Colección del artista

**Malestar óptico, malestar épico**
**(Optical Uneasiness, Epic Uneasiness)**
1994
157 x 505 cm
Pintura acrílica sobre papel, sobre madera
Colección de arte contemporáneo Fundació "la Caixa", Barcelona

**Anticosas IV**
**(Antithings IV)**
1995
113 x 76 cm
Pintura acrílica sobre papel
Colección del artista

**Anticosas VII**
**(Antithings VII)**
1995
113 x 76 cm
Pintura acrílica sobre papel
Colección J. Hernández Pijuan

**Anticosas XII**
**(Antithings XII)**
1995
113 x 76 cm
Pintura acrílica sobre papel
Colección particular

**Anticosas XIX**
**(Antithings XIX)**
1995
113 x 76 cm
Pintura acrílica sobre papel
Colección del artista

**Anticosas XV**
**(Antithings XV)**
1995
113 x 76 cm
Pintura acrílica sobre papel
Colección particular

**Anticosas XVI**
**(Antithings XVI)**
1995
113 x 76 cm
Pintura y collage sobre papel
Colección particular

**Blancanieves y el Pollock feroz**
**(Snow White and the Ferocious Pollock)**
1996
250 x 501 cm
Pintura acrílica sobre tela
Colección Galería Salvador Díaz, Madrid

**Mondrian inspira. Mondrian expira**
**(Mondrian Inspires. Mondrian Expires)**
1997
244 x 334 cm
Pintura acrílica sobre tela y madera
Colección del artista

**Vacío con anticosa roja**
**(Void with Red Antithing)**
1997
160 x 116 cm
Pintura acrílica sobre tela
Colección particular

**La forêt rationaliste**
**(The Rationalist Forest)**
1998
220 x 400 cm
Pintura acrílica sobre tela
Colección particular

**Urbi et orbi**
1998
262 x 120 cm +100 x 70 cm
Pintura acrílica sobre tela
Colección del artista

**Superyo congelado**
**(Frozen Superego)**
1999
232 x 214 cm
Pintura acrílica sobre tela
Colección particular

**LUIS GORDILLO**
Sevilla, 1934
Vive y trabaja en Madrid

EXPOSICIONES INDIVIDUALES

**1959** · Sala de Información y Turismo, Sevilla
**1962** · Sala de Club "La Rábida", Sevilla
**1964** · Galería Edurne, Madrid
**1966** · Galería Edurne, Madrid
**1967** · Galería La Pasarela, Sevilla
**1968** · Galería Grises, Bilbao
· Galería Edurne, Madrid
**1969** · Sala de Cultura de la Caja de Ahorros de Navarra, Pamplona
**1971** · Galería Daniel, Madrid
· Galería Vandrés, Madrid
· Galería Juana de Aizpuru, Sevilla
**1972** · Galeria René Metrás, Barcelona
· Galería Vandrés, Madrid
**1974** · Centro de Arte M-11, Sevilla
· Sala de Exposiciones Luzán, Zaragoza
**1975** · Galería Buades, Madrid
· Galería Edurne, Madrid
· Galería Vandrés, Madrid
· Galería Val i 30, Valencia
**1976** · Galería Carmen Durango, Valladolid
· Galería Maeght, Barcelona
**1977** · Galería Vandrés, Madrid
· Antológica, Sala de Exposiciones de la Dirección General del Patrimonio Artístico y Cultural, Madrid
**1978** · Lunds Konsthall, Lund, Suecia
· Galería Ederti, Bilbao
**1980** · Galería Juana de Aizpuru, Sevilla
· Galería Celini, Madrid
· Galería Grupo 15, Madrid
· Galería Rodín, Santa Cruz de Tenerife
**1981** · Galería Carmen Durango, Valladolid
· Museo de Bellas Artes de Bilbao, Bilbao
· Galería Theo, Madrid
· Galería Fernando Vijande, Madrid
· Galería Celini, Madrid
· Museo Provincial de Vitoria-Gasteiz, Vitoria
**1982** · Galería Z, Zaragoza
· Círculo de Bellas Artes de Santa Cruz de Tenerife.
· Galería Theo, Valencia
**1983** · Monte de Piedad y Caja de Ahorros de Sevilla, Sevilla
· Casa de Cultura de Zamora, Zamora
· Caja de Ahorros de León, León
· Sala Parpalló, Valencia
**1984** · Galería Maese Nicolás, León
**1985** · Galería Fernando Vijande, Madrid
· Galería La Máquina Española, Sevilla
· Arco 85, Galería Fernando Vijande, Madrid
**1986** · Galería Theo, Valencia
**1987** · Galería Estampa, Madrid
**1988** · Galería Soledad Lorenzo, Madrid
· Galeria Joan Prats, Barcelona.
**1989** · Galería Magda Bellotti, Algeciras
· Galería Rafael Ortiz, Sevilla
· Galería Theo, Valencia
· Torre de los Guzmanes, La Algaba, Sevilla
**1990** · Galería Lienzo y Papel, Sevilla
· Galería Antonio Machón, Madrid
· Galería Trazos Tres, Santander
· Galería II, Alicante
**1991** · Galerie Michael Hasenclever, Munich
**1992** · Arco 91, Galería Rafael Ortiz, Madrid
· Galería Estiarte, Obra Gráfica, Madrid
· Galería Trazos Tres, Santander
· Marlborough Gallery, Nueva York
**1993** · Galería Windsor Kulturgitza, Bilbao
· Galería Italia, Alicante
· Fundación Duques de Soria, Soria
· Galería Marlborough, Madrid
· Antológica de los años 80, IVAM, Valencia
**1994** · Antológjca de los años 80, Pabellón Mudéjar, Sevilla
· Meadows Museum, Dallas
· Antológica, Palacio Almudí, Murcia
· Palacio Sástago, Zaragoza
· Sala Amós Salvador, Logroño
· Galería Rafael Ortiz, Sevilla
· Antológica de Obra Gráfica, Museo de Bellas Artes de Bilbao, Bilbao
· Obra Gráfica, Museo de Bellas Artes de Ibiza
· Obra Gráfica, Galería Colón XVI, Bilbao
· Galería Fernando Latorre, Zaragoza
· Obra Gráfica, Galerís Hélène Rooryck, Pamplona
**1995** · Obra Gráfica. Museo de la Ciudad, Vila-Real
· Alcázar de los Reyes Cristianos, Córdoba
· Caixa Galiza, A Coruña
· Galería Luis Adelantado, Valencia
· Galería Varrón, Salamanca
· Salón Internacional del Grabado Contemporáneo, MEAC, Madrid
· Galería II, Alicante
**1996** · Galeria Joan Prats, Barcelona
· Galería Trazos Tres, Santander
· Colegio de Arquitectos de Málaga,
**1997** · Galería Antonio Machón, Madrid
· Galería Estampa, Madrid
· Galería Salvador Díaz, Madrid
· Círculo de Bellas Artes, Madrid
· Galería SCQ, Santiago de Compostela
· Galería Magda Bellotti, Algeciras
· Räume für neue Kunst Rolf Hengesbach, Wuppertal
· Caja Pamplona, Pamplona
**1998** · Centro Cultural Casa del Cordón. Luis Gordillo (1983–1996), Burgos
· Museo de Arte Contemporáneo Unión Fenosa, A Coruña
· Galeria Maior, Mallorca
**1999** · Galeria DV, San Sebastián
· Museu d'Art Contemporani de Barcelona

**EXPOSICIONES COLECTIVAS**
(SELECCIÓN)

**1967** · *Salón de marzo*. Mención de Honor, Valencia
· *Nueva Generación*, Sala Amadís, Madrid
· *Nueva Generación*, Galería Edurne, Madrid

**1968** · *Nueva Generación*, Exposición itinerante de los Festivales de España. Badajoz, Cuenca, Zaragoza y Pamplona

**1969** · *Cuatro artistas de la Nueva Generación*, Sala Santa Catalina del Ateneo, Madrid
· Pictorama I, Barcelona

**1970** · *Hombre-Espacio*, Galería Amadís, Madrid
· *Situazioni 70, 18 Artisti Spagnoli*, Galleria A/2, Roma; XXXV Biennale di Venezia, Venecia

**1971** · XI Bienal de São Paulo, *el erotismo en el arte español actual*, Galería Vandrés, Madrid

**1972** · Iki, Düsseldorf
· *La Paloma*, Galería Vandrés, Madrid
· *Representantes españoles en la Bienal de São Paulo,* Museo de Arte Moderno, Río de Janeiro

**1973** · *Spanskt*, Lunds Konsthall, Lund
· Inter-Art, Colonia
· *Animales salvajes, animales domésticos*, Galería Vandrés, Madrid; Casa Damas, Sevilla

**1974** · *Art Espagnol d'Aujourd'hui*, Musées Royaux des Beaux Arts, Bruselas
· *Pintura española actual*, Haus der Kunst, Munich

**1976** · *Pintura española*, Basilea
· *España: vanguardia artística y realidad social 1936–1976*, Viennale di Venezia, Pabellón español; Fundación Miró, Barcelona
· *Pintura española desde el Renacimiento hasta nuestros días*, Hyogo y Kitakyushu, Tokyo

**1977** · *Nueva Generación*, Palacio de Velázquez, Madrid
· *Pintores andaluces desde 1900*, Banco de Granada, Valencia

**1978** · Biennale de Menton
· *I Exposición de pintores andaluces contemporáneos*, Universidad de Sevilla
· *Pintura española del siglo xx*, Museo de Arte Moderno, México
· *Pintores andaluces desde 1900*, organizada por el Banco de Granada. Sala de Exposiciones del Banco de Granada; Museo de Bellas Artes, Málaga; Museo de Arte Contemporáneo, Sevilla

**1979** · *Gordillo, Sempere, Zóbel*, FIAC, Grand Palais, Galerie Theo, París
· *Contemporary Spanish Prints*, University of Florida, Gainsville; Columbus Museum of Arts and Sciences, Columbus, Georgia; University of Texas, Austin; University of Tennessee, Knoxville; Florida State University, Tallahassee; Cleveland Institute of Arts, Cleveland; University of Minnesota, Minneapolis
· *Exposición gráfica española*, IV Bienal de San Juan, Instituto de Cultura Portorriqueña, San Juan de Puerto Rico

**1980** · *Bienal de Arte Flamenco*, Museo de Bellas Artes, Sevilla
· *De Picasso a nuestros días. Vanguardia española del siglo xx*, Museo de Bellas Artes de Caracas, Venezuela; Museo de Arte Carrillo Gil de México D.F.; Museo de Monterrey, México
· *Semana de Arte Contemporáneo*, Museo Vostell, Malpartida, Cáceres
· *Picasso y las vanguardias*, Curso de Verano, Universidad Internacional Menéndez Pelayo, Santander
· *40 años de pintura en Sevilla 1940–1980*, Caja de Ahorros Provincial San Fernando, Sevilla

**1981** · *Insólitos*, Galería Alençon, Madrid
· *Tàpies, Gordillo, Palazuelo*, Galerie Theo, Valencia
· *Gran formato: Canogar, Campano, Gordillo, Orcajo*, Foro Cívico de Pozuelo de Alarcón, Madrid
· *Otras frustraciones*, organizada por Obra Cultural de la Caja de Pensiones de Madrid

**1982** · *Pintores andaluces que viven fuera de Andalucía*, Palacio de la Diputación, Cádiz; Museo de Arte Contemporáneo, Sevilla; Centro Cultural de la Villa de Madrid
· *New Spanish Figuration*, Kettle's Yard Gallery, Cambridge; Institute of Contemporary Art (ICA), Londres; Cartwright Hall, Bradford; Third Eye Genter, Glasgow
· *Chicago Art Fair*, Galería Fernando Vijande, Madrid
· *Quatre images séditieuses*, Fondation Château de Jau, Cases-de-Penne
· *Premios Nacionales de Artes Plásticas 1981*, Museo Español de Arte Contemporáneo, Madrid
· *Pintura de Sevilla 82*, Museo Español de Arte Contemporáneo, Madrid; Museo de Arte Contemporáneo, Sevilla
· *Carnegie International 1982*, Seattle Art Museum; Museum of Art, Pittsburg; Western Australia Art Gallery, Perth; National Gallery of Victoria, Australia; Art Gallery of South Wales, Sydney
· *Pintores de Andalucía*, Museo de Bellas Artes, Bilbao

**1983** · *Mosaico*, Galería Fernando Vijande, Madrid

· *Chicago Art Fair*, Galería Fernando Vijande, Madrid
· *La imagen del animal*, Caja de Ahorros y Monte de Piedad, Madrid
· Imparte un curso en el Círculo de Bellas Artes de Madrid, precedido de una conferencia autobiográfica.
· *Caleidoscopio español*, Museum am Ostwall, Dortmund

1984 · *Art Basel*, Basilea
· Wissencschaftszentrum, Bonn
· *Pintores de Sevilla*, Panorama Cultural 81, Sevilla
· *Escrituras en la pintura*, Ville Arson, Niza
· *Spannsk Egen-Art*, Liljevalch's Konsthall, Estocolmo; Malmö Konsthall; Kunstnernes Hus, Oslo
· *Chicago Art Fair*, Galería Fernando Vijande, Madrid
· *La imagen del animal*, Caja de Ahorros, Barcelona
· *Últimos trabajos*, Círculo de Bellas Artes, Madrid
· *Arte español contemporáneo*, Banco Exterior de España: Colección The Chase Manhattan Bank, Madrid
· *21 pintores andaluces*, Málaga: Casa Lis, Salamanca
· *Pintura moderna española*, Museo Nacional, Atenas; Museo Nacional, Belgrado; Collegium Artisticum, Sarajevo; Museo Nacional, Warschau; Tiroler Kunstpavillon, Innsbruck; Neue Galerie am Landesmuseum Johanneum, Graz; Neue Kärntner Galerie, Klagenfurt; Nationalgalerie, Budapest; Altes Museum, Berlín

1985 · *Spanish art collection*, The Chase Manhattan Bank, Nueva York
· *La presencia de la realidad en el arte español contemporáneo*, Sinebrychof, Helsinki; Museo de Arte Contemporáneo, Pori; Museo Alvar Aalto, Jyvaskila; Galerie National, Kobenhavn.
· *Chicago Art Fair*, Galería Fernando Vijande, Madrid
· *Arte español contemporáneo*, Colección Fundación Juan March, Madrid
· XVIII Bienal de São Paulo
· *Andalucía puerta de Europa*, Madrid

1986 · *Arte contemporánea española*, Fundação Gulbenkian, Lisboa
· *Periferias*, Centro Cultural de la Villa, Madrid
· *La presencia de la realidad en el arte español contemporáneo*, Museo de Arte Contemporáneo, Buenos Aires; Museo Nacional de Artes Plásticas, Montevideo; Museo Nacional de Arte Contemporáneo, Caracas; Galería de Arte Moderno, Santo Domingo
· *Litoral*, Palacio Municipal de Exposiciones, Kiosko Alfonso, La Coruña; Galería Radach Novaro, Las Palmas; Emi-Valentím de Carvalho, Lisboa
· *Pintura y escultura de vanguardia*, Fondos del Banco Hispanoamericano, Colegiata de San Martín, Laredo.

1987 · *After Picasso and Miró*, Galeria Di Laurenti Gallery, Nueva York
· *Cinco siglos de arte español. L'imagination nouvelles années 70–80*, Musée d'Art Moderne, París
· *Homenaje a las víctimas del franquismo y a los luchadores por la libertad*, Centro Cultural de la Villa de Madrid
· *Chema Cobo, Luis Gordillo, G.P Villalba*, Galería Fernando Vijande, Madrid
· *Naturalezas españolas 1940–1987*, Centro de Arte Reina Sofia, Madrid; Palacio de Sástago, Zaragoza
· *Papiers collés, collages*, Universidad de Valencia
· *25 años de arte contemporáneo español*, Sala Luzán, Zaragoza
· *Fiesta en papel*, Galería Greca, Barcelona

1988 · *La estampa contemporánea en España*, Centro Cultural Conde Duque, Madrid
· *5th. Biennial of European Graphic art*, Heidelberg Schloss, Heidelberg
· *Fernando Vijande, History of a Spanish Avant Garde Gallery*, The Spanish Institute, Nueva York
· *The Languaje of the Fan*, Colección Banco Exterior de España, The Spanish Institute, Nueva York
· *Flores*, Galería Estampa, Madrid
· *Alfons Roig i els seus amics*, Sala Parpalló, Palau de la Scala, Valencia
· *17 pintores andaluces con Antonio Gala*, Patio de Cultura de Tabacalera, Madrid
· *Luis Gordillo y Txomin Badiola*, Galería Soledad Lorenzo, Madrid; FIAC, París
· *España, artisti spañoli contemporánea*, Estudio Marconi, Milán
· *Andalucía arte de una década*, Museo de Arte Contemporáneo de Sevilla; Hospital Real de Granada

1989 · Galería Carmen de Julián, Málaga
· Colección de los amigos del Centro de Arte Reina Sofía, Madrid
· *Tesoros de las colecciones particulares madrileñas: pintura y escultura contemporáneas*, Real Academia de Bellas Artes de San Fernando, Madrid
· *30 artistas españoles*, Colección de la Fundación "la Caixa", Barcelona
· Städtische Kunsthalle, Mannheim; Kunstmuseum, Düsseldorf
· *Arroyo, Gordillo, Villalba*, Galerie Michael Hasenclever, Munich
· *Spanish Masterpieces of the 20th*

*century*, Seibu Museum of Art, Tokyo
· *De Messidor a Termidor*, Galería Siquer, Madrid
· *Arte Español Contemporáneo*, Fondos del Museo de Arte Abastracto, Cuenca; Fundación Juan March, Madrid
· *Aventures dans l'Art*, Peter Stuyvesant Collection, Medoc
· *ART Cologne*, Galerie Michael Hasenclever, Munich

1990 · *I Bienal Tanqueray de Artes Visuales*, Conde Duque, Madrid
· *Le visage dans l'Art Contemporain*, Toulouse; París
· *Première Biennale Européenne de l'Estampe Contemporaine*, Diekric
· *Los Fondos del Banco de España*, A Coruña
· *Arte Internacional en las colecciones canarias*, Centro Atlántico de Arte Moderno, Las Palmas de Gran Canaria
· *A propósito de arquitectura y pintura 1982–1989*, Colegio de Arquitectos de Granada: Buenos Aires: Sevilla; Madrid
· *Sin coartada: lo bello y lo obsceno*, Universidad de Valencia
· *Maeght, 15 anys*, Galerie Maeght, Barcelona
· *Papers*, Galería Taché Editor, Barcelona
· *Artistas en homenaje a Estella*, Sala Fray Diego, Estella
· *From Picasso to Today. Masters of 20th century Spanish Art*, Macquarie Galleries, Sydney; Christine Abrahams Gallery, Richmond
· *1983–1990*, Galería Magda Bellotti, Algeciras
· *Madrid, arte de los 60*, Sala de la Comunidad de Madrid
· *Aspect de la figuration dans les années 60*, París; Toulouse
· *Arte español contemporáneo*, Fondos de la Fundación Juan March, Museo Juan Barjola, Gijón
· *ART Cologne*, Galerie Michael Hasenclever, Munich
· Colección de arte contemporáneo del Banco Hipotecario de España, Madrid

1991 · *10 pintores andaluces*, Caja Provincial de Ahorros de Córdoba
· *23 artistas, Madrid años 70*, Sala de la Comunidad de Madrid
· *Arte español contemporáneo*, Fondos de la Fundación Juan March, A Coruña; Ourense; Santiago de Compostela.
· *100 paintings. Spanish Art of the 20th century, from Picasso to the present day*, Mie Prefactural Art Museum, Mie, Osaka
· *Kunst Europa*, Staatliche Kunsthalle, Berlín
· *El Museo del Prado visto por 12 artistas contemporáneos*, Museo del Prado, Madrid
· *Meridional*, Galerie Parallel 39, Valencia

1992 · *On paper*, Marlborough Gallery, Nueva York
· *Pasajes. Actualidad del Arte Español*, Pabellón de España, Expo 92, Sevilla
· *La colección del IVAM. Adquisiciones 1985–1992*, IVAM, Valencia
· *Arte Pop*, MNCARS, Madrid
· *La pintura de los 80*, Colección de "la Caixa", Estación de Córdoba, Sevilla
· *Salón de los 16*, Pabellón Mudéjar, Sevilla; MEAC, Madrid
· *Hecho de palabras*, Galería Jorge Mara, Madrid
· *Colección amigos del Reina Sofía*, Palau de la Virreina, Barcelona
· *Pintores españoles contemporáneos*, Marlborough Gallery, Tokyo
· *Summer Exhibition*, Marlborough Gallery, Nueva York

1993 · *20 años de ediciones: grabados y libros*, Galería Antonio Machón, Madrid
· *Toros por la Gran Vía*, Galería Buades, Madrid
· *Dolls in Contemporary Art. A Metaphor of Personal Identity*, The Patrick and Beatrice Haggerty Museum of Art, Marquette University, Milwaukee, Wisconsin
· *Terrritorios de Papel. Grabados de cuatro artistas españoles*, Instituto de Cooperación Iberoamericana, itinerante por Sudamérica
· *Papel y cartón*, Galería Edurne, Madrid
· *Impulsos i expressions. Pintura espanyola dels anys 80 a la col·lecció de la Fundació "la Caixa"*, Centre Cultural de la Fundació "la Caixa", Granollers
· *24 años*, Galería Sen, Madrid
· *Ver a Miró. La irradiación de Miró en el arte español*, Fundació "la Caixa", Barcelona; CAAM, Las Palmas de Gran Canaria

1994 · *El Gesto*, Galería Edurne, Madrid
· *Arte abstracto español en la colección Central-Hispano*, Fundación Central Hispano, Madrid; La Lonja, Zaragoza
· *Galería de retratos*, Círculo de Bellas Artes, Madrid
· *Artistas españoles. Obras de los 80 y 90*, Colección del Reina Sofía, MNCARS, Madrid
· *El autorretrato en España: de Picasso a nuestros días*, Fundación Cultural Mapfre-Vida, Madrid
· *Festival de la Pintura*, Sala Vallasis, Fundación El Monte, Sevilla
· *ARCO 94*, Galería Marlborough, Madrid

· *ART Basel*, Galería Marlborough, Basilea
· *Dibujos*, Galería Elvira González, Madrid
· *Conca, una vanguardia y su época*, Santa Cruz de Tenerife
· *Ex-libris Walter Benjamin*, Galería d'Art Horizon, Girona

1995 · *Hace 30 años*, Sala Koldo Mitxelena, San Sebastián
· *ARCO 95*, Galería Marlborough, Madrid
· *13 artistas de España por Sarajevo*, Galerie Nacional de Arte de Sarajevo
· *A la pintura. Pintores españoles de los años 80 y 90*, Colección Argentaria, itinerante
· *La estampa sevillana, 25 años*, Galería Fausta Velázquez, Sevilla; Galeria Oda, Barcelona; Galería Marlborough, Madrid; Galería Trazos Tres, Santander
· *Orígenes*, Galería Cyprus, L'Empordà, Girona
· *Ese oscuro interior (Brüs, Gordillo y Zush)*, Sala Parpalló, Valencia

1996 · *Aquellos 80*, Colección ICO, Sala de Armas de la Ciudadela, Pamplona
· *Figuraciones años 70 (Figuraciones años 70 na colección de Arte Contemporánea)*, Xunta de Galicia
· *Nuevas Abstracciones*, Palacio de Velázquez, Madrid; Kunsthalle Bielefeld; MACBA, Barcelona
· *Tórridos Terrenos*, Revista Sibila, itinerante
· *Fondos para una colección, década de los 70*, CAAM, Las Palmas de Gran Canaria
· *Artistas españoles de los años 70 en la colección de la Fundación Miró*, Fundació Miró, Palma de Mallorca
· *Figuraciones madrileñas años 70*, Museo de Navarra, Pamplona
· *Abanico Festival*, Ginebra
· *La infancia del arte*, Museo de Teruel y Sala Amós Salvador, Logroño
· *Colección Juan Antonio Aguirre*, IVAM, Valencia
· *Essències*, Colección Ernesto Ventós Omedes, Palau de la Virreina, Barcelona
· *Después de Goya, una mirada subjetiva*, Palacio de La Lonja, Zaragoza
· *A través del dibujo*, Museo de Arte Contemporáneo de Sevilla; Museo de Jaén; Museo de Cádiz; Museo de Bellas Artes de Córdoba; Palacio Espiscopal de Málaga

1997 · *Pintura*, Galeria Joan Prats, Barcelona
· Galería Marta Cervera, Madrid
· *El arte y la prensa en las colecciones españolas*, Fundación Carlos de Amberes, Madrid
· *ART Basel*, Raüme für neue Kunst/Rolf Hengesbach Wuppertal
· *Madrid*, Galeria Cyprus, L'Empordà, Girona
· *In-Form*, Bravin Post Lee Gallery, Nueva York
· *Punto de referencia*, Galería Marin Galy, Málaga

1998 · *Territorio plural-Colección Testimonio*, Fundació "la Caixa", Madrid
· *Pasajes de la Colección en Santa Fe*, Colección de Arte Contemporáneo Fundación "la Caixa", Santa Fe, Granada
· *Post Pop and the New Image in Spain*, Sainsbury Centre for Arts
· *Homenaje a Manolo Millares*, Biblioteca Expresión Contemporánea Antonin Artaud, Tenerife
· *From here to eternity*, Max Protech Gallery, Nueva York
· *Labyrint. 2nd International Triennial of Prints*, Praga
· *Dibujos germinales. 50 artistas españoles*, MNCARS, Madrid
· *II Triennal de Arte Gráfico: la estampa contemporánea*, Palacio de Revillagigedo, Gijón
· *Madrid-Tirol Direct*, Tiroler Kunstpavillon, Innsbruck
· *Ciento y... Postalicas a Federico García Lorca*, Museo Postal, Madrid
· *Luis Gordillo – Thomas Nozkowski*, Galería Marta Cervera, Madrid
· *Els Rastres de l'Alfabet*, Centre Cultural de la Fundación "la Caixa", Lleida

1999 · *Spanish Art at the End of the Century*, Museum Wurth
· *Circa 1968*, Museo Serralves, Oporto
· *Colección Municipal de Arte Contemporáneo-Ayuntamiento de Madrid*, Centro Cultural Conde Duque, Madrid
· *Grandes Obras*, Museo Esteban Vicente, Segovia
· *Interiores-Visiones íntimas de un Siglo*, Sala Alameda, Málaga; Fundación Caixa Vigo, Galicia, itinerancia
· *Retrato de una generación*, Red itiner de la Comunidad de Madrid
· *La esencia del papel. Una obra en sí misma*, Galeria Marin-Galy, Málaga
· *Zeichnung*, Galerie im Tor Emmendingen

## TEXTOS DE LUIS GORDILLO

1969 · "Cómo mirar un cuadro. Monet y sus impresiones", *Hogar 2000*, nº 27, Madrid, mayo.

1971 · Texto de presentación para el catálogo de la exposición *Serie Cabezas 1963–1966,* Galería Vandrés, Madrid.

1974 · Varios textos para el catálogo de la exposición *Gordillo 1958–1974,* Centro M-11, Sevilla, mayo.

1975 · "Notas de razón", *Guadalimar,* nº 1, Madrid, abril.

1976 · "Relaciones entre la fotografía y mi pintura", *Nueva Lente,* nº 50, Madrid, abril.

1977 · "Terminología". Texto para el catálogo de la exposición *Nueva Generación 1967–1977*, Palacio de Velázquez, Madrid.

1979 · Textos y dibujos de la revista *Separata,* nº 2, Sevilla.

1980 · "Detrás del lienzo", *Quimera. Revista de literatura,* nº 1, Barcelona, noviembre.
· "Alma Nok". *Carpeta de Serigrafías y Escritos.* Valladolid: Ediciones Carmen Durango.
· Escritos y dibujos en *Arteguía,* nº 53, Madrid, marzo.

1981 · "Escritos de taller", *Guadalimar,* nº 62, Madrid, noviembre

1982 · "Luis Gordillo por Luis Gordillo", *Nueva Lente,* nº 122, octubre

1983 · "Una hermosa época para pintar un cuadro", *El País*, Madrid, 29 de octubre.

1984 · "Iniciación a la desbandada", *Escritures dans la peinture*, Centre National des Arts Plastiques, Ville Arson, Niza, abril-junio.

1985 · Texto sobre Dubuffet, *El País*, Madrid, 16 de mayo.
· Conferencia en la Universidad Internacional Menéndez Pelayo de Santander dentro del seminario
· "El arte visto por los artistas: el testimonio de los creadores", agosto.
· "El objeto amado", *La Gaceta del Libro*, Madrid, septiembre.

1987 · "Les Tripes". Poema en el libro *Antonio Saura. Figura y Fondo*. Barcelona: Edicions del Mall.
· "Contrapuesto a Picasso". Texto sobre Juan Gris, *ABC*, Madrid, 22 de marzo.
· "Alusiones ma non troppo". Catálogo de la exposición *Chema Cobo, Luis Gordillo y G.P. Villalta*, Galería Fernando Vijande, Madrid, noviembre.

1989 · Texto con motivo de la muerte de Salvador Dalí, *ABC*, Madrid, 24 de enero.
· Varios textos en el catálogo de la exposición *Luis Gordillo en la Torre. Fotos, procesos y transformaciones*, Torre de los Guzmanes, La Algaba, Sevilla.
· "Desde el Greco". Conferencia en el Museo del Prado dentro del curso "El Museo del Prado visto por los artistas españoles contemporáneos", octubre.

1990 · "El hombre metáfora". Texto sobre Van Gogh, *ABC*, Madrid, 29 de marzo.
· "Sólo uno". Texto sobre Antonio López, *El Europeo*, Madrid, mayo.
· "Pato". Catálogo de la exposición en la Galerie Michael Hasenclever, Munich.

1991 · "Pato" y texto sobre fotografía en el libro *Pato*. Madrid: TF Artes Gráficas.
· Artículo sobre Dalí en *El Mundo*, 8 diciembre.

1992 · "El precio de la genialidad". Con motivo de la muerte de Carlos Alcolea, *Diario 16*, 21 de septiembre
· "Razón de una muerte", *ABC*, 21 de septiembre.
· "Los dibujos de teléfono (DDT)". Texto en el libro del mismo nombre editado en Madrid por Torre de Babel en la colección "El ojo en la boca".

1993 · Texto en el anuario de la facultad de Bellas Artes 1991–1992, Madrid. *Protesias. Revista inventario,* nº 1, Madrid–Barcelona, otoño.

1994 · Texto en el catálogo *Enseña tus heridas* de la exposición del mismo nombre, Renfe, Atocha, Madrid.

1996 · Texto para el catálogo de la exposición *A través del dibujo*, Museo de Arte Contemporáneo de Sevilla.

1997 · "Un *collage* de quita y pon" sobre el proceso fotográfico en la última obra *La Esfera*, *El Mundo,* 8 de febrero.
· "Una épica interrogativa". Texto para el catálogo de *Orcajo* en Caja de San Fernando, Sevilla.
· "El hígado de la duda". Texto para el catálogo de la exposición de Räume für neue Kunst/Rolf Hengensbach, Wuppertal.
· "El hígado de la duda", *Microfisuras,* nº 3, diciembre.

1999 · "By telephone". Texto del catálogo de la exposición *Darío Villalba* en el Palacio de Rebillagigedo, Gijón.
· "Igor y Pablo", publicado en el catálogo del Festival de Perelada.
· "Una naturaleza eyaculada". Texto sobre Carlos Alcolea, *Arte y Parte*, nº 13, febrero-marzo.
· "Porque soy pintor", *El País Semanal*, 4 de enero.
· Dibujos y textos de Luis Gordillo, *Microfisuras*, nº 6.

## BIBLIOGRAFÍA


**1966** · Aguirre, Juan Antonio. "Luis Gordillo", *Gaceta Universitaria*, Madrid, noviembre.
"Luis Gordillo o la coherencia existencial y dimensional", *Goya*, Madrid, diciembre.
· "Pintura de Luis Gordillo, labor de síntesis y postura ética", *Artes*, nº 80, Madrid, diciembre, p. 18-22.
· Sánchez Marín, Venancio. Catálogo de la exposición de la Galería Edurne, Madrid, noviembre.

**1967** · Aguirre, Juan Antonio. Catálogo de la exposición en la Galería La Pasarela, Sevilla, enero.
· "Significado de esta exposición". Catálogo de la exposición *Nueva Generación*, Sala Amadís, Madrid, mayo.

**1969** · Aguirre, Juan Antonio. Catálogo de la exposición en la Sala de Cultura de la Caja de Ahorros de Navarra, Pamplona, noviembre.

**1972** · Aguirre, Juan Antonio. "Las últimas obras". Catálogo de la exposición en la Galería Vandrés, Madrid, octubre.
· Giralt Miracle, Daniel. "Luis Gordillo", *Destino*, Barcelona, junio.
· Marchán Fiz, Simón. Catálogo de la exposición en la Galería René Métras, Barcelona, mayo.

**1974** · Marchán Fiz, Simón. "La apropiación pictórica de Luis Gordillo". Catálogo de la exposición *Gordillo 1958–1974*, Centro de Arte M-11, Sevilla, mayo, p. 2-15.

**1975** · Bonet, Juan Manuel. "La pintura de Luis Gordillo". Catálogo de la exposición en la Galería Vandrés, Madrid, enero, p. 5-12.
· Bulnes, Patricio. "Gordillo", *Gaceta del Arte*, Madrid, febrero.
· Palazuelo, Pablo. "Comentarios de Palazuelo a las notas de Gordillo". Catálogo de la exposición en la Galería Edurne, Madrid, enero, p. 4-5.

**1976** · Amón, Santiago. "¿Es posible el Gordillismo?", *El País*, Madrid, octubre.
· Bonet, Juan Manuel. "Oráculo manual sobre Luis Gordillo". Catálogo de la exposición en la Galería Maeght, Barcelona, octubre. Reproducido también en *Guadalimar*, nº 16, Dossier, Madrid, octubre, p. 32-37.
· Marchán Fiz, Simón. "Acotaciones a la obra de Luis Gordillo", *Guadalimar*, nº 16, Dossier, Madrid, octubre, p. 40-41.
· Moure, Gloria. "Luis Gordillo, la figura a través de su degradación", *Batik*, Barcelona, noviembre, p. 14.
· Palazuelo, Pablo. "En el camino de Gordillo". Catálogo de la exposición en la Galería Maeght, Barcelona, octubre. Reproducido también en *Guadalimar*, nº 16, Dossier, Madrid, octubre, p. 28-30.

**1977** · Aguirre, Juan Antonio. Catálogo de la exposición en las Salas de Exposiciones de la Dirección General del Patrimonio Artístico y Cultural, Madrid, marzo.
· Alaminos, Eduardo. "Elementos desordenados ante la práctica de Luis Gordillo (I)", *Artes Plásticas*, nº 14, Barcelona, enero, p. 75-78.
· Alaminos, Eduardo."Aspectos de la pintura de Luis Gordillo (II)", *Artes Plásticas*, nº 15, Barcelona, febrero, p. 63-67
· Fulca, Fernando. "Gordillo en una trayectoria perceptiva", *Bellas Artes*, nº 55, Madrid, enero, p. 27-30.
· Gállego, Julián. "Adefesios, esperpentos y mamarrachos", *Ínsula*, nº 367, Madrid, junio, p. 13-16.

**1978** · Gállego, Julián. Catálogo de la exposición *Pintores andaluces desde 1900*, Banco de Granada, Granda, febrero.
· Haglund, Elisabeth. "Luis Gordillo et son double", *XXème Siècle*, nº 51, diciembre.

**1979** · Haglund, Elisabeth. "Luis Gordillo", *Kalejdoskop*, nº 5 y 6, Kriatianstad (Suecia), p. 24-32.

**1980** · Bonet Correa, Antonio. "Sevilla, panorama artístico del siglo xx", *Los Andaluces*, Madrid, p. 569-593.
· Rivas, Francisco. Entrevista para *El País. Artes*, Madrid, 9 de febrero, p. 4-5.

**1981** · Calvo Serraller, Francisco. "Luis Gordillo. Alma Nok", *El País. Artes*, Madrid, 21 de febrero, p. 3.
· "Hacer y deshacer de Luis Gordillo". Catálogo de la exposición en el Museo de Bellas Artes de Bilbao, septiembre.
· Combalía, Victoria. "Luis Gordillo o la crisis como impulso", *La Vanguardia*, Barcelona, 18 de diciembre.
· Rivas, Francisco. "Luis Gordillo. De espaldas y pintando hacia adelante", *Pueblo*, 2 de octubre.

· Santos Amestoy, Dámaso. "Gordillo", *Pueblo*, Madrid, 13 de noviembre, p. 8.

1982 · Bonet Correa, Antonio. "La nueva pintura Sevillana". Catálogo de la exposición *Pintura de Sevilla 82*, Museo de Arte Contemporáneo, Sevilla, octubre.
· Bumpus, Judith. "New Spanish Figuration", *Art 3 artist*, Surrey, agosto, p. 32.
· Calvo Serraller, Francisco. "Contemporary Spanish Figurative Painting: A New Image?". Catálogo de la exposición *New Spanish Figuration*, Kettle's Yard Gallery, Cambridge, julio; Institute of Contemporary Arts, Londres, agosto; Cartwright Hall, Bradford, octubre; Third Eye Centre, Glasgow, noviembre.
· Calvo Serraller, Francisco. "Dibujos de Luis Gordillo: la memoria como collage". Fernando Vijande, editor S.A. Reproducido también en el catálogo de la exposición de la Caja de Ahorros y Monte de Piedad de León, marzo 1983 y en el catálogo de la exposición de La Casa de Cultura de Zamora, marzo 1983.
· Catálogo de la exposición *Quatre images séditieuses*, Fondation du Châleou de les Cases-de-Penne, junio.
· Corredor Matheos, José. "Luis Gordillo". Colección Banco Urquijo, Madrid.
· Huser, France. "Beaux Arts. Saura, Gordillo, Equipo Crónica, Barjola", *Le Nouvel Observateur*, París, junio, p. 61.
· Januszezak, Waldemar. "New Spanish Figuration", *The Guardian*, Londres, 7 de septiembre.
· Lewison, Jeremy. "Spanish Art – A View from the Outside". Catálogo de la exposición *New Spanish Figuration*, Kettle's Yard Gallery, Cambridge, julio; Institute of Contemporary Arts, Londres, agosto; Cartwright Hall, Bradford, octubre; Third Eye Centre, Glasgow, noviembre.
· "Luis Gordillo", *Flash Art*, nº 106, Milán, febrero, p. 63.
· Moure, Gloria. "Sobre otras figuraciones", *El Noticiero Universal*, Barcelona, enero.
· "New Spanish Figuration", *Art Review*, 30 de julio, p. 408.
· "Quatre images séditieuses", *Art Press*, París, julio, p. 20-22.
· Rusell Taylor, John. "Headiong Flight from Ghastly Good Taste", *The Times*, Londres, 20 de julio.
· Shepherd, Michael. "Spanish Biend", *Sunday Telegraph*, Londres, 25 de julio, p. 17.
· Tio Bellido, Ramón. "Madrid-Barcelona: notes de voyage", *Axe Sud*, nº 3, Toulouse, enero, p. 22-24.
· Urrutia, Antonio. "Peinture espagnole 1940–1980 repéres. Luis Gordillo", *Art Press*, nº 56, París, febrero, p. 11-15.

1983 · Bonet, Juan Manuel. "Gordillo revisitado", *Tinta China*, nº 8, Vigo, agosto, p. 19-23.
· Fernández Molina, A. "El testimonio de una radical sinceridad", *El Día*, Zaragoza, mayo, p. 18.
· García, Aurora. "Diálogo con Luis Gordillo", *Lo Spazio Humano*, nº 6, Roma, enero.
· Olivares, Rosa. "Entrevista con Luis Gordillo", *Lápiz*, nº 10, noviembre, p. 26-31.
· "Tres notas sobre Luis Gordillo". Catálogo de la exposición *Tres generaciones de pintores sevillanos*, Universidad de Verano de Baeza, agosto.

1984 · Bonet, Juan Manuel. Catálogo de la exposición *Pintura moderna española*, Pinacoteca Nacional de Atenas, mayo, p. 21-23.
· Calvo Serraller, Francisco. "España, cambio de imagen". Catálogo de la exposición *Calidoscopio Español*, Museum am Ostwall, Dortmund; Basilea; Bonn.
· Gállego, Julián. "De Miró a Gordillo". Catálogo de la exposición *Pintura moderna española*, Pinacoteca Nacional de Atenas, mayo, p. 31-35.
· Ríos, Julián. Catálogo de la exposición *Constellation alphabétique. Écritures dans la peinture*, Centre National des Arts Plastiques, Ville Arson, Niza, abril, vol. 2, p. 100-105.
· 25 *Madrid Painters: Luis Gordillo, Manolo Quejido, Miguel Ángel Campano, Juan Navarro Baldeweg, Alfonso Albacete*, Studio 1007, Londres.

1985 · Bernikow, Louise y Senner, Tomas. "An Inside Look at the New Madrid", *European Travel and Life*, EE.UU., diciembre.
· Bonet, Juan Manuel. "Arte actual. Andalucía puerta de Europa". Catálogo de la exposición en el Palacio de Exposiciones IFEMA, Madrid, noviembre.
· Calvo Serraller, Francisco. "La purga de los 60", *Lápiz*, nº 23, febrero, p. 34-38.
· Calvo Serraller, Francisco. *España, medio siglo de arte de vanguardia,*

*1939–1985*. Madrid: Ministerio de Cultura y Fundación Santillana, vols. I y II.
· Cameron, Dan. "Report from Spain", *Art in America*, Nueva York, febrero, p. 25-35.
· "De espaldas y pintando hacia delante. Luis Gordillo. Últimas variaciones pictóricas". Catálogo de la exposición *Luis Gordillo. Pinturas 1982–1984*, Galería Fernando Vijande, Madrid, febrero.
· "Entrevista con Luis Gordillo", *El País Semanal*, 24 de febrero, p. 7-9.
· Fernández Cid, Miguel. "La duplicidad, el otro". Entrevista en *Menos 15*, Zaragoza, verano.
· García, Aurora. "Luis Gordillo", *Artforum International*, verano, p. 116-117.
· Catálogo de la exposición *Presentación española en la XVIII Bienal de São Paulo*, São Paulo, octubre, p. 7-12.
· Huici, Fernando. "Presencia de Luis Gordillo", *El País*, Madrid, 2 de febrero.
· Huici, Fernando. "El fantasma de la libertad", El País, Madrid, 31 de octubre.
· "Luis Gordillo, un quiebro magistral hacia la pintura", *El País*, Madrid, 16 de febrero.

1986 · Aguirre, Juan Antonio. Catálogo de la exposición *Segunda Serie Roja*, MEAC, Madrid, p. 30.
· Bozal, Valeriano. "El arte en los años ochenta", *Historia Universal*, nº 36, Ed. Siglo xx, Madrid.
· Calvo Serraller, Francisco y Ayllón, José. Catálogo de la exposición *La presencia de la realidad en el arte español contemporáneo*, Ministerio de Asuntos Exteriores y Ministerio de Cultura de España.
· Calvo Serraller, Francisco. *Luis Gordillo.* Madrid: Ed. De León.
· Gállego, Julián. "Desde Picasso hasta hoy". Catálogo de la exposición *Arte contemporánea espanhola. Resevas do MEAC*, Fundación Gulbenkian, Lisboa, febrero.
· García, Aurora. Catálogo de la exposición *Periferias*, Centro Cultural de la Villa, Ayuntamiento de Madrid, marzo.
· Guerra, Alfonso. Presentación del libro *Luis Gordillo*, en *El País*, Madrid, 28 de mayo.
· Hiruta, Yuichi. Reportaje en *Atelier*, nº 718, Tokio.
· Logroño, Miguel. "Luis Gordillo", *Diario 16*, 7 de noviembre.
· López Calvo y Cerveira Pinto. Catálogo de la exposición *Litoral*, Kiosko Alfonso, A Coruña, junio.
· Marti Font, José M. "Fernando Vijande – Marchante de si y de lo ajeno", *El País. Suplemento Dominical*, Madrid, 16 de marzo.
· Power, Kevin. "Un sentido de medida". Catálogo de la exposición *Pintores y escultores españoles 1981–1986*, Fundación "la Caixa", Madrid.
· Rose, Barbara y Enders, Gaetana. "The New Spain", *Vogue*, EE.UU., febrero.
· Smith, Charles y Senner, Tomas. "Europa nos contempla. Madrid desde el cielo", *Primera línea*, Madrid, abril.
· Soler, Jaime. "Periferias. Un encuentro de las actuales tendencias de la abstracción y la figuración", *Diario 16*, 12 de marzo.
· Tucker, Nic y Fulier, Sam. "Rioja Round the Clock", *Harpers and Queens*, Londres, enero.
· Turekheim, Isabelle. "Madrid en marche", *Beaux Arts Magazine*, nº 34, Francia, abril.

1987 · Albertazzi, Liliana. "Espagne Aujourd'hui", *Galerías Magazine*, París, febrero.
· Bonet, Juan Manuel. "Volver a mirar". Catálogo de la exposición *Chema Cobo, Luis Gordillo, G.P. Villalta*, Galería Fernando Vijande, Madrid.
· Borja, Manuel. "The New Spanish Art". Catálogo de la exposición *After Picasso: Tàpies, Gordillo, Guerrero*, Nueva York, mayo.
· Brea, José Luis. "Pesanervios Gordillo". Catálogo del *VI Salón de los 16*, Madrid, mayo.
· Calvo Serraller, Francisco. "Viaje a ninguna parte", *El País*, Madrid, 2 de febrero.
· Calvo Serraller, Francisco. "El arte visto por los artistas", *Altea*, Madrid: Alfaguara.
· Calvo Serraller, Francisco. "Les colonnes d'Hercule et la fin du monde". Catálogo de la exposición *L'imagination nouvelle, les années 70-80*, Musée d'Art Moderne, París, noviembre.
· Calvo Serraller y Vázquez de Parga. "Contra la naturaleza 1960–1970". Catálogo de la exposición *Naturalezas españolas 1940–1987*, MNCARS, Madrid, noviembre.
· Cameron, Dan. "Inscripciones de energía en la obra de Gordillo". Catálogo de la exposición *Luis Gordillo*, Galería Soledad Lorenzo,

Madrid, febrero.
· Pascale, Bertrand. "Cinq siècles d'art espagnol", *Beaux Arts*, París, octubre.
· Rivas, Francisco. "Todo eso que llamamos collage". Catálogo de la exposición *Papiers collés, collages*, Universidad de Valencia, diciembre.

1988 · Bonet, Juan Manuel. "Gordillo en 20 fragmentos", *El Europeo*.
· Borrás, María Luisa. "Luis Gordillo, creador nato", *La Vanguardia*, Barcelona, 19 de abril.
· Calvo Serraller, Francisco. *Del futuro al pasado. Vanguardia y tradición en el arte español contemporáneo*. Madrid: Alianza Editorial, col. Alianza Forma.
· Combalía, Victoria. "Enfriar las emociones", *El País*, Madrid, 23 de abril.
· Dossier sobre Luis Gordillo en la revista *El Paseante*, nº 8, Madrid.
· Fernández, Horacio. "El nudo Gordillo", *El Europeo*, nº 1, Madrid, mayo.
· González García, Ángel. "Cortar por lo sano", *El Europeo*, Dossier, mayo.
· Marchán Fiz, Simón. *Del arte objetual al arte del concepto*. Madrid: Akal, arte y estética.
· Rose, Bárbara. "Fernando Vijande, Portrait of an Avant Garde Gallery". Catálogo de la exposición *Fernando Vijande. History of a Spanish Avant Garde Gallery*, The Spanish Institute, Nueva York, febrero.
· Spiegel, Olga. "Gordillo, la nostalgia del informalismo", *La Vanguardia*, Barcelona, 12 de abril.

1989 · Aguirre, Juan Antonio; Bonet, Juan Manuel y Navarro, Mariano. Catálogo de la exposición *1789–1989. De Messidor a Thermidor*, Galería Siquer, Madrid.
· Álvarez Enjuto, José Manuel. "Dédalos inaccesibles en el final de unos gestos divertidos". Catálogo de la exposición en la Galería Lienzo y Papel, Sevilla.
· Catálogo de la exposición *Spanish Masterpieces of the 20th Century*, The Seibu Museum of Art, Tokio.
· Catálogo de la exposición *Luis Gordillo en la Torre. Fotos, procesos y transformaciones*, Torre de los Guzmanes, La Algaba, Sevilla.
· Catálogo de la *Colección Amigos del Centro de Arte Reina Sofia*. Madrid: Ministerio de Cultura.
· Corral, María. Catálogo de la exposición *30 artista españoles. Colección de la Fundación Caixa de Pensiones*, Städtische Kunsthalle, Manheim y Kunstmuseum, Dusseldorf.
· Gallego, Julián. "Los movimientos pictóricos del siglo xx y su relación con el coleccionismo de arte en España". Catálogo de la exposición *Tesoros de las colecciones particulares madrileñas. Pintura y escultura contemporáneas*, Real Academia de Bellas Artes de San Fernando, Madrid.
· Huici, Fernando. "Meandros fragmentados", *El País*, Madrid, 18 de noviembre.
· Navarro, Mariano. "Su museo particular", *El País Semanal*, Madrid, 11 junio.
· Schaffner, Wolfgang. Catálogo de la exposición *Arroyo, Gordillo, Villalba*, Galerie Michael Hasenclever, Munich.

1990 · Bonet, Juan Manuel. "Luis Gordillo en el laberinto", *Blanco y Negro*, Madrid, 8 de julio.
· Calvo Serraller, Francisco. *Pintores españoles entre dos unes de siglo 1880–1990*. Madrid: Alianza Editorial, col. Alianza Forma.
· Calvo Serraller, Francisco. "Regreso al origen". Catálogo de la exposición *ART Cologne*, Galerie Michael Hasenclever, Munich.
· Huici, Fernando. "De tripas corazón", *El País*, Madrid, 23 de junio.
· Ortega, Cristina. "Jugar a romper las cosas", *Arteguía*, nº 56, Madrid, verano.
· Schaffner, Wolfgang. "La melancolía del deseo". Catálogo de la exposición *ART Cologne*, Galerie Michael Hasenclever, Munich.
· Texto de la conferencia de Luis Gordillo. *Doce artistas de vanguardia en el Museo del Prado*. Madrid: Ed. Mondadori.

1991 · Aguirre, Juan Antonio. "Referencias para los 70". Catálogo de la exposición *23 artistas, Madrid años 70*, Sala de la Comunidad de Madrid.
· Bonet, Juan Manuel. "Un cierto Madrid de los 70". Catálogo de la exposición *23 artistas, Madrid años 70*, Sala de la Comunidad de Madrid.
· Bonet, Juan Manuel. "Los últimos 20 años". Catálogo de la exposición *100 Paintings – Spanish Art in the 20 th century. From Picasso to the Present Day*, Mie Prefactural Art Museum, Mie, Osaka.
· Bonet, Juan Manuel. "Visiones de Madrid". Catálogo de la exposición *23 artistas, Madrid años 70*, Sala de la Comunidad de Madrid.
· Cameron, Dan. "Cambio de papeles. La evolución del arte de Luis Gordillo durante los ochenta". *Luis Gordillo. Los años ochenta*. Madrid: Ediciones Tabapress.

· Carretón, Vicente. "Al final de la pintura", *Casa Vogue*, nº 22, marzo.
· Catálogo de la exposición *Poemas y Pintura* (Alma Nok), CAM y Calcografía Nacional.
· Catálogo de la exposición *Kunst Europa*, Staatliche Kunsthalle, Berlín.
· Catálogo de la exposición *Spanish Art Spanish Prints in the Eighties*. Exposición y catálogo, Ministerio de Asuntos Exteriores, itinerante por Estados Unidos.
· Chacón, José Antonio. "Síntesis de rupturas", *Diario 16*, Andalucía.
· Cruz, Santos. "Por encima de todo, fatalmente pintor", *Revista del Pabellón de España*, nº 11.
· Danvila, José Ramón. "7 artistas contemporáneos en las colecciones privadas sevillanas", *Servicios 93, S.A.*, Sevilla.
· De la Cruz, Elena. Entrevista con motivo del Premio de la Comunidad de Madrid, *Diario 16*, Madrid, 26 de noviembre.
· Duyos, Luis Manuel. "Luis Gordillo. Mano a mano", *Revista Oro*, nº 13, marzo.
· Faerna, José María. "En busca de la unidad perdida: arquitectura y pintura", *Diseño interior*, abril.
· Fernández Cid, Miguel. "Una historia reciente". Catálogo de la exposición *Arte español contemporáneo. Fondos de la Fundación Juan March*, Museo Juan Barjola, Gijón.
· Foto y texto. *L'Uomo Vogue*, nº especial España, Italia, noviembre.
· Huélamo, Lucía. "Maestros de Arte y dinero", *Panorama*, nº 200, marzo.
· Huercanos, J. Pedro. "Una huella de la pasión", *El Mundo*, 9 de agosto.
· Marchán Fiz, Simón. "Los años 70 entre los nuevos medios y la recuperación pictórica". Catálogo de la exposición *23 artistas, Madrid años 70*, Sala de la Comunidad de Madrid.
· Martín, Fernando. "Luis Gordillo, un expresionista biológico". Catálogo de la exposición *10 pintores andaluces*, Caja Provincial de Ahorros de Córdoba.
· Sánchez Ferlosio, Gordillo y Barca. Premios de la Comunidad de Madrid, información en *ABC, Diario 16, El País, El Mundo*, 20 de noviembre.
· Santos Amestoy, Dámaso. "Los pasos perdidos". Catálogo de la exposición *23 artistas, Madrid años 70*, Sala de la Comunidad de Madrid.
· Tager, Alisa. "Spain's Lost Generation: Theartists of La Nueva Figuracion", *The Journal of Art*, Nueva York, febrero.
· Vera, Juana. "Pintores por la Paz", *El Mundo*, 3 de marzo.
· Valenzuela, Regina. "Doce artistas contemporáneos entran en el santuario de El Prado", *El País*, 5 de noviembre.
· Yraola, Eva. "Los artistas y el Museo del Prado", *Época*, 1 de julio.

**1992** · Bonet, Juan Manuel. "Un espacio privilegiado". Catálogo de la exposición *Hecho de palabras*, Galería Jorge Mara, Madrid.
· Borrás, Maria Luisa. "Entrevista con Luis Gordillo", *El Guía*, Barcelona, abril-mayo, págs. 21-27.
· Bozal, Valeriano. "El Arte Pop en España".
· Brea, José Luis. Catálogo de la exposición *Pasajes. Actualidad del arte español*, Pabellón de España, Expo 92, Sevilla.
· Cameron, Dan. "Spain Now", *Art and Auction*, Nueva York, febrero.
· Catálogo de la exposición *El arte funciona/Art Works*, Peter Stuyvesant Foundation, Holanda.
· Catálogo de las adquisiciones de bienes culturales de la Junta de Andalucía, Sevilla.
· Chacón, José Antonio. "16 miradas a un Salón con historia", *Diario 16*, Sevilla, 22 mayo. Madrid, 23 mayo.
· Corredor Matheos, J. *Gran Larousse Català*. Barcelona: Edicions 62.
· Delgado, Rafael. "Entrevista con Luis Gordillo", *Tribuna*, Madrid.
· Fernández Cid, Miguel. "Salón de los 16", *Cambio 16*, 25 de mayo.
· Fernández Cid, Miguel. "Luis Gordillo". Catálogo de la exposición *Salón de los 16*, Pabellón Mudéjar, Sevilla; MEAC, Madrid. *Diario 16*, 18 mayo.
· Fernández, Horacio. "La pintura de los 80 de la Fundación 'la Caixa'", *Magazine El Mundo*, 17 de mayo.
· Huici, Fernando. "Teatro de la memoria", *El País*, 1 de junio.
· Iglesias, José. "Entrevista con Luis Gordillo", *El Correo de Andalucía*, 29 de enero.
· Jarque, Fietta. "Arte Pop", *El País Semanal*, 21 de junio.
· Livinstone, Marco. "Una tecnicultura gloriosa". Catálogo de la exposición *Arte Pop*, MNCARS, Madrid.
· Lorente, Manuel. "Tendencias y actitudes de los 80. Colección de 'la Caixa'", *ABC*, Sevilla, 8 de mayo.
· Martínez Collado, Ana. "Luis Gordillo, los años ochenta", *Revista Creación*, nº 5, Madrid, mayo. Nota sobre el libro *Luis Gordillo. Los años ochenta*. Madrid: Ediciones Tabapress.

· Olivares, Rosa. Entrevista con Luis Gordillo en *Lápiz. 10 años 1982–1992*, Madrid.
· Orgambides, F. "El reciente Arte Español se expone en Méjico", *El País*, 29 de mayo.
· Reuss, Eva. "Sevilla puesta de largo", *Época*, Madrid, 27 de abril.
· Samaniego, Fernando. "Pop de aquí", *El País. Babelia*, 20 de junio.
· Tager, Alisa. "Illustrator in the Jungle. Luis Gordillo's New Figuration", *Arts Magazine*, Nueva York, marzo.
· Texto y cuadro. *Kunst in Spanien*, Colonia (Kiepenheuer/Witsch).
· Zabalbeascoa, Anatxu. "Art Espanya", *Art Press*, nº 170, junio.

**1993** · Bass, Ruth. "Luis Gordillo at Marlborough New York", *Art News*, Nueva York, marzo.
· Calvo Serraller, Francisco. "La catedral de la mente", *El País*, 4 de febrero.
· Chacón, Francisco. Entrevista en *El Mundo del País Vasco*, 11 de junio.
· Cotter, Holland. Crítica de la exposición en la galería Marlborough de Nueva York, *New York Times*, enero.
· E.J.E. Entrevista en Deia. *Diario de Euskadi*, 11 de junio.
· Fernández Cid, Miguel. "Luis Gordillo en los años 90", *Diario 16*, Madrid, 10 de julio.
· Fernández Cid, Miguel. Entrevista en *Diario 16*, Madrid, 3 de febrero.
· Fernández, Horacio. "Gordillo y Barthelby", *El Mundo* (Suplemento), marzo.
· Gállego, Julián. "Gordillo siempre impar", *ABC de las Artes*, 5 de febrero.
· González Carrera, J.A. Entrevista en *El Correo Español/El Pueblo Vasco*, 11 de junio.
· González García-Pando, Carmen. "Luis Gordillo. La pasión por el cambio", *Royal life*, nº 21, abril, España.
· Jarque, Vicente. "Los ochenta de Gordillo", *El País*, Madrid, 27 de diciembre.
· "La explosión de las imágenes", *Aquí*, Valencia, 10-16 de diciembre.
· Liebmann, Lisa. "Luis Gordillo's Anxious Biology", *Artforum*, Nueva York, marzo.
· Man, Rafa. Entrevista en *Las Provincias*, Valencia, 2 de diciembre.
· Martínez Castro, Guillermo. "Razones airadas de un artista auténtico", *Dirigentes*, Madrid, julio.
· Marco, D. Carlos. "Luis Gordillo, imágenes de un volcán domado", *ABC de las Artes*, nº 110, Madrid, 10 de diciembre.
· Merino, José Luis. "Recuerdos de febrero del 68", *El Mundo del País Vasco*, 11 de junio.
· Prats Ródenas, Carmen. "Conocimiento sensible", *Qué y Dónde*, Valencia, 13–19 de diciembre.
· Sáenz de Gorbea. "De tripas con razón", *Deia Igandea*, Bilbao, 11 de julio.
· Sastre, Luis. "El desafio de la ironía", *Mercado*, nº 373, Madrid.
· Sierra, Rafael. Entrevista en *El Mundo*, Madrid, 3 de febrero.
· Vicent, Manuel. "Neuras y genios de Luis Gordillo". Catálogo de la exposición en la Fundación Duques de Soria, Soria.
· Wright, Jeff. "Luis Gordillo – Marlborough Gallery", *Cover*, Nueva York, invierno.

**1994** · Aliaga, Juan Vicente. "Luis Gordillo-IVAM", *Artforum*, Nueva York, mayo.
· Alfageme Ruano, Pedro. "Luis Gordillo: sangre y cerebro", *El Correo Andalucía*, 18 de marzo.
· Bonet, Juan Manuel. Catálogo de la exposición *Luis Gordillo. También en el Grabado*, Museo de Bellas Artes, Bilbao.
· Bonet, Juan Manuel. "Luis Gordillo. Prodigios Gráficos", *Blanco y Negro*, Madrid, 14 de agosto.
· Bozal, Valeriano. "Modernos y post-modernos", *Historia de Arte. Historia 16*, nº 50.
· Bradley, Kim. "Luis Gordillo at IVAM", *Art in America*, Nueva York, noviembre.
· Calvo Serraller, Francisco. "Regreso al origen". Texto del catálogo de la exposición antológica en Murcia, Zaragoza y Logroño.
· Caraballo, Javier. "Vivir en Sevilla – Luis Gordillo Pintor", *Diario 16*, Sevilla, 6 de marzo.
· Carrillo, Cristina. Entrevista en *El País*, 12 de febrero.
· Chacón, José Antonio. "El último reflejo del barroco sevillano", *Diario 16*, Sevilla, 22 de febrero.
· Conversación "Arte Español. El mundo de cien artistas españoles en sus diálogos privados", *Lápiz*, nº especial 99, 100, 101, febrero.
· Conversación "Luis Gordillo/Roberto Cabot", *El Europeo*, Madrid, mayo.
· Cruz, Juan. "Luis Gordillo". Catálogo de la exposición *Antológica de los años 80*, IVAM, Valencia.
· De Castro, Ma. Antonia. "Luis Gordillo, sans illusions", *Beaux-Arts*, nº 119, enero.
· Entrevista en *El Correo de*

*Andalucía*, 18 de enero.
· Fernández de Castillejo. "Los 80 de Gordillo en el Pabellón Mudéjar", *ABC de Sevilla*, 20 de febrero.
· Fernández, Horacio. "Enfriando a Gordillo". Catálogo de la exposición *Antológica de los años 80*, IVAM, Valencia.
· Fernández, Horacio. "Mosquitos Newtonianos y colores de Gordillo".
· Francés, Fernando. "Luis Gordillo-Todo Gráfico", *ABC Cultural*.
· González García, Ángel. Catálogo de la exposición de *Obra Gráfica*, Museo de Bellas Artes, Ibiza.
· González Carrera. Entrevista en *El Correo*, Bilbao, 30 de julio.
· "Gordillo profeta en su tierra". *Guía Diario 16*, Sevilla, 4 de marzo.
· Huici, Fernando. "A contrapelo". Catálogo de la exposición en la Galería Fernando Latorre, Zaragoza.
· Iglesias, José. "Los ochenta de Luis Gordillo", *Andalucía Económica*, nº 42, febrero.
· Kirksaether, Erik. Catálogo de la exposición de *Obra Gráfica*, Museo de Bellas Artes, Ibiza.
· Manesi, Oscar. Catálogo de la exposición de *Obra Gráfica*, Museo de Bellas Artes, Ibiza.
· Larraun, Eva. "El Gordillo Gráfico". *El País Semanal*, 24 julio.
· MAR. Entrevista en *El Periódico*, Zaragoza, 15 de septiembre.
· Molina, Margot. "Arte intramuros", *El País*, Sevilla, 27 de marzo.
· Navarro, Claudia y Vila, Haydee. "Luis Gordillo-Entrevista", *Supermercado del Arte 11 Edición*, Madrid.
· Olmo, Santiago. "Laberintos cismáticos". Catálogo de la exposición *Antológica de los años 80*, IVAM, Valencia.
· Olmo, Santiago. "En los límites de la pintura". Entrevista en *Lápiz*, nº 98, Madrid, febrero.
· Pagel, David. "Cartografias del deseo". Catálogo de la exposición *Antológica de los años 80*, IVAM, Valencia.
· Paniagua, Santiago. Entrevista en *Heraldo de Aragón*, Zaragoza, 15 de septiembre.
· Pérez Villén, Ángel Luis. Crítica de las exposiciones en la Galería Rafael Ortiz y en el Pabellón Mudéjar, Sevilla.
· Pérez Villén, Angel. "Luis Gordillo-Rafael Ortiz", *Lápiz*, Madrid, mayo.
· Pérez, Isabel. "El pintor que canta mientras firma". Catálogo de la exposición de *Obra Gráfica*, Museo de Bellas Artes, Ibiza.
· Pulido, Natividad. Entrevista con motivo de los Cursos de Verano de El Escorial, *ABC*, Madrid, 24 de julio.
· Reboiras, Ramón. "Gordillo en el diván", *Cambio 16*, 24 de enero.
· Rubio, Ana. "Autodefinición", *El Mundo*, Sevilla, 11 de marzo.
· Schaffner, Wolfgang. "Gordillo el Memorioso". Catálogo de la exposición *Antológica de los años 80*, IVAM, Valencia.
· Suñer, Gema. "Impresión sobre papel de Gordillo". Catálogo de la exposición de *Obra Gráfica*, Museo de Bellas Artes, Ibiza.
· Tager, Alisa. "Territorios Luis Gordillo", *Revista Atlántica*, Centro Atlántico de Arte Moderno, nº 8.
· Uberquoi, Mari-Claire. "Fantasía y abstracción", *El Mundo*, 26 de agosto.
· Zuzaga, Miguel. "Una luminosa metáfora de la vida", *El País. Babelia*, Madrid, 6 de agosto.

**1995** · Ballester, Rafael. "Gordillo, el tantra andaluz", *Corte y Confección*.
· Bonet, Juan Manuel. "Por ejemplo, Gordillo". Catálogo de la exposición de Obra Gráfica, Museo de la Ciudad, Vila-Real.
· Bonet, Juan Manuel. "Voces de un fin de siglo". Catálogo de la exposición *A la pintura. Pintores españoles de los años 80 y 90*, Colección Argentaria, itinerante.
· Calderón, Manuel. "Orígenes-Artistas del campo". Crítica de la exposición *Orígenes*, Galeria Cyprus, L'Empordá, en *ABC de las Artes*, 21 de julio.
· Castro, Fernando. "El sujeto como proceso". Catálogo de la exposición *A la pintura. Pintores españoles de los años 80 y 90*, Colección Argentaria, itinerante.
· Catálogo de la exposición *A la pintura. Pintores españoles de los años 80 y 90*, Colección Argentaria, itinerante.
· Clemente, José Luis. "Atrapado en el Laberinto", *Levante*, abril.
· Combalía, Victoria. "Arte en España 1980-1995. Algunas acotaciones personales". Catálogo de la exposición *A la pintura. Pintores españoles de los años 80 y 90*, Colección Argentaria, itinerante.
· Galiana, Antonio. "Desde el caos hasta su ordenación implícita", *Diario 16*, 11 de abril.
· Jarque, Vicente. "Un hombre casi tranquilo", *El País*. Babelia, 13 de abril.
· Man, Rafa. "La obra de Luis Gordillo en la Galería Luis Adelantado", *Las Provincias*, marzo.

· Prats Ródenas, Carmen. "La vocación de la criatura reservada", *Guía del Ocio*, Valencia, abril.
· Ramírez, Pablo. "Viaje Alucinante", *Diario 16*, 8 de abril.
· Rodríguez, Delfín. "Sobre una sutil desconfianza". Catálogo de la exposición *A la pintura. Pintores españoles de los años 80 y 90*, Colección Argentaria, itinerante.

**1996** · Alfageme, Pedro. "A través del dibujo", *El Correo de Andalucía*, 26 de enero.
· Balbona, Guillermo. Crítica de la exposición en la Galería Trazos Tres, Santander, en *Diario Montañés*, 7 de agosto.
· Bonet Correa, Antonio. "Una época brillante". Catálogo de la exposición *Figuraciones años 70 na Colección de Arte Contemporánea*, Xunta de Galicia.
· Cadena, Josep. Crítica de la exposición en la Galería Joan Prats, en *El Periódico*, 23 de abril.
· Calvo Serraller, Francisco. "Otra manera de concebir el arte". Crítica de la exposición *Nuevas Abstracciones*, MNCARS, Madrid y MACBA, Barcelona, en *El País. Babelia*, 11 de mayo.
· Casalé, Ramón. "L'adveniment caòtic de l'expresionisme", *Papers d'art*, nº 67.
· Catálogo de la exposición *La infancia del arte. Arte de los niños y arte moderno en España*, Museo de Teruel.
· Catálogo de la exposición *Artistas españoles de los años 70 en la colección de la Fundación Miró*, Fundació Miró, Palma de Mallorca, enero y febrero.
· Catálogo de la exposición *Fondos para una colección. Década de los 60*, CAAM, Las Palmas de Gran Canaria, verano.
· Catálogo de la exposición *Figuraciones madrileñas años 70*, Museo de Navarra, Pamplona, septiembre-octubre.
· Catálogo de la exposición *Colección Juan Antonio Aguirre*, IVAM, Valencia.
· Catálogo de la exposición *Después de Goya. Una mirada subletiva*, Palacio de la Lonja, Zaragoza.
· Clemente, José Luis. Catálogo de la exposición *Ese oscuro interior (Brüs, Gordillo y Zush)*, Sala Parpalló, Valencia, en *Levante*, 5 de enero.
· Cortés, José Miguel. "Ese oscuro interior". Catálogo de la exposición *Ese oscuro interior (Brüs, Gordillo y Zush)*, Sala Parpalló, Valencia.
· Danto, Arthur. "Lo puro, lo impuro y lo no puro". Crítica de la exposición *Nuevas Abstracciones*, MNCARS, Madrid y MACBA, Barcelona.
· Del Valle, Gema. "La puerta abierta". Catálogo de la exposición *A través del dibujo*, Museo de Arte Contemporáneo de Sevilla, itinerante en Jaén, Cádiz, Córdoba y Málaga.
· Entrevista en *La Vanguardia*, 12 de abril.
· Fernández, Julio. "Diálogos en la U.I.M.P.". Entrevista en *ABC*, 20 de julio.
· Fontán del Junco, Manuel. "Conversaciones con Luis Gordillo", *Nueva Revista*, nº 46.
· Frisach, Montse. Entrevista en *Avui*, 15 de abril.
· Juncosa, Enrique. "Cartografias de la Psique", *El País. Babelia*, 27 de abril.
· Juncosa, Enrique. Catálogo de la exposición *Nuevas Abstracciones*, MNCARS, Madrid y MACBA, Barcelona.
· Marco, D. Carlos. Crítica de la exposición en la Galería Trazos Tres, Santander, en *Alerta*, 12 de agosto.
· Palomo, Bernardo. "El último Gordillo", *ABC de las Artes*, 29 de noviembre.
· Queralt, Rosa. "Un dibujo de la exposición". Catálogo de la exposición *A través del dibujo*, Museo de Arte Contemporáneo de Sevilla, itinerante en Jaén, Cádiz, Córdoba y Málaga.
· Santos Torroella, Rafael. "Gordillo o algo de gordillismo", *ABC de las Artes*, 19 de abril.
· Taján, Alfredo. "Un pintor contracorriente", *El Mundo*, 9 de noviembre.

**1997** · Álvarez Reyes, J.A. Entrevista en *Diario 16*, 16 de febrero.
· Antolín, Enriqueta. Entrevista en *El País. Babelia*, 1 de febrero.
· Bufill, Juan. "Pintura colectiva", *La Vanguardia*, 21 de febrero.
· Bufill, Juan. *La Vanguardia*, 22 de junio.
· Calderón, Manuel. Entrevista en *ABC Cultural*, 24 de enero.
· Calderón, Manuel. "El pintor en su entorno", *Blanco y Negro*, 9 de febrero.
· Calvo Serraller, Francisco. "Celosía". Catálogo de la exposición en la Galería Salvador Díaz, Madrid.
· Castaños, Enrique. "Referencias de la neovanguardia", *Sur*, 13 de diciembre.
· Castro Flórez, Fernando. "Pintura en abismo". Catálogo de la exposició en la Galería Salvador Díaz, Madrid.
· Clos, Marta. Entrevista en *Avui*, 28 de junio.

· Danvila, José Ramón. "Proceso, transformación y resultado de la pintura. Luis Gordillo", *El Punto de las Artes*, febrero.
· Del Castillo, Javier. Entrevista en *Tribuna*, 13 de enero.
· Diálogos "César Nombela y Luis Gordillo", *Fulcro*, nº 13.
· Escribano, María. "Mandalas rojos". Catálogo de la exposición en la Galería Antonio Machón, Madrid.
· Fernández Cid, Miguel. "Luis Gordillo. El inconformista", *ABC de las Artes*, 10 de febrero.
· Franco, Carlos. "Retrato inacabado de Luis Gordillo ante un espejo", *Arte y Parte*, nº 7, febrero.
· Hengesbach, Rolf. Catálogo de la exposición *ART Basel*, Räume für neue Kunst/Rolf Hengesbach, Wuppertal.
· Huici, Fernando. "La pintura como un fluido que se derrama", *El País. Babelia*, 1 de febrero.
· Jiménez, José. "La imagen tachada". Catálogo de la exposición en la Galería Salvador Díaz, Madrid.
· Juncosa, Enrique. "Cuatro artistas y Luis Gordillo", *El País. Babelia*, 22 de febrero.
· Massot, Dolors. "Madrid, Madrid", *ABC Cataluña*, 24 de junio.
· Parreño, José M. "Pintar la visión", *Arte y Parte*, nº 7, febrero.
· Patiño, Antón. "La ciudad cerebral", *Arte y Parte*, nº 7, febrero.
· Pousa, Luis. Entrevista con motivo del Taller Picasso de Unión Fenosa, dirigido por Luis Gordillo, en *El Ideal Gallego*, 2 de agosto.
· Salabert, Eva. "Entender a Gordillo", *Cambio 16*, 10 de febrero.
· Sanchís Jost, Imma. "El arte de Leger visto con ojos de pintor", *La Vanguardia*, 9 de noviembre.
· Verbis, Daniel. "La psicofactoría de Gordillo", *Arte y Parte*, nº 7, febrero.
· Zamarreño, Gorka. "Pulso vanguardista", *Sur*, 7 de diciembre.

**1998** · Calvo Serraller, Francisco. "Tacere". Catálogo de la exposición *Territorio Plural-Colección Testimonio*, Fundación "la Caixa", Madrid.
· Castilla, Pancho. "Pictórica mente". Diálogo entre Gordillo y Marina Núñez, *Vogue España*, febrero.
· "Conversación con Luis Gordillo, *Pez*, nº 5, mayo.
· Fernández, Alicia. "Luis Gordillo, en defensa de la pintura", *ABC de las Artes*, 27 de febrero.
· Goña, Chema. Entrevista en *El Correo*, 1 de diciembre.
· Iglesias, José Maria. "La pintura en libertad de Luis Gordillo", *Guadalimar*, nº 143, junio.
· Jiménez, José. "La imagen tachada". Catálogo de la exposición en el Museo de Arte Contemporáneo Unión Fenosa, A Coruña.
· Navarro, Mariano. "Gordillo/ Nozkowski", *La Razón*, 6 de diciembre.
· Nieto, Marta. Entrevista en *El País Vasco*, 27 de noviembre.
· Parreño, José Maria. "El pintor oculista". Catálogo de la exposición *Luis Gordillo (1983-1996)*, Centro Cultural Casa del Cordón, Burgos.
· Portocarrero, Enrique. "Nómada", *El Correo*, 1 de diciembre.
· Pulido, Natividad. Artículo con motivo del Premio Casa de la Moneda. Tomás Francisco Prieto, *ABC*, 1 de diciembre.
· Queralt, Rosa. "A propósito del territorio plural". Catálogo de la exposición *Territorio Plural-Colección Testimonio*, Fundación "la Caixa", Madrid.
· Sanchís, Imma. Entrevista en *La Vanguardia*, 22 de diciembre.
· Vicens, Miguel. Entrevista en *Diario de Palma*, 2 de agosto.

**1999** · Barañano, Kosme. Catálogo de la exposición *Spanische Kunst*, Museum Wurth.
· Castro, Fernando. "Un fragmento (meándrico). Consideraciones sobre la actualidad pictórica de Luis Gordillo". Catálogo de la exposición en la Galería de Arte Contemporáneo de Ediciones Altaya.
· Coboli, Nicoletta. "Madrid Citta dell'Arte", *Arte*, Ed. Mondandori, nº 306, febrero.
· Portero, Pilar. "Luis Gordillo. El proceso de sorprender", *El mundo*, 22 de agosto.
· Villalba, Ángeles. "Un melancólico en la vanguardia", *Descubrir el arte*, nº 9, noviembre.

Este catálogo ha sido publicado con motivo de la exposición *Luis Gordillo. Superyo congelado*, organizada por el Museu d'Art Contemporani de Barcelona, entre el 16 de diciembre de 1999 y el 5 de marzo del 2000;
y presentada también en el Museum Folkwang en Essen, entre el 30 de abril y el 2 de julio del 2000

EXPOSICIÓN
Comisariado: Manuel J. Borja-Villel, José Lebrero Stals
Coordinación: Cristina Bonet, Rosario Peiró
Ayudante de coordinación: Emma Gajo
Coordinación general: Anna Borrell
Montaje: Isabel Bachs; Mètode
Conservación: Sílvia Nogué; Xavier Rossell
Servicios Culturales: Jorge Ribalta
Actividades: Anna Guarro, Myriam Rubio
Programas educativos: Antònia M. Cerdà
Comunicación: Nicola Wohlfarth

CATÁLOGO
Concepción: Manuel J. Borja-Villel, Luis Gordillo, José Lebrero Stals
Responsable de Publicaciones: Josep M. Muñoz
Coordinación: Anna Jiménez Jorquera, Anna Tetas
Diseño: Ramon Prat, Anja Tränkel
Colaboración: Oriol Rigat, Carmen Galán
Producción: Font i Prat Ass.
Traducción: Paul Hammond
Corrección: Joaquina Ballarín
Fotografías: Joan Ramon Bonet, Rocco Ricci, Antonio Zafra
Imagen de la cubierta: *Payseyes*, 1979
Imagen de la guarda: *Elefantomas*, 1992


ISBN: 84-95273-25-X
DLB: B-48321-99

AGRADECIMIENTOS
Juan Carlos Aguilar, Carlos Arce, Centro Andaluz de Arte Contemporáneo, Colección Curtichs, Colección Fundació "la Caixa", Colección J. Suñol, Colección M.Cernuda-SALAMA, Colección Rodríguez Argüelles, Colección Santander Central Hispano, Javier Collar, Galería Juana de Aizpuru, Galería Salvador Díaz, Galería Elvira González, Galería Soledad Lorenzo, Galería Antonio Machón, Galeria Maeght, Galeria Maior, Galeria Joan Prats, Michael Hasenclever, Rolf Hengesbach, Joan Hernández Pijoan, Instituto Valenciano de Arte Moderno (Valencia), Juana López Alvarez, Elvira Maluquer, Fernando de Meana, Manuel Mendoza, Margaret Metrás, Museo de Bellas Artes de Álava, Museo Nacional Centro de Arte Reina Sofía (Madrid), Ricardo Naval, Leandro Navarro, Rafael Ortiz, Jordi Vidal, Antonio Zafra,

a los responsables del Museum Folkwang de Essen Georg W. Költzsch, director, y Gerhard Finckh, conservador, Ute Eskildsen, subdirectora

a todos los que han querido permanecer en el anonimato

y, muy especialmente, a Pilar Linares.

AMIGOS PROTECTORES DEL MACBA
Fundación Andersen Consulting
Port de Barcelona
Carlos Durán

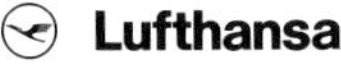


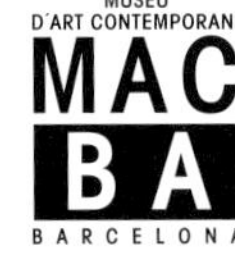


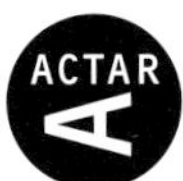

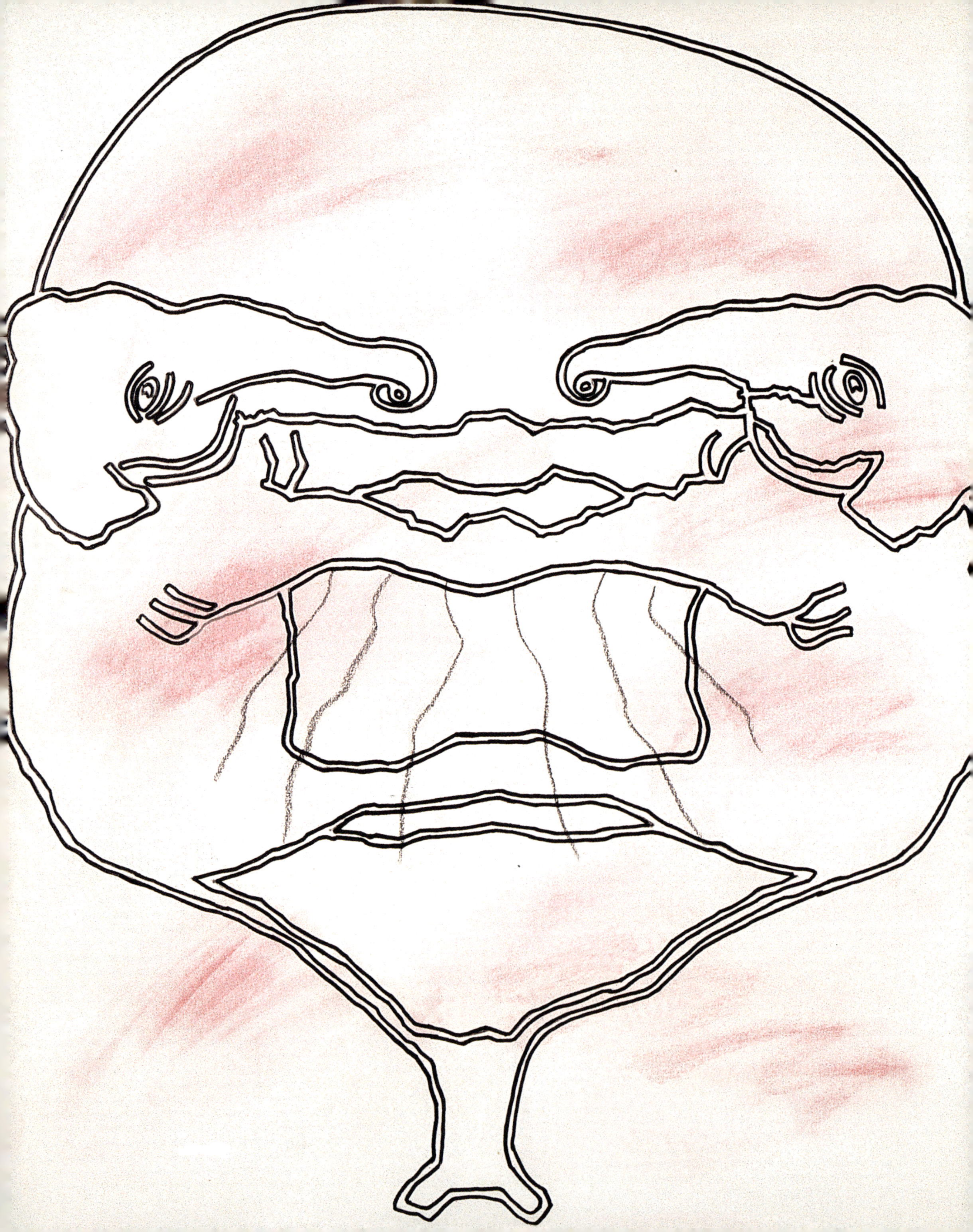